特写

在课堂上

1991年，在盘锦市实验中学与当时的国家教委主任何东昌同志（中）合影

学生的自留作业

2007年，与当时的教育部部长周济同志（中）考察盘锦市的教育

在讲座中

课堂上，指导学生学习

在盘山县三中课堂上

以“学校的事教师做主”为主题发言

在盘锦市实验中学教师节座谈会上发言

与职业技术学院的学生在一起

在全国中小学“同课异构”展示活动会场为与会代表签字留念

在报告会上谈师风师德建设

与当时的中山市教育局局长刘传沛同志合影

课堂上引导学生自学

2016年12月12日，参加中国教育家年会时合影

2018年5月26日，在中小学课堂管理与创新学术论坛上做报告

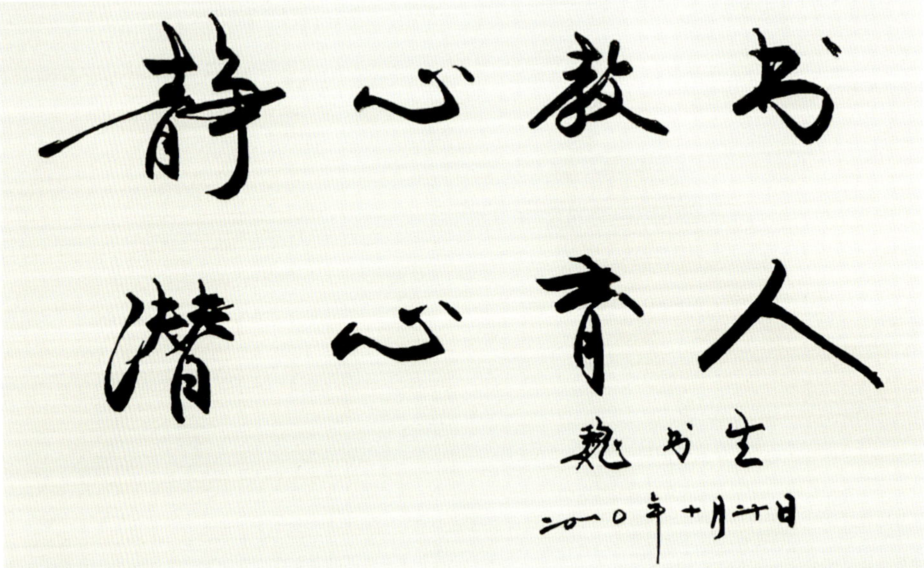

书法作品

魏书生教育文集

教学工作漫谈

魏书生◎著

漓江出版社

·桂林·

图书在版编目（CIP）数据

教学工作漫谈 / 魏书生著 . -- 桂林：漓江出版社，
2021. 12
（魏书生教育文集）
ISBN 978-7-5407-9153-7

Ⅰ . ①教…　Ⅱ . ①魏…　Ⅲ . ①中学教育－教学工作－文集　Ⅳ . ① G632-53

中国版本图书馆 CIP 数据核字（2021）第 208680 号

教学工作漫谈

作　　者　魏书生

出 版 人　刘迪才
策划编辑　文龙玉
责任编辑　章勤璐
助理编辑　周冬辉
营销编辑　俞方远
封面设计　周泽云
责任监印　黄菲菲

出版发行　漓江出版社有限公司
社　　址　广西桂林市南环路 22 号
邮　　编　541002
发行电话　010-65699511　0773-2583322
传　　真　010-85891290　0773-2582200
邮购热线　0773-2582200
电子信箱　ljcbs@163.com
网　　址　www.lijiangbooks.com
微信公众号　lijiangpress

印　　制　天津嘉恒印务有限公司
开　　本　710 mm × 1000 mm　1/16
印　　张　21
字　　数　300 千字
版　　次　2021 年 12 月第 1 版
印　　次　2021 年 12 月第 1 次印刷
书　　号　ISBN 978-7-5407-9153-7
定　　价　50.00 元

目 录 / Contents

001 / **我为什么愿意教书（代序）**

006 / **编辑的话**

第一辑　愤悱启发皆有道

002 / 课堂六步教学法

004 / 讲读课，少讲多读

007 / 画语文知识树

008 / 怎样划分文章层次

010 / 怎样归纳中心思想

012 / 怎样分析文章的写作特点

014 / 怎样教词语

017 / 怎样教修辞

019 / 初中推普五题

021 / 除了教材，还讲什么

027 / 课堂激发学生兴趣十法

037 / 研究学生心理，提高教学效率

第二辑　最好的学习是自学

042 / 开学第二天的“期末”考
——自学整册教材
045 / 整体化
——自学一类文章
046 / “四遍八步”读书法
——自学一篇文章
047 / 层次化、网络化
——自学文学常识
049 / 语文课——学生自己讲
051 / 作文——学生互相批改
053 / 作业——学生自己留
055 / 考试——学生出题评卷
057 / 谁都能自己摘果子
——差生怎样自学语文
064 / 谈培养自学能力
068 / 再谈培养自学能力

第三辑　效率是关键

076 / 培养学生的效率感
081 / 高效学习日
083 / 一分钟竞赛
086 / 45 分钟写完 2420 字
089 / 用好时间的“边角余料”

092 / 推开犹豫，雷厉风行
095 / 考前“独往独来”好
097 / 劳动不吃大锅饭
100 / 大扫除 15 分钟结束
102 / 一分钟全班调好座位
104 / 两分半钟收好书费
105 / 生物钟——高效来自科学

第四辑 能力的训练

110 / 听说读写都来自实践
115 / 培养学生的观察力
119 / 提高学生的记忆力
123 / 无规则数字板——提高注意力
125 / 培养学生的想象力
128 / 培养学生的写作能力
132 / 做语文学习的主人
137 / 发展中差生智力的几点做法

第五辑 经师与人师——教书与育人并重

144 / 教书必须育人
149 / 育人应先知人
152 / 重在培养良好习惯
153 / 寓德育于语文教学之中
159 / 既教作文，又教做人

162 / 能受委屈的人才是强者
164 / 心灵的摄像机对准啥
167 / 培养什么样的学生
171 / 好教育是能自我教育
179 / 永远有效的“后进生”互助组
181 / 控制“三闲”
185 / 关注国外科技动态
187 / 国外的同龄人怎样学
191 / 五千万年后的地球上
193 / 立足长处，培养自信
195 / 学会驾驶大脑这部汽车

第六辑　犯了错误怎么办

200 / 犯错误，写说明书
204 / 犯错误，写心理病历
207 / 犯错误，唱歌
208 / 犯错误，做好事
212 / 有时也需要留下学生
214 / 教师是亲子关系的黏合剂
216 / 感染熏陶，潜移默化

第七辑　“学高”还要“身正”——提高教师修养

226 / 多改变自己，少埋怨环境
227 / 选择积极角色进入生活

231 / 多抢挑重担，少推卸责任
233 / 笑对人生
236 / 走自学之路
241 / 发展自己的长处
245 / 调整需要，善于比较
250 / 尊人者，人尊之
252 / 来者都是客
254 / 服装与发型
255 / 练习放松
258 / 每学期都写文章
260 / 做园丁，当然收硕果
264 / 和家长共同教育效果好

第八辑　我和我的学生

266 / 我的指导思想
271 / 鼓励学生自荐
273 / 条条大路通罗马
277 / 每天点一盏思想的灯
279 / 跑进快乐天地
280 / 每天 100 次仰卧起坐、俯卧撑
283 / 有三部分内容的座右铭
287 / 变“？”为“！”
290 / 课前唱响一支歌
292 / 轮流教唱歌

296 / 忠实于自己

——考试不作弊

298 / 没娘的孩子早当家

——选好常务班长

304 / 设立值周、值日班长

309 / 班级“八有”

311 / 青出于蓝——三代师生共期盼

我为什么愿意教书（代序）

我爱读书。

16 岁，正是渴望读书的时候，然而“文革”开始了，学校生活便告终结。我刚念完初三，一切升学的美梦均告破灭。

“运动”了两年，我便从沈阳市第三十二中学，下乡到了有祖国“南大荒”之称的辽宁盘锦。

同学们付出的劳动时间不算短，常常日未出而已作，日已落而未息，劳动所得却连辘辘饥肠都无法填饱，扩大再生产和积累更无从谈起。端起碗来喝白菜清水汤，放下筷子却绝没有人敢骂娘，原因是劳动归来还要抓各种各样的斗争会、批判会，大家都绷紧了那样一根弦过日子。“阶级斗争”果然“一抓就灵”，人们饿得要命，却能够搜肠刮肚，想出各种各样权势者爱听的话来进行“大颂扬”。并且表决心，要进一步勒紧裤腰带，去支援世界上三分之二的“受苦人”，因为据说，他们正过着吃不上、穿不上的苦日子，在水深火热中受着煎熬。

这样的日子过了不到 10 个月，我当上了民办教师。那一年，我 19 岁。

从服从分配到心灵安宁

我读书的时候，并没想过能去教书。

刚听到让我去教书的时候，我并不愿去。我们全班 55 名同学下乡在一个青年点，有一位同学比我先得到分配，到县城的公路工程队去做筑路工人，同学们都羡慕得厉害。对我去教书则感到惋惜。有的朋友劝我不去，以便等待能当上领导的机会。尽管不愿去，但我又不敢不去，于是，便服从命令去教书。

教书之后，我才发现学生们心灵世界的广阔。农村孩子们真诚、质朴、勤劳的品质深深感染着我。我教的第一届学生便是小学毕业班，学生比我小不了几岁。第二届学生，年龄大的，才比我小四岁，这样我们共同语言便比较多。当时教材又比较浅，剩余时间，我便给学生读《红岩》《欧阳海之歌》，讲我看过的一些书，介绍城里的一些事情。他们也告诉我一些在城里人那里听不到的农村的习俗、秘闻。生活在他们之中，我感受到精神的满足、灵魂的安宁。

那时，大人们为了适应形势而违心地斗争、批判、清队，整自己的同胞，我感到深深的悲哀而又无可奈何。于是我便决心在学生的心田里开辟一片绿地，播撒上真善美的种子。

我想，这世界上，如果由于自己的存在而多了一些真诚、善良、美好的心灵，那我便获得了生存的幸福，有了一份生存的价值。

我一直认为，人活在世上，能不能幸福，最主要的是能不能有一颗好心。心肠好，那么生活穷点富点，工作轻点重点，寿命长点短点，他都能坦然无愧、豁达大度地对待，从而活得心安，活得幸福。人活着对他人、对世界有没有益处，有没有贡献，最主要的也在于他有没有一颗好心。心肠好了，不论体力强点弱点，才能大点小点，他都能尽心竭力地为他人为世界做好事。反过来，心肠坏了，就不好办，他自己活得太累，太麻烦，别人也会由于他的存在而累，而感到麻烦。教师显然是最有利于培养真诚、善良、美好心灵的职业，于是我便迷恋上了教书。

为了教书，我放弃过招工进城的机会，在农村教了两年零四个月。

1971 年秋，辽宁省历史博物馆要招工作人员，从我们农场近四千名知青中选两名。农场领导确定了我，同志们也劝我去，我心灵的天平向去的一方倾倒了，办了回城手续，办了户口。正在整装待发的时候，事情又有了变化，这两个名额不给盘锦而给沈阳了。后来我被分配到当时盘锦最好的工厂——盘锦地区电机厂。

我深深地想念着学校，想念着学生，想念着老师们。到厂的第一天，便向领导提出不愿在工厂而要到学校的要求，但未获批准。我便继续申请着，即使在两年以后确定我做厂领导接班人时，我仍一遍又一遍地申请当教师。

“批林批孔”时，我因赞扬孔夫子是杰出的教育家、思想家、哲学家，并且不满“文革”运动而受到批判。某一位领导从我的日记、文稿中摘录出我的“反动言论”竟达 108 条之多。有的时候，我一天要挨三回批判，由政工干部下放到车间做工人，头上顶着若干顶帽子，自然没有了申请做教师的资格。

好在只过了两年多，“四人帮”便折腾完事了。他们一朝覆灭，人们也就不再认为我是反革命，便又让我离开车间，负责所谓的“七二一”大学工作。我想，我既没有罪了，何不要求去教书呢？领导同情我被批判时的遭遇，终于答应了我这个并不过分的要求。六载夙愿，一朝得偿，喜悦之情，难以言表。

在教改中前进

1978 年 2 月，我到盘山县三中教语文，当班主任。不到半年，学校便不再让我教课带班，而让我当教导处副主任，负责学生思想教育和管理工作。

听到这一消息，我连夜写辞职报告，因为我费尽唇舌，历尽辛苦，谋求的就是能带班教课，如果愿意当干部，我早就可以当比教导主任大得多的“官”了。于是，我苦苦要求让我继续带班教课。半年以后，领导答应了，但条件是以学校工作为主，兼班主任，教语文。

当时学校 1500 多名学生，26 个教学班，两名教导主任，一位主抓教学，我负责学生思想教育。那时学生纪律又特别不好，我每天忙于学校事务，自己班级学生自觉性也不强，学校事务和班级事务二者常常无法兼顾。于是我便开始尝试培养学生的自我教育能力和自学能力的教改实验。

当时是 1979 年 3 月。

那时我觉得培养学生的自学能力首先碰到的问题是学什么。我同学生谈心，相当多的学生苦于不知语文究竟学些什么。他们感觉练习册到处是，花样翻新的试题如海浪般涌来，思维之舟掉在里面，不辨方向，不着边际。于是我便和学生商量讨论，画出了“语文知识树”。15 年前我们画的语文知识树有 10 个分枝：拼音、生字、词汇、语法、修辞、标点、文学常识、文言文、阅读和写作。分枝以下还有小枝和杈。自学语文就先要扎扎实实地学习这些最基本的知识。

学生按照语文知识树去学语文，就像司机按照交通路线图驾驶汽车到没有去过的地方，做到了心中有数，少走许多冤枉路。

明确了学什么，紧接着就要解决怎样学的问题。自学能力既是一种优良的心理品质，又是一种个性特征。任何心理品质和个性特征都要经历知、情、行、恒的心理过程才能形成和发展，我便按照这个规律去培养学生。

首先，提高学生对培养自学能力的认识。其次，使学生从感情上体验到自学的幸福和欢乐。再次，教给学生自学语文的方法，如怎样读总体语文书、怎样读一本语文书、怎样读一类文章、怎样读一篇文章、怎样提高学习效率、怎样制订语文学习计划等。最后，引导学生持之以恒地坚持执行自学计划。

1979 年，我没批改过一本作业，没批改过一篇作文，除统考外，我没搞过测验、考试。但我教会了学生怎样留作业，怎样批改作业，怎样批改作文，怎样出考试题。一学期的教材，我只用 30 多节课就讲完了。我绝大部分时间用于全校学生的管理工作，但这届学生的语文成绩在县内却遥遥领先。参加县内中学语文能力测验，我们获第一名；参加全县 30 所中学听说读写竞赛，获第一名；学生升学考试成绩比重点中学平均高 7.8 分（当时我校是一般中学，学苗是经重点中学选拔后剩下的）。

1979 年末，我便在营口地区语文教研会上宣读自己作文教学改革的论文，在会上引起相当激烈的争论。支持者热情鼓励，反对者亦慷慨激昂。

1981 年暑期，第一届实验班学生毕业，我写了《培养学生的自学能力》一文，在省中语会宣读，得到多方面支持，同年送中国教育学会中学语文教学专业委员会第二届学术年会交流。《中国教育学刊》全文刊载了我这篇文章。广西《中学文科教学参考》杂志为我开辟了一个专栏，广西教育学院王世堪院长亲自为我写短评。专栏还登了我的两名学生的文章。那时我的中学教龄还不到 4 年，学历只是初中。得到这么多老师、领导的鼓励和支持，既有感激，又有惭愧，还有不安。我默默地把感激、惭愧、不安在心灵深处转化为上进的动力，继续朝着语文教学改革的深处探索。

曾经有人认为，我的语文教学不像语文教学的样子，而是思想教育，是班主任工作。但我越往语文教学的深处探索就越感觉到，人脑这部机器应该分为两部分：动力部分和工作部分。两者不能互相取代，学习的动力不能代替学习的实践；反过来，学习的实践也不能代替学习的动力。回忆自己走过的语文教改之路，我感觉最满意的一点，就是始终把育人放在第一位。我教语文极为轻松，根本原因也在于育人，在于引导学生成为语文学习的主人。

语文是工具学科。但不同的人利用这一工具做着不同的事，来达到自己的人生目的。同是学习的工具，有人用阅读能力读伟人传记、技术资料、先进理论，有人则读黄色书刊、反动文章。同是工作的工具，有人讲话劝人具备真善美的品质，写文章宣传周总理、雷锋的精神，传播先进的科技知识，激励别人为人民、为祖国做出贡献；有人说话怂恿人作恶，写文章宣传人是自私自利的动物，引诱别人为了个人私欲不顾别人死活。

显然只教会学生语文知识不行，只培养学生听说读写的能力也不行。没文化很可怕，有了文化心术不正，有人认为更可怕。我觉得至少是同没文化一样可怕。

我深深感到，一位教师，要做经师，更要做人师。教书的同时始终注意育人，这是我个人心理上的需要，是学生切身利益的需要，是人民的需要，是国家利益的需要，是党的利益的需要，是语文学科性质的需要，是提高语文成绩本身的需要。育人是语文教师分内的事，只有坚持育人，才可能进入语文教学的自由王国。我的这一观念和教书育人的具体做法，1983 年在全国中语会第三届学术年会介绍时，受到与会者赞同，许多同志产生了强烈的共鸣，这更坚定了我沿着这条路走下去的信心。

1984 年暑期，全国中语会在大连开会，重点推广我教书育人的经验。德高望重的吕叔湘先生亲临会议，从头到尾听了我的汇报发言。吕先生在大会上做了热情洋溢的讲话，给我以多方面的鼓励。吕老的鞭策，使我获得了极大的动力，增长了战胜困难的勇气和力量，坚定了对人类美好未来的追求与向往。

1984 年 8 月 12 日，中共辽宁省委、辽宁省人民政府联合做出《关于开展向魏书生同志学习活动的决定》，同时省政府授予我“特级教师”的称号，那时我 34 岁，中学教龄才 6 年。同许多教师相比，我是幸运的，我得到的关怀、支持、鼓励要比别人多。唯其如此，我更应珍惜这难得的机遇，加倍努力工作和学习，以报答党和人民的恩情。

魏书生

1994.12.8

编辑的话

魏书生是中国教育界的传奇人物，他以严整、科学、极具前瞻性的教育理念，与学生互动的教育方式，引导学生自主学习的教学方式，民主科学的管理指导思想，引领了新一轮教育改革的方向。他从教40多年，身兼社会职务40多项，却始终不离教学第一线，坚持上语文课。即使在任盘锦市教育局局长后，除坚持上课外，他还做着不挂名的班主任工作。

由于成绩卓著，魏书生先后获“国家有突出贡献中青年专家”、首届“中国十大杰出青年”、“全国十佳师德标兵”、“全国劳动模范”、“五一劳动奖章”、“全国优秀班主任”等殊荣，当选为中国共产党第十三次、第十四次、第十五次、第十六次、第十七次连续五届全国代表大会代表，被授予改革开放30年“中国教育时代人物”称号。

《班主任工作漫谈》《教学工作漫谈》《好父母　好家教》《好学生　好学法》是魏书生的经典著作，以班主任工作、教学工作、家庭教育、学生学法指导为主题，涵盖了全方位的教育、教学、管理策略和实施方法。自从出版后，得到了广大教师的追捧。特别是《班主任工作漫谈》《教学工作漫谈》[原名《魏书生文选》(1、2卷)，2005年修订改版]影响巨大，畅销了近30年！很多学校、教育机构用以培训教师，很多教师直接对照着书进行工作，迈开了教改的步子。著名教育专家李镇西、卢志文、干国祥等回忆初为人师时都说，魏书生的书曾给了自己很大的激励和影响。

随着教改的深入，魏书生著作的市场需求量更大。我们与作者重新修订图书，使作者的教育教学管理思想精髓更清晰地呈现，正本清源，以飨读者。

追随经典，历久弥新。时间会流逝，但教育家的风范、情怀和智慧，一直闪耀着光辉。

愿我们的努力能给您带来一点裨益。

2021年12月

第一辑

愤悱启发皆有道

我常想，上课时，只解放学生的耳朵，却堵住他们的嘴，捆住他们的手，由教师唱独角戏，实在是费力不讨好。尽可能多地让学生说，让学生读，让学生写，这样做，学生的兴趣比听老师的独角戏要浓得多。

课堂六步教学法

课堂教学方法很多，讨论法、实践法、练习法、纲要信号法、导读法、问读法、串讲法、答疑法，认真统计一下，大概不会少于一百种。

课堂是艺术园地，这一园地应该百花齐放，甚至千花万花齐放。

我想，作为第一线教师，要紧的不是忙着用这种教法去否定那种教法，也不是去证明许多种教法没道理，更不是糊里糊涂地照搬一种教法到自己的课堂上，不加任何改变就用。而应当像蜜蜂一样，在教学的百花园中，到处采集于自己有用的花粉，回来以后，酿造自己课堂教学的蜜。集各家教法所长，结合自己的素质、性格特点以及学校和学生的实际，探索有自己特色的教学方法。

我喜欢用课堂六步教学法，即定向、自学、讨论、答疑、自测、自结。

1. 定向。即确定这节课的学习重点。每课书的学习重点既从本课书的角度看，更重要的，我喜欢从单元，从整册书，以至从语文总体知识的角度看，从期末复习的角度看。这样看，就敢于舍弃那些无关紧要的东西，而紧紧抓住那些从期末复习、从语文知识树的角度看，割舍不掉的知识。另外还要看是否符合学生的实际。确定重点的方式，有时由我提出，有时由好学生提出，也有时大家讨论。在自己的班级上课，有时我提的重点也被学生否定。即使在外省市上课，我提出的学习重点，有的部分也被多数学生否定。每当这时，我便根据大多数学生的意见修改学习重点。在大部分情况下，我都把学习重点写在黑板上，如《故乡》这课学习重点：①字词（略）；②文学常识：作者及时代背景；③人物肖像及语言描写；④分析人物性格变化的原因。

2. 自学。因为目标明确，同学们就可以驾驶着自己思维的汽车向目标行驶。仍以《故乡》为例，因学生已进行过整册书知识归类学习，前两个学习重点，稍加回忆或复习即可重现，第三、四个学习重点，须自己读书，找答案。

3. 讨论。经过自学，大部分难点可解决，不能解决的，自己记下来。

前后左右，四个人一个讨论组，研究自学过程中各自遇到的疑难问题。

4. 答疑。分组讨论，仍没解决的问题，则提交全班同学。学生如果会，则由学生解答，学生不会，则由教师解答。在答疑时，可提出教学重点所列的问题，学生也可以提出自己读书时发现的疑难问题。倘这一疑难带有普遍性，教师可予以回答。倘无普遍意义，且无深究的意义，为了节省课堂时间，则跟个别学生讲明："这个问题，待下课后，老师再跟你个别研究。"

5. 自测。即自我测验。测验方式不同，有时学生根据学习重点自己出题，自己答自己出的题。有时请一名同学出题，大家答。有时每组出一道题，其余组抢答。有时我出一组试题，或做教材后面的练习题。需书面回答的题，一般都限定时间，全班同学进入竞技状态，用三分钟或四分钟做完，然后立即拿出红色的笔评卷，错的地方用红笔写出正确答案，回答之后将红色的内容再用蓝色的笔做一遍，再用红笔评卷。这样检测，既明确了自己当堂有哪些知识点没掌握，又明确了经过课后的努力有了哪几点进步。

6. 自结。即学生自己回忆总结这节课学习重点是什么，学习过程有几个主要环节，知识掌握情况如何。这有点像录像机倒带，学生将自己头脑的录像带快速倒至上课时，再根据需要，放映一遍必要的内容。自结，大部分采取每位学生都坐在自己的座位上，七嘴八舌地大声说的形式。也有时请一位同学总结，大家订正。

从信息论的角度看，这样六个步骤有助于信息的处理。第一步定向，控制信息的接收范围，随时排除干扰性的学习重点之外的知识。自学则是主体主动接收信息的过程。讨论和答疑是信息传递的最主要过程。教师以平等的身份参加学生的讨论，并在必要时做出解答以保证信息的正常流通与传输，这两个环节信息的传递是多向的。师生都是信息源，又都是信息接收器；师生的行为既是反映，又是信息。第五步自测和第六步自结在整个课堂信息传递过程中，是一个终极部分。它们的任务主要是对本课时所接收信息的及时反馈与强化。

一次华东师范大学谢象贤教授到我们班听课，她问："课堂类型一般有多种，你说的就是这一种类型，其他的变式有没有呢？"我说，六个步骤基本如此，具体运用则变化无穷。如以定向为主的计划课，开学初讨论学习计划，期中、期末讨论复习计划。这种课虽然也有讨论、答疑、自结等步骤，但大部分时间用于定向，我便称其为定向课。我外出开会，语文课全由学生自学，当然就是自学课了。有时一节课为了消化两个疑难问题，同学们又不希望老师马上答疑，课堂以讨论为主，便成了讨论课。期中、期末复习课，请同学们广泛提问题，教师来解答，这就是答疑课。为检查验收阶段学习成果，同学们互相出题考试，自然就是自测课。总结、复习单元、期中、期末的学习重点难点，以总结为主，虽然间或也有讨论、答疑、自测，但我常称之为总结复习课。

探索课堂教学方法，确立课堂教学类型，都是手段，不是目的，目的是为了提高课堂教学效率。教师不应该非把自己框定在某一种模式里，可根据自己与学生的实际确立一种基本模式。基本如此，情况有变则变。如果自己眼界比去年开阔了，学生基础比去年坚实了，学习积极性比去年高了，那么课堂教学方法、教学步骤也必须随之改变。

讲读课，少讲多读

一天，我刚从外地回到学校，听说有很多教师从外省来到了我校，正等着我回来。

我回到学校处理了几件事情，就到班级上课。同学们口头作文后，坐下来。我说："今天我们讲《公输》这一课。这篇文章篇幅比较长，老师想用两课时讲完。"说完，我便转身去板书，刚写完课题，便听到有同学喊："报告！""什么事？""老师，我不同意这篇文章讲两课时。""为什么不同意？""我认为这课书虽然长，但语言比较好懂，如'起于鲁，行十日十夜而至于郢'，有些难懂的句子，教材下面都加了详细的注解，老师不在学校这些天，这几篇文言文我们又都自己翻译了，再用两节课时间，不白白浪费一节课吗？"

我便问："同学们还有谁赞成他的意见？"没料到三分之二以上的同学都赞成这样做。后面听课的老师们都感到很新奇，看我究竟怎样处理这个问题。依照班级的规矩，只要多数人通过的事，即使老师不同意，也得照大家意见办。于是我说："那就照老规矩办，服从多数，只讲一节课，将两节课的学习重点合二为一吧！"这节课上得较顺利，一课时，重点难点都解决了。

《公输》这么长的文言文都讲一节课，浅显的短的课文就更不多用时间了。

这些年来，我经常外出开会，教学进度落不下吗？落不下。为什么？就因为我减少了讲读课上讲的时间。1979年以来，我一直这样处理讲读课文，少讲多读。教师少讲，学生多读，一节课讲一篇课文。极少数课文如《周总理，你在哪里》《出师表》等我才讲两课时。《周总理，你在哪里》并不是因为难懂才讲两课时，而是因为我极其崇敬周总理的为人，所以总要在课堂上介绍总理那些感人肺腑的事迹。

每节课讲一篇课文，原来教材30篇课文，加之有用两节课的，35节课也讲完了。现在的教材增加到40课时，减去自读课，讲读课和阅读课总共也不过三十二三课时。这些课就是多算一点，用40课时也能讲完。每学期语文教学课时，以每周6节，共20周计，也有120课时。倘用40课时讲课文，10课时讲知识短文，10课时讲作文，那还剩下一半时间，做什么？有了时间，做什么都好办，学生自学，学生读书，我去开会，单元复习，系统复习，增加一些教材外的教学内容，如教育心理学知识、国外科技动态、学习方法、名篇时文、其他学科相关的内容。

十年来，我之所以教得比较轻松，原因之一就是从讲读课文精雕细琢中解放了出来。当然精雕细刻地讲，有很多长处，但相对于我的实际，很明显就弊多利少了。我既然精雕细刻不起，就得根据自己的实际，选择现在这条路。

这样走了十来年，觉得这"少讲多读"之路，也自有一些存在的道理。

讲得少，教师才更珍惜讲课的时间，仔细考虑哪是必讲的内容，哪是讲了以后学生能记住、能理解的内容。讲得少，学生才有可能记得住。人们正常的讲话速度是每分钟200字，讲10分钟就是2000字，一节课如果有一半时间讲，那就是4500字。即使其中有1/4是必要的信息量，学生接收之后储存的可能性也不大。即使当堂接收储存了1100多字的信息量，其在大脑中全部长期保存的可能性也不会太大。即使大部分长期保存了，又有多少有再现的价值和可能呢？我读书时听老师分析课文，老师分析的话没记住几句，留下的，还是那些课文本身的内容。

读得多，学生才可能提高阅读能力。读的机会多，时间多，学生才自己去思考、琢磨、查字典、查资料、问同学，才能形成自己克服困难的能力。只有学生多读书，多划分文章层次，他才可能形成划分文章层次的能力。如果每篇文章都由教师给归纳、讲解、抄录中心思想，学生没有机会自己去读，去归纳，那没学过的文章自然就不会了解中心思想是什么了。即使讲过的，由于没有自己实践，没有去读一读、想一想的过程，过不久还是容易忘记。

一篇课文只讲一节课，能讲完吗？能。许多知识点，如字、词、文学常识，学生在假期已自学过。倘必要，上课时，我强调提问一下，大部分时间，课堂上不讲。文章的层次划分、中心归纳，因已教给学生基本方法，则许多课文这两项也不讲。倘层次、中心用一般方法无法解决时，则用引导学生讨论的方法点拨一下。这样每课必讲的就剩下一两处写作特色了。重点突出了，内容又很少，讲起来自然容易，省时间。

漏掉了必要的知识怎么办？其实语文总体知识把握住了，一册书必要的知识也就把握住了。就一篇课文来说，真没有必要到非讲不可那种程度的知识。试问，从中学语文教材中挑最重要的 10 篇文章，砍掉它们，换成别的同类文章，行不行？回答是肯定的。既然砍掉 10 篇最重要的文章都可以，那么舍弃某篇文章中的某个知识点，就更不影响语文总体知识了。既然漏掉可以，就不要怕漏掉。但重要的知识，还是不漏更好些。从复习的角度看知识，重要与不重要会看得更清楚，那时一看某课漏掉一个知识点没讲，再补上就是了。

如果讲某篇课文的时候，生怕讲得不全而被考试钻了空子，就面面俱到，那就太累了。语文学科的特点是哪篇课文都可以展开来，出上一百道习题也不止。为了赌这些小题，而多讲不少内容，结果大讲特讲，不少讲精讲，学生不仅没记住这么多内容，结果连重点内容也被冲淡而无暇掌握了。

讲读课少讲多读的教法，十年来为我赢得了大量的时间。以每课书节省 1.5 课时计，每学期就近 50 课时。有了这 50 课时，我就有了极大的主动权：查缺补漏，系统复习，强化重点，增学课外知识。所以在心理上感到教得很轻松。

画语文知识树

学生普遍感觉，别的学科，知识结构很清楚，每天、每节课讲的知识都一环扣一环。少上两节课，心里就很着急，怕落下课程。语文呢？有学生说：“别说少听几节课，就是一个月不上语文课，我的语文成绩还是原来那样。”

学生将语文课比喻为弹簧，可伸可缩，可长可短。对《故乡》一文，有的教师讲一课时，有的则讲四课时，有的还要多。

一篇课文，可以涉及很多知识点，讲得再长些也有东西可讲。另一方面，中语教材中的任何一篇文章，又都可以删掉，可以不学。于是学生感觉学语文不像其他科那样目标清楚，不像其他科那样每节课都有实效。

我常想，我们去一个遥远而又陌生的地方时，通常都要带上一张地图，一路上看地图，明方向，定目标，选择最佳路线，才能少走冤枉路，节省时间，顺利到达。

学语文的时候，学生也应该有这样一张“地图”。思维的汽车在知识原野上奔跑时，有了这样一张知识地图，目标才明确，才能少走冤枉路，走的路程越远，地图就显得越重要。

1979年，我开始引导学生画语文知识结构图，我们用树的形式来表示知识结构。于是同学们也管它叫“语文知识树”。

怎么画？我先请同学们把初中阶段的六册教材集中起来。后面的教材还没学，没书怎么办？就请大家去跟已经毕业的亲属、邻居的大哥哥大姐姐们去借。

有了六本教材，没加引导的时候，不少同学画不出来，画了一棵语文知识树的主干，什么是支干呢？有同学把每课书都作为一个支干，这样画出来的知识树，不像一棵树，倒像一根长长的羽毛。

后来，我们经过讨论，认识到六本教材180课，200多篇文章（包括诗词），编者的主要意图，不仅仅是让我们读懂一篇篇文章，更重要的是通过对教材的学习，使我们掌握系统的语文知识，提高听说读写能力。

六本书中系统的语文知识大致有四部分：基础知识、文言文、文学常识、阅读和写作，这是第一层次。

再进一步分析，就会发现，基础知识还包括语音、文字、词汇、句子、语法、修辞、逻辑、标点这样八个方面。文言文包括字、实词、虚词、句式四个方面。文学常识包括外国、古代、现代、当代四个方面。阅读和写作包括中心、选材、结构、表达、语言、体裁六个方面。这是第二层次，共 22 个方面。

再进一步分析，每个方面又包括基本知识点，如语法，就包括词类、词组（现在叫短语）、单句、复句四个知识点。这是第三层次，130 多个知识点。

打个比方说，这张语文知识结构图，像中国行政区划图。第一层次的知识像省，第二层次的知识像地市，第三层次的知识像县，第三层以下还有更细密的知识细胞，好比乡镇一样。

学生将教材知识划分为不同层次，再把握住了一、二、三层次这些主要的知识，总体语文教材怎样读，总共要学哪些知识，哪些先学，哪些后学，哪些是已知的，哪些是未知的，就可以做到心中有数了。

这样，学生就可以驾驶着思维的汽车，在知识的原野上奔驰，一个层次一个层次、一个类别一个类别地征服语文知识目标，就不会觉得语文知识混乱，无从下手了。

语文知识树，学生画的不一样，有的认为该画 4 部分 19 项 108 个知识点，也有的画了 4 部分 21 项 120 个知识点，后来我们暂且统一为 4 部分 22 项 131 个知识点。

怎样划分文章层次

经常有学生问我：“划分文章层次，有没有固定的方法？”

教材上没有提到划分文章层次的方法。有的教师认为，一把钥匙开一篇文章的锁，不会有万能钥匙。也有的教师认为，万能钥匙虽然没有，但应该有适合于大部分文章规律的几把钥匙。我曾和学生一起归纳出几种划分文章层次的方法。

1. 划分记叙文层次的五种方法。

①按时间顺序划分。有的文章以时间为线索，写人记事，交代事件的起因、经过、结果。如《多收了三五斗》，按时间顺序分为两部分，第一部分写某一天农民粜米的悲剧，第二部分写第二天悲剧重演。

②按空间顺序划分。文章写自然景物，一般按空间顺序安排层次，也有的写人记事，也按空间顺序安排层次。如《老杨同志》就按人物活动的三个场面，划分为在村公所、在老秦家、在打谷场这三个部分。

③按表达方式划分。有的记叙文，以记叙为主，又在开头部分抒情议论，末尾又以抒情议论作结。如《谁是最可爱的人》就按表达方式不同划分为三部分：第一部分抒写自己的感受，第二部分记叙了三个事例，第三部分以抒情议论作结。

④按材料性质划分。有的记叙文不受事件发生时间地点的限制，而以事件内容为依据，把表现同一思想内容的材料安排在一个部分里。如《闻一多先生的说和做》就按不同的材料性质，划分为闻一多的学者方面和革命家方面这样两个部分。

⑤按作者的认识过程划分。如《荔枝蜜》按作者对蜜蜂的认识过程，划分为不喜欢、想看看、赞美、联想到劳动人民、梦见自己变成蜜蜂这样五个部分。

2. 划分议论文层次的四种方法。

①三段式。大部分议论文都按照提出问题、分析问题、解决问题的顺序安排层次。在结构上分为开头（引论）、正文（本论）、结尾（结论）三部分。如《谈骨气》。

②总分式。较复杂的议论文则先提出文章的总论点，为了论证总论点，又提出若干个分论点。

③并列式。文章论述的两个或几个问题之间的关系是并列的，有几个问题，则划分为几个层次。如《放下包袱，开动机器》。

④递进式。文章各部分之间的内在联系是层层深入的，如《最后一次讲演》。第一部分揭露反动派的卑鄙，赞扬李先生的光荣。第二部分深入论述敌人的卑鄙，说明其末日将临。第三部分号召青年继承革命烈士遗志，进一步表示斗争的决心。

3. 划分说明文层次的方法。

我们认为，大致可以用记叙文、议论文的方法。过去我们曾总结划分说明文的十种方法，后来觉得，方法太多，不利于初中生掌握，就不用了。

以上所说的方法适合于大部分文章，不等于适合所有的文章。有的文章结构形式非常特殊，不能用现成的公式去套，只能具体文章具体分析。

有的同学问："为什么同一篇文章，有的书让分段，有的书让分层次，有的书让划分成几部分呢？"这是因为不同的编者、学者对这个概念的表达形式有不同的见解。不过现在人民教育出版社的《教学参考书》认为文章下分部分，部分之下分层次，层次之下再划分为段落。

另外，不是每篇文章的层次划分都有一致的意见。比如《向沙漠进军》就有分两部分的：沙漠怎样危害人类，人类怎样向沙漠进军。有分三部分的：在分两部分的基础上把怎样向沙漠进军中取得的成果的部分划出来。有分四部分的：把最后一个自然段算第四部分。还有分五层的：把第一自然段也算作独立的部分。这四种意见，《教学参考书》认为都对。重要的是能讲出这样分的道理、依据。而教给学生划分文章层次的方法，恰恰是让学生练习讲出划分层次的道理和依据。

教书十多年来，我从来没让学生抄过一篇文章的层次段落，也没抄过段意。我觉得如果学生自己不会划分文章层次，并且不能讲出道理和依据，那么抄得再细、再多，也没有多大用处。反过来，如果引导学生自己练习划分文章层次，学生大致掌握了方法，具备了能力，那也就用不着再费力气去抄那些标准的划分结果了。

有一次外地几十位教师来听课，我讲的公开课就是《怎样划分文章层次》。结果一节课我们给十几篇文章划分了层次，学生觉得有兴趣，效率极高，基本掌握了划分层次的方法。

怎样归纳中心思想

归纳文章的中心思想有没有一些基本方法？这同划分层次一样，大家的意见也不一致。但很多教师认为，还是有一定方法可循的。

如果按记叙文、说明文、议论文等不同文体特点划分，归纳中心的方法，有三类 14 种之多。如不分文体，常用的方法大致有七八种。学生刚开始探讨这一问题，还是不分文体更容易掌握，等运用熟练了，再分得细一些。

这些年来，我们班学生归纳中心思想，常用的是六种方法。

1. 看文章题目。有的文章一看题目就使人想到整篇内容大致是围绕这个中心写的。如《谁是最可爱的人》就是通过记叙中国人民志愿军在抗美援朝中的三个典型事例，赞扬了战士们的英雄主义、爱国主义、国际主义精神，深刻地说明了志愿军战士是最可爱的人。又如看到“石油的用途”这一题目，也会使人想到这是说明石油用途的文章。再一看内容，知道文章的中心，确实是结合石油的性质、特点说明了石油在国民经济和人民生活中的广泛用途。

2. 看文章的开头和结尾。不少文章，开门见山，开头部分就提出中心思想。比如《马说》第一句话就提出了文章论述的中心：“世有伯乐，然后有千里马，千里马常有而伯乐不常有。”全文紧紧围绕这一中心，说明不遇伯乐，千里马会被埋没的道理。又如《黄生借书说》开头就提出了全文的议论中心：“书非借不能读也。”还有的文章是在结尾部分点明中心，比如《井冈翠竹》就是篇末点题：“井冈山的毛竹……从不改色……永不低头——这正是英雄的井冈山人，也是亿万中国人民的革命气节和革命精神！”

3. 看文章的抒情议论部分。这种方法适用于记叙文。文章在记叙、描写中插入抒情议论，通过分析这些句子，也就容易归纳出中心思想。如《听潮》一文，在描写大海涨潮时发表议论：“怕什么。这是伟大的乐章！海的美就在这里。”文章结尾处又直抒胸臆：“我喜欢海，溺爱着海，尤其是潮来的时候。”从这些议论和抒情的句子中，我们看出文章的中心是讴歌大海的壮美，颂扬大海的伟大力量。

4. 分析人物性格。一些写人的记叙文，中心含而不露，这时你注意分析主人公的性格特点，就能看出文章的中心。如《第二次考试》的主人公陈伊玲的性格特点是勤学苦练，公而忘私。这样，全文的中心也就赞扬她这种勤学苦练的精神和公而忘私的优秀品质。又如《老杨同志》中的主人公老杨，立场坚定，爱憎分明，密切联系群众，又注重调查研究。这篇文章的中心，也就是赞扬他这些优秀品质和工作作风的。

5. 综合文章各段段意。这种方法，比较适用于说明文和特殊的议论文。如《死海不死》这篇文章，第一部分说明了死海的特征，第二部分说明了死海的形成过程，第三部分简介死海的昨天、今天和明天。那么这篇文章的中心就可归纳为“本文形象通俗地说明了死海的特征和形成过程，简介了它的今昔和未来”。又如《最后一次讲演》分为四部分，综合这四部分的段意就是全文的中心思想。

6. 分析文章的写作背景。有的文章寓意较深，不易找出，这时就要注意弄清文章写作和发表时的政治历史背景。如《论雷峰塔的倒掉》，只有结合作品发表时（1924 年 11 月）的背景，才能认识到文章的中心是表现了作者打破中国封建思想束缚的愿望和对被压迫者的同情。

以上六种方法，最常用的，还是前两种。

归纳出了中心思想的大概意思后，再将文字整理得通顺一些，表述出来。比如记叙文中心思想的一般表述形式是，前一部分概括文章的主要内容：本文通过对……的记叙（或描写）；后一部分是中心所在：赞扬了（或歌颂了、揭露了、批判了、表达了、说明了）……的精神（或思想、品质、制度、感情、道理）。

以上所讲，都是归纳一般文章中心思想的方法。特殊的文章，还需要综合运用多种方法，进行分析归纳。

一次我上公开课，我说：“今天咱们学新课。”接着板书课题：怎样归纳文章的中心思想？学生看了，就提出问题：“老师是不是写错了？教材上没有这一课呀！”我说：“这是自编知识短文。”接着引导大家回顾我们归纳文章中心时的思路，总结出以上六种归纳中心思想的方法，紧接着我们用这六把钥匙，开一篇篇没学过的课文的锁，一节课竟然归纳出了 16 篇文章的中心思想。学生兴趣盎然，觉得既开动了脑筋，又学会了方法，比起抄老师给归纳的现成的中心思想效果好多了。

怎样分析文章的写作特点

我曾问过几名已毕业的学生：“《苏州园林》的写作特点是什么？”他们回忆了一会儿说：“答不上来，但我们已经抄到笔记本上，一翻笔记本，就能知道。”我又找出杂志上登的一篇小说，请他们分析，尽管这篇小说特点很明显，他们还是说不出。我问为什么说不出，同学们理由很充分：“老师还没讲，还没抄，我们怎么能会！”

显然只靠教师讲，学生听，教师写，学生抄，不利于学生能力的培养，不利于学生将来的发展。初中毕业生，文章的写作特点应该说抄得不少了，但还不能独立分析写作特点，这显然不利于他们毕业后的读书自学。

于是我想，该教给学生一点基本的方法，使学生用这些方法，能独立分析一些浅显文章的写作特色，效果大概比只是听和只是抄要好。

其实，我们有时让学生抄文章的写作特点，抄得也很勉强。如：本文中心突出，详略得当。其实从浩瀚的文章海洋里，选那么几百篇，编入语文教材，如果中心不突出，详略不得当，那真是难以想象的。

我想初中阶段，分析一篇文章的写作特点，一般要从五个方面入手。

1. 分析中心。看文章的中心思想是否鲜明、集中、深刻。一般说来，能选入中学语文教材的文章，中心思想是鲜明、集中的。深刻则是少数文章的特点。如《变色龙》这篇文章，作者塑造具有奴才特征的奥楚蔑洛夫这一人物形象的中心意图，不仅仅是揭露趋炎附势、看风使舵这类奴才的丑恶灵魂，更主要的意图是为了揭露沙皇专制统治的黑暗与反动。所以说中心思想深刻是这篇文章的写作特点之一。

2. 分析选材。看文章的选材是否围绕中心，是否具有典型性，材料是否新颖，取舍是否得当。如《闻一多先生的说和做》就只选取了闻一多先生作为学者和革命家方面的最感人、最典型的事例加以介绍。《谁是最可爱的人》的作者原来搜集了 20 多个事例，最后从中选取了 3 个最典型的写入文章中。《桃花源记》开头的引起和结尾的余韵都略写，中间部分渔人在桃花源中的所见所闻则详写，这样安排文章的详略，突出了中心。

3. 分析结构。看文章的开头和结尾是否照应，层次和段落是否清晰，过渡是否自然。如《谁是最可爱的人》开头便提出战士是最可爱的人，结尾又说："他们确实是我们最可爱的人！"照应了开头。《故宫博物院》介绍的故宫虽然规模宏大，建筑群复杂，但却写得层次分明。《闻一多先生的说和做》这篇文章的两部分之间，用了两段议论的话过渡，显得既自然，又突出了文章的中心。

4. 分析表达方式。文章表达方式有五种：记叙、说明、议论、描写、抒情。小说的特点，大多是通过描写来塑造人物形象。如《筑路》通过典型环境描写表现人物顽强的革命意志，那么环境描写则是本文的写作特点。《老杨同志》通过语言、行动描写刻画人物性格。《变色龙》通过鲜明生动的对话来刻画人物性格。《第二次考试》则是用直接描写和间接描写两种方式刻画人物。一篇文章中往往不止用一种表达方式，常有几种表达方式结合起来用的现象。如《听潮》是散文，但在记叙描写中又有议论抒情的部分。《论雷峰塔的倒掉》是议论文，但中间又有大段大段的记叙。《死海不死》是说明文，但也穿插了神话传说。这些又都可以称作是文章的一个特点。记叙文在记叙方面的特点有倒叙、插叙、补叙，说明文在说明方法方面的特点又有分类、下定义、比喻、比较、列数字、举例、画图表等区别。议论文的特点重在分析论点、论据、论证三者之间的关系。

5. 分析语言。主要注意四点：①从语言基本要求看，是否朴素、准确和精练。如《向沙漠进军》的写作特点之一就是语言准确。②从修辞方法的角度看有什么特点。如《听潮》这课书就是运用拟人、比喻、排比等多种修辞方法。③语调是幽默、讽刺，还是庄严、沉郁？是冷淡、悲凉，还是欢乐、喜悦？如《论雷峰塔的倒掉》语言特色是幽默、讽刺。④分析人物语言是否个性化。如《老杨同志》中，人物的语言都有鲜明的个性特点。

以上是从整体角度来说怎样分析文章的写作特点。具体到分析一篇文章，要从这样五个方面入手去思考，去分析，不可能每篇文章五个方面的特点都突出。所谓写作特点，是区别于一般文章写法的独特之处、成功之处。每篇文章从五个方面入手，最后找出两三处最突出之点，再加以具体举例、分析就可以了。

经常引导学生练习从以上五个方面去分析文章的写作特点，学生就用不着死记硬背老师给抄的写作特点了。更重要的是，学生可以用这些方法，凭这些能力，自己去分析教材上没有的，报纸、杂志、书籍上许多文章的写作特点。

怎样教词语

到我们班听课的教师发现，我讲现代文的时候，很少强调解释词语。人们便问："课堂上不解释词语，那学生能会吗？"

这些年我习惯于用如下方法进行词语教学。

1. 集中学习。如前面所说，请学生在假期就列出现代文里的生词表和文言文中的生词表。列表之后，请同学们集中自学。集中学习与分散学习各有所长，我比较注重培养某些同学集中学习的习惯。习惯形成之后，集中学习的方法对这些同学来说就比分散学习效果要好。某位教师长期使用集中教学的方法，时间长了，具体办法多了，习惯养成了，他就觉得集中学习的好处比分散学习要多一些。我自己就是集中学习字词习惯了的，当教师教书了，便也这样教学生。往往一册教材，现代文生词 100 个左右。按一分钟记住 3 个算，30 多分钟就记住第一遍了。8 年前，我搞过一次识记新词比赛，第五册教材刚发到学生手里，我请同学们在 20 分钟之内学全册书中现代文要掌握的 87 个新词。20 分钟之后合上书，马上听写，竟有三分之一的同学 80 分以上，只有 3 名同学不及格。以后我也常搞这种集中学习的竞赛，效果都很好，增强了同学们的学习信心。

2. 反复练习、运用。第一次短时间识记，仅是良好的开端，复习巩固还要靠平时反复练习、运用。我们每天 500 字的语文练习，其中就包括词语练习。定期看一看本册词语哪些快遗忘了，就在练习本上写一写。一个学期有过几次复习、练习的机会，词语就记住了。我还请学生们尽可能用学过的全部词语造句，在每天 500 字的练习中造句。最好的办法是将词语用到所写的日记、文章中去。我的学生，日记写得多，这也增加了理解、运用词语的机会。

3. 定期考试。开学初学生验收整册书自学结果时，包括字词。有时，过一段时间我就专门检查一次词语掌握情况。全班同学每人出一组关于词语的题，大家互相考。分数低的，还要补考。期末复习，又将词语专列一项，专门验收一次。这样一来，一册书现代文的 100 左右个词，文言文的 200 左右个词掌握得就比较牢固了。

4. 教给解词方法。学会解词方法，不仅教材上的许多词不再需要死记硬背，学生还能练习解释一些刚接触的新词。我向学生介绍过六种解词方法。

①分析语素法。有些合成词的词义，就是这个词中各个语素的意思的总和。例如：

“肆虐”的“肆”，任意地干；“虐”，残暴。任意地干残暴的事情。

不毛之地，“毛”指草木，不长草木的地方。

②同义词注释法。尽量用一个已经掌握了的、与之意思相近的同义词来注释。例如：

赋予——给予。憧憬——向往。

③反义词注释法。即用一个词的反义词加上否定副词解释这个词。

例如：

龌龊——不干净。冗赘——不简练。

④描绘说明法。联系上下文的意思，对词的意义加以生动形象的描绘，使人明白。例如：

水泄不通——十分拥挤或围得非常严密。泄，排出。

斩钉截铁——说话态度坚决果断。

⑤比喻举例法。有的词，打一个比方或举一个例子解释得更清楚。例如：

人声鼎沸——人声嘈杂喧闹，像水在锅里沸腾一样。

四分钱、五分钱——高利贷。就是四分利、五分利。如借 100 元钱，每月要付 4 元，或每年付 40 元的利息，都叫“四分钱”。

⑥下定义法。大部分名词，特别是科技术语，要用这种方法解释。例如：

辐射——热的一种传播方式，从热源沿直线直接向四周发散出去。

自动生产线——生产的各道程序都由自动化设备控制、操作的作业线路。

以上是常用的几种解词方法，掌握了这些方法，不仅能提高记忆新词的效率，还能增强学生的分析能力。

5. 教给辨析同义词的方法。辨析同义词有助于提高学生理解、运用词语的能力。教材上有辨析同义词的题，学生因学不得法，死记硬背标准答案，相当一部分同学常背常忘，感到非常头痛。我从来不要求学生背答案，而喜欢教给辨析的方法。

①辨析语素。即对同义词中相同和不相同的语素进行比较分析。同义词的“同”常常表现在相同的语素上，而“异”常常表现在不同的语素上。如精细、精致、精巧、精美这四个词，都有共同语素“精”，也就都有精细的意思。区别在于精细侧重细致，精致侧重别致，精巧侧重巧妙玲珑，精美侧重美观。

②辨析意义的轻重。有些同义词的差别表现在词义的轻重上。如轻视和蔑视都有看不起的意思，但蔑视比轻视的意义重。又如缺点和错误，二者都指有毛病，但缺点表示不完全、不完善，意义轻。错误则表示不正确，意义重。

③辨析范围的大小。一组同义词中，所指范围常有大小之分。如战斗、战役、战争，都含有武力对抗、作战的意思。战斗往往指小规模的、双方都投入人数较少的对抗；战役的范围就比较大，常指一系列同一目标的战斗

的总和；战争意义范围更大，常指阶级、民族、国家之间的武装冲突。

④辨析感情色彩。如成果、后果、结果，这三个同义词都有结局的意思。但成果指取得的成绩、成就，是褒义词；后果，往往指不好的结果，坏的结局，是贬义词；结果则没有什么褒贬色彩，是中性词。

⑤辨析语体色彩。如哆嗦和颤抖意义相同，只是前者经常出现在口语中，给人通俗、活泼、亲切、平易的意味；颤抖则经常出现在书面语中，给人庄重、文雅的感觉。

⑥辨析搭配对象。如交换和交流，都具有彼此把自己的东西给对方的意义，但“交换”一般只跟表示具体事物的词搭配，如交换图书、交换礼物。“交流”一般跟表示抽象事物的词搭配，如交流经验、交流思想、交流文化等。

⑦辨析语法特点。一组同义词，基本意义相同，但词性和造句功能不一定相同，这就是语法特点不同。如愿望和希望，都有要达到某种目的的意思，但愿望是名词，前面不可以加副词，后面不能带宾语。希望是动词，前面可以加副词，后面能带宾语。

这七个方面可简化为 14 个字：语素、轻重、大小、感情、语体、搭配、语法。还可简化为“体重感小素配法”，只 7 个字，理解后，记起来就更容易了。特别是做习题、写文章时遇到同义词，如果能从以上七个方面辨析，学生遣词造句的能力就能增强，写文章时语言能更准确、严密，而又富于变化。

怎样教修辞

修辞是语文科教学的一项重要内容。修辞方法教学，我喜欢引导学生注意以下三个方面。

1. 先把较零散的修辞知识整理一下。初中阶段十二种修辞方法的名称要求学生熟练地记住：比喻、借代、拟人、夸张、对比、对偶、排比、反复、反语、引用、设问、反问。

2. 引导学生将修辞方法由易到难排列一个顺序。许多同学排列的难易顺序如下：①引用；②反复；③反语；④拟人；⑤夸张；⑥对比；⑦设问；⑧反问；⑨排比；⑩对偶；⑪比喻；⑫借代。这种把易与难分开、把已知与未知分开的学习方法，有利于建立信心，集中精力突破难点。用较少的时间复习前几种容易的，增强了信心，然后用较多的时间集中精力突破后面的难点。

3. 对后几种易混淆的修辞方法做进一步分析。同学们发现设问和反问、排比和对偶、借代和借喻等几种修辞方法容易混淆，便大家一起讨论它们之间的区别。

如有的学生总结出设问和反问有三点不同：①设问一般要回答，反问只问不答，答案自寓其中。②设问语气较弱，反问语气较强。③设问是从正面提出问题，反问是从反面提出问题，一般要带否定副词。

怎样区别排比与对偶？学生们又总结了三点：①排比是三项以上一组，对偶仅限于两项一组。②排比往往以一些相同的词语做提挈语，对偶则要尽量避免字词相同，要求对应词性基本相同。③排比字数灵活，对偶句中两个句子必须字数相等。

学生觉得最难区分的是借代和借喻。于是大家找了不少例句加以分析，从中总结出了分辨的方法：①借代的借体与本体之间必须是密切相连的，借体常常是本体的一部分或本体的某一特征。借喻的喻体与本体之间只是相似的关系。如“江面白帆点点”。用“白帆”代船，帆是船的一部分。“地上射起无数的箭头”用箭头比喻雨，只是说雨像箭头，不能说雨和箭头有必然联系。②借代的借体与本体之间不能加比喻词，而借喻的喻体与本体之间一般可以加上比喻词，构成明喻。如“旌旗十万斩阎罗”中“旌旗”代革命部队，不能说成“革命部队像旌旗”；“阎罗”则比喻反动统治阶级，可以说成“反动统治者像阎罗”。③借代实际上只有一种事物，借喻则必须有两种事物。如“不拿群众一针一线”，“一针一线”代财物、财产，它们实际是一种事物。“我们之间已经隔了一层厚障壁了”，“厚障壁”则比喻思想上的隔膜，障壁与思想上的隔膜是两种不同的事物。

我体会，修辞方法教学，集中进行比分散进行好处更多些。学生在十二种方法的比较中加深了对各种方法的认识。另外，每学期集中三四课时讲修辞方法时，要引导学生多做练习。有的修辞方法，如引用、反复等，学生不是分辨不出来，而是练习太少。概念运用不熟练，一遇到具体句子，例如引用、反复，学生竟然忘了还有这种修辞方法，而习惯于从比喻、拟人、夸张的角度去思考，当然只能是百思不得其解了。

初中推普五题

学生进入初中后，已掌握的语言形成了习惯发音，倘小学忽略了普通话教学，初中再纠正那些错误的发音，就要花费很大力气。也就是说，初中已不是学普通话的最佳年龄阶段。正因为如此，初中阶段的普通话教学需要有耐心和毅力，要做更烦琐、更细致的工作。

我先后接过四个初中班，这几个班学生精神面貌都较好，语文成绩很突出。我和学生谈心，问他们为什么爱学语文，他们说了很多原因，其中一个原因就是爱听老师、同学用普通话朗读课文和文学作品。他们常常在毕业后的来信中、交谈中还满怀深情地回忆起那激动人心的朗诵会与文学欣赏课。

我在初中班进行普通话教学注意了这样五个问题：课前朗读，课上正音，课后考查，课外活动，教师示范。

1. 课前朗读。每册初中教材，都有几篇要求背诵的文章、诗词。例如《故乡》《荔枝蜜》的选段，《岳阳楼记》《出师表》《沁园春·雪》的全文。我把这些课文作为普通话朗读的重点课文，在学生查字典的基础上，由我给学生范读，反复领着学生读，待学生读准了之后，再让学生背诵。这样学生脑子里就有了几十篇发音正确的文章和诗词。这些文章和诗词包括了相当多的常用字。为了巩固教学效果，我让学生在每天语文课前的三五分钟内都抑扬顿挫地放声背诵其中一篇，这样就使学生以正确的发音定型为一种习惯，不致被方言同化。有一个班从初一开始背诵，一直到毕业前还在坚持，效果很好。

2. 课上正音。对课文中的每一个生字都让学生查字典，弄准字音。特别是那些惯于误读的字，更让学生反复练读、填拼音。比如参（cēn）差（cī）不齐、一曝（pù）十寒、度（duó）德量力、皮开肉绽（zhàn），这些易错的发音，我都反复让学生读写。我还注意纠正学生已有的错误发音。这是一件困难的事情，常常纠正几次、十几次，甚至几十次，学生还是改不过来，或者当时改正了，过后又忘了，这就需要教师有耐心。比如学生总爱把助词“的、地、得”的轻声读成四声和二声，把“修辞”读成“修池”，把“拟人”读成“逆人”，把“逻辑”读成“逻记”……单是“不要把‘而且’读成‘耳切’”这句话我就说了不下30次。针对学生语音不准的实际情况，直到初中毕业前，我还让学生在练习写生字生词的时候一定要加上拼音。这样一来，学生们也养成了认真辨别字音的习惯，课间经常出现为一个字发音而热烈争论的场面。课上我还引导学生努力改正盘山方言中的错误。比如声母中平、翘舌不分，“十只猪”读成“sí资租”;韵母误用，“表叔”读作“表收”;声调错误，“大哥”读作“大革”。盘山有个小孩学唱《红灯记》中李铁梅的选段，给唱成了“某家的表收数不清……”我把这些错音收集起来，和正音比较着读给学生听，大家感到很难听，都笑了，他们在笑声中受到了教育。我们班有的学生来自齐齐哈尔，有的来自沈阳，有的来自台安、大洼。就是本县的语音差异也不小。胡家农场的学生说话尾音低而长，乐意把阳平读成去声，有人美其名曰“下滑音”。东郭苇场的学生则把声母q和c混淆，把“圈、全、劝”读成“蹿、攒、窜”，我课后经常和这些学生一起讨论他们错误的发音规律，使他们的发音较快地接近普通话的水平。

3. 课后考查。初中学生，特别是初三学生学习知识时，实用主义的心理很强。许多知识只要考试题中有，即使是枯燥无味的，他们也爱学。如果考试用不上，即使像历史那样故事性、趣味性很强的科目，他们也不肯学。所以我在自己力所能及的范围内，每次考试出题都有语音方面的知识，少则5分，多则10分，专门找盘山方言容易错的字词注拼音，这样学生平时学起普通话来又多了一种间接兴趣。我建议，为了调动中学生学普通话的积极性，有关部门应该在高考和中考的语文试题中加进5分左右的普通话知识试题，不然，初高中学生轻视普通话的问题是难以解决的。

4. 课外活动。开展多种形式的课外活动是培养学生说普通话的兴趣、提高说普通话能力的重要手段。

①培养骨干。班级有四五个说普通话的骨干，常常使其他同学潜移默化地受到影响。我们班刘岩、林华、王岩、郭力同学的朗读能力不仅在全校得到赞扬，有的参加市县朗读比赛还获得优胜，每当他们读课文的时候，连平时最淘气的学生也都聚精会神地听起来。我就不断指导这几名学生，提高他们读的技巧，使全班学生更羡慕他们，以至许多人常常情不自禁地模仿他们，向他们请教普通话的知识。

②开文学欣赏课。我见到报纸杂志上有特别感人的散文、报告文学等，

就剪裁、积攒起来，自己先认真看，反复用普通话朗读，然后读给全班同学听，使学生既受到了思想教育又感觉到普通话的鼓舞作用。

③举行诗歌朗诵会和故事会。班级多次举行诗歌朗诵会和故事会，每举行一次实际就是一次推普的评比和动员会。学生们参加这样的会兴趣很高，连平时不爱说话的学生也因受鼓舞而即席诵诗。在这样的会上，我们那几位普通话尖子在同学们的心目中简直成了英雄，而方言土语较重的学生则比任何时候都更卖力地反复练着正确的发音。学生们无意中总结出，班级的几个普通话尖子同时又都是语文尖子、英语尖子。于是他们说，普通话说好了可以提高语文成绩、英语成绩。这是不是个规律，尚待进一步揭示与证明。

除了教材，还讲什么

教材内容我讲得比较快，剩下时间用来复习，也增讲一些课外内容。有的外省市教师来听课，连听了三四节课，我给学生讲的都是苏霍姆林斯基《给教师的一百条建议》中的文章。他们问："你讲这些跟考试有关系吗？""直接关系很小。""那为什么还要讲？""因为讲了以后，有助于学生自我教育能力和自学能力的提高。""教材讲完了，只增讲这些内容吗？""不一定。"一般说来，我喜欢选五个方面的文章，在语文课上给学生讲。

1. 讲名篇时文。学生喜欢听人物传记，更喜欢离他们的生活近的报告文学。语文课堂上我便时常给学生讲人物传记，有时讲报告文学。

几届学生毕业前的那个学期，我都确定星期五那节语文课是文学欣赏课。1988 年 5 月，学生毕业前，有一次我外出开会前跟同学们说："老师自明天起又要出去开几天会。"很多同学喊起来："老师晚走一天吧！晚走一天吧！""为什么？""明天是星期五。"我一时还没反应过来："星期五怎么了？""星期五有文学欣赏课。"原来如此，我少上很多语文课学生不着急，少上一节文学欣赏课，而且是毕业前夕，学生都着急了，可见学生对文学欣赏课的喜欢程度。

1981年学生毕业前夕，我给学生读陈祖芬写的报告文学《当代青年》。写的是上海青年王毅杰，为伸张正义受伤住院后，用两个半月时间学完所剩两年多的大学课程，考上了研究生，又用一年时间学习了三年的研究生课程，考上了留美研究生的事迹。王毅杰的事迹感人，陈祖芬的文章更生动、深刻、感人。这样的报告文学，极大地鼓舞了学生们的自信心。那一年写优秀知识分子的报告文学《追求》，我是含着眼泪读，学生也是含着眼泪听的。知识分子对祖国母亲的赤子之情，深深震撼着学生们的心灵。几年以后学生给我来信说，还清楚地记得那篇《追求》。

这以后，历届学生毕业前，我都选了一些好的报告文学介绍给学生，以引导学生更多地想到人民，想到国家。从高远的角度看待人生，看待升学，看待前途和理想。

1984年读了鲁光写的《敲开世界冠军的大门》，同学们深深记住了中国女排的一句话："苦是一服灵丹妙药，我们要想强大起来就得天天吃它。"从那篇文章得到启示，同学们才想出了在教室内做仰卧起坐和俯卧撑，来磨炼自己意志的方法。

去年学生毕业前，我读的最后两篇传记文学是《陈独秀的最后五年》和《贫困中的马克思》。前一篇使学生理解一个人如果背离了党的宗旨，背离了高远的人生目标，他精神上的痛苦是深刻的、永远的。后一篇则使学生认识到共产党的领袖、共产党的创始人真正是全心全意为人类的解放事业而奋斗的。他们个人无任何私利可图。马克思的牺牲精神为后世共产党人树立了光辉的典范，是共产党人的骄傲。那些钻进党内的贪污腐败分子，绝对不代表共产党，相反他们正是共产党所要清除的毒菌。

美国盲聋女作家海伦·凯勒的事迹，我从教第一届学生就开始讲，讲了一年又一年，一届又一届，在许多学生的心中，海伦·凯勒成为楷模。海伦·凯勒自幼双目失明，但经过努力学习，获得了博士学位。后来成为埃及教育部部长的塔哈·侯赛因的事迹也一直鼓舞着我一届又一届的学生。

语文课堂上虽然因讲这些内容而减少了一点时间，但这些文章给学生精神的鼓舞力量，给今后的学习带来的推动力，都说明这些时间的使用起到了它应有的作用。

2. 讲教育、心理学方面的资料。要进行教育教学改革，自然会引起个别人的非议，说是"不懂教育的胡闹"，个别人甚至说："只有三段五环式的课才是好课，才是懂教育理论的课。"

为取得改革的成功，自然要取得支持，最重要的支持者不是社会，不是家长，而是学生。学生支持老师改革，愿意努力探求更高效的教学方法，真心诚意跟老师一起去实践，社会上有些人不理解，甚至非议，对改革所起的阻碍作用就显得极其微弱而可怜了。

要取得学生的理解支持，方法之一，就是向学生介绍教育的现状。介绍除了许多人学过的那本《教育学》，国内外还有许多版本的教育学图书，还有许多种教育理论。

又有许多位教师来听课，我问同学们："今天咱们是复习，是讲新课文，还是介绍国外教育动态呢？"几乎所有同学都喊："介绍国外教育动态。""那么好吧，我们学习《加拿大教育一瞥》这篇文章。"文章介绍了加拿大教育的学制、课程设置、管理方式和教学方法。学生们听得极其认真，只听一遍就记住了大部分内容。同学们最感兴趣的是加拿大有的中学没有固定的教学班和课程表。每位学生完全根据自己的需要选择自己一天所要学的科目和所要去的教室。这种教法，使学生学得极为主动，同样培养出了大批人才。

语文课上，我们学过许多介绍国外教育情况的文章。例如《美国教育掠影》《日本山口县中小学教育考察》《苏联教育动态四则》《哥伦比亚少年教改营》。美国有的中学，选修科目就达到近百种，全国竟有两百多门中学选修课。有的学校，别出心裁，设立了"实习牢房"以使学生品尝犯罪之后的痛苦，而避免产生犯罪心理。日本山口县一些学校，故意让学生赤着脚参加多项活动，理由是有利于学生心理和生理的成长。哥伦比亚有个少年教改营，里面的管理人员，银行、商店等单位的工作人员全由犯过罪的少年担当，以唤醒他们做人的尊严，结果他们把这座小城镇管理得非常出色。我们班人数比较多，为了说明大有大的好处，我向学生介绍法国搞的百人教学班的实验。

我介绍得最多的还是苏联教育。我向学生简单介绍过凯洛夫、赞可夫、巴班斯基和苏霍姆林斯基。我介绍过帕夫雷什中学如何重视课外活动。学生们竟然心驰神往，希望我们班也能像帕夫雷什中学那样，每天用半天时间搞课外活动。我多次在语文课上整篇整篇地给学生讲苏霍姆林斯基《给教师的一百条建议》，尽管他的最后一条建议是前 99 条建议都要对学生保密。我在还没有悟出保密的奥秘时，就先用这种适合于我的一切向学生公开的做法。我问学生：是保密，还是在课上讲？学生都欢迎我能适当地向他们介绍。

我也喜欢向学生介绍国内的教育情况。我到上海育才中学参观后，介绍他们“读读、议议、讲讲、练练”的教学方法。到过北京十二中后，便向学生介绍他们注重实践、注重动手能力、注重勤工俭学的事迹。到过东北师大附中后，便介绍他们丰富多彩的课外活动。到过兴城南一小学后，便向学生介绍他们小学音乐班那使人永生难忘的表演。

我从香港考察回来，向学生介绍香港严格的校规。在一所中学我们看到一张处分学生的牌示：一名同学因吸烟，批评两次仍不改悔，便给予开除学籍的处分。我所去的十几所香港中小学，学生一律穿校服，所有的学校都重视学生的动手实践能力。

通过对这些文章、资料的学习，通过对这些教改实验的介绍，开阔了学生的眼界，使学生理解了达到高效的教学效果，不是自古华山一条路，而是条条大路通罗马。和国内外那些改革步子大，且教学效率高的学校比起来，我们搞的一点改革实在只是小打小闹而已。

语文课上，我也常常讲些心理学方面的知识，讲感觉、知觉、行为、习惯、品质的养成，讲人的良好性格培养。

讲这些内容对学生了解教育、参与教学、认识自己、改变自己具有多方面的好处。

3. 讲学习方法。我觉得，学生能否学好语文，在很大程度上取决于是否掌握科学的学习方法。十年来，我一直注重引导学生研究学习方法。教每届学生，我都要组织大家召开学习方法交流会，而且不止一次地召开。除此之外，我还在语文课堂上向学生介绍学习方法。

1979 年，我是零散地讲先进同学的学习经验，讲我自己的自学体会，也读一些报纸杂志上介绍学习方法的文章。

1981 年冬，我到苏州开会，看到书店卖日本研究学法的专家田崎仁先生写的《中学生的科学的学习方法》这本小册子，便立即给全班同学每人买了一本。从那以后，语文课上我经常选其中的某一节来讲。

1984 年，新华社记者到我们班听课，教材讲完了，我问学生是复习还是讲学习方法，学生赞成讲学习方法。我们选了其中一篇《记忆的三个过程》，我只读了一遍，学生便都能清晰地列出文章的结构提纲，说出中心思想，并且比较细致地复述文章内容。这节课，我是在成绩较差的班上讲的，记者同志没有想到学生的听力、分析文章的能力和记忆力能这么强，连最差的学生也列出了较清晰的提纲。其实，很重要的原因还在于学生愿学这样的文章，文章写得符合学生的心理实际，学生们的学习效果就好。

这些年来，我多次给学生讲过有关学法的文章：《怎样制订学习计划》

《怎样运筹时间》《利用好边角余料》《善于整理知识结构》《听课怎样集中注意力》《怎样进行单元预习》《怎样结合实际复习》《写语文学习病历》《怎样自我检测学习结果》《利用好环境》《提高驾驶大脑这部汽车的能力》。通过学习这些文章，许多同学摆脱了被动的学习局面，转而积极主动地探讨、寻找适合于自己的学习方法了。

由于我校没有单独设学法课，这些知识我都是在语文课上讲。有的用整节课，有的则结合教材去介绍。讲这样的文章，用时不多，但学生的记忆效果非常好。原因在于他们不仅记，还能结合自己的学习实际去运用。

4. 介绍国内外科技动态。适当给学生介绍一下当今科技动态，有利于激发学生的学习兴趣，树立远大的征服自然的志向。

从 1974 年起，我决心在学哲学的同时，认真关注一下自然科学方面的问题，于是便订了一份《国外科技动态》杂志。从那时到现在，我一直坚持订这份杂志，看到上面刊登的一些适合向学生介绍的材料时，就在语文课上向学生介绍。

有一次，省广播电台的记者到班级听课，教材篇目已讲完，我刚好收到新送来的《国外科技动态》，课堂上我请同学们选其中的文章，同学们选了《五千万年后的地球上》。这篇文章，是英国一位物理学博士写的，文章两千余字，我只读了一遍，就请学生复述。电台同志立即给学生的复述录音，下课以后，记者将我的杂志借了去，对照学生的复述，他们没有想到学生短时间内，只听一遍，就记住了这么多内容，连文中的一些具体数字都记下来了。课堂上，学生们还就文章的观点发表自己的看法。有同学发言说："我不同意作者的看法。作者认为，人类由于破坏了生态平衡而导致了自身的灭亡，这显然是低估了人类的力量，只看到了人类在发展的低级阶段愚昧、落后的做法，没看到人类保护环境已取得的一些成效。生态平衡既然是人类破坏的，人类当然也会有使生态趋于新的平衡的措施。所以我对人类的前途抱乐观态度，我相信五千万年后的地球上的主人仍旧是人而不是老鼠。"

一年以后，我到沈阳开会，又见到了那位记者，她说："你们班同学的知识面真宽，一些很新的概念、知识，你的学生已经在课堂辩论中使用了，那节课给我们的印象太深了！"

这些年来，陆陆续续，我给学生们讲过许多科技动态，如《光导纤维通讯》《第四代机器人》《遗传工程新成果》《装配式建筑新成就》《氢在高压下会变成金属》《未来的汽车可能将以空气作动力》等。

讲这些知识，用时不多，但给学生打的烙印却极深，开阔了学生的眼界，激发了学生学习科学知识的热情。

5. 适当指导写一点相关学科的文章。语文是工具学科，不仅是学生认识自己、改造自己的工具，也是学习其他学科的工具。我跟学生说："其他学科的教材，实际都是说明文。我们学好了语文，也能有效地提高其他学科的成绩。"

我引导学生写过一些相关学科的文章。如写《谈十字相乘法》，要求学生看完数学教材后，根据自己的理解，写一篇介绍十字相乘法的说明文，看谁写得清楚明白，而且有趣味，有吸引力。

请学生写说明文《谈浮力》《谈压强》，都要求学生在理解教材的基础上，把这些物理学知识写得生动形象，既加深了对物理知识的理解，又提高了说明文的写作能力。学生写《英语语法和汉语语法的异同》，则通过对英语语法规则和汉语语法规则的比较，对其相同的部分加深了印象，对其不同的部分也找出了规律。这样，既消化了语法知识，又提高了写作能力。

我请学生写《化学学习病历》，意在让学生找出自己化学学习方面的知识漏洞，分析漏洞产生的时间和原因，制订出具体的补救措施和分阶段的补救方法。这同样也起到了化学语文双促进的作用。

在语文课上，适当分析一下其他学科教材的结构、层次、中心，有利于激发学语文的兴趣，提高学语文的自觉性，也给语文学习开辟了更广阔的天地。

每节课讲完一篇教材，节省了大量时间。节省下来的时间，一部分用于增讲课外知识。即使用每学期省下的 15 课时讲课外知识，在教学总课时所占的比重也不过七分之一。

名篇时文，教育、心理学知识，学习方法，国内外科技动态，相关科目的有关章节，这些知识内容又和学生的实际生活离得很近，学生很需要这方面内容，这样既开阔了学生的眼界，拓展了他们的知识面，又促进了学生良好的品质的形成。同时也学会了使用科学的学习方法，学会了用语文这一工具，去分析相关学科的教材。

对这些内容的讲法，大多采取教师朗读、学生复述、写结构提纲、讨论主要观点和下课以后整理成文章的方式。

比如今天下午（1989 年 12 月 14 日），抚顺 50 余位教师到班级来听课，我讲的就是 1988 年第 6 期《外国教育资料》上刊登的一篇文章——《一所平常的学校》。该文写的是苏联第比利斯乌申斯基第一实验学校，创办

20 余年的学校教育教学改革的情况。我朗读了以后，就请同学们对这所学校课堂教学、教材编写、作业布置、课外活动、考试方法等方面进行评论，谈这些做法的利与弊，谈一谈哪些做法我们可以借鉴。学生们的热情很高。就语文能力而言，学生听得认真，训练了听力；讨论时比较动脑，积极发言，又训练了学生说的能力。下课前，我请同学们将听到的内容整理成一篇日记，这又训练了学生的写作能力。有时，学生听完后还要复述，更多的时候是听完后要列出文章的层次提纲，这其实也训练了学生读的能力。一节课学生非常愿意学，又进行了听、说、读、写四个方面的实践，讲的虽然不是语文教材中的内容，实质上起到了语文教材的作用。

有的老师单从考试的角度去看，说是加这些课外内容会降低考试成绩，有这个时间，不如去抓一抓练习册辅导。从形式上看是这么回事，考试离不开练习册的内容，这五方面知识讲得再多，考试又不考，这不是白浪费时间吗？但我这些年来一直讲课外内容，练习册我从来没给学生讲过。前些年，我一律不准学生看练习册，这几年因种种复杂的推销渠道，我们也不得不订，但我只准许教务处给学生订一种练习册。而对我们班学生，我多次强调："老老实实学教材，练习册最好放在家里不看。"去年统考试题，有关单位推销材料的内容原题照搬量达 96% 之多，而我不仅没讲那份材料，连看都没让学生看，但统考结果，我们班学生成绩仍然名列前茅。我想主要原因就是学生学习兴趣高，知识面较广，听、说、读、写能力较强，这样我们便能以不变应万变。

有的教师总怕教学实验影响考试成绩，其实国内实验教师的经验都证明了，只要认真实验，学生成绩都比普通教法要高一点，有的甚至高出许多。原因在于实验者普遍减少了师生的无效劳动，提高了学生的学习积极性。

课堂激发学生兴趣十法

同样是课堂，有的教师视为畏途，有的教师则视为乐园。同样一篇文章，一位老师讲，学生学得兴趣盎然，忽而眉飞色舞，忽而屏息凝神，觉得上课是一种享受。换一位老师讲，学生学得索然无味，忽而闭目瞌睡，忽而惊觉欠伸，上课简直成了受罪。

课堂效果不同，原因是多方面的，主要原因在于教师的功底和教育思想，但一些小的技术问题，也影响课堂教学效果，倘在这些方面下点功夫，课堂上，学生的学习兴趣也能高涨一些，课堂效果能好些。

我喜欢用下面这些方法，激发学生的兴趣。

1. 组织教学。我们班近十年来，经常有外地老师听课。次数多了，即使到俱乐部上课，同学们也不紧张。但刚接班时，学生就不习惯。特别是到外省市上课时，不少学生都是第一次在舞台上面上课，下面有成百上千位教师在听课，学生精力不集中，精神紧张。显然要上好课，先得组织教学，消除学生的紧张气氛。课前几分钟我一般用下面几种方法来组织教学。

①集体唱一支歌。“唱我们平时最爱唱的，或是在合唱比赛中得过奖的那支歌。请文娱委员给打拍子。怎么，文娱委员不会打拍子？不会也行，以后再学，这次就给大家起个头吧！”一般情况下，这种方法能使同学们很快地轻松起来。他们交头接耳地议论选哪一首歌好，纷纷向文娱委员建议，有的还推荐同学独唱，更有甚者，把矛头指向了我，让我给大家独唱。一个月前，在全国中学学习科学研究会首届年会上，当着全国同行的面，兴城市三中的学生就将了我一军，让我给同学们来个独唱。盛情难却，我只好高歌一曲《过去的事情不再想》。课堂气氛立刻就轻松了，同学们忘记了是在舞台上面上公开课。

②集体朗诵。有时我问学生：“大家愿朗诵吗？最喜欢朗诵哪篇文章？朗诵诗也行！”“朗诵陈毅的《梅岭三章》。”“可以。”“朗诵《生于忧患，死于安乐》吧！”“也行。”于是我说：“请全班同学起立，身子站直，头要正，请各自再调整一下表情，就像演员在演出一样，好，预备起！”集体铿锵有力地朗诵，显然容易振作士气。

③口头作文。正式讲课前，我喜欢让学生口头作文。我随意出一个题目，如《从二青会辽宁队获 72 枚金牌想到的》《电影〈豆蔻年华〉的成功之处》《我怎样学习雷锋》等。同学们都站在自己的座位上，七嘴八舌地说自己的文章。有多大劲使多大劲，用不着担心打分少，也用不着怕别人批评，个性得到最充分的解放。到外地上课时，我若出“会场简介”这一题目，就是让学生上下左右地观察上公开课时所用的会场，说明它的构造、设备、灯光布置、幕布等。我还说，大家说的时候可以研究，还可以离开座位去观察，去测量。这样一来学生忘记了紧张，不再拘谨，常常出现人

声鼎沸的局面。

经过课前组织教学，学生以轻松愉快的心理，迎来了即将开始的语文课。

2. 设计导语。导语设计得好，也能激发学生的兴趣，使一堂课有个良好的开端。

如讲《周总理，你在哪里》这课时，我设计了这样的导语："有这样一个人，全中国人民都觉得他是自己的亲人和朋友；他博学多才，对教科文卫、工农兵商各个行业各个领域都给予过具体而及时的指导；他精力过人，在全国各地党委、政府被夺权，公检法被砸烂，军队被严重冲击的情况下，力撑危局，事无巨细，都亲自处理；他廉洁一生，无儿无女无遗产，联合国破例为他的逝世降半旗一周志哀。"这样全班同学的情绪便沉浸在对周总理的怀念中，学习这课的兴趣更浓了。

讲《人民的勤务员》这课时，我这样开头："老师像同学们这么大的时候，校园、工厂、部队、田间，到处都传颂着一个人的名字，传颂着他的光辉事迹。那时我们真心诚意地学习他，全社会各行各业的人们都真心诚意地学习他，人与人之间充满了理解、信任、关怀、帮助。那时我们国家比现在穷，但人民群众都感觉精神上很充实，很幸福。重要原因之一，就是雷锋精神深入人心。""谁具备了这种精神，谁就会是精神富翁。"学生产生了浓厚的兴趣，想看看怎样才能变成精神富翁。

《论语六则》这课书的导语，我这样说："火之光、电之光能照亮世间的道路，思想之光能照亮人们的思想。谁是世界上最伟大的思想家呢？联合国教科文组织确定了全世界最伟大的十位思想家，例如牛顿、哥白尼，谁知道这十位思想家中谁排在第一位？（可让学生们稍议论一会儿）他就是我们中国的孔夫子。"这么一说，学生们学《论语六则》的兴趣就高了。

好的导语像磁石，能把人们分散的思维一下子聚拢过来；好的导语又是思想的火花，能给学生以启迪，催人奋进。

3. 设计板书。有位青年教师跟我说："上课时，我讲学生不听，在下面说话的、玩的、闹的都有。于是我想到板书，让学生抄。就说：'请大家准备好课堂笔记，下面开始抄段意和中心思想。'这么一来，真灵，平时不听课的学生也拿出笔记本来抄了。"由此可看出学生对板书的重视程度。

板书确实能激发学生的学习兴趣。我平时讲课板书少，非到必写时才写。板书不全是为了让学生抄，也为了吸引学生的注意力，激发学习兴趣，加深教材理解。以下五种板书形式，容易激发学生兴趣。

①字体变化。如讲议论文我喜欢用仿宋体或黑体美术字写课题，讲说明文则喜欢用楷书或魏碑体写课题，讲记叙文用行书写课题，文言文则大都用隶书写课题。我写得认真仔细，学生便也极认真地看，有的还边看边模仿。有时我在外边上课，请学生辨别不同字体，使同学们感觉汉字千变万化，奥妙无穷，激发了听课兴趣，也激发了学生练书法的兴趣。

②故意写错字。板书时故意写错一两个字，既提高了学生发现错误的能力，又使爱写错别字的同学引以为戒。比如我写《爱莲说》板书时，故意将作者周敦颐的名字写成周敦，一时间下面议论纷纷，爱溜号的同学也仔细观察这两个字。趁此机会，我请同学们给改错，收到了较好的教学效果。

③变换表述形式。提炼教材内容时，尽可能不只用横行续写这一种形式，而是变换一下，或用表格式，或用网络式，或用金字塔式，或用树式。如：表述语文知识结构，我就采用了树式；进行单元教材总结，就大多采用表格式；总结汉语知识，就用网络式。

④图表、图画式。如讲《第比利斯的地下印刷所》《人民英雄纪念碑》《雄伟的人民大会堂》等文章时，我都尽可能用画图表的方式，激发同学们的学习兴趣，让他们对文章理解得更透彻。为了让学生明白，有的文章、诗词，我随手画一幅简笔画。如“两岸青山相对出，孤帆一片日边来”，我随手在黑板上画出江水、高山、帆船和太阳。讲古代以山之阳、水之阴为南，山之阴、水之阳为北时，学生不好理解。我便画一座高山，山下有一条大河，山河的南面画一轮红日。学生一看，马上理解了。能见到阳光的是山的南面和水的北面，所以山南水北为阳，反之则为阴。

⑤请学生板书。让学生板书，或回答问题，或归纳课文内容，或写段意，比老师一个人一堂课独占黑板，更能激发学生的兴趣。

板书是一门艺术，一门学问，钻进去，教者会多一些乐趣，学生更会多一些乐趣。

4. 注意教态。教师的表情、姿态、手势，都直接影响着学生的兴趣。倘教师没精打采，恹恹欲睡，怎么可能希望学生会兴致勃勃呢？这些年来，校内校外的工作压力较大，也有一些麻烦事，不管这些麻烦事多么多，我也告诫自己不能把这些不愉快的情绪带入课堂。课堂应该是乐园，教者应该愉快乐观、满怀信心、热情真挚。我经常告诫自己：今天要比昨天教得更好，这样便在极累的时候也能振作精神，精力充沛。虽然课堂有时也要有紧张的竞争，甚至需要教师严厉，但那必须是基于对学生真诚爱护，基于学生的过于放纵而产生的严厉，而决不允许教师把从别处带来的不愉快的情绪拿到课堂上宣泄。只要教师真诚、乐观、自信、认真、幽默，就一定能激发学生的学习兴趣。

手势也能激发学生兴趣。一次一位同学想回答问题，胆又不大，手想举又不想举。我便学他的样子，同学们笑了，他也笑了，勇敢地举起手来回答了问题。有时听写字词，学生觉得没趣时，我便说下面这个字，老师用手势在空中写笔顺，看谁能看出是哪个字，我还没写完，有的同学就嚷开了，是戍轮台的“戍”。有一次，百余位老师在我们教室听课，一位女同学声音太小，我便向她做了一个手势，她的音量一下子加大了许多。课后有老师问我：“怎么你一比画，她声音就大那么多呢？”我是像扭动电视机音量开关那样打的手势，而这是我们班规定的提高音量的暗号。

我总想，教师的教态不仅影响到学生的学习兴趣，也影响到教者本身的讲课兴趣。那些喜欢研究表情、姿态、手势的教师，大多对上课抱有浓厚的兴趣，觉得上课本身就是一种享受。

5. 说话声音变化。一句话有一百种说法，同一句话，会说的把人说得笑起来，不会说的把人说得跳起来。富于变化的声音显然容易激发学生的学习兴趣。声音变化从四个方面入手。

①调整音量。大音量容易引起学生注意，有时在大音量之后，再用小音量，学生反倒更感兴趣。有时我讲到重点之处时，便问学生：“老师是小声讲好，还是大声讲好呢？”学生纷纷要求小声讲。于是我便用很小的声音讲：“焉”在文言文中基本做语尾助词用，极特殊的时候例外，比如今天我们学的这篇文中“去村四里有森林，阴翳蔽日，伏焉”的“焉”，解释为“在那里”，兼做介词和代词。尽管音量很小，前面的同学却还说：“老师再小点声。”后面同学正伸颈侧目细听，听说还要让小点声，便说：“不能再小了，我们脖子都伸疼了。”音量大小适当变化，能用较小的力气获得较好的教学效果。

②调整音调。同一句话可以用 A、B、C、D、E、F、G、H 等不同音调说出来，有的教师讲课调值较高，但音量不大，很好听，叫作高音教学。有的教师说话调值尽管低，但音量大，听起来浑厚有力，叫作低音教学。如果调值高，音量再大，容易使人紧张疲劳。反过来，调值低，音量再低，同样也会使人觉得有气无力。我喜欢给学生朗读报告文学，读的时候，我不仅变换音量，也变换语调，以使自己和学生都不容易疲劳。讲课时，我也经常根据教材内容、学生实际，甚至自己的身体状况，变换语调。所以有的老师说：“听你这么多节课也说不出你是属于高音教学还是低音教学。”

我说："我是游击队式的打法，哪个调值合适就用哪个调值。"但我知道自己讲话基本属于高调值，尽管声音不大。因为我自觉需低调值说话时，须用理智去抑制，而不加抑制时，调值不知不觉又升上来。我最喜欢的还是低调值，因为低调值深沉、浑厚，富于感染力，容易引起听众共鸣。我还要努力把自己讲课的平均调值降下来。

③调整音速。说话速度的变化也影响到学生的兴趣。有时我讲话速度极慢，以引起学生对所讲内容的重视，也有时一连串的排比句子说得极快，同样也是引起学生的重视，但往往要大家重视的是快说之后慢说的那部分内容。如《陋室铭》这篇课文，在快而不乱的前提下，可以用 12 秒钟读下来，在慢而不断的前提下，可以用 92 秒读下来，前后相差 80 秒之多。两者都具有不同的激发学生兴趣的作用。有时上课我就故意用最快的速度向学生提问题，以引起学生的兴趣。学生也好，老师也好，其实都喜欢听别人抑扬顿挫地讲话，喜欢听别人详略得当地发言。如果每句话、每个字都用平均速度，不仅听的人容易疲倦，讲的人其实也容易感觉累。

④以情感人。音量、音调、音速的变化能影响人的情绪、兴趣，但这些都是声音的形，而不是声音的神。声音神的变化，才具有最大的感染人的力量。什么是声音的神呢？就是说话的感情。比如"要与人为善"这句话，就可以用喜、怒、哀、乐、希望、憧憬、淡漠、鄙视、厌恶等几十种不同的感情说出来。感情不同，所产生的效果当然不同。我经常要求自己用不同的感情去读同一段文章，经过比较，选择那种自认为比较符合文章实际的感情。我给学生上课，对那些重点句子，也引导大家用不同的感情色彩去读。读过之后，大家鉴别，哪种读法最合适。如读"先天下之忧而忧，后天下之乐而乐"这句话，几个小组同学就分别试着用喜悦的、深沉的、愤怒的、悲伤的、欢乐而又激动的、欢乐而又克制的等多种感情读。有时也用上述方法读一段文章。这样读课文，同学们兴趣非常浓，朗读水平提高较快。

说话是一门艺术，一门学问。谁都能说话，但说得好却不容易。说好了，别人高兴，自己愉快；说得不好，别人心烦，自己也别扭。要说好话，就得从研究说话的声音做起。用吸引人的音量、音调、音速、音情去激发学生的学习兴趣，去感染、教育学生。

6. 引导想象。课要上得有趣，引导学生想象课文内容也是一种办法。即力求把单调的文字符号变成生动形象的画面，在大脑的荧光屏上放映出来。

一般情况下，我引导学生将文字变成图画有这样四步要求：勾勒形态，染上色彩，使画面动起来，让画面更细致、更逼真。以张志和《渔歌子》的前两句“西塞山前白鹭飞，桃花流水鳜鱼肥”为例，教这首词的时候，我说：“这是一首景色描写极其鲜艳美丽的词，我们应该认真品味，在大脑的荧光屏上放映。下面请大家打开大脑电视机。”有的同学闭上了眼睛。一般情况下，闭眼的效果要比睁眼好得多。

①勾勒形态。请同学们先在脑子里放映西塞山、白鹭、桃花、流水、鳜鱼的轮廓。

②染上色彩。请把黑白电视变为彩色电视，看谁脑子里的画面更鲜艳美丽。学生们说脑中出现了青色的山、粉红色的桃花、碧绿的流水……

③使画面动起来。白鹭在山前自由自在地飞来飞去，溪水哗哗流淌，欢快跳跃，鳜鱼则不时跃出溪流汇积而成的深潭……

④让画面更细致、更逼真。同学们还可以在大脑中放几个特写镜头：白鹭身上洁白细密的羽毛，鲜艳的桃花上带着花粉的花蕊……

不只写景的文章能变成图像放出来，状物的、写人的都可以引导学生这样做：少年闰土那明亮聪明的眼睛，那红润的脸膛；中年闰土那黯淡无光的眼神，那满布皱纹的脸。形态色彩越逼真，学生受到的教育就越深刻。同时还培养了学生的想象力，激发了学生的学习兴趣。

7. 引导学生进入情境之中。讲课时我不精雕细刻，从不逐句逐段地分析，但绝不意味着好的段落不引导学生去仔细品味、认真理解。讲到文章的妙处，我不仅让学生把文字变成画面，而且力求将学生导入情境之中。

如讲《菜园小记》，我说：“咱们学这课书都要体验劳动乐趣、田园乐趣。”“怎么体验呀？”先请同学们看书，看书之后，先在大脑中放映菜园的图像。这图像越来越鲜艳，越来越逼真，越来越大，好像不是平面的，而是立体的，不是在我们脑子里，而是在我们的周围。一行行果树下面是一片片的菜园，我们就站在菜园里，站在畦垄上，前后左右是嫩绿的菜苗，空气中飘来泥土的芳香、花的芳香、菜的芳香。我问：“踩上畦垄了吗？”学生们闭着眼睛，笑眯眯地说：“踩上了！”“闻到土香、花香、菜香了吗？”悟性好的同学可以回忆起土香、花香、菜香的味道，于是便答：“闻到了！”“那么我们开始间苗吧！”于是同学们弯下身子去间苗。一时间课堂上充满了愉快的气氛。同学们在这种身临其境的想象感知过程中，品尝到了田园乐趣，深深理解了文章的中心。

又如教《老山界》，我请同学们想象半夜在半山腰宿营的情景。请同学们想象又冷又饿的滋味，然后我们去爬山，爬到山腰，准备宿营。请同学们把毯子围在身上，躺下来，躺在一尺左右宽的山路上，路上当然有石头，高低不平。“硌得疼？”“当然疼啦，但也没办法，注意翻身时动作不要太大，太大就掉到悬崖下面去了，不信你看，你躺的路边就是悬崖……”学生读着，想着，演着，深深感受到了长征的艰难。

还有一种进入情境的方式是操作。例如我讲《活板》一文时，问大家，能不能准备一套工具，假设是活字印刷的铁板、铁范、字模。学生犹豫了一下，回答说：“能！”“那么就请大家每人准备一套模拟教具。”于是同学们有的将文具盒当铁板，有的假设书是铁板。文具盒当铁板的自然有了铁范，用书做铁板的，便用纸折叠成铁范。有的用橡皮、有的用瓶盖、有的用铅笔刀做字模。教具准备好了，我们就照教材所写的印刷过程，假设自己是印刷工人，一步一步地照着操作，既增强了学习兴趣，又加深了对教材的理解。

讲《核舟记》，我问：“核舟有多大呀？”学生一时竟说不上来。再看教材，写的是“长约八分有奇，高可二黍许”。“请同学们用纸叠一个这样大的东西。”大家叠出来了，半根粉笔那么长，高度还赶不上粉笔的直径。“请同学们在这上面画上五个人、八扇窗……”同学们当然画不下，而古代艺术家，不是画，而是刻，而且人物刻得栩栩如生，神情毕肖。这样设身处地来想，学生们自然为我国劳动人民技艺的精湛所叹服。

这种引导学生进入情境的讲课方法，容易激发学生的学习兴趣，加深对课文内容的理解和记忆，还能培养学生设身处地为别人着想的品质。

8. 请学生猜测教师心理。请学生猜测教师心理，也容易调动起学生的兴趣。

到外省市上课，我经常请学生猜我想做什么。组织教学完了，口头作文也结束了，该讲新课了，于是我说：“我从辽宁来，今天第一次给大家上课，请同学们猜一猜，老师想讲哪一课呢？看谁猜得对，猜得快。”其实我不布置任务，有的同学已经开始猜了，一布置任务，猜的积极性更高了。用一两分钟的时间，不管学生猜着还是猜不着，上课的兴趣浓起来了，和我的感情也拉近了。

不仅在外地，在自己班级，我也喜欢让学生猜。今天（1989 年 12 月 14 日），吉林、抚顺等地的 50 余位老师到班级听课，我还请同学们猜，老师这节课想讲些啥？确定了是复习课之后，我还请同学们猜老师怎样制订复习计划。我公布了复习计划之后，还请同学们提疑问，提不同看法。

我想，一位教师要教给学生一些常规性的学法，帮学生制订一些语文学习的规矩、制度、计划，在大的方面使学生有法可依，有章可循，有老规矩可遵守。在大的方面让学生猜得透，但在具体一堂课的安排、具体教法的运用上，在一些小的技术、技巧问题上，又应该让学生猜不透。越半透不透的，学生越愿猜，越猜学习兴趣越浓，与老师感情越近，对老师理解得越深。

有一次，十几个城市的 300 余位老师到我班听课，我讲的是《核舟记》。遵照学生意见，翻译时先易后难。最后剩下船头一段，因这段人物位置关系不太好理解，翻译效率可能不高。我就说："老师想了一个好办法，用这个办法，大家很容易理解课文。谁能猜一猜，老师想的是什么办法？"我说完，一位同学稍加思索就举起了手。他说："老师一定是想找三名同学，分别扮演苏东坡、鲁直、佛印，让他们照课文内容去做自己角色的动作。他们边做，老师边指导，大家看书，难点就解决了！"我一听很高兴地说："你猜得太对了！你怎么知道老师这样想？"他说："我上课时经常猜老师今天可能用什么好办法讲。猜得多了，猜的能力就强了。"

请学生多猜猜老师，能激发学习兴趣，能拉近师生心与心的距离。我想这样做，还能有利于提高学生理解其他人的能力。

9. 适当用一点班级用语。我们班有一些班级用语，什么"小马蹄坑"啦，"边角余料"啦，什么"一百年""后三节""三闲"啦，等等。一说这些话，只有我们班同学明白。还有一些同学带有褒义的外号，我在上课时，都适当地用一点，调节一下课堂气氛。

如上课时，我发现有的"后进同学"溜号了，便提出一个很浅的问题，然后问大家，这个问题，谁回答呀？同学们喊："'后三节'回答！"谁是"后三节"呢？就是我们班学习倒数第一、二、三名同学。我常跟同学说："咱们班就像一列有 76 节车厢的列车，上课时，一列车都出发了，不应该让那几节车厢在半途掉队，我们应该经常拽着他们。"后三节车厢呢，都定出目标，追上后四节、后五节车厢，摆脱自己后进的状态。大家谁也不轻视嘲笑他们，他们便也充满了上进的力量。一节课出两道让"后三节"回答的题，也舒缓了一下课堂节奏。

还有时，我发现一些同学又沉闷了，便出两道题，说："这两道题，不许积极发言的同学答，大家说谁回答呢？"同学们又推荐说："'一百年'回答！"谁是"一百年"呢？就是那几位不爱发言的同学，大家管他们叫"昏睡百年"。经常出点题，专门请这些同学回答，他们也就不"昏睡百年"了。

有的同学聪明伶俐，很像聪明的一休，同学们给他起个绰号叫“一休”。我在语文课堂上便也这样称呼：“请一休同学到前面来做题。”有的同学很懒，经常拖拉作业，大家呼之为“大懒”。为了刺激“大懒”，使他改过，变得勤奋起来，我在课上也说：“大懒今天作业是不是又落了！大懒如果坚持一个学期不落作业，咱们就给他取消‘大懒’这个称呼好不好？”

还有一些班级用语，使用之后，容易引起学生的兴趣，并且能增进师生的感情，增强班集体的凝聚力和同学们的上进心。

10. 请学生说、读、写。学生上语文课要进行四种实践，即听、说、读、写，这样才能增长四种能力。如果教师把课堂变成讲堂，只是自己一讲到底，那么讲的技术再高，最终效果也不会太好，因为学生失去了说、读、写实践的机会。特别是广大“第三世界”学校的学生，许多人有意注意能力持续不了 45 分钟，特别是学习能力下于中下水平的学生，听得太多，失去了练习、消化理解的机会，时间长了，越欠越多，上课就会越来越没兴趣。

我常想，上课时，只解放学生的耳朵，却堵住他们的嘴，捆住他们的手，由教师唱独角戏，实在是费力不讨好。尽可能多地让学生说，让学生读，让学生写，这样做，学生的兴趣比听老师的独角戏要浓得多。

比如板书学习重点，一般是我写，偶尔有几次请学生写，同学们关注学习重点的兴趣就浓一些。如果请几名同学同时写，学生的兴趣就更浓些。

读课文，教师范读是一种形式，让学生范读、朗读、念读、齐读、分组读、跳读、速读，同样是激发学生兴趣的学习形式。考虑到学生有意注意持续的时间不长，不断变换讲课形式，学生就能从上课到下课始终有较浓的学习兴趣。

我上课时，有个想法，教师不替学生说学生自己能说的话，不替学生做学生自己能做的事，学生能讲明白的知识尽可能让学生讲。

一次我到外地上课，讲的是《爱莲说》，字、词、句的学习重点都解决了。到翻译课文时，我请同学们选择翻译方式。表决结果，大部分同学希望老师给翻译。我就跟同学们商量说：“我是个懒老师，不愿意多讲话，在我们班上课的时候，学生能讲明白的都让学生讲，结果学生越讲越能讲，咱们也试一试，请水平高的同学给大家翻译。他实在译不出的地方，老师再帮忙，好不好？”同学们接受了我的建议，选了一名同学给大家译，同学们给他补充，给他出主意。大家积极性很高，没想到不靠老师，他们就译出了全文。临下课前，我请同学评课，有同学说：“老师还是懒一些好，这样逼得我们多思考，越思考我们的能力就越强，感到上课特别有意思，时间过得特别快。”

更有效的调动学生上课积极性的办法还有两个，一个是组织各种形式的学习竞赛，一个是多和学生商量，引导学生参与教学。因在教学民主部分已谈过这两个问题，此处不再赘述了。

课堂虽小，却有着广阔的钻研天地，钻进去，入了门，师生双方都有无穷的乐趣，能极大地提高教学效率。我只是在入口处，悟到了点滴激发学生兴趣之法，更有效的方法，还在前面等着我。

研究学生心理，提高教学效率

1979 年，我曾经让初一学生找一找每天在学习中有哪些无效劳动，全班同学竟找了 100 多项。课外的自不必言，就是课内，他们也认为无效劳动简直太多了。从课文分析到课后作业，从考试到作文方式，他们都不满意，认为都不符合他们的要求。我觉得其原因有两个：一个是学生刚上中学，缺乏应有的训练，还没有形成初中学生的心理素质；另一个原因就是教师的教学还不能尽善尽美地符合初中学生的心理特点。总之，教与学之间还缺乏协调一致。这就要求教师必须从研究学生心理入手来解决这种不协调的现象。

我以为，学生升入初中后，学习中的有意注意、有意记忆和有意想象的能力都应该有较大的提高，才能够适应初中教学的要求。为此，我曾把心理学知识有计划地引进语文教学，在专门培养学生听、写能力的训练中，要求他们听过心理学知识后，联系自己的学习状态，写心理学知识短文。1979 年这届学生每人都写过诸如《浅谈学习的注意力》《再谈记忆力》《观察的方法》《大脑的最佳状态》《谈想象思维》等有关学习心理的文章。这些文章的写作都强调了针对性。例如，为了使学生产生心理位移，较快地提高有意注意的能力，我让学生以《他不再“开小差”了》为题写一篇短文，要求体现出：如果将来你成为一名教师，怎样帮助那些上课不集中精力听讲、思想爱溜号的学生集中注意力呢？学生对这样的命题和要求充满了好奇，他们不由得认真琢磨起老师是怎样教育和培养这类学生的，回忆着自己是怎样分散了学习注意力，又该怎样去集中注意力呢？

还有些学生，有意记忆的能力较差，该背诵的课文、该记住的字词，他们都不愿背，不愿记，部分学生甚至错误地以为记忆力如同存在人脑中的人民币，不能随便取用，否则就会有用光了的时候。针对这种情况，我在听写训练课上读了大脑的工作原理的一段文章，讲了记忆的使用和训练方法，深入浅出地介绍了艾宾浩斯遗忘曲线以及大脑用进废退的规律。结果，那些不爱背课文的学生按照我教给他们的记忆力体操认真训练，一个月里竟毫不费力地背会了一学期要求背诵的课文。

以上所说，还只是培养学生的学习心理，使之适应于我的教学。要提高学生的学习质量，仅做此一点，还是很不够的。我以为，自己的教学本身还要尽量适合学生的心理发展。这就意味着我必须进行教法改革。改革是师生两相情愿方能奏效的事，于是我经常把自己改革的原因、根据和设想，以及可能遇到的困难，都事先告诉学生，先听取他们的意见，并通过他们取得家长的协助。比如，多年来，我从不让学生记段意、抄中心思想和写作特点。为了使学生具备维护教改的能力，我经常向他们介绍古今中外一些截然不同的教学方法。在肯定我国传统的教学方法同时，还要让他们知道教学方法绝不应该只有一种模式。这样，学生不但丰富了教改知识，而且也产生了一种跃跃欲试的改革冲动，并能自觉地向想不通的家长做有理有据的解释，这就为我们改革实施奠定了基础。

本来，学生对教师逐句逐段地分析课文意见很大，他们认为，一些浅显的课文，例如《鞠躬尽瘁》，自己读了以后，很受感动，有的人甚至流了泪，但经老师逐句逐段地一讲，反倒不怎么感动人了。有的学生还提出这样的问题："理科教材讲了不少定理公式，我们利用这些定理公式去做题，感觉很有趣。语文课能不能也有一些可以当作定理公式用的东西呢？""现在上语文课天天分析课文，但考试从来不考课文分析，我们看了报刊上的文章也还不会分析，课文分析的用处究竟在哪儿呢？"这些意见虽失之偏颇，但毕竟含有合理的部分，它们给了我很大的启示。例如"语文定理公式"说，固然文无定法，但谁也不能否认语文确实存在着不可更移的基本规律。于是，我让学生把初中六册教材都找到，分册画出语文知识树，即假定语文知识是一棵树，那么什么是这棵树的主干、支干和枝杈呢？这样，语文知识的序列在学生的头脑中越来越清晰、越来越准确了。最后大家共同把初中语文知识归纳为 4 部分 22 项 131 个知识点。4 部分，即基础知识、文言文、文学常识、阅读与写作。平时学生感觉阅读和写作最茫然，似乎无序可循。经过整理，归纳为5项19个知识点：一、中心（正确、鲜明、集中3点）；二、选材（围绕中心、真实具体、典型、新颖4点）；三、结构（层次和段落、过渡和照应、开头和结尾3点）；四、表达（记叙、说明、议论、描写、抒情5点）；五、语言（准确、鲜明、简练、生动4点）。知识点就是知识树的枝杈，枝杈下面还有小杈，例如“描写”这个知识点，又可分为两小点，环境描写和人物描写；而人物描写还可分为肖像、动作、语言、心理活动4个更小点。有了这些枝杈和小杈，学生学起来就感到目标明确了，上语文课的积极性也明显提高了。当然，知识点的讲解要分散，要有侧重，要联系读写训练。每讲一课或每作一文时，重点只讲解或训练一两个知识点，再要求学生运用这一两个知识点去阅读其他课文，写其他文章。例如我给初一学生讲“归纳文章中心”这个知识点时，不但重点结合了初一年级教材，还涉及了初二、初三教材中的4篇文章，让他们自己在阅读中运用和巩固这个知识点所包括的6种归纳方法。他们感到非常愉快。当我再讲“层次和段落”这个知识点、讲了记叙文划分层次的5种方式后，就有学生主动试着运用这些知识划分了课本和报刊上的十几篇文章的层次。

学生语文成绩低，教师爱埋怨学生，过去我也是这样。研究学生心理之后，我发觉即使那些很淘气的男孩子，学习成绩不好在他们心灵上刻下的痛苦的痕迹也是很深的，这就意味着他们有摆脱这种痛苦的愿望。我意识到自己只有帮助他们解除痛苦的责任，而没有发牢骚的理由。为了弥补学生的知识缺陷，我教给他们填写和使用“学习病历”。“学习病历”要求写清病名、病史、自感病因和确诊病因、治疗方法、疗程5个方面。5项中最重要的是第一项，最难治的“病”是“说不出名称的病”。每当遇到这种情况，我便让学生先对照知识树，找出自己“病”在哪个知识点上。如果不止一个知识点的缺漏，那么每次也只填自己认为最重要的一个。缺陷找得准确具体，才能找出病因，这样，治疗方法的选择也就不难了。这种方法可以符合不同学生的实际水平和个性心理。试行结果表明，无论学习好的还是学习差的学生，都愿意主动填写“学习病历”；不少原来学习较差的学生经过这种训练，成绩有了明显的提高。

意志薄弱是初中学生学习的心理特征之一。他们的有意注意能力虽然正在增强，但却不能持久；他们的竞争心理虽然显著，但往往只在思维处于紧张状态时表现得突出，而平静状态下的瞬间记忆力都很平常。为适应学生这一心理，提高训练质量，我便在听说读写训练中有目的地制造有节奏的紧张情境。最平常的方法就是开展“5 分钟学习竞赛”，或看谁背得多，或看谁读得多，或看谁写得多。由于把学生置于你追我赶的紧张环境中，各类学生的大脑运转和反应都比平时明显加快。特别是学习较差的学生，不但要赶别人，而且首先要逐次超越自己，他们的学习效率的提高就更为显著。不少学生在《谈自我竞赛》的作文里都谈到超越自己、战胜自己所享受到的胜利的欢乐。

学习较差的学生反映，上课听不懂老师讲的内容，硬在那里陪坐，实在是一种痛苦。为了使全体学生的大脑在课堂上积极转动起来，我实验了“课堂六步教学法”：一、定向。即确定本堂课（或本课书）的学习与训练的重点，并事先告诉学生，使他们做到方向明确、攻关有数。二、自学。学生根据学习重点或难点自己找答案，学习较差的学生则可根据实际，完成部分自学内容，即使对理解课文的训练，也不要求他们一次完成，要保证他们学有所得。三、讨论。自学中没有解决的问题则放在讨论中去寻求答案。四、答疑。各组把通过讨论而仍未解决或答案有分歧的问题提交老师，由老师做引导解答。五、自测。根据定向指出的重点难点以及学后的自我估计，自拟一组三四分钟自测题，自己评分，自检学习效果。六、自结。下课前，每个学生总结一下自己这节课的主要收获，教师在每类学生里选一两名学生讲一讲自己的学习过程和收获，使各类学生接收的知识信息都得到及时反馈。“六步法”的实验结果，从根本上消除了部分学生陪坐的现象，提高了学习较差的学生努力进取的信心。

在语文教学中注重研究学生的心理，并根据研究成果纠正自己的教学思想，改革自己的教学方法，确实可以改变教与学不协调的现象。如果过多地强调多方面外因，懒得过问学生的学习心理状态和发展，师生的心长期不能相通，教改必然沦为一厢情愿。对学生心理的研究，可以为我们的教学提供最可靠、最基本的也是最主要的数据，在这些数据的基础上实施的教学活动，才可以使学生都能用较少的时间，取得更多的收获，更快地提高听说读写能力。

第二辑

最好的学习是自学

莱辛说过：“如果上帝一手拿着真理，一手拿着寻找真理的能力，任凭选择一个的话，我宁要寻找真理的能力。”我把这段话抄给学生，让他们讨论莱辛为什么这样说，学生都很自然地联想到自己的学习。他们举例说：“如果我们有了归纳文章中心思想的能力，那么没有老师时自己也能归纳出文章的中心思想了，而且是几十几百篇文章的。”

开学第二天的“期末”考

——自学整册教材

每学期开学第一节语文课，我都喜欢问学生：“这册新书学得怎么样了？”很多同学回答：“自学完了！”“自学完了怎么办？”“期末考试，检验自学成果！”“什么时间考？”“明天！”

有时我们开学第二天就进行“期末”考试，也有时开学第一天考，还有时开学一周以后考。

所谓期末考试，就是用一年前本册教材的期末试题考学生，以检测学生自学这册教材的效果。考试之后，学生们大都不相信这就是期末试题，他们觉得题浅，没想到自己的自学效果会这么好。

十年来，我一直引导学生自学整册新教材。我总是请教导处在放假的时候，就把下学期的新教材取来，发给学生。许多同学学语文缺乏整体观念，说不清一册教材中主要学些什么。这样，学每篇文章的时候深浅度就掌握不好，该认真学的没有认真学，课文中不需深究的地方却又用了很多时间去纠缠。

怎样从整体的角度学一册语文教材呢？拿到新书以后，我引导学生做的第一件事就是写教材分析。比如初二学生，上学期发第三册教材，就叫作《第三册语文教材分析》，共分为七个部分。

1. 列生字表。生字表一般指教材中加拼音的字。把现代文生字和文言文生字分开列表。如果有兴趣和时间，也可以再找一找，没加注音的字还有多少不认识的，也列入表里。这册教材现代文生字共 120 个，文言文生字共 85 个。

2. 列新词表。把课文中加注解的词中需掌握的词列成表。重点是动词、形容词，必要的名词也列入表内。现代文和文言文也要分开列。本册教材，现代文需掌握的新词共 99 个，文言文需掌握的新词共 169 个。这些词不仅列表，还要在教材上依次给它们编上号，这样容易引起注意，还能明确自己的学习进度。

3. 单元分析。统计本册教材共几个单元，记叙文、说明文、议论文、文言文等各占几单元。这样能明确本学期学习文体的重点。

4. 习题归类。统计每篇课文后的练习题总数共多少道。再将这些题分成四种类型，分别统计出数字。字、词、句训练题多少道，语法、修辞、逻辑训练题多少道，听说训练题多少道，读写训练题多少道。

5. 知识短文归类。本册教材，知识短文一共多少篇，其中读写听说知识短文几篇、汉语知识短文几篇。

6. 书后附录。写清本册教材的书后附录是什么，对我们学好语文有什么作用。如第三册的书后附录是《古代诗词》，有益于培养我们读古代诗词的兴趣，提高欣赏古代诗词的能力。

7. 列文学常识简表。按照时代顺序列出这册教材涉及的作家或诗人的名字身份，作品名称，节选自何处，有何名句。外国作家要单列出来，写清他们的国籍、年代和作品名称。

写这样一份教材分析，篇幅大约在 1500 字以内，初次写一份需 3 小时左右，以后每册新书都写，效率就能高些。

教材分析写完了，再引导学生制订一个假期自学时间表，每天拿出半小时学语文。

学什么？首先学在教材分析中所列的生字生词、文学常识等。这些知识教师不讲，学生自己也能学会。如：学会了文言文的字词，这册书的文言文不靠老师，学生基本也能翻译了。然后自己读知识短文，书后的字、词、句及其他基础训练题也可以试着做。要求背诵的课文，开学前就开始背。

这样，到开学的时候，一本新书中主要的知识大部分都掌握了。开学后，一边巩固这些已有的知识，一边听老师讲课，效果就更好。

再具体些，还要引导学生将每天自学任务和具体时间联系起来。按中学生的记忆能力，经过训练，一般能达到每分钟记住 5 个字 3 个词，2 分钟能记住一篇课文必要的文学常识，5 分钟能做完一道课文后练习题的水平。

按第四册教材分析所列自学内容，所需时间如下：记住现代文的 120 个生字需 24 分钟。文言文 85 个生字需 17 分钟。现代文生词 99 个需 33 分钟。文言文生词 169 个需 57 分钟。文学常识涉及 27 位古今中外作家，需 54 分钟。课文后需做的练习题共 62 道，需 310 分钟。六项合计共需 495 分钟。按每天自学 30 分钟计算，需 16.5 天时间。

总体时间如此，学的时候当然要加以穿插，例如现代文生字和现代文解词穿插起来学，120 个字和 99 个词可能用不了 57 分钟。另外倘每天学

15 分钟字词，再学 15 分钟其他知识，效果会更好。按穿插之后的时间，制订出每天自学什么、学多少，学起来就不忙乱了。

暑假 30 天，16 天多一点就学完了自学内容，剩下时间怎么安排呢？那就用来复习吧！以上所说是第一次记住所需的时间。有的字词，有的练习题只记一次，做一次就不容易忘。例如“大意失荆州”这个成语，看一遍就能记住，过后也不容易忘。而“茕茕孑立，形影相吊”这两个词，要看两三遍才能记住。时间长了不复习，解释得又不准确了。剩下的时间就用来复习记得不牢固的知识。

该记的都记住了，还没开学，该怎么自学？可以引导学生自己翻译文言文。文言文生字记住了，生词会解释了，翻译时不会感觉难。倘一篇文章，有几处译不出，就提前打上标记，开学再问老师，这样学生翻译文言文的能力就会越来越强。

学习兴趣与学习方法、学习效果紧密联系，互为条件，互为因果。学生会自学一册书的方法，兴趣就高；学习兴趣高，效果就好；效果好了，兴趣能更高。良性循环链就这样形成了。

开学就举行期末考试，多年前我刚开始这样做的时候，有人认为不遵守教学计划，违反教规。我则仍旧认为，学生学得积极主动轻松，效果好，违反一点常规也是好事。老祖宗用牛拉犁也是常规，现在不是有许多新办法来替代它吗？ 1979 年 10 月，我们班初二用这种学整册教材的方法，一个月学了初三两册书，去参加初三基础知识竞赛，在 35 所参赛学校中，只有我们是初二学生参加，其余均为初三学生，我们获总平均分第七名。

许多老师问：“魏老师，你觉得你这些具体教法中，哪种方法对提高考试成绩最有效？”平心而论，我觉得引导学生自学整册教材的方法最有效。就学习理论而言，可以从知识结构、学生的学习兴趣、目标确定、理解特点、记忆心理等许多方面来论述这样做的科学性。限于篇幅，不赘述。就学生实践来看，效果好，且学生非常喜欢这样做。

我教书近 12 年，外出开会机会极多，但从来没请任何一位教师给我代过一节课。即使在一年外出开会 132 天的时候，也全是两班学生自己上语文课。

1987 年我教两个毕业班，到香港考察后，未及回校，直接参加党的十三大。离校 20 多天，返校后我征求两班学生意见：“咱们 20 多天没上语文课了，又是毕业班，能不能给我一节自习课时间，给大家补一节语文课？”结果两班同学都不同意。我问：“你们不着急吗，面临毕业？”“我们开学第一天，就能接受期末考试，成绩还不错，经过这些天巩固、自学，就更不着急了。”

这些年来，尽管我开过很多会，少上过很多课，但却没占过学生一节自习课时间补语文课。至于星期天、节假日学生就更不可能让我补课了。从这个角度讲，我这语文教师当得也比较轻松。我想其中最主要的原因，就是我教会了学生自学整册教材。

整体化

——自学一类文章

一册教材从总体角度去把握，去学习，效果好。同类文章，若能从总体的角度去自学，效果也好些。

我注意引导学生掌握自学同类文章的基本方法。如：第三册第二单元的五篇文章都是说明文，读说明文，要紧的是弄清事物的特征、说明的顺序、说明的方法。我先请同学们阅读这几篇文章，然后试着填下面的表格。

课　题	事物的特征	说明的顺序	说明的方法

为突出初二教学说明文是重点，有时我将说明文单元放在开学初讲。

第一单元是小说。这是学生们喜欢的单元，但不少同学读小说只是为了消遣。要提高小说的阅读能力和欣赏水平，就要从分析小说的三要素开始。小说三要素是原来初三才讲的知识短文，我喜欢初一的时候，就给学生讲，引导学生分析小说。倘遇到小说单元，我喜欢请学生列表格，填表格。

课　题	人　物		环　境		情　节			
	姓名	性格	社会	自然	开端	发展	高潮	结局

第七单元是议论文。我就引导学生填如下表格。

课　题	论　点	论　据		论　证	
		理论	事实	立论	驳论

如果自学散文单元，学生便这样列表：

课　题	形　散			神不散	
	选材	结构	表达	中心	线索

以上说的虽然是指一册书的一个单元。有时也可以引导学生把这张表往下延伸，把学过的几册书的同类文章都列在一个表里。如在毕业总复习时，为加深学生印象，我就曾引导学生将学过的小说、议论文、典型说明文，用最简洁的文字，浓缩在四张表格中。既复习巩固了旧知识，又增强了学生的复习兴趣，还锻炼了学生的分析概括能力。

“四遍八步”读书法

——自学一篇文章

读一篇文章的方法很多，有浏览法、设疑法、五步读书法、十步读书法、圈点摘要法等。我喜欢向学生介绍“四遍八步”读书法。四遍，就是一篇文章读四次；八步，就是完成八项任务。

第一遍，跳读。完成两步任务：1. 识记作者及文章梗概；2. 识记主要人、事、物或观点。应达到每分钟读完 1500 字的速度。

第二遍，速读。完成第三、四步任务：3. 复述内容；4. 理清结构层次。每分钟要读完 1000 字。

第三遍，细读。完成第五、六、七步任务：5.理解掌握字、词、句；6.圈点摘要重要部分；7.归纳中心思想。读的速度一般跟朗诵相同，每分钟200字。

第四遍，精读。完成第八步分析文章写作特色的任务。速度根据需要，或一带而过非重点部分，或仔细推敲品味重点段落、关键词语。每篇文章都要读四遍吗？当然不是。有的浅显的文章，如《人民的勤务员》读两遍就能完成八步任务了，何必再多读呢？有的文章如《岳阳楼记》读了五六遍，也还是不能全部理解其中的妙处，自然还应再读。读每篇文章也不是非要完成八步任务不可。有的文章只要能记住梗概、复述大意即可，如《连升三级》，又如课外阅读报纸杂志上的大部分文章。有的则除了八步任务，还要完成其余的任务，如《论语六则》，我还要讲一讲《论语》在世界文化史上的地位。

"四遍八步"读书法是适用于经过训练的学生的方法，绝不是适用于所有学生的方法；是适用于大部分文章的方法，绝不是适用于所有文章的方法。

也有的同学，一开始就细读、精读，然后再速读、跳读，他这样读惯了，就一直坚持下来，效果也不错。但对还没养成读书习惯的同学来说，还是先跳读、速读，更适合当今时代的需要。因为报刊上的许多文章，在跳读过程中，觉得无深究价值，就不必再花费时间去细读、精读了。

刚开始跳读、速读，学生可能不习惯，因为一字一句地读惯了。但必须引导学生改变一字一句认读的习惯，训练速读、跳读的能力。刚开始练，可以只求其快，不求其记得多。如读《制台见洋人》一文，全文近6000字，要求学生4分钟读完，宁肯只记住一个人、一件事。以后训练时间长了，学生的速记能力、理解能力、概括能力都能增强。

层次化、网络化

——自学文学常识

学生问："最近几次考试，经常有文学常识方面的题，有的填空，有的解释，有的填表。过去我忽视这方面的知识，结果丢分较多，现在想学，又不知怎样学效率才高。”

我喜欢引导学生自学文学常识，怎样自学效率才高呢？

首先，要注意划分文学常识的不同层次。比如对作家的了解，知道了姓名、生活时代、代表作品是一个层次。再深一层，了解他的生平、简历、主要作品的篇目。了解他的生平事迹经历，知道他作品的思想内容和艺术特色是更深的层次。需了解的作家的数量也可划分层次。以初中语文教材中的现代作家为例，第一层了解 3 位文学巨匠，第二层了解 8 位杰出作家，第三层了解教材中涉及的 30 位作家。

有的学生感觉文学常识不好学的原因，常常是没注意划分层次。几个层次的知识混在一起都要记。如：不了解《史记》是一部什么著作时，就忙着去背它有多少篇，多少字，甚至列传、本记、表各占多少篇也去背。这样学，势必越学越乱，越学越没兴趣。弄清了文学常识层次后，学生就可以根据自己的实际，来确定自己应掌握到哪一个层次为宜。

对中等知识水平的学生，我觉得能记住初中教材中的 20 位现代作家、30 位古代作家和 10 位外国作家的姓名、别名、生活时代、国籍、代表作品，以及作品中的名句就可以了，更深层次的知识宁肯不学。这样看起来，似乎学的量少，但由于符合实际，掌握得牢固，比什么都想学，什么都学得不扎实，效果要好些。

其次，编织一个知识网络。散乱的知识不容易记忆，编成网络的知识学起来事半功倍。将学过的几册教材中涉及的作家先按古代、现代、外国分开，分别列成表。如古代文学常识简表如下：

作家姓名	生活时代	身　份	作品名称	节选自何处	名　句	备　注
刘禹锡	唐　朝	著名诗人	陋室铭	全唐文	山不在高，有仙则名	铭：一种文体

另外再列一张现代（含当代）文学常识简表和外国文学常识简表。

这样制成的表，互相关联，容易记忆。既培养了学生总结归纳的能力，又使零乱的知识网络化、表格化，增强了学生的学习兴趣。

语文课——学生自己讲

第二节、第三节都是语文课。糟糕，又赶上领导班子开会，只好让学生自学。

到了9点多，下课了，我想，下一节怎么办呢？再让大家自习，那会倒了胃口，不见得有实效。我忽然想起，自己念中学时，老师曾经让学生讲过课，何不也试验一下呢？我便到教室里同学生商量："老师下堂课还得开会，想找一名同学替老师讲课，大家看行不行？"新鲜事，学生们总是喜欢，大家热烈拥护。

"谁愿替老师讲呢？"

想不到真就有三四名学生笑呵呵地报名要求讲。

也许他们以为老师在开玩笑，也许他们是在跟我开玩笑，说不定，也有真愿讲课的心理。我从刚才报名自愿替老师讲课的几名同学中，挑选了前排的一个小个子同学，指定他来讲。至于怎么讲，全由他说了算。我又嘱咐班长："刘诗奎给大家讲语文课时，请帮助维持一下纪律。"

下课铃响，我回到班级一看，同学们脸上都露出神秘的笑容。

刚才那节课上得怎么样？是讲得好，还是讲糟了？我看了看刘诗奎，这名勇敢的小老师一副若无其事的样子，收拾完书桌，跑出去玩了。我便问教室里的同学："刚才那节课上得怎么样？"

"讲得挺好，听起来，思路清晰，还突出了重点。"吴铮说。

"他讲起来不慌不忙的，该讲的都讲到了。"林华说。

"他还挺严厉，一边讲课一边维持课堂纪律，说话大王还被他批评了几句，像个老师的样子。"

同学们的反馈说明这堂课上得还可以，新鲜事激起了大家的新鲜感。看来，学生蕴藏着多方面的才能和潜力。学生讲课，不仅需要勇气，还要有真本事。他们除通过自习对课文有所了解和掌握之外，还要有稍为广博一些的知识，还要掌握和运用一定的教学方法、教学程序，具有教师的气魄和语言……这无疑可以使他们潜在的能力得到锻炼和发挥。另一方面，对全体学生来说，学生讲课也是活跃大家思维的一个好办法。大家觉得有趣新鲜，总想从小老师的讲课中发现一些长处，有的则想找漏洞，这样想，不就是在积极思维吗？

这以后，这样匆匆忙忙找一名学生替讲的事还经常发生。因为我正在上课时，遇到省市以及更高层次领导到校的事，遇到特殊客人来访的事，遇到外地领导来电话的事时有发生。

一次正上着课，省市领导到校，我便问，谁替老师讲？韩军威、王海波、陈洪琴、郭丽娇等七八名同学都愿意讲。我说："大家选一位吧，同学们齐喊，看谁的呼声高！"大家齐声高呼，呼声最高的是陈洪琴。她走上了讲台，我便走了。

这样临时抓学生上课的做法显然不科学，只是不得已而为之。更多的时候，我是找几名语言表达能力强的同学，个别找他们谈，请他们讲课，帮他们备课。他们讲课的时候，我也坐在教室里听，及时发现问题，观察学生的注意力，观察学生对哪些知识点感兴趣。从学生讲课时教学目标的确定中，从学生讲课时课堂程序的安排中，从学生讲课时教学方法的选择中，也可发现学生们平时对教师讲的哪些程序、方法更感兴趣。

学生讲课，不一定非要挑选学习优秀的同学，也可适当挑选中等和"后进同学"给同学们讲课，以了解他们各自对哪种教法更感兴趣。一般说来，学生上课时采用的方法便是他们平时最感兴趣的教法。

有一次，外省市老师来听课，我突然想到能不能请我们班学习最不好的梁强同学讲一课，便请他到前面去试一试。梁强同学是跳级生，注意力不好，但很有勇气，有一定的组织能力。他犹豫了一下，但没有推辞，很从容地走到前面去。他讲的是一篇文言文。他先请同学们确定这篇课文的学习重点，然后领着同学们学习难字、通假字、生词、文学常识。到翻译课文时，能翻译的句子，他便给翻译，他不会译的，便请好同学译，实在没人能译出的个别句子，他鼓励学生查资料。最后他又组织同学们开展背诵比赛，一节课的主要任务基本完成。听课的老师还以为他是一名学生干部，不然怎么能替老师讲课呢？听了梁强的课，我也感到"后进同学"潜藏着极大的能量，如果他们总是处在这样积极主动的学习地位，一定也能够成为优秀的学生，关键在于教师怎样给这些同学一个持久的挖掘潜能的机会。

学生讲课，次数适当，安排得法，要比只由教师统治课堂效果好。

作文——学生互相批改

语文教师最苦的差事是什么？很多老师都回答说是批改作文。

教两班课，每班作文都收上来，就是两座大山。老师们说，愚公移山，还感动了上帝派神仙把两座山搬走了，可我们面前这两座山搬去又搬回，真不知何年何月有尽头。

我从 1979 年 3 月起，发动我的上帝——学生们一起来搬这两座山。

开头有人议论纷纷，说我偷懒的有之，说学生水平低的有之，说作文水平会下降的亦有之。但我心里有数，我知道学生批改作文比我还认真，还仔细，学生积极性又高，大部分学生对同学写的批语的关注程度远远超过以前关注我的批语的程度。既然这样，学生成绩一定能提高。

果然，半年以后我们班的成绩就遥遥领先了。领导、家长所关心的无非是成绩，学生成绩高了，又学得积极主动，你采用的方法，尽管他们不理解，也就不再干涉了。

自那时到现在，我已经有 10 年零 8 个月的时间没批改一篇学生作文了。我明知道，倘我批五分之一或十分之一，学生作文水平一定比现在还高，但我为了证明教师不批，学生作文水平一样能提高，就一直坚持不批一本。

学生能学会批改吗？回答是肯定的。差学生也能学会吗？也能。

1. 怎么批改作文？我逐渐要求学生都能从以下 10 个方面写出具体的评语，每个方面给 5 分，满分为 50 分。

①格式是否正确。刚入学，让学生感觉写作文、批作文都不难，只写一条关于格式的批语。批作文的时候也抽签，谁都有可能抽到任何一个人的。打开作文一看正确，便拿出红笔，写上批语：格式正确。批文用减分法，此项不减分，此文为满分 50。

②卷面是否整洁。显然这一条又是大家都能看得出来的。“后进同学”批改别人作文指出卷面不整洁时，下次自己写作文也注意卷面了。

③错别字几个。要将错字在原文处打上标记，并且写到批语处，再在后面写上正确的字。有的粗心的同学错字挑不出来，怎么办？我们就搞流

水作业。甲、乙、丙、丁轮换着批一篇文，甲批错别字6个，乙发现本文错别字不是6个，而是7个，那么甲就要对为什么漏掉这个错别字写出一百字的说明书。丙又发现本文错字是8个，那么甲、乙同学都要被追究责任，各追加一百字的说明书。这样使粗心的同学也认真起来，批改的时候，手里抱着大字典，唯恐漏掉了错别字。发现错别字，每两个扣1分，最多扣5分。10个以上也不再多扣。

④有几处病句。挑出一篇作文中的病句，凡病句，都要在下面画上横线，写出病在何处，再在文后批语中，写清病句几处，每处病句减1分，减至5分，不再多减。

⑤标点符号有几处明显错误。强调句号、引号、叹号、问号的使用。明显错误的地方，有一处扣1分，超过5分不再多扣。

以上5条，都是写文章最低的要求。学生经过三四篇文章的批改实践，就能够掌握这几条要求了。熟练掌握之后，再过渡到后5条要求。

⑥看文章的中心是否鲜明、集中。这两点在作文指导时就具体论述。批改指导时，再结合两三篇具体例文，加以指导，学生就能批得符合实际。

⑦看文章的选材。包括三点：A.是否围绕中心；B.是否符合生活实际；C.是否具有典型性。这三点首先强调的是第一点，随着作文水平的提高，才提出选材具有典型性的要求。

⑧看文章结构。包括三点：A.层次段落是否清晰；B.过渡是否自然；C.开头和结尾是否照应。

⑨看表达方式。主要看其是否符合作文指导的要求。如写记叙文《他进步了》，要求夹叙夹议，本文是不是做到了。写说明文《芦苇》，要求说明中有描写的成分，文中有没有。写散文《家乡赞》，要求记叙、议论、抒情相结合，文中结合得怎么样。

⑩看语言是否简练、流畅、深刻。语言简练就是不重复啰唆、简要精练。流畅是指文章读起来很顺口，不疙里疙瘩。深刻是指文章的见解精辟，能抓住事情或问题的本质。

后5条要求，每条5分，不做太具体的规定，由批改人酌情减分。在多数情况下，批改作文都在语文课上进行，老师指导，学生抽签互批。每个人都要在作文本上写出10个方面的具体批语，一般情况批语的篇幅都要有作文本的一页那么多。最多的批语，有的达到500字。

一名同学问我："老师，你猜我最爱上什么课？""不是体育，就是美术！""都不对，我最爱上批改作文这节课。""为什么？""我特别愿看别人的作文，又很愿给人家挑毛病。”

1984 年，我让我的两班学生投票表决：是老师给批作文好，还是互相批改好。共 106 名同学投票，98 人认为互相批改好。只有 8 名同学认为老师批改好。而对这 8 名同学，大家一分析，都是刚到班级不久的学生，他们还没有尝到互相批改的甜头。

2. 学生互相批改作文有什么好处？

①经过多次批改实践，学生不仅准确地记住了写作文的基本要求，而且对这些要求理解得越来越深刻。他会指导别人应该怎样写，不应该怎样写，自然也就增强了自己的作文能力。

②每个人都有机会看到多名同学的作文，这样容易发现学习别人的长处。别人的缺点短处，自己引以为戒，也是好事。学生的思想多了一个相互开放交流的机会。

③每次批改作文，抽签一般都换一个人，每人只批一篇，负担不重。每次又都换人，批的人有新鲜感，有兴趣。每次自己的作文又换人批，看不同的同学对自己的批语，当然也有新鲜感，有积极性。增强了同学们发现错误的能力，还使同学之间研究学习的风气更浓了。

④教师只看一部分同学的批改结果，当然节省大量的时间。可将节省的时间用于研究教材和教法，进一步提高教书育人的效率。

如果认真找，还可以找出互批作文更多的好处。不能否认，互批作文也会有弊端，特别是在学生自立能力不强的班级，弊端可能会更明显。但我十年实践的结果告诉我，互批作文利远远大于弊。

我是绝不会再重走被两座大山压得喘不过气来的老路了。如果有变化，那就是再探索更好、更科学、更节省时间的批改之路。

作业——学生自己留

刚教书时，我也留作业，检查作业，批改作业。

十年前的一天，一位学生问我：“我不写您留的作业行吗？”“为什么？”“您留的这些题我都会做了，再写不就是体力劳动了吗？而我感觉不会的题却没时间写。”就这一问题，我请同学们讨论，想不到，大部分同学竟都赞同她的意见。

我们班这么多年来的规矩都是只要是大部分同学赞成的提案，就要坚决执行。于是，自此我们班不再留非做不可的硬性作业。有时我觉得哪些题重要，便告诉学生建议大家做，不愿做也可以。

那是不是学生每天无事可做了呢？当然不是。经过和学生讨论，我们留了一项常规性的作业，学生管它叫“定量作业”。

所谓定量作业就是字数确定，内容不限。每天每人必须写够 500 字。这 500 字根据自己的学习状况，选择合适的内容。也包括课堂笔记和课堂练习。如果在课堂上已做了 200 字的笔记，则课后须再写 300 字的作业。

这个数字是常量，期初不减少，期末也不增加。这就使学生大脑思维这部汽车，处于匀速运动的状态，便于学生驾驶自己。大家经过计算，每天 500 字，倘一心一意地写，并且加上间断思考的时间，平均也不过用 17 分钟。既然负担不重，周末、假日也该坚持，这才更容易养成良好习惯。于是又决定，每天都不中断这一要求。

每天作业第一行都要写明日期，日复一日，月复一月，一年 365 天，便有 365 个 500 字。

学生们一般按自己学习的总体规划去写每天的 500 字。比如刚开学，我问一位学生作业写什么。他说：“我最近一个星期集中力量突破文言实词，每天的 500 字，都是解释不熟练的文言实词。”也有的学生汉语知识不好，便说：“我最近用半个月的时间写汉语知识。”

我还教一些不知道写些啥内容的同学给自己留作业。要根据语文总体知识和整册教材分析，将知识分类排队，哪些是已知的，哪些是未知的。未知的再排一排队，稍加努力就能会的排在最前面。每天作业就写这些稍加努力就能写会的内容。写会了，再写后面的。这样敌人越打越少，学习兴趣就越来越高。

作业内容因人而异，作业量有时也因人而异，特别是学生毕业前的那一年，自己有了较好的习惯，一部分同学语文基础已较牢固，就没有必要非写 500 字不可了。这样便重新跟同学们讨论作业量。大部分愿写 500 字的仍写 500 字。有的同学提出写 300 字，有的愿写 200 字，都可以。但一旦确定了数字，就不能随意更改，这个量至少持续两个月，总结出利弊之后再重新制订。1985 年那届学生，在毕业前的一年中有几名基础好的同学进行不写作业的实验。整整一年，没有写语文作业，也没有课堂笔记本和练习本，升学成绩仍然很好，这跟他们基础好有关。

这十年来，我的学生除了一个定量作业本，再没有并列的第二个本子，什么课堂笔记本、练习本都没有。我主张减少学生并列本子的数量，以有利于他驾驭自己的学习。

就写定量作业这一点而言，学生愿意让我外出开会。因为我外出，语文课便上自习，45 分钟时间，除了看书，至少还可写出 1000 字，即两天的定量作业。我不把学生限制过紧，时间充裕的时候，可多写出两天的，以备哪天学校搞大型活动没有时间写。

每天 500 字，数字看起来并不大，质量也能保证，每天不停地做下去，数字就大了，对学生的作用就大了。

习惯使人变得轻松，每天都做同类的事，可节省犹豫、订计划的时间，更节省了因拖拖拉拉不做而思考所用的时间。

作业怎么检查？以自检为主，互检为辅，教师、学校都要抽检。最重要的检查是期末的检查，放假那天每人都须将自己半年中 182 页作业计 91000 字，按年月日顺序排好，全班同学互相检查，我也抽检。按大家的规定，发现哪位同学缺一天作业，都要补齐，还要写出说明书，加以解释。即使因保管不慎，哪个月的作业遗失了，那也要一天不隔地补齐，以培养学生一件事不做则已，做就要坚决认真做到底的习惯。

试想，一名学生每年写 18 万字的语文作业，而且每天作业又都是从自己的实际出发，认真去写的，那他的知识水平、语文能力怎么能提高得不快呢？

考试——学生出题评卷

1987 年末在广东参加第四届中语会，一位教师问："魏老师，听说你一个人担任两班班主任，还教 135 名学生的语文课，那你平时测验，刻蜡版印卷子，再评卷，那不累坏了吗？"

我说："一点不累。""为什么？""我从 1979 年开始就请学生们出考试题，互相考，然后学生评卷，我怎么会累呢？"

学生出题能出好吗？开头出不好，但练习一个阶段就好了。

具体怎么做呢？大致有两种方法。一种方法是自由式。比如学完文言文单元，每位同学根据自己的经验、认识，确定这组题一共分几种题型，几道大题，各包括几道小题。知识的覆盖面、题量大小、分数分配全由自己确定。

还有一种方法是规定式。以我们上月初考的第三册文言文单元为例。本单元我们确定需掌握的知识点如下：文学常识 12 处，通假字 7 个，易错字 85 个，虚词 13 个，实词 169 个，句子 49 句，背诵古代诗 7 首，书后习题 12 道。我们规定单元试题必须从知识点内出，规定必须出 7 道题，且对每道题的题量、分数也做了严格规定。如：

第一题：文学常识，考 5 处，计 10 分。

第二题：通假字，考 4 个，计 2 分；易错字，考 10 个，计 5 分。

第三题：虚词，考 5 个，计 5 分。

第四题：实词，考 10 个，计 30 分。

第五题：译句，考 5 句，计 20 分。

第六题：默写，考 5 句，计 10 分。

第七题：书后习题，考两道，计 8 分。

题量确定以后，由每位同学根据自己的认识去填具体考试内容。具体出题时，究竟采取自由式还是规定式，由同学们举手表决。试题出完要写上出题人的名字。

答题的时候，试题先交给我，我不在家时交给班干部。然后每人轮流抽题，抽到谁的就答谁的；抽到自己的题，再重抽。答题以后，将试卷连答案都交还出题人，出题人根据自己的评分标准评卷。评卷以后，出题人将结果告诉答题人，答题人可以提出不同意见，双方讨论，倘仍不一致找干部或老师最后确定分数。

最近，每次考试前，我还和学生一起讨论补考的分数标准，一般情况下我们规定 70 分以下的要补考。也有的单元测试，知识点不多，便确定 80 分补考。如这次文言文单元考试规定 80 分补考，结果两班 137 名学生中还有 36 名没到 80 分。他们补考时，还有一些学生要求也补考，经劝说才不参加补考。因为他们很喜欢这样的考试，觉得确实是在检验自己的成绩。

学生觉得，这样考试有如下几点好处。

首先，复习目标明确。逐项逐个复习知识点，不容易顾此失彼。复习后将不会的内容挑出来，成为试题。因为试题的标准答案还要由自己做，这样难点也解决了。有一位学习很差的同学，上出试题课已 20 分钟了，还没出完第三题（此题是虚词）。问他为什么，他回答说:“还没找够最难的词，容易的又怕考不住别人。”

其次，这样考试，学生感觉主动。过去老师出题时，中下等学生摸不清老师思路，基础又差，不知从何复习，干脆躺倒不干，等着挨打。现在自己出题，复习目标明确，又可主动向同学出击，中下等学生积极性也高起来了。

最后，同学之间互相考，兴趣浓。看同学们抽题时那种期待、神秘、愉快的表情，就知道他们对同学们出的试题多么感兴趣。学习尖子抽到尖子的试题，答得非常认真，抽到差同学试题呢？更不敢怠慢，因为让“后进同学”挑出许多毛病来，太丢面子啦。差同学答题积极性也很高，有的还能给尖子学生指出试题某处不合理。他们出题更是认真。上学期我们班倒数第一的同学出期末试题，试题整整写了 11 页稿纸。

每学期考试次数不等，一般期中、期末各出一次试题，也有时加几次单元考试。

教师不出题，不评卷，就什么都不做了吗？当然不是，我看各类学生出的试题，看各类学生答的试卷、评的试卷，通过这些活动了解学生的学习情况。

当然每件事都有一百种做法，但我目前仍认为这是较好的考试方法。

谁都能自己摘果子

——差生怎样自学语文

教给好学生自己摘取知识果实的方法，提高了学习效率，学生、家长、教师几方面都高兴。让差生也试着自己摘果实，教给他们自学语文的方法能不能行得通？我从四年多的教改实践中认识到，只要采用切合他们实际的方法，同样行之有效。我的一些做法明显有利于差生的学习，受到了差生的普遍欢迎。

一、差生差在哪

国家估计目前初中成绩不及格学生约为70%，本文所指差生系成绩不及格学生中的中下等具有正常心理状态的学生，约占初中生的30%。

我校是县城普通中学，办学条件差，学苗是经重点中学选拔后剩下的，这使我接触了大量语文成绩差的学生。1978年，当时任副教导主任兼班主任的我，急于想调查清楚差生语文成绩差的原因，先后和100多名差生谈心，开过几十次差生座谈会，曾和一名最差的学生同桌听过150多节课，以了解差生听课的心理。调查发现，我所接触的差生形式上不愿学习，甚至厌恶学习，但其思想深处又都有盼望学习好的因素，希望自己也能成为学习好的学生，有的同学求知欲曾很强烈。那么使欲望逐渐消失的原因是什么？是成绩差。成绩差的原因是多方面的，但学习方法不当是主要原因之一。学习欲望、学习方法、学习成绩，是学习过程中互为因果关系的三个环节。优等生的学习过程是良性循环过程，即欲望强，方法得当，成绩优秀，欲望更强。差生的学习过程是恶性循环的过程，即欲望低，方法不当，成绩差，欲望更低。有的差生开始欲望不低，但由于方法不当，成绩上不去，又导致了欲望低。当然，对完全没有学习欲望的学生，第一步的工作还不是教给方法，而是点燃欲望之火。点燃差生的学习欲望之火并不难，困难在于保持这一欲望的火花不被熄灭。而要做到这一点，就必须从教给适合差生的学习方法入手。要教给学生正确的方法，就要先研究他们有哪些不正确的方法。我了解到差生不正确的方法有20多种，以下6种较有普遍性。

1. 等。这是差生共同的心理特点。字、词、段意、中心、写作特点，全部等老师讲了自己才信，根本不相信自学能得到知识。即使教材上有生字注音、词语解释也不肯自己看，非要等老师讲不可。这种学习方法使他们缺少最起码的自学能力。让他们自己划分一篇浅显课文的段落时，有同学竟然把逗号、分号作为段落的界限。我教过一个差生组成的班，全班52人，只有一名同学有字典，可是不会查。

2. 动手不动脑。我调查的51名差生有50人热衷于把脑力劳动变为体力劳动。他们最愿抄课堂笔记，以为只有抄得多才是学习。他们甚至把抄得多不多作为评价一位老师上课是否认真的标准。译文抄了一遍又一遍，可有的连哪句话是哪句古文的译文都对不上号。他们普遍愿抄生字解词的作业，尤其愿写一个生字抄10遍20遍的作业，因为省脑筋。一次我看见一个差生的作业本上“护村堰”的“堰”字写了20遍，我给他合上本，问他堰字怎样解释，他说不会，更遗憾的是让他背着再写一遍时，他写了几次也没写对。可见他们每天的写只是不经过大脑思维的下意识的体力劳动，大脑长期闲置，久而久之，用进废退，致使其学习效率降低。我曾搞过初一学生读、写、背能力竞赛，每项限时5分钟，结果如下表。

学生情况	项目				
	朗读	默读	抄写	默写	背诵
优等生	1380字	5320字	231字	234字	168字
差生	500字	1190字	117字	130字	50字

从上表可看出，即使优等生占优势的学习欲望、信心、毅力等心理条件不计，差生每学习一天，就要差近两天的学习效率。

3. 45分钟陪坐。适合所有学生的讲授是不可能的，事实上课堂教学不可能以差生为主。我调查过50名将要毕业的差生，问他们怎么上语文课，他们说：“学生字、解词的时候还多少能懂点，那些分析课文的课根本没听过。”“我最怕分析课文，本来还能看明白内容的课文，一分析就糊涂了。”原因在于差生是一个慢性发展的过程，经过5年的小学生活，50%不及格学生中的一半差生，识字量一般不及他们上学的天数（即1800字）。目前在70名不及格的初中生中识字量不及他们上学天数（2900字）的已上升为90%。最近我还接过一名念了8年书的学生写的“晴架条”（应为请假条）。填初中毕业生登记表，父母名字写错的例子屡见不鲜，识字到如此地步，其他语文知识可想而知。他们又找不到适合自己的课堂学习方法，这样许多差生每天上课就是到教室陪好学生坐着来了。初中三年，陪坐三年。临近毕业，陪坐人数超过1/3。课堂陪坐是一种体力劳动，虽然在某种意义上他们比听课的学生劳动强度大，但成绩肯定是每况愈下的。目前流行的好学生降级复习，差学生跳级提前毕业就业的社会现象，使他们不可能降到适合自己的年级去，只好陪坐到底。

4. 不知语文为何物。差生语文差，还最轻视语文课。不少差生说：“语文课半年不上也没啥，不就是认字解词吗？”问他们初中学过哪些读写知识，根本回答不上来。再问本学期同上学期语文课比，有哪些新知识，就更是模糊一片了。有的只知道每学期都学新课文，而新课文新在什么地方？不知道。差生普遍缺乏知识归类的能力，自然也就不知道自己知识达到了什么程度，还要向哪方面努力。

5. 制订学习计划的能力差。这是差生和优等生一个很重大的差别。今年 2 月末，我让学生制订 3 月份学习计划，10 名优等生计划篇幅都在千字以上，不仅月计划落实到了字、词、语法、读写知识上，而且规定了每周学哪些，每天的什么时间学什么，怎么学。而 10 名差生呢？写了 200 来字就实在无话可写了，而那 200 来字与其说是计划，不如说是口号，而且是放之七十二行而皆准的“一定要抓紧时间”“刻苦学习再学习”之类的口号。一名同学只写了 78 个字就怎么也不会写了。问题很明显，差生命运的船靠别人划动惯了，一旦交给他们自己来操纵就茫然不知所措。

6. 缺乏起码的学习习惯。学习过程是断续冲动式，有点像经常熄火而又不检修的汽车发动机，不能形成匀速直线运动。他们有学好的愿望，特别是在学期初或受到激励时，大都决心好好学，并能努力学几天，但这种激情往往很快就被自我原谅所取代。我调查的 52 名差生的笔记本和作业本都有一个共同的特征，第一页要比第十页工整得多，作业的数量也依月递减。大多是开学初那一个月能写十多页，临放假那一个月接近空白。优等生练习量过多，而差生则是练习量太少。

以上 6 种学习方法上的弊病，使差生每况愈下，即使最初有较高学习欲望的也渐渐低下去了。屡学不进，欲望、信心、毅力受挫，以致形成恶性循环链。

二、怎样才能不差

差生的学习出路在哪里？除培养学习目的、学习信心、学习毅力之外，一条重要的出路就是改变他们不正确的学习方法，教会他们自学语文的方法。因为面对着 70% 不及格学生，中学教师要去一个个地补课是不现实的。差生自学的必要性显而易见，现实性是否具备？ 1979 年至今，我先后在三个班进行了培养学生自学能力的试验，1979 年的试验班初一时县统考有 8 人成绩不到 40 分，1982 年的试验班有 15 人不到 40 分。我针对差生学习方法出现的常见病，采取了如下几点措施。

1. 降低知识阶梯的坡度让差生自己上。先教会差生查字典。过一段时间就找书上的生字搞查字典比赛，开始量少一点，慢一点，他们查着了，学会了，感到很愉快。有时我故意找几个容易读错写错的字，如赡、舂、棘、獭等，让差生查，让他们回家请教文化程度高的家长、亲属。当他们回来讲把家长考住了时，脸上流露出前所未有的自豪感。又如什么是介词，这个概念很长，对差生来说这是较高的知识阶梯。我指导差生把这一概念分为三个梯度来自学。先学会介词是“用在名词、代词等的前面，分别同这些词合在一起”，再学习“修饰或者补充说明动词、形容词等”，最后学习“表示时间、处所、方向、对象等”。这样知识坡度降低，差生自己也能攀得上。我上课时尽量少抄，而是领着学生看书，查字典，让学生谈对文章的看法。久而久之，差生开始由等着老师喂知识，变为自己去探求知识了。

2. 教差生认识并试着驾驭大脑这部机器。差生有的以为自己脑子笨，有的把脑子看成人民币，怕用光了将来没有了。我每周都给学生讲心理学知识，讲用进废退的规律，讲大脑的工作原理，讲记忆的窍门、观察的方法、思维的规律。由于说的就是差生的心理状态，他们很爱听。许多差生在体、音、美、劳方面，大脑转速很快，我就引导他们进行能力迁移，请爱玩球的说说怎样传球，爱听评书的说一段评书，爱画画的讲讲这幅画为什么比那幅画好看，爱唱歌的说说李谷一和苏小明各自的特点。常常是一人说，大家听，边听边记，记完了读一读，差生都感到很有趣。这样听说读写都练了，差生的脑子都在转，我说：这就是在学语文，教材中许多课文就是写的这些有趣的事情。接着学《荔枝蜜》《小麻雀》《猫》这样的文章，在好奇心的驱使下，他们的大脑也开始分析起文章哪段写得好，哪些句子写得逼真了。竞赛是提高差生大脑转速的有效方法。根据他们的实际，竞赛内容要少，以自我竞赛为主，也有时让他们互相比。“这首《赠汪伦》看谁先背完！”“《社戏》第一段的解词，看几分钟能记住！”“《口技》第一自然段看看用多少秒钟能翻译完。”“比一比《分马》这课谁默读得快，缩写得好。”紧张有助于思维，差生们都跃跃欲试地投入了这思维竞赛之中。几乎每天我都要搞一次这样小型的思维竞赛，再加上长年领着差生做记忆力体操，上百次领差生到郊外观察，久而久之，差生认识并学会驾驭大脑这部机器了。

3. 让差生每节课都有所得。我力争每堂课都把学习重点在课前告诉学生，让好学生在重点之外，再自学一些新内容，让差生只掌握重点的一半。最差的学生，学习内容还要少些，比如学《社戏》这课，我让好学生查文章的写作背景，理解文章的社会意义，却告诉最差的学生，不必听课文分析，只要记住字词，课文写了几个人物，会复述课文大意，就算完成任务了。这样形式上是退了一步，但实际上他上课时忙着记字词、看书、记课文大意，比起陪坐来收获还是大的。我主张对课文的理解不一次完成，一次完成不仅伤害差生的积极性，而且常常使好学生也倒胃口。差生和优等生都从自己的实际确定课堂学习内容，45 分钟效率都提高了。有的差生说："早这样上课，哪怕一节课记住一个字，到现在也学会两千多了。"降低要求是为了让差生学有所得，绝不是说，在他们认识可以产生飞跃的时候仍然降低要求。事实证明，大部分差生都具备达到初中及格水平的智力，在他们课堂上学习认真、紧张起来之后，鼓励他们追上中等生的进度是可以办到的。

4. 给差生规定一个明确的语文学习序列。学习语文无序可循，这是优生也存在的问题，不过差生更严重些。混混沌沌，模糊一片，无从下手。我把初中语文知识归纳为 4 部分 19 项 118 点。我和差生讲初中语文知识就像一棵树，它有 4 个支干 19 个枝 118 个杈，杈上又有小杈。

差生学习按照从干到杈的顺序，没学枝一般不先学杈，以防学生思维的混乱。这样一来，初中语文知识一共多少，学了多少，还剩多少，差生都做到了心中有数。他就知道自己应该朝着哪个方向使劲了。有的初三才转到班级来的语文差生，按照语文知识序列去学习，减少了重复劳动、无效劳动，能够循序渐进，升学时也取得了好成绩。

5. 教差生制订学习计划。计划包括年计划、学期计划和月计划。计划要订量、订时、订措施。如我帮助一个差生制订 5 月份计划时写道："5 月上半月复习语法知识、词类两天，词组两天，单句 7 天，复句 4 天。单句中的联动式和兼语式的区别是学习的难点，用两天时间分析 50 个例句，解决这一难点……"我经常把好的学习计划读给差生听或贴在墙上让大家学习。也经常和差生在一起讨论学习计划制订的具体问题。差生制订计划时常常有一种做自己命运主人的自豪感。为了全面提高他们的自信心，巩固语文的学习成果，制订计划时也让他们写清数理化等其他科的学习计划，制订出做好事、读课外书、写日记、抄格言、跑步、画画、学歌的计划。这样坚持下去，各科成绩都进步了，精神生活、文体生活丰富了，差生学语文的兴趣才会历久而不衰。

6. 教差生养成学习习惯。差生大多羡慕好同学那种始终如一的学习习惯。利用这种羡慕好同学的心理和学期初向上的心理，帮助学生制订符合实际的、留有余地的计划的同时，也制定自检、互检、教师检查的制度。我开始检查的密度大，每天互检一次，教师抽检一次。半个月后，就每周互检一次，教师检查一次。我和差生定的长期的检查制度是每月一次，方法自检、互检、抽检相结合。人与人竞赛，组与组也比完成计划的情况。没完成的除了补上计划练习，还要受到全组同学的批评。检查的同时进行作业展览，每个人都是观众，每个学生的作业也都是展品。我让差生养成积累各科作业、练习和卷纸的习惯。比如我帮差生制订了每天完成一页（满 500 字算一页）语文练习或作业的计划（练习内容自定），到年底的时候，每个差生就必须拿出从 1 月 1 日到 12 月 31 日的共 365 页语文练习。谁缺少了，我就利用休息时间陪他们一页页地补上。1978 年，我教一个全是淘气的男差生组成的慢班的语文，他们最头痛的是作文，作文时我就讲得细一点，要求松一点。但有一条就是要自己写，当天完成，谁写不完我就陪着他在教室写。这样一来他们也都按时交了。堵死了差生每天、每周、每月拖欠学习任务的后路，他自然就养成了按时完成作业和保留作业本的习惯。另外差生读课外书的习惯、写日记的习惯、写读书笔记的习惯、抄格言的习惯、订计划做总结的习惯，都是这样先从降低知识台阶的高度开始，依靠差生的内部积极因素一点点养成的。

三、从文科打开缺口

差生的家长普遍反映，到这个班不久，学生就明显地忙起来了，忙着看书，忙着讨论总结。差生反映说："忙是忙，但比过去不知学什么，心里感到痛快。"我 1979 年 3 月接班的 40 分以下的 8 名差生，每人每年有一张统计表。这张表上分 12 个月，每月 12 项，共计 144 个数据，他们每个月都认真统计、总结。5 个学期后，平均每人完成了 44 万字的语文练习、18 万字的日记，读了 2.1 万页的课外书。良好的习惯和辛勤的劳动，使差生有了明显的进步。升学考试，我们这个学苗经重点中学选拔后的班级，语文平均成绩比重点中学高 7.8 分。8 名差生都达到了高中、职高录取分数线。连那名初一时语文 24 分的差生，升学考试语文成绩也达到了 72.5 分，升入了高中。我任教的 82 届学生虽然也有 6 名语文差生，但升学考试平均成绩仍达到了 76 分，为全县第一，升学率达 100%。这两届学生团员比例、达标率都为全县第一。

去年 9 月，我新接了一个初一班，有 14 名同学刚入学时语文成绩不到 40 分，和同班好同学差距达 59 分之多。经过半年多的努力，这些差生平均每人完成了 9 万字的日记，11 万字的语文练习，参加了 34 次智力竞赛，参加了 50 多次语文学习竞赛，初步养成了良好的学习习惯，本学期期中成绩有 12 人已提高到 50 分以上。练习量增多并没有扼杀他们的兴趣，相反地，由于学习生活有规律、有计划，课外活动也比以前增多了。

他们半年多平均读了 9 本课外书，画了 7 幅图画，学了 28 首歌曲，跑步 350 多公里。

差生问题已经成为一个比较严重的社会问题，人们对这一问题严重性的认识将会随着历史的进展而日益深刻。怎样使小学升入初中的 50% 及格学生的比例不在初中阶段降低，或者说使不及格的那部分学生不进一步继续扩大和优等生的差距？这是广大教师、家长、差生本人以及整个社会的愿望。提高差生成绩，语文学科有着得天独厚的优越条件，无论多差的学生都终日生活在汉语环境之中。从文科打开了缺口，学生就能增强征服理科的信心，学习成绩的好转又常常伴随着道德品质的好转。

提高差生水平，势在必行。如何提高？“抛砖引玉”这句话往往含有礼貌性质，我确实觉得自己的文章是块砖，热切期待着引出玉来。

谈培养自学能力

一、为啥要自学

莱辛说过：“如果上帝一手拿着真理，一手拿着寻找真理的能力，任凭选择一个的话，我宁要寻找真理的能力。”我把这段话抄给学生，让他们讨论莱辛为什么这样说，学生都很自然地联想到自己的学习。他们举例说：“如果我们有了归纳文章中心思想的能力，那么没有老师时自己也能归纳出文章的中心思想了，而且是几十几百篇文章的。”学生的讨论说明，叶圣陶先生讲的“教是为了达到不需要教”的话，绝不仅是教者一厢情愿的教学最佳境界，更重要的是这话体现了学生们渴求获得自学能力的愿望。这是从理论上讲自己为什么培养学生的自学能力。

从自己的实际情况看，我尤感非培养学生的自学能力不可。我在接这个班前是学校副教导主任，分工负责全校 1500 多名学生的辅导工作。我再三请求当班主任，终于在 1979 年 3 月获得了校领导的批准，教初一（7）

班的语文课并做班主任。但又约法三章：第一，全校学生的辅导工作不能耽误；第二，其他兼职诸如党支部委员、校工会副主席、组织文科考古工作等不能推辞；第三，当班级工作与学校工作冲突时，即应放下班级工作。我答应了这三条，便想：如果学生有了较强的自学能力，我自然可以腾出时间做学校工作，那就大致能做到班级学校工作两不误了。

学生是怎样一种情况呢？我校是一所普通中学。学生是重点中学按 4∶1 选拔之后剩下的。我们班级语文平均成绩 45 分，最低的 24 分。我和学生谈心，了解到语文成绩差的学生有几个共同点：一对语文课缺乏正确理解，怕学语文耽误其他科，而不愿做语文练习；二不自己写作文；三不看课外书；四不是为获取知识学语文，而是为了应付老师，不得不上语文课。

这些，从理论和实践上告诉我，要提高学生的语文知识水平，培养听说读写能力，必须培养学生的自学能力。

二、怎样自学

自学能力从心理学上讲，既是一种优良的心理品质，又是一种个性特征。理论告诉我们，任何心理品质和个性特征的形成，都要经历知、情、行、恒的心理过程才能形成和发展，我也注意按照这个规律去培养学生。

1. 知。提高学生对培养自学能力的认识，我讲许多青年自学成才的动人事迹，讲科技大学少年班的孩子们良好的自学习惯，讲爱迪生、高尔基自学的辉煌成就。最使学生们感动的是自幼双目失明，后来顽强自学成为教育部长、埃及文豪的塔哈·侯赛因。听了法国自幼断臂用嘴叼着笔作画，成为世界著名画家的戴尼斯的事迹，学生们震惊了，他们在日记中热切地表达了要获得自学能力的愿望。

2. 情。使学生从感情上体验到自学的幸福和欢乐。直接兴趣固然能使人获得感情上的幸福和欢乐，但间接兴趣，即在理智指导下的行动的成功，同样能使人获得感情上的幸福和欢乐。人的生理欲望能够服从心理欲望，理智的满足产生的幸福感常常比本能的满足所产生的幸福感更为坚实、持久。我让学生要在获得自学能力的理智支配下，自己查字典，独立掌握一篇文章中的字词，自己去划分段落、归纳段意和中心思想，大部分学生都解决了这些问题。再一鼓励，学生感情上充满了劳动者收获自己劳动果实的那种幸福和喜悦。

3. 行。人的行动主要分两部分：第一向何处动（学什么），第二怎么样动（怎样学）。前者是定向的问题，后者是规则的问题。先说定向，即学什么。越是学习不好的学生越不知如何学语文。讨论时学生发言说："学习理科，知道从哪下手，掌握几个公式就可做所有因式分解题，理科是学什么考什么。语文从哪下手呢？语文课天天分析课文，可哪次考试也不考分析课文。"是啊，从哪下手呢？我让学生画其他科的知识树（即对各科知识进行系统的归类整理），他们很快就画出来了。语文知识树却无从下手，有的画了一堂课，还只有一棵光秃秃的树干。后来经过启发、讨论，学生把语文知识列成这样几个大分枝：拼音、标点、难字、词汇、语法、修辞、文言文、阅读、写作。学生们感到自己看到的语文试题，基本都跑不了这样的程序。我们自学语文，就要学这几类知识。学生视自己对这几类知识的掌握情况来决定自学时的侧重面。

我想，让学生定向，自己的教学必须定向，增强计划性，减少盲目性，少做无效的劳动。从这样的认识出发，注意知识的系统性。在教学时，我把这种系统的知识比成一棵有干、有枝、有杈、有果实的树，叫作"语文知识树"，尽可能教给学生一点可以当"定理""公式"性的东西，给学生钥匙。比如阅读这个分枝，按照传统教法，学生只是一篇篇地听老师分析课文，常常是听了几年课也没掌握自己读课文的钥匙。我告诉学生初中阅读分枝上有三个小枝：①分段归纳段意。②归纳中心。③分析写作特点。每一小枝又有几个可以当定理用的杈。比如分析写作特点这个小枝上又有选材、结构、表达、语言等这样几个杈。杈又生小杈。如表达的杈上又分记叙、议论、抒情、描写这样几个小杈。小杈仍可繁衍。如描写又分为景物描写、场面描写、侧面描写、人物描写。人物描写又分为肖像、语言、动作、心理描写。我之所以把语文知识比喻为树，只是为了取其形象之长给学生系统的认识，树的系统性远不及科学本身的系统性严密，人们是不应该用科学的尺子去苛求比喻的精确度的。这样可避免重复劳动，学生又学到了比较系统的知识。这样除字词（浸透在课文中讲）之外，一个个的分枝讲完了，学生就基本上掌握了初中语文知识。学生从初一到初三，6 次画语文知识树，一次比一次枝叶更繁茂，这说明学生语文知识水平提高了。

由于这样归纳、分类、整理，学生对初中语文知识有了比较明确的理解，再通过他们写《我的自我设计》《中学语文知识简介》《第 × 册语文教材分析》等文章，培养学生自我认识的能力，学生就基本知道了自己在哪个分枝的哪个杈上知识薄弱。学什么的问题明确了，行动的方向就确定了。

然后是怎样动，即怎样学。学生学语文大多有这样几个毛病：①效率低。一篇课文拖一两个月也不能按要求背诵，一篇作文写半个月还写不完。②初中学生看问题往往片面。不少学生认为要学文必然挤理。理由是时间是个常数，文用多了，理自然少了，因此不舍得花时间学文。③一曝十寒。语文考试成绩低时，他们也急一阵子，学一阵子，一阵子过后依然如故。针对这样的病，我开了这样的药方：①提高学习效率。教会学生把任务与时间紧密联系起来，研究提高大脑工作效率的办法。我让学生写过《三谈记忆力》《三谈大脑的潜力》《五谈注意力》《谈大脑的最佳状态》《效率最高之时》等文章。当学生学会研究自己大脑的时候，效率自然成倍增长了。②打消顾虑。即学文不一定挤理。在效率提高之后，按照定额给学生算账，即使每学期完成 10 万字的语文练习、8 万字的日记、20 篇作文，除了课内，课外也不过用 1 小时时间。在一、二年级科目不多的情况下，每天用 1 小时学语文，难道还算多吗？这样一算，学生放心了。学起语文来心里觉得踏实。③制订严格的计划，防止一曝十寒。比如班级规定，每天早晨锻炼身体之后的 30 分钟，做记忆力体操，早自习用五六分钟抄格言、名诗，晚放学前 30 分钟写日记，回家 30 分钟做语文练习。每天都执行这样的时间表，再在每段时间内规定出必须完成的具体学习任务，既提高了效率，也防止了一曝十寒。这种规则运动，比起学生以前盲目学习的不规则的运动来，既让学生提高了效率，又使他们在心理上有一种轻松感。

4. 恒。学生对自己的认识也好，从感情上体验自学的欢乐也好，自学时的定向、规则运动也好，都必须持之以恒。反复加深认识，不断重复，才能由一次次单一的认识、情感、行动，最后形成一种习惯，一种心理品质和个性特征。从这样的认识出发，班级不但制订了每天的时间表和计划，还制订了每周、每月、每学期的计划。

为了培养学生的观察力和多方面的兴趣以及在其他活动中培养学生的记忆力、思维力，班级规定，每周一班会讨论思想战线的问题，周二图画课，周三游戏，周五音乐课（这天的语文课阅读欣赏），周六作文，星期日或节假日有目的地去观察、郊游，为下周作文寻觅素材。在阅读欣赏课，我们读了许多优秀的短篇小说、报告文学、通讯等。周六下午第一节，学生互批互改作文。第二节写作，在讲清基本要求、写作知识之后，重在写训练思维力（如《谈大脑的潜力》《自学好处多》《过犹不及》）、观察力（如《摸鱼》《炉长》）、想象力（如《三十年后的班会》《站在月球上想到的》《飞碟发射之前》）的文章。星期日的早晨是同学们最愉快的时候，我们一起到野外开荒种地、摸鱼、抓蚂蚱，到苇塘里找鸟蛋，在结冰的河上跑接力，在冰雪地里寻找生命的踪迹……这些事情，由于计划时算清了所占的比例，学生谁也不觉得挤了学习理科的时间。全班学生每月都要对自己德、智、体等方面的 12 个数据进行统计，找出弱点，订出下月的计划。每个学生都有一张全年学习计划统计表，这张表上有 156 个数据。由于持之以恒，867 天来，平均每个学生完成了 25 万字的语文练习、24 万字的日记、104 篇作文，读了 75 本课外书。学生初一到初三的试卷、练习本都在教室前面积攒着，累积起来有 26 米多高（单是语文）。班级日记记了 860 天。班级共积累了每个学生从初一到初三德、智、体、美四个方面学习、发育情况的数据 6000 多个。

总之，由于知、情、行循环往复，学生都把学习当成了自己的事情，并初步具有了知识系统和自我意识的能力。学生在方向确定的前提下，掌握了利用生物钟的规律做规则运动提高学习效率的方法，自学能力明显增强，成绩提高较快。初二时，参加县中学语文能力测验，我们班获第一名。初三时，参加全县 30 所中学听说读写竞赛获第一名。加强语文训练并没有影响其他科的学习。发展智育也没有影响德育和体育。这个班级是全县唯一能坚持从初一到初三一直利用星期天到社会上做好事的班级，共受到县、学校 33 次奖励。初二期末考试达标率 98%，县内长跑比赛，录取人数占总人数五分之一。学生体重年增长 6.69 斤，身高增长 4.44 厘米。初一时视力正常的 84 只眼睛，到初三只有一只减弱到 0.9。

再谈培养自学能力

第一轮培养学生自学能力的试验历时五个学期，学生于 1981 年 7 月毕业，总结文章于同年在《中国教育学会通讯》上发表。接着又在一个初三班搞了一年同样目的的试验，亦取得较理想的效果。第三轮试验是在很多方面的关注下于 1982 年 8 月开始，今年 7 月结束的。本文拟对三年来的试验加以总结，为有别于四年前的文题，故名为“再谈”。

试验土壤：标本式的第三世界，县普通中学。试验学生：本校学苗平均分配的普通班。试验教师：比以前更为困难的处境。大部分时间攀登游弋于文山会海之中。

三年过去，试验班取得了比前两届更突出的成绩。学生们口头表达能力、作文能力、速读能力受到各地听课教师的好评。即使用以考试分数来评价学生优劣的传统方法看试验班，成绩也是突出的。试验初期试验班学生语文成绩为全县平均分。升学考试试验班学生比全县按 2 ∶ 1 选拔出来的学生的平均成绩还高 12.5 分。各科教师也都积极教改，使学生各科成绩都很突出；总分进入 577 分的学生，全县 44 所中学共有 40 人，仅试验班就占了 10 名。试验班升学率为 98.8%。人们都认为试验班自学能力强，纷纷询问培养自学能力的方法。

三年来，我是从以下方面入手培养学生自学能力的。

一、提高认识

教师与学生同为一个系统之中的两个要素。为使整体的功能大于两个单体功能之和，我认为教师的思想、心灵、认识都要向学生开放，努力使学生在教学中成为和教师同步运转的要素，使培养自学能力不仅是教师的主观愿望，而且是学生的内在要求。这样师生就能用合力去战胜改革路上的艰难险阻，达到预期的目的。我是从以下六个方面入手，来提高学生认识的。

1. 讨论讲授法的利与弊。要改革一种旧的教法，必须要明了它存在的利与弊。真正看清了这种教法弊大于利时，学生才乐于寻求利大于弊的方法来取代它。各类学生的认识不甚一致，学习差的学生对讲授法最反感，他们谈了许多切身的苦处，听不懂之苦、跟不上之苦、陪坐之苦等。中等学生觉得在讲授为主的课堂上虽然也学到了一点知识，但更多的时间是无效劳动。听老师分析文章头头是道，但过后一回忆，留在脑子里的还是作品本身。思维力、想象力较强的学习尖子，则觉得该我们想的，老师都讲了，在讲授为主的课堂上思维好像被绑住了一样。也有极少数记忆型的基础知识较好的学生，认为讲授法利弊相等，好处是老师该讲的都讲清楚了，答案比较明确，我们可以放心地照着背；坏处是现在考试经常出课外阅读题，老师没讲过，我们就不会做了。讨论结果，绝大部分同学认为讲授法弊大于利。在讲授为主的课堂上，学生成了容器，成了奴隶，而不是学习的主人。

2. 从纵的方面看自学。我给学生讲教育史，讲启发学生认识自学在教育史上的位置。我给学生讲斯巴达残酷的捕杀奴隶"实习"，讲夸美纽斯一个教师可以教三百个学生的主张，讲风靡欧美的十八卡式教学，讲杜威的儿童中心主义，讲陶行知的教学做统一。学生透过这些史实，不难发现有作为的教育家都把培养学生积极主动的学习习惯，作为自己研究的重要课题。这样学生就认识到，培养他们的自学能力，即使从传统的角度看，也是有许多理论与事实根据的。

3. 从横的方面看自学。学生非常渴望知道其他地区和国家的老师怎样教，学生怎样学。于是我经常给学生介绍国内外先进的教育、教学方法和理论，我到京津沪及省内外其他城市参观回校后，总是先向学生汇报人家的教改动态。《外国教育动态》一创刊我就订阅，一直到现在。凡是学生感兴趣的教改试验、新鲜理论，我都向学生介绍。从苏联的赞可夫、巴班斯基、苏霍姆林斯基，到瑞士的皮亚杰、美国的布鲁纳，从帕夫雷什中学到日本某中学的自学纲要、西欧的精学、美国的开放教育，我们班级对教育信息的介绍是经常性的，并且强调一个新字。如美国的实习牢房、日本的赤足小学、荷兰的少年餐厅、哥伦比亚的青年教改营、法国的不定型教学班、美国的近 200 门中学选修课，世界上先进国家之间你追我赶的教育竞争等新闻，一经登载，我都尽可能地介绍给学生，用这些新鲜的、充满改革精神的电子束去轰击学生思想的荧光屏。每当此时，全体学生兴趣盎然，催我一个接一个地介绍下去。每一条教改信息都激起他们一阵自觉而热烈的讨论。学生们信服地认识到，我们正置身于一个教育开发、教育改革的时代，正置身于一个使学生成为学习主人的时代，教育根本不像某些人理解的那样"自古华山一条路"，只有一种模式，而是"条条大道通罗马"，教育试验和改革是教育科学、教育艺术的生命。培养学生自学能力在现实中有着广阔的试验场所。

4. 介绍当今时代的特点。学生喜欢了解并谈论他们生活的时代，我顺应学生这一心理，经常介绍以原子能、电子计算机、激光技术、遗传工程技术应用为特征的世界第三次产业革命。由于科学从发明到应用的周期大大缩短，使知识的陈旧率迅速增长。人类知识总量每七年就增加一倍。这样的时代特点，使学生认识到未来的文盲是没有学会怎样学习的人，学生深切地认识到要适应当今和未来社会的需要，不具备自学能力是不行的。

5. 分析学生的实际处境。我多次在全校学生大会上说，我们的主要目标不是培养多少人上大学，而是培养适合明天祖国需要的人才。我们的学生是国家建设的主力军，必须有知识，而显然我们今后取得知识的主要途径是自学。这就使学生清醒地认识到，要有效地投入明天的建设，就必须在中学阶段，特别要在初中阶段掌握自学能力。

6. 讲自学成才的可能性。以上五个方面的不断强调，使学生从教育本身及教育之外的理论和现实中认识到培养自学能力的必要性。与此同时，我经常讲古今中外杰出人物自学成才的具体事例。鲁迅、华罗庚、高尔基、侯赛因、海伦、爱迪生等许多杰出人物自学成才的经历，使学生们认识到培养自学能力不仅是必要的，也是可能的。

学生认识一步步地深化，就使教师与学生的心灵之间架起了一座桥，学生们便最大限度地理解老师，支持老师，成为教改的志愿兵，从而产生了远远大于两个单体功能之和的系统功能。

还必须看到，初中学生的感情胜于理智，他们的行动并不只受认识的支配，更多的还是受感情的支配，要培养学生的自学能力，还必须想方设法激发他们的自学兴趣。

二、激发兴趣

在学生大脑这部机器里，兴趣是动力部分中的重要部分，它常常决定着大脑机器工作时的转速和灵敏度。学生自学语文的兴趣越浓，自学的积极性就越高。我接触到的初中学生完全没有自学兴趣的还没有过，所以本文只谈激发兴趣而不谈培养兴趣。所谓激发，在心理学上指的是把学生已经形成的、潜在的学习需要充分调动起来。如何调动？我把自己平时的做法，粗略地归纳为四个方面。

1. 筛选实用的信息。中学教材选了许多名家的名篇，学生应该认真读。但学生毕业后在工作岗位上接触较多的主要是比较实用的信息，离自己生活比较近的，直接有助于提高自己工作思想水平的信息。为使学生具备自学这些文章的能力，近七年来，我每学期都用 50 课时左右指导学生自学完统编教材，剩下的时间除加强基础知识和能力训练之外，就是增加一些学生感兴趣的、对他们今天和明天的学习与工作都比较实用的教学内容。

①课上引进心理学方面的知识。心理学已成为现代应用最广泛的一门科学。中学开的课程有十几门之多，但和学生的学习方法、思维方法联系最紧密的心理学，却没有一篇文章去介绍它，不能不是个遗憾。几年来我在课上给学生介绍了一些心理学知识。讲大脑的工作原理，增强有意注意的方法，记忆的窍门，观察的方法；讲什么是理解力，什么是想象力。学生

非常愿意听这些关于大脑的知识。讲了之后让学生复述，引导学生写《大脑的最佳状态》《四谈注意力》《再谈观察力》等文章。学生反映学心理学知识使自己学会了思维的方法和科学用脑，他们很希望能多学些这样的文章。

②介绍现代科技发展状况。8年多来，我经常利用课上时间给学生介绍现代科技发展状况。《国外科技动态》杂志我已经订阅了11年，上面每当刊载惊人的新发现时，我都读给学生听。讲飞船对接，讲天外飞行体，讲数控机床，讲电子计算机的昨天、今天和明天，讲各种各样的新能源，讲人工合成食物、人造心脏、逝者冷藏，开世界之最介绍会……当这些新颖的内容进入语文课堂的时候，连最淘气的学生都凝神细听，心驰神往，紧接着他们就对文章发表自己的看法，自学兴趣十分浓厚。

③也有时候我把其他学科内容引进语文课堂。如从说明文的角度看《立体几何》的一些章节，分析十字相乘法这节数学教材的层次结构，让学生写《十字相乘法》《谈浮力》《英语语法和汉语语法的异同》等文章。学生看到各学科知识是互相联系、互相渗透的，既学了语文又加深了对其他学科的认识，于是产生了双倍的兴趣。

④学生喜欢和他们的生活、思想联系得紧密的名篇时文，我就把报纸杂志最新发表的通讯报道、报告文学等拿到课堂上让学生学习讨论。如《追求》《当惊世界殊》《当代青年》《同代人在召唤》《老山夕照》等许多感人至深的报告文学，学生学习时不仅全神贯注，有的还为之潸然泪下。

教材内容无非是为提高学生听说读写能力和思想觉悟服务的。增加一些学生感兴趣的内容，激发了学生兴趣，能更快地达到目的。

2. 使用新颖的教学方法。为了充分发挥学生的积极作用，我经常就怎样读、怎样说、怎样写、怎样上课、怎样考试等问题征求学生的意见。有时在课堂上我就征求学生对具体文章教学方法的意见，出现过许多次我的计划想法被学生否定了的情况。每当这时，学生就充满了自己是学习主人的自豪感。我为什么敢于两年多不让学生买作业本，不写一篇作文呢？就是因为这是学生们通过的一项决定。学生们商量出了更好地提高写作水平的方法，坚决要搞取消作文的试验，有了学生的支持，我的胆子才大起来。其余的试验，如取消教师的批改、取消考试、到初三取消作业练习等许多大胆的改革，都是经过学生多次认真的讨论后才一直坚持下来的。这样学生对自己选择的一些新的教学方法，如自批作业、自出试题、写日记等，就感到格外亲切。

我和学生经过研究确立了“定向、自学、讨论、答疑、自测、自结”

六步课堂教学法。第一步定向，控制信息的接收范围，随时排除干扰性的学习重点之外的知识。自学则是主体主动接收信息的过程。讨论和答疑是信息传递的最主要过程，教师以平等的身份参加学生的讨论，并在必要时做出解答以保证信息的正常流通与传输，这两个环节信息的传递是多向的。师生都是信息源，又都是信息接收器；师生的行为既是反应，又是信息。第五步自测和第六步自结在整个课堂信息传递过程中是一个终极部分，它的任务主要是对本课时所接收的信息的及时反馈和强化。我们在六步教学法的内部还搞课堂类型的变式。这样定中有变，变源于定，使学生易于理解，易于配合，始终处于学习主人的位置。

课堂教学以学生活动为主，即使到非教师讲不可的时候，我也尽可能用变换音量音调、变换说话速度和感情的方法激发学生的兴趣，想方设法让学生用听、视、触、嗅等多样感觉器官感知文章内容。

“高兴的记忆永不忘”是有心理依据的。为使学生在愉快的气氛中接受知识，我便向自己提出了“每堂课都要让学生有笑声”的要求。课堂上我力求用幽默风趣的教学语言，不仅使优秀的学生因成功而发出笑声，也尽可能使“后进学生”在愉快和谐的气氛中受到触动。

3. 创设一个竞赛情境。大脑这部机器处于竞赛状态时的效率要比无竞赛时的效率高得多。即使对学生毫无直接兴趣的智力活动，因热望竞赛取胜而产生的间接兴趣，也会使人忘记事情本身的乏味而兴致勃勃地投入竞赛中去。我经常在课堂上开展各种自学比赛活动。

记忆力竞赛、口头作文竞赛、速读竞赛、书写竞赛、查字典竞赛、译文言文竞赛等，或是在限定的时间内看谁完成的任务量多，或是在限定任务量的前提下看谁所用的时间少。学生非常愿意竞赛，竞赛使学生大脑机器处于高效运转状态，提高了自觉效率，对所学知识充满了兴趣，学习过程充满了愉快，训练了现代人所需要的竞争心理，并在欢乐中忘记了困难和疲劳。

4. 经常让学生体验到成功的欢乐。学习兴趣和学习效果是紧密联系的，一些差生之所以烦语文，并不是他从来没有过学语文的兴趣，而是因为他们成绩差，屡考屡败。只有失败的痛苦，没有成功的欢乐，以致使兴趣之火熄灭了，视语文为虎，谈虎则色变。

为了使学生体验成功的欢乐，我先引导他们科学地对待成绩。班级经常搞各种竞赛，目的不是非让差生追上尖子不可，而是希望通过竞赛使每个学生都学会自我竞赛。每个人都记住自己前次竞赛的基数，比如一名差生在记忆力比赛中，上一次 5 分钟只记住了 51 个字，这次达到 5 分钟记了 52 个字，对这名学生来说就是胜利，就是进步。班级舆论经常这样评价同学，就使优等生不骄傲，差生不自卑，都能享受到竞赛胜利的欢乐。

上课时比较浅显文章的层次、中心，浅显的文言文翻译，我都让差生向全班同学讲自己的看法，这样他们也由衷地感受到了自学的欢乐。

以上所谈激发学生兴趣的方法，有利于激发暂时的学习兴趣，要使学生保持持久的学习兴趣，还必须培养学生明确而强有力的学习动机。这是一个比激发暂时兴趣困难且复杂得多的问题。

第三辑

效率是关键

从长远的观点看，一个有效率感的人和一个没有效率感的人，在事业上的差异也将是很大的。特别是在当前知识陈旧率高、知识量激增的形势下，培养学生的效率感尤为重要。

培养学生的效率感

教学中，我们经常目睹这样的现象：学生写两遍就能记住的生字，也非要写10遍不可；有的教材上的习题还没有弄清楚，却忙着解全国数学竞赛试题；有的一篇作文写两周还没有结尾；有的一节自习什么都想学，主意还没拿定，下课铃响了；更有的学生广播不听，报纸不看，歌曲不唱，体育课不上，埋头在书堆里，成绩却不好。这些现象向我们提出了两个问题：首先，学生所付出的劳动是不是都有效；其次，单位时间的利用率究竟有多高。这两个问题，中学生特别是中学低年级学生很少想到。这两个问题若不解决，学生便无法摆脱学习时间长而效果不好的局面。

假如，我们的学生都懂得劳动前分析一下劳动产生的效果如何再做，都知道计算时间的利用率，那么，无论教师还是学生，都会减轻很多负担。这就需要培养学生的效率感。从长远的观点看，一个有效率感的人和一个没有效率感的人，在事业上的差异也将是很大的。特别是在当前知识陈旧率高、知识量激增的形势下，培养学生的效率感尤为重要。这是一件无常规可遵循的事，有些做法到现在也只能说是试试看。

要具有效率感，我想就要会计算效率，我讲这样一个公式：

效率 =（劳动量 + 无效劳动量）÷ 时间。比如，计算默写课文时间，默写一段500字的课文，当写到300字时，不会了，开始抄书，前后共用30分钟，那么默写效率是10字 / 分钟或600字 / 小时；而没有抄书的同学，默写效率则是16.66字 / 分钟，或1000字 / 小时。

在单位时间内增大劳动量，需注意4点。

1. 减少犹豫的时间，明确任务。学生每天有许多时间属于自己支配，自己支配时间效率不高的主要原因是犹豫。自习课，如果老师留的作业已做完，不少学生下一步做什么没有准主意。是看还是写？是复习数学还是预习物理，或是背英语单词？有时拿起数学书看几眼，很快又改了主意背英语。刚刚背了几句，又想做物理习题，主意还没拿定，下课铃声响了。许多学生同我谈心时，都痛感被犹豫占去的时间实在是太多了！我和学生商量了一些治疗犹豫的措施，其中之一便是在自己支配的时间里，拿出百分之二三的时间，规定这段时间的任务共几项，哪个为主，哪个为次，然后排上队。比如一节自习，先复习数学 20 分钟，再预习物理 15 分钟，其余时间背单词。这样任务明确了，马上动手，效率往往是过去的几倍。

2. 持之以恒，形成习惯。一个人，经常在固定的时间内做同类的事，做得多了，便形成习惯。习惯了的事情，常常会不由自主地去做，想停止都难。我认为牛顿第一运动定律应用于人的思维也不无道理。显然，巧妙地利用惯性是提高效率的好方法。习惯的事，既不会犹豫，也最少拖拉。有些学生，过去舍不得花时间参加体、音、美活动，可是长期坚持，养成习惯，用的时间不多，却取得了显著的效果。到了三年级不上美术课了，许多学生想不通，就自己画起来。学生形成写日记的习惯就自觉了，有一天高温 33℃，我劝学生，天太热，今天的日记就先不写了，明天再补吧！第二天，我一看，有一半学生照旧写了 500 多字。原来，他们怕因为这一天拖拉而打破了已坚持了几百天的每天记日记的习惯。

3. 利用生物钟的规律。有关资料表明，一个人确实存在着在某一固定的时间内，做某一类事情可获得最佳效果的生理心理规律。生物钟不是一成不变的，特别是关于学习方面的生物钟。通过养成习惯，可达到调整生物钟的目的，尽可能使学生一天的生活有规律。天天如此，月月照旧，日久天长，生物钟会助人提高学习效率。

4. 订计划，做总结。班级制订了每人每年完成 12 项任务的计划，然后落实到每学期、每月、每周、每天。分别完成多少，数量都很明确。每个月全班总结一次，鼓励超额的，督促欠债的。学生每人有一张本年度计划和计划完成情况的统计表，这张表上共有 156 个数据。每个月德、智、体、美任务完成情况一目了然。这样学生比有对象，赶有目标，效率也高一些。

下面谈谈怎样减少无效劳动。

这个问题的关键是使学生明确什么是无效劳动。我曾让学生找出哪些是无效劳动。全班同学共找出 100 多项无效劳动，大家把它分为两类。一类是显而易见的，如被各种不利的心理因素所左右的灰心、忧虑、嫉妒、骄傲、背各种思想包袱等。另一类是不明显的，如抄别人的作业，已经会了的题还反复做。这实际是把脑力劳动变成了体力劳动。手虽然很忙，对脑来讲，并无成效。违背学习规律，教材还没弄通，就去抠偏、难、怪的题，也属于无效劳动。学生们分析了这些无效劳动的害处，订出了减少无效劳动的措施。

增大劳动量，减少无效劳动，这都说的是在一定时间内增大分子值的问题。分子固定时，如何缩小分母呢？我们做了 3 件事。

1. 尽可能使学生对自己的劳动产生兴趣。有兴趣的事，做起来就快。例如写一篇文章，既可以拖上半年，也可以一小时内完成。十年浩劫，学生写了十年批判稿，到头来，不仅不会写作，连讲道理的批判稿也不会写。有兴趣的文章，如《春雨过后》《蜻蜓》《友谊》《关怀》《启蒙者》《有心人》等作文学生就愿写，我便尽量让学生写这些源于生活、源自内心的文章。这样，大家写起来，积极性高，有的一小时便写 2000 多字。

2. 用意志约束注意力。实践表明，有兴趣的事，做起来注意力集中，效率高，但没兴趣的事，做起来效率就低吗？也不一定。我启发学生回忆，大家都怕期中期末考试，对考试基本没兴趣吧！但你算算考试前的学习效率，是高还是低？学生异口同声地回答："当然高了！"为什么？就是因为你把考试当成了一种责任，有的把它当成一种压力，这种责任和压力，增强了你的意志。这意志强迫你放下诸如打球、看电影之类的事，而去准备你不感兴趣的事——考试。可见，平时只要注意培养责任感，培养坚强的意志，对那些没兴趣的事，注意力也能集中，效率也能高。

3. 利用学生的好胜心理，造成一种竞赛的气氛。这样做能使学生对没有直接兴趣的事，产生间接兴趣。

竞赛中强调学生自己和自己比，以便战胜自我，超越自我。比如，班级大部分同学的写字速度是 30 字 / 分钟，默写 35 字 / 分钟，作文 17 字 / 分钟，做一道几何证明题 10 分钟等。那么，在给自己明确完成任务所需时间时，能不能把时间规定得少于这个平均数？我告诉学生，据科学家测定，效率最高之时，就是规定的完成任务的时间将要到来之时。这样学生都愿把完成作业的时间规定得少一点，以督促自己尽快完成。

另外，我们也经常组织全班竞赛，竞赛常常使人丢掉犹豫，忘记自卑，与溜号绝缘。经常搞小型竞赛，使学生感到自己是学习的主人，是注意力的主人，享受到胜利的欢乐。150 字的《卖炭翁》，大家比一比，6 分钟能不能默写完？结果最快的仅用了 4 分钟。《代数》第二册（1980 年版）应用题共 42 道，看谁先列完方程，结果最先列完的仅用了 1 小时零 5 分钟。班级经常搞这种竞赛，即使全班最慢的同学，他的效率也是自己平时的数倍，"后进学生"也能享受到胜利的欢乐。不仅学习比，体、音、美活动也比，到社会上做好事，也常这样比。有一次，星期天，全班同学到县图书馆劳动，干部指出上次劳动说话的人多，效率不高，影响人家看书。下次劳动我便提出，明天劳动，从开始到结束，每人只给说 5 句话的定量，比比看谁还有剩余。结果除分配任务的班长外，大家都有剩余。

11 年前，即 1982 年，广西《中学文科》第 8 期，开辟了介绍我的教育改革的专栏，刊登了我写的文章、研究人员写的文章和我的两名学生写的文章，其中刘诗奎同学写的《魏书生老师培养我们的效率感》的文章，写出了学生对哪些问题感兴趣，文章写道：

> 魏老师很重视我们的学习效率的提高，时刻教育我们养成高速度、高效率的学习习惯，教育同学做任何工作都要具有高度的效率感。
>
> 首先，魏老师给我们讲解提高学习效率的意义。他把鲁迅先生的一句话抄在黑板上让大家思考："节省时间，也就是使一个人的有限的生命更加有效，而也即等于延长了人的生命。"
>
> 其次，他还经常向我们讲解提高学习效率的方法。
>
> 第一，要有科学支配时间的计划。在学习之前，把先学什么，后学什么，要用多长时间，都计划好。英国哲学家、政治家培根说过："合理安排时间，就等于节约时间。"只要我们计划周密，然后按计划执行，就会节约大量时间。
>
> 第二，高效运用。达尔文说过："完成工作的方法是爱惜每一分钟……"魏老师常教育我们做事要有个雷厉风行的作风，要一鼓作气，速战速决，不能磨磨蹭蹭、拖拖拉拉。在既定时间内工作不完，就不停下休息。还要合理地支配时间，先做大事，后做小事；用大段时间处理较复杂的事情，用小段时间处理容易完成的工作。
>
> 第三，精确计算。计算所用的时间时，要认真计算有效劳动、无效劳动、学习效率，并计算其中是否有浪费的时间，是否能再节约一些时间。
>
> 第四，迅速改进。改进工作也要有高效率，要在时间支配计划里，计算出还能节约的时间，把浪费的原因找到，尽量减少无效劳动。
>
> 方法虽然宝贵，可是我们有的同学还是不注意学习效率。魏老师发现后，就给我们讲了这样一道题：

某人要烙三张饼，一锅可烙两张，两分钟烙熟一面，问需多长时间烙完。不少同学脱口而出："8分钟。"可是魏老师却回身在黑板上写下了这样的算式：甲正面、乙正面＋甲反面、丙正面＋乙反面、丙反面；2分钟+2分钟+2分钟＝6分钟。

接着，他又说：比如两人各挖一个坑，甲挖一锹歇几分钟，再挖一锹再歇一会儿；而乙则一口气干完，你说谁累？当然是拖拖拉拉的甲。现在外国公司连职员走路的步距、速度都做了规定了，不达到标准就要受罚。这不正说明计划支配时间，高效运用时间的重要性吗？捷克人文主义思想家、教育家夸美纽斯说过：时间应分配得精细，使每年、每月、每日和每小时都有它特殊的任务。印度科学家雷曼也说过：每天不浪费或不虚度或不空抛剩余的那一点点时间，即便只有五六分钟，如果能重用，也一样可以有很大成就。游手好闲惯了，就是有聪明才智，也不会有所作为。不要小看这点滴时间，只要坚持不懈，就会集腋成裘，事半功倍。苏联科学家柳比歇夫坚持一生精确计算时间的支配和工作效率，一年一大结，一月一中结，一天一小结。正是由于他如此注意节约时间，提高效率，才为自然科学做出巨大贡献。无数事实都已证明，养成高效率的学习习惯、工作习惯，对人的一生有着无比重大的意义，因为它等于延长了人的生命。

魏老师的这番话，真使我们心悦诚服，我们全班同学都注意效率感了。就拿我来说吧，每一学期开始，都计划出这学期重点抓的科目，学完每科的大约时间，复习所用时间；每月一日，都计划出这个月的学习任务量，上半月学什么、学多少，下半月学哪科、学习速度如何；每天早晨起来，都规划出当天的任务，哪些是必须完成的，哪些是要尽力完成的。一拿起课本，就习惯地估计这段时间可以读多少页。每天晚上，我都在日记里总结时间有效利用率。计算的项目有学习量、效率、有效劳动时间、无效劳动时间、最佳效率时间、最低效率时间及原因和改进方法。正因为有了效率感，我的学习效率才大大提高。每分钟能看1000字左右，每小时能写一千二三百字的文章。两年半的时间共写了800多篇计30多万字的日记、120多篇计10万字左右的文章，共阅读近200本各种图书。

还记得魏老师主持过一次以"什么是无效劳动"为主题的班

> 会，同学们都兴致勃勃，举出很多无效劳动的实例。如心胸狭窄、计较小事、胡思乱想、见异思迁、当日事不当日毕、贪多求快、不注重身体、实行疲劳战术等。从这以后，同学们支配时间更精打细算，学习效率更高了。
>
> 直到现在，我们这些早已初中毕业离开魏老师的学生，还保留着魏老师指导我们养成的高效的学习习惯。时间越长，学习任务越重，我们就越发感到这种习惯的宝贵。

7 年以前，刘诗奎同学分配到省统计局工作，实践中，他愈发感觉到增强效率感的重要。

现代社会，信息量大，有效无效，因人而异；工作节奏快，在校内便培养学生的效率感，学生进入社会后，才能适应需要，最大限度地做实事，做有效的、有益于自己也有益于社会的事。

高效学习日

我自己经常有这样的体会，某一天抓得紧，一件接一件地做实事，顾不上惆怅，没时间犹豫，来不及拖拉，就这样在不停地做中享受实干的幸福与自豪。一天下来，以写稿为例，即使在上课、接待客人之日，仍能完成一万字以上。也有时，客观条件挺好，没客人，也没别的紧迫的任务，可早起情绪不好，便没控制住，于是自我原谅，拖拉，一天下来，连一篇千字文也没写出来。

我想，应经常对自己提出高效工作的要求，也该对学生提出高效的要求。设立高效日便是提高效率的具体的办法之一。

1981 年 11 月 16 日，我在班级里提出，要试验搞一下“高效学习日”，看同学们究竟能完成多少学习任务。学生们表现出极大的热情。

卢建良、王海江等一些平时极贪玩、爱说话的学生，今天学习时间也抓得十分紧。卢建良任“炉长”，只在下课时匆匆地低头添一次煤，马上又回座位上做练习。王海江一反常态，连下课时都顾不上说一句话。康景得说："我写出了一身汗。"袁中骄傲地说："我今天真创了纪录。"王青说："我的几支钢笔都写得没墨水了。"杨松抱歉但又不无自豪地说："我写了36页半是因为我的字大。"裴天江等人则说："以后咱们天天这样高效率吧！"

到了1982年3月1日，开学的第一天，班级规定为高效学习日。在这一天当中，除上课以外，大多数同学完成的作业量都在25页以上（每页篇幅为16开纸）。

高效学习日激发了学生们的紧迫感、效率感，营造了一种竞赛的气氛，形成了一个你追我赶、奋力向前的场效应。促使平时较懒惰的人也紧张起来，分秒必争，写完了，干完了，一个个眉飞色舞、扬扬得意！

卢建良完成各科练习量近31页之多。

我问他："你今天学习用了几分劲？"

"也就5分吧。"

刘念东也超额了。

我问他："你自己觉得用了几分劲？"

他想了一想说："有6分。"

他们都感到自己还有潜力可挖。确实这样，有一个明确的任务、较高的目标在吸引，有一个相互竞赛的场在推动，学习效率确实可以成倍提高。

设立高效日，一般先引导学生在前一天订出计划：这一天的活动时间表与往日有何不同，各学科书面练习共完成多少页，复习和预习的任务量最好也落实到数字，具体一些，执行起来可操作性就强。

高效日这天，教室内一般规定为无声日，即使课间也不说话，需要说话时到走廊，到操场。这样可以给人一种节奏紧张的感觉。

高效日这天，不一定每个人效率都明显高于平时，按照人体生物钟节律，有的也许恰逢这一天，赶上体力、情绪、智力三个危险日，这样他就很难把握住自己，还可能看到其他同学紧张地学，更加重了他把握不住自己的焦躁感。每逢这时，不要以为是高效日不成功，要客观冷静地分析个别同学效率上不去的原因，帮助他排除故障。

应该说，每个人平时学习，也有低效高效日之分，这如同大海中的波澜，有波峰，也有波谷。这时的高效日，是自然状态的高效日，很难达到更高的高度。倘经过集体和个人的精心设计，高效日的目标会超过自然状态的高效日，并会不断超过。高效日的动力也会比自然状态下的动力源要广，要大。

一个一个高效日活动的开展，引导学生们不断超越自我。

在开展新的高效日活动时，应引导学生再现过去效率最高之日的情景，分析一下那次高效之日的情景，更多地创造高效的外部和内部条件。

外部条件如：重大考试即将来临，父母施加了压力，老师下达了非常重的学习任务，整个班级你追我赶的学习气氛，到社会上参加考试失败受到了刺激，受到市场经济大潮的鼓舞，受到革命先烈与英雄人物事迹的鼓舞……

内部条件如：想到自己有了好成绩才会在同学中有威信；学习好了感觉问心无愧；学习进入境界，感觉是一种享受，一种幸福；要忠实于自己的诺言、计划，要超越自己的竞争对手，要争取有远大的前途；要考取名牌大学，要成为杰出人物；要对得起父母，报答父母的养育之恩；要为祖国、为社会尽责任，尽义务，要为创造理想社会而奋斗……

制订高效日计划之前，重视以往效率最高之日的情景，更多地创造高效的外部和内部条件，就容易使新的高效日突破以往的目标。

高效日不能搞得太多。多了，违反了波浪式发展的规律，人为地制造脱离规律的高潮，形式上暂时似乎不错，时间长了又需要一次大的调整。

一分钟竞赛

一班新入学的学生，大家观念不一样，习惯不一样，对老师的理解也不一样。是不是要经过一段长时间的教育，他们思想觉悟提高了，再开始积极有效的自我教育和自学呢？当然不是。

学生一入学，我喜欢把大家吸引到紧张有趣的学习潮流之中，紧张有趣的学习本身便是教育。

我经常在课堂上开展一分钟竞赛。

“请同学们准备好，咱们搞一次一分钟背诵比赛。竞赛办法是，我说开始，同学们便把语文教材翻到指定的页数，从第二段开始背，能背多少背多少。背得慢的，可以只记住十来个字的一句话，背得快的，最好能记住几十句话。一分钟后，我说停止，大家立即合上书，开始默写刚才记住的文字，默写后，对照原文，正确的方能计算字数，看谁记住的字数多。”

“大家准备好了吗？”

“准备好了！”“老师快点开始吧，心都紧张得快跳出来了！”

“好！各就各位——预备——”

同学们进入了紧张的状态，像参加百米决赛那样全身心地投入。

“把教材翻到第106页，第二自然段，开始背！”

如同听到起跑的枪声，同学们记忆的箭飞快地向前，向前！不管平时多么淘气的学生，一分钟有意注意的时间还是有的，何况此刻请大家做的，不是高不可攀的事情，只要努力，人人都可以做，没有会做不会做之分，只有做多做少之分。

“时间到，停！”

有几位同学欲罢不能，我立即予以制止。

“开始默写了。”静静的，只听到笔尖沙沙声。几分钟后，同学们兴奋地公布着自己的结果：“我背下来56字！”“我背下来74字！”“我背下88字！”

“还有没有更多的同学？”

张海英说：“老师，我背下来122字！”

“赵伟！你呢？”

“老师，我只记住了24字。”

“李健呢？”

“我背下来26字。”

“请同学们注意记住这次的数字，无论背得多的还是背得少的，都要力争下次超越自己，人最有效的超越是对自我的超越。即使赵伟只记住了24个字，也是超越了平常的自我。请赵伟想想，24个字，将近一首七绝了，以前，你有过一分钟时间背下一首七绝的时候吗？没有吧！如果你巩固这个成绩，一分钟记住24个字，那就不愁背课文、背政治题、背英语单词了，是这样吧！”

学生们无论背得多的还是背得少的，都远远超过了自己平时的背诵速度，都品尝到了战胜自我的欢乐。

这次背的是记叙文，效率高一点，使大家高兴，喜欢这种竞赛。

又背了几次记叙文之后，大家的效率都有所提高，最多的，竟然一分钟便背下来148字的一段短文。这时，我告诉学生这是背记叙文，倘若背说明文或议论文还要慢一些，学生纷纷要求用说明文或议论文做实验。

好在用时不多，那就试吧！刚开学的一个月，我几乎每节语文课都搞一次一分钟记忆力比赛。

我们也搞一分钟抄写比赛："请同学们准备好书、作业本和钢笔。咱们搞一次一分钟抄写比赛，我说开始，大家便将书翻到老师指定的段落，一分钟后，看看抄了多少字。"

同学们立即全神贯注，做好赛前准备。一说开始，但见大家动作一致，迅速把书翻到我指定的第 84 页，从第三自然段开始抄写。

"停！"一声令下，大家停住笔，马上看自己的成果。最快的同学写了 55 个字，最慢的写了 25 个字。我鼓励最慢的同学说："一分钟 25 字，20 分钟便是 500 字，每天量化作业，20 分钟不就写完了吗？一小时能写 1500 字，果真每天学习都达到这个效率，那完成作业就不费力气了。"

有时，我们也搞默写比赛。默写熟练的课文，没有抄书时头的摆动和笔的间歇，效率还要高，最快的同学每分钟能默写 64 字，平均每分钟默写能达到 40 字。

在外省市给学生讲课，有时学习任务完成了，还差几分钟没到下课时间，怎么度过这段时间呢？我说："咱们搞一次一分钟抄写比赛怎么样？"一般情况下，同学们都热烈赞成。比赛结果，也跟我们班差不多，写得快的同学达到 50 字以上，慢的，刚超过 20 字。

我还发现，写得快的，大部分是写字好的同学，而那些字写得东倒西歪、缺胳膊少腿的同学恰恰写得慢。

我们也搞一分钟朗读比赛，声音要大，吐字要清楚，速度要快，像宋世雄担任激烈的足球比赛解说那样，说得又快又清楚，又感人。一般说来，同学们一分钟能读 450 字，每当此时同学们读起书来像打机关枪一样，哒哒哒，争先恐后，射个不停，那真是人声鼎沸。

一分钟速读竞赛，也很激动人心，大家翻到同一篇新课文。"各就各位，预备开始，大家速读，一分钟后，复述读过的课文内容。"经过不长时间的训练，学生速读能力平均便可达到每分钟 1000 字。一篇 3000 字的课文，读 3 分钟之后，不少同学能厘清文章的结构层次，复述课文的主要内容。

一分钟跳读比赛，要求学生每分钟读书速度达到 1500 字以上。我说："现代社会，信息量大，尤其需要人们具备跳读能力，才能在大量的报纸杂志中，及时、迅速地筛选适合于自己的信息。有的人具有同时注意整版《人民日报》的能力，能在很短的时间内在数版的报纸中将自己需要的两条信息筛选出来，这就是跳读能力。跳读大部头著作时，眼球更多的是做纵向而不是做横向运动，不是一行行品味每一句话，而是纵向注意一个或几个句群。”学生们觉得这种训练方式又新颖又实用。

也有时，我们搞一分钟听力比赛。老师在前面用广播速度报告重要新闻，或以每分钟 200 字的速度读散文，读评论。读的时候，同学们不许动笔，只准听。每当这时，大家真是凝神屏息，全神贯注，听过之后，立即默写，看谁写得多，并且和原文一致。

一分钟竞赛，用的时间少，每节课都开展一次，也有条件。经常开展这样的竞赛，增强了同学们的注意力，提高了同学们的学习积极性，增强了同学们的效率观念和竞争意识。

不少同学养成了竞赛的习惯，他们主要是自我竞赛，学习时首先明确目标，确定具体的任务量，然后按照每分钟的效率去确定完成任务的时间，增强了完成任务的紧迫感，提高了学习效率。

45 分钟写完 2420 字

国家体委规定的达标项目，跑、跳、投问题都不大，体育老师测验，全班合格率在 80% 以上，优秀率能达到 30%，其余 20% 不合格的也仅仅和及格线相差无几，只要抓紧锻炼七八天，便能及格了。

测男同学引体向上时，要求正握杠，身体直，引体向上，杠至颔下，3 次算及格，8 次能得 100 分。结果呢？全班 70% 的同学达不到 3 次，只有 3 名同学能到 100 分。体育委员赵广民真急坏了，立即同不及格的同学商量强化训练：“什么叫行不行，关键是练不练，每天下课到单杠上去挂着，挂上 20 天准能及格，不信就试试。”不及格的同学也认为自己不及格不是先天不足，主要是训练不够。

怎么办？每天强化训练，哪天能达标？大家说：“一个月保证达到 3 次的标准。”“达不到怎么办？”为防止有的同学训练不刻苦，同学们商定，一个月后检查，不达标者每天写 1000 字的说明书，一边写一边练，一直写到达标那天为止。

“有反对的吗？”赵广民问。

“没有！”

“那好，从明天开始计算，30 天以后检查。”

每天下课铃响过，没达标的男同学便蜂拥地跑向操场，奔向单杠。随着检查日期的接近，奔单杠的人越来越少，那些及格的同学，只在放学之后玩一次，以巩固成果，提高分数，练起来就不像不及格时那样苦了。

临近测验的那几天，课间总到单杠下面去的，只剩了一个人。

有一天自习课，我见张鹏飞同学上课写说明书，下课了还在写。

我问：“你犯什么错误了？”

“我引体向上没达标。体育委员和同学们订的，没达标就每天写说明书 1000 字，一直写到达标为止。”

我这才知道班级达标遇到了障碍，才第一次知道有这么一条规定。我当时就感觉这条规定过于严厉，便问：“这规定是不是有些过分？”

“当时我也同意了这项规定，以为自己一个月能达标，不知道具体训练起来，难度有这么大。咱班同学都达标了，只剩我一人，看来惩罚还不算过分。”

“你感觉自己再练多长时间能达标？”

“半个月之内达标，我还是有信心的。”

“那不得写 15000 字的说明书吗？”

“只好写了，没有这个压力，我们练也许没有这么刻苦。”

“我看你今天写了好几篇了，怎么还在写？”

“我今天各科作业练习提前完成了，自习课有剩余时间，就把明天后天的说明书提前写出来，不然明后天，学习任务一重，就得熬夜了。”

“每天 1000 字说明书得写多长时间？”我问。

张鹏飞轻松地笑笑：“也就是 20 多分钟吧！”

20 多分钟写 1000 字说明书，我感到不可能这么快，但张鹏飞又是我们班的人老实人，他说的话，一定是实践过的。我便想看一看究竟一位同学一节课能写多少字，便说：“下一节自习课，老师想测一测你一节课能写多少字的说明书，从上课到下课，你只写意思连贯的一份说明书，铃响开始，力争不停顿，一直到下课交卷，看看写出多少字。”

自习前我跟全班同学讲：这节课我们请张鹏飞同学做个实验，看看一节课究竟写多少字的说明书，大家有愿试的也可以试，完成了学习计划，写完作业练习的，有兴趣可以帮着计时、监督、裁判。

上课铃一响，张鹏飞立即拿出几页空白稿纸，迅速铺开，熟练地抽出笔，飞快地写起来，全神贯注，笔不停顿一直写到下课铃响。他停笔，擦了擦额上的汗，递给我写得满满的 3 页稿纸。他没在格内写，字写得瘦长，一个格装两三个字。

我请他一位邻座的同学数一数，这 3 页纸是多少字，10 多分钟后，这位同学告诉我："老师，有 2400 多字！"

"什么？能有这么多吗？是不是数错了？"我不相信能写这么多字，便又请班级数学科代表再数一遍，结果数学科代表说 2420 字。

我还有点将信将疑，便又自己数了一遍。确实，连标点符号在内，张鹏飞同学 45 分钟写了 2426 个字符。

张鹏飞同学是我们班学习很好的同学之一，字也写得好，思路流畅。他在说明书里，分析了自己引体向上不及格的多方面的原因，既没有排除客观原因，又没有排除自己主观锻炼不刻苦的责任。有的话写得情恳词切，如谈到自己的体重时写道："我是家中的独生子，自幼便受到祖父母与父母格外的疼爱，即使在家庭比较困难的时候，父母也节衣缩食，省下钱来，给我买营养品，他们都是知识分子，便希望我也能像他们，而读书先得有好的身体。营养上去了，我的身材便长得高大，才 14 岁，便已有 1.75 米了，再加上长得胖，这样地球对我的引力便比别人大，引体向上的时候，就比别人多了不少负担。父母的关心是一件好事，但正像老师说的，有一利便有一弊，又高又胖，引体向上不及格便成了弊端。……最近班里强化训练，我已由一个也上不去，变成能上去两次了，我有决心，有毅力，再苦练 10 天，达到体育锻炼标准。"

10 天过去了，张鹏飞同学说到做到，达到了标准。

我开始还有点责备体育委员不该订这么狠的惩罚措施，过后一想，倘不这样严格，同学们训练也不会这么刻苦。仔细分析，这样严格要求，使张鹏飞等同学失去了什么呢？可能失去了一点学习时间，但另一方面，他却提高了写的效率，增强了毅力，增强了体质。

后来，我经常用张鹏飞同学 45 分钟写完 2420 字的事例来鞭策同学们，鞭策自己。生活中有这样一个标杆，时时想起，确实能提高工作学习效率。

在这之前，我测验过自己写字的速度，那一次是在钢板上刻蜡纸，我一小时的时间刻了 2200 字，后来很长一段时间，这成为我鞭策自己的标杆。

自从有了张鹏飞同学这一标杆以后，我便撤掉了原来的标杆，时时想到 45 分钟 2400 字。

今天是 1992 年 12 月 27 日。上午送走了客人，为清静起见，到校来写稿，坐在空荡荡的教室里时，已经 11 点了。我想到这个题目，拟了题，写到此刻，超过 2000 字，时钟已是 11 点 58 分。

我深信，今后张鹏飞同学的效率还将激励我，激励一届又一届学生们加快节奏，刻苦学习，努力工作，提高效率，从而体验到快节奏工作的幸福。

用好时间的“边角余料”

朔风怒号，大雪漫天。气温骤降，还没到取暖期，锅炉没烧，教室里冷，外面更冷。

放学了，同学们出了教室，一路小跑着回家，以产生一点热量。教室外刘文强同学穿得很单薄，冻得打冷战，却还在门口站着不走。

我问：“这么冷，还不快走！”

“老师，屋里还有几名同学没走。”

“等他们干啥？”

“老师您忘了，我是负责检查路上一个单词活动的。”

原来如此。

十几年来，我一直引导学生学会使用零碎时间，我们管这叫边角余料。北方有不少家庭主妇，把做衣服剩的一小块一小块布积攒在一起，然后拼缝成很漂亮的椅垫、被面。工厂里积攒边角余料做成批工业品的例子就更多了。

一般说来，会利用边角余料的人更珍惜成料、整料。我想零碎时间也像边角余料一样，应学会利用它，应使学生通过利用时间的边角余料，培养学生的惜时观念。一个珍惜整料成料的人，不一定珍惜边角余料；一个珍惜边角余料的人，一定更珍惜整料成料。一个善于利用时间的边角余料的学生一定是珍惜大段时间的学生。

1984 年的一天下午，最后一节自习课，体育委员徐建峰领着全班同学做完了仰卧起坐和俯卧撑，一看表，今天做得快了些，离放学还有 3 分钟时间，他立即下令：“快回自己位置，抓紧学习 3 分钟。”

原班同学懂得要善于利用边角余料，立即进入学习状态。新转来的李爱军同学坐在那里，书包早已收拾好了，眼巴巴地等着放学。

我问："你怎么不学习呀？"

"时间太短了，学不了什么，这么点时间扔掉不算啥。"

我开玩笑似的摸他的衣袋，从里面摸出几分钱硬币，说："这么点钱，扔掉算了，也不能买衣服穿！"

"老师别扔，不能买衣服，还能买纽扣呢！大钱买大东西，小钱买小东西。"

我说："这就对了。小钱你知道不扔掉，留着买点小东西，可比金子还宝贵的光阴，你为什么扔掉呢？难道不可以用同样的观念去对待吗？大段时间做大事情，几分钟便用来做小事情。"他点头称是，逐渐学会了利用零碎时间。

那时，我们班里两位淘气的同学，一放学，走在大街上便嘻嘻哈哈，和我校或原来的同学打打闹闹。手上拿个树枝，或拿个苇棍，或拿个小土块、小石头什么的，你碰我一下，我碰你一下。

我想，他们也实在没事可干，手抓惯了东西，若空着手，真也发痒。一天放学，我请这两位同学留下，说："咱们搞个实验，从今天起你们放学晚走 3 分钟，等那些和你们闹的同学过去了，你们再走。走的时候，别空着手，你们不是背英语单词费劲吗？那就给自己订个计划。从学校走到你们家用多长时间？""10 分钟。""那好，10 分钟，不要多背，就背一个英语单词，回来的路上再背一个，可以吧？""10 分钟背一个，一定能背会。""那好，每天上学往返 4 趟，就是 4 个单词，一年下来就是 1000 多个。不要说一天 4 个，就一天两个，一学年也有 600 多个，现行教材，你学起来就一点都不难了。"

放学，他们俩每人手里拿着一本书。目标明确：英语单词；数量清楚：一个。于是他们信心百倍。一旦有信心，并真心干实事，便出现了意想不到的结果，很快就背会了。他们还嫌 10 分钟背一个单词少了，于是给自己增加了任务，边走路，边叨咕着背，实在想不起来了，扫一眼，还互相提问。手里拿着书，便忘记了拿小棍拿土块什么的，显得比过去文明多了。

学习好的同学一看，也着急起来："他们平时那么淘气，现在都珍惜时间，连走在路上都知道学习，我怎能白白扔掉这宝贵的一段光阴呢？"于是纷纷效仿。放学时，大家都拿着一本书，有的看英语，有的背文言文，有的背定理公式。

走路的同学背，骑车的同学也着急起来："他们白捡了那么多时间，我们岂不是吃亏了。"有的便买了自行车用的小铁筐，安在车前面，把书打开，一边骑车，一边看书。我发现了，立即严肃地坚决地进行制止："这可不是开玩笑，骑自行车必须注意交通安全，注意力不集中，容易发生事故，决不许此类事再发生。"命令学生拆掉了车前面的小筐。但听说个别同学还有骑车偷着看书的。昨晚，我还听家远的几位同学议论："骑车看书其实没事儿，特别在人少的时候。"有的说："司机还一边开车一边听收音机呢？不是照样没事吗？关键在于开车技术熟练。我们骑车技术高一些，完全可以，边骑车，边背单词。"我听到了这议论，走进去："谁骑车看书了？不管有事没事，一律停止，以后你们长大了，成了心理学家，再认真研究这个问题。"

后来，我同一届又一届的学生讨论路上一个单词活动的利与弊，大家都觉得利大于弊，便一届又一届地坚持下来。

刚开始，有的同学不习惯，容易忘记，大家便选举一位同学承包这件事，每天放学时站在教室门口，负责提醒大家：不要两手空空走在路上，要拿一本书，要做一点实事。刘文强同学就是本届负责承包路上一个单词活动的，他要等中午回家吃饭的同学都走了，才能离开教室门口。

有同学问我："老师，您猜我的政治成绩为什么提高这么快？"我才注意到这位去年政治考试总不及格的学生，最近两个月测验，政治成绩总在80分以上。我说："你是加强预习了？""不是。""上课注意听讲了？""也不是。""认真完成作业了？""还不是。"

"我只不过把路上一个单词的时间用在背政治上。从家到学校，两里路，要走10分钟多一点，每天两个来回，便是40分钟，每趟背两个概念或一道大题根本不费劲。政治课一个星期才两节，若每天用40分钟去背政治题，保证一点不费劲地把学过的政治题背得滚瓜烂熟。这样一来，我由烦政治变成了喜欢政治。并且发现，我属于那种运动记忆型的人，边走动边背诵，记忆效果特别好。"

"以前老师强调过，路上背东西不要贪多，不要背大题，背大题边走边看书，眼睛容易近视，你怎么不听呢？"

"我并没有边走边看，一道大题扫一遍，了解大概意思，便开始背，背到实在想不出来的地方再扫一眼，这样过一段时间，扫一眼的看书方法，更有利于记忆。过去我背书，眼睛盯着书，反复看，心不知跑到哪去了，反倒背不下来。现在带着问题速读，虽然看书时间很短，效果却非常好，实际是减少了眼睛的劳动时间。”

我并没制止这位同学的做法，她的政治及文科成绩确实直线上升，而视力并没有变坏。但我也没推广这位同学的做法。

我仍要求同学们在开展路上一个单词活动时，目标要单一，每次只选一科，任务数量一定要少。倘背英语，只记一个单词；倘背数学，只记一个公式；倘背语文，只记一首短诗……不许背大题，更不许盯着书一路走一路看。否则，那就不是利用边角余料，而是成了练近视眼了。

目标单一，避免犹豫；数量少，避免畏难。谁都能做到，事便落到了实处，做起来就有兴趣，有的同学背多了，也不必制止。提高成绩是小事，最重要的是，这样做，日久天长，使学生养成了珍惜零碎时间的习惯。

顺便说一下，倘我国中小学生走路时都拿着一本有益的书，也有助于改变社会风气，提高人民群众的文明程度。

推开犹豫，雷厉风行

我被犹豫夺去过不少时间。在写这个题目之前，同时还有两个题目可写，为确定先写哪一个，我竟然犹豫了近 50 分钟，要知道，这几乎等于写完一个题目的时间。

我尚且如此，学生被犹豫夺去的时间就更多了。

赵德民同学性格开朗，胸怀开阔，人送绰号“大海”。他有一副好嗓子，唱起歌来嘹亮动听，一曲《垄上行》使他的名声大振。

一天，他上课迟到了，按规矩，该唱一支歌。站在全体同学面前，他羞红了脸，犹豫着想唱又不想唱，手摸鼻子，抓耳朵，时间一分一秒流逝着。

我大声说：“做好事，别犹豫，被犹豫挡住什么也做不成，耽误了时间，平添许多遗憾，怎么办？把挡在前面的犹豫往旁边一推，一挺身，立即干起来，心情会好得多。我喊一二三，赵德民！开始唱！”

果然，他抬起头，放声唱起来。刚唱完，同学们报以热烈的掌声，从掌声和同学们的目光里，赵德民受到了鼓舞。

不仅唱歌这一件事，别的事赵德民也犹犹豫豫，失去了很多时间。

我请全班同学写一篇作文，题目是“赵德民的特长和不足”。同学们充分肯定了赵德民的长处，同时指出：他做什么事都犹犹豫豫，想做又不想做，想马上做又想明天做，弄得时间没了，事却越积越多。

他答应负责给班级买窗帘布，过了一个月也没买来，到了第二个月，别人一再催促他才买来。他上午拿到教室，交给班长纪磊，纪磊一个午间就在家里用缝纫机把 4 个大窗帘做好了。

我对赵德民说：“就买布和做窗帘这两件事说，哪件事容易？”

“当然买窗帘布容易。”

“可你做容易的事用了一个半月，人家做难事用了一个午休。差距在哪？在于你犹豫，人家果断。你不是不想买，而是总想今天买还是明天买，上午买还是下午买，饭前买还是饭后买。”他笑了：“我正是这样想的，老师你怎么知道？”“我也吃过犹豫的苦头嘛！结果累计犹豫的时间都远远超过了买窗帘的时间。”

赵德民说：“我犹豫的时间得超过买窗帘实际所用时间的两三倍。”

“你学习成绩不理想，重要原因在于你的犹豫挡着你的智力，横在前面阻拦你做实事，夺去了你大量的时间。”

“我写作业、做练习、写日记真是这样先犹豫很长时间，实在拖不过了才做，有时已没时间了，只好拖到第二天、下个月，越推越多，就更不愿做了。”

我发现相当多的学生做事犹犹豫豫。我经常和同学们讲：

犹豫是时间的盗贼，许多宝贵的时间在犹豫之中溜走了。如果认真计算一下，许多人一生中，会有五六年的时间被犹豫偷走。在新的历史时期，人需要从传统型向现代型过渡，办事坚决，果断，讲究效率，排除犹豫，也可以说是时代的要求。

犹豫又是机会的冤家对头，许多良机就是由于人被犹豫占有，它才离人而去的。好犹豫的人，对事情毫无理由地放着不做，一篇文章，想写又不想写。而不想写，只是由于懒，过一会儿吧，下一小时再写吧！明天写也来得及。而此时不写，并不是由于手头有什么别的文章或别的事。

还有一些人的犹豫，是因为眼前要做的事中有选择的余地，有大小之分、主次之分、难易之分。犹豫一番之后，大、主、难的事便被往后排了。待到做完小、次、易的事之后，又去选择一些小、次、易的事和大、主、难的事相比较，犹豫一番之后，照例去做前者。如此犹豫五六番，大事、主要的事、难事面前始终站着个犹豫，排不上被完成的号。

另有少数人，犹豫是由于存在想把事情做得尽善尽美的心理：一件事不做则已，做就要做得无瑕无疵，尽善尽美，让谁都得给自己叫好。并以为万一出了漏洞便不得了，自己给自己施加障碍，制造紧张气氛，以至于由于想不出万全之策，而将该做的工作一直搁在犹豫后面。

极少数人把“谨慎”与“优柔寡断”用等号连接起来，以为谨慎就得犹豫。这就使真理多走了一小步，成了谬误。

怎么推开犹豫，我曾在语文课上跟全班同学商量了半节课。

对于懒所导致的犹豫，不妨挑自己喜欢做的事，抓过来先干着，干完一件，再找一件喜欢的事，从一大堆事里往外挑最喜欢的，容易使心理轻松愉快。最终剩两件事时，仍有一件是比较喜欢的，最后只剩了一件，负担轻了，做起来就容易了。

对于两件事不知做哪件好所导致的犹豫，立即采取一种较快的选择方式，不妨用扔币（正面朝上则先做哪件事），用倒尺（将直尺立起，尺倒向哪边，则先做哪件事）等简单、迅速的方法来确定，这样很容易便把犹豫推到一边。

对于畏难导致的犹豫，则用“明知山有虎，偏向虎山行”的话来激励自己，然后数 3 个数，数完一二三，不管多难，立即开干。这样时间长了，真的便养成了事专找难的干的性格。

对于害怕失败产生的犹豫，则想：“先干，遇到困难再说。”“先干，干坏了再重干。”“车到山前必有路，车先走，没路了再找。”……

推开犹豫的方法应该不少于 100 种，每名同学犹豫的原因不同，犹豫的方式不同，推开的方法也不尽一致，但大家一定要重视这一问题。有了这种病要早治，要千方百计地治。只要立足治，大家都会摆脱由于犹豫阻碍自己发展而产生的苦恼，都能够变成坚决果断、说干就干、雷厉风行的人。

考前“独往独来”好

放学了，学生们高兴地走出教室，拥出校门。有的仨一群俩一伙，谈着笑着走着，只是偶尔想到手里拿的书，看上两眼。有的则二人同行，或谈心，或互相提问背诵的内容。有的一个人独行，边走边背边思考。

班长向我建议：“老师，放学路上，几个人一起走不好，常常说闲话，分散精力，还危害团结。咱们班不是常说试试并不吃亏吗？能不能试验一下在路上独往独来，我想会有不少好处。”

征求全班同学意见，100% 的同学都愿试一试。“试多长时间？”“先试一天。”

试验当然是指早晨和中午上学放学的路上，冬天昼短夜长时，晚间必须几个人结伴而行。试了一天，大家感觉很有趣，又都要求再试 3 天。试了 3 天，同学们感觉利大于弊，纷纷要求再试。

同学们还提出选举东南西北四个方向的独往独来监督人，我们还确实设立了放学时奔向不同方向的监督人。其实只要离开学校 500 米之内独往独来，再往前，一般就不会再寻找说话的同伴了。课间，活动课，操场上，同学们热火朝天地玩，兴高采烈地交谈。

放学，走出校门，大家各奔东西，同一方向的也保持一段距离，每人拿着书，背该背的知识点，思考该思考的问题。偶然有同学走到一起了，该方位的负责同学便小声提醒一下：“别忘了，独往独来试验。”

试验了一个星期，请大家讨论这件事的利与弊。同学们争先恐后地发言：

“好处是心静。我过去和几名同学一起走，常东一句西一句地说个没完，有时说得不是地方，惹得自己和别人生一肚子气。”

“我和张 × 同学是固定在一起走的，我俩好得不分彼此，一放学觉得学了一天够紧张了该玩一玩了。我愿去电子游戏厅，他不愿，但不好意思不陪，两人一起去，胆子大多了。他爱吃零食，我不好意思不跟着，于是学会了花钱、吃零食。这么一分开，我们没了伴，电子游戏厅不好意思进，零食吃得也少了。”

“我没有固定的朋友，见人家都两三个人一起走，自己觉得很孤独，便勉强找两三个人，跟人家一起走。走了一段不对劲，又找另外两个人，挨在一起走，又怕原来的同路人有看法，为此多伤不少脑筋。提倡路上独往独来，恰好符合我的性格。”

“上学放学路上时间紧张，正应该讲效率，可两三个人一走，上学放学往一起聚时常常你等我、我等你。互相比赛着谁走得快的时候也有，但太少了，大部分时间是说说笑笑、谈谈唠唠，不知不觉比个人走路多费不少时间，还养成了懒散的毛病。”

“两三个人一凑，谈学习少，谈闲话多。闲话常常涉及同学关系，常常在背后谈别人缺点，不仅影响团结，还使自己的胸怀变得狭隘，活得累。”

“路上一个单词活动非常好，不费劲就背会了，但如果仨一群俩一伙地走路，唠着唠着就把正事耽误了。”

我说：“请同学们不要一边倒，再说说独往独来的坏处。”

静了一会儿，经过启发，有同学才说：“独往独来可能对性格孤僻的同学不好，他本来就不愿与人交往，路上再没有机会交往，不更孤独了吗？”立即有同学反驳：“在学校、活动时、节假日时不都可以交往吗？”我说：“他毕竟少了一些交往的机会。”

又有同学说：“学习比较紧张，放学了，随便交往可以放松一下。”又有同学反驳说：“若把学习当作乐趣，就无紧张可言，何况学校学习，课堂穿插讨论，提问练习，又有各科搭配，体音美调节，体操、眼保健操，课间活动，已经有张有弛了。路上自己背东西也可放松背，非要一帮一伙地闲谈，那不是轻松，而是松散。”

显然同学们能让理智压倒感情，从较长远的角度分析这个问题。结果，大家要求以后班级长期规定：路上独往独来。

由于试验时间短，这样做的弊端没能充分显现出来。我说：“咱们先不忙着下结论，也不做统一要求，而是顺其自然，觉得几个人一起走好的就一起走，愿独往独来的，咱们提倡。但至少做这样的规定，大家肯定拥护：每次期中期末考试前的那一个星期，大家一定要独往独来，以形成一种不同于往常的备考气氛。怎么样？”

同学们热烈鼓掌。

劳动不吃大锅饭

在平时的班级生活中，我们也注重培养效率感，非常规性的任务一旦出现，我们班级便努力在事前订计划，订程序，以提高效率。

1985 年暑期，盘锦许多地方遭水灾，中央电视台播放了盘锦水灾严重的镜头：一片片的民房泡在水里，一片汪洋中露出房脊、树梢。1986 年春，为提前做好防洪排涝的准备，市里动员全市城乡人民大修水利。我们学校也领了任务，我请政教处同志们按年组、班级分配任务。

我们班级领的任务是往 20 米高的大坝上运 10 立方米土。劳动前我同学生商量：是制订具体的程序计划，还是大家一起干？同学们都认为大家一起干是吃大锅饭，任务不明确，程序不清楚，容易窝工，应该事先制订较周密的计划。于是请同学计算出了 10 立方米土压得再实最多也就是 13.5 吨。我们班 72 名同学，留出 12 名同学挖土装土，其余 60 人平均每人运 500 斤土就一定能超额完成任务。

每个人的任务量明确了，每名装土的同学给哪 5 名运土的同学装土明确了，那运土的同学用什么工具最好呢？

有同学提出用推车，有的提用土筐，有的说用编织袋，有的提出用盆。刚有人提出用盆时，同学们觉得荒唐。但讨论之后，大家觉得，土车上高坡，占路宽，效率低；用土筐挑不动，得抬；用编织袋，装卸都不方便，感觉最方便的还是盆。

工具确定了，每个人的任务量确定了，还应确定一下完成任务的时间，这才有利于大家开展竞赛，调动大家的劳动积极性。同学们又计算，坝顶到坝底，平均长度 20 米，坝底以南 30 米外才可取土，这样单程便是 50 米，往返一次 100 米。每人 500 斤任务，平均每盆至少可装 10 斤土，则每人需往返 50 次共 5000 米路程。需多长时间？有同学想到平时越野长跑，每次跑 5000 米快的不到 20 分钟，慢的 30 分钟也跑完了。便说，30 分钟便能完成任务。有同学说：“那可不行，运土不同于跑步，端着盆负担重，跑不快，上坡陡，也跑不快，再加上还得有等待装土的时间呢。我看一小时能完成任务就不错了。”大家确定：一小时。

由于我们制订计划耽误了一点时间，到工地时，别的单位都干上了，和我们班相邻的学校已干了一大段。但见工地上红旗招展，人来车往，宣传车播放着人们的决心书……我们班学生一到立即引起了工地的注意：我们的衣服特殊，72 名同学全穿清一色的蓝运动服；我们的工具特殊，60 名同学端着 60 个盆；我们的干法特殊，不两人抬筐，也不几个人推车，更不搞多人传送带，而是单干；我们的效率特殊，每个单干户都是一溜小跑，力争尽快完成自己的定额。

从大坝上远远望去，一股蓝色的人流，急匆匆地上下流动着，工地指挥组被吸引来了，他们采访同学们为何干劲这么足，同学们急匆匆地喘着气，回答三五句，就又忙着奔自己的目标去了。50 分钟后，工地指挥组的同志量了量我们新筑起的那段大坝，说：坝角那儿再加点儿就达到要求了。同学们更来劲了，坝角迅速长到了标准尺寸。5 分钟后，工地广播车便传出了捷报：“报告大家一个好消息，经工地指挥组检查认定，实验中学一年级七班的任务段已达到合格标准。他们全班同学不吃大锅饭，落实承包任务，争先恐后，你追我赶，力争在最短的时间内完成每人 500 斤土的运输任务。从进入工地到胜利报捷，只用了 55 分钟时间！”相同量的任务，有的班级一天还没有干完呢。

完成任务后，我们全班同学又适量地支援了外班、外校同学。然后，全班同学在工地开了一个小联欢会，到郊外去游玩。中午在田野里野餐时，同学们感慨地说：“如果我们事先不订计划，也吃大锅饭，分工不明确，任务不具体，工具不科学，互相牵扯，窝工阻塞，不仅效率低，而且心理上消耗还大。这样大家干就像个干的样子，省下时间痛痛快快地玩有多好。”

绿草地上，同学们朝广阔的地平线跑去。

又过了不久，市湖滨公园搞建设，团市委组织各校去栽树。校团委书记来问我：“咱们全校什么时候去？”我问：“为什么全校去？”“人家都是全校去，任务多，人少了完不成，另外人多显得声势大。”“多少任务？”“每校要栽 4000 棵树。”“多高的树？让挖多大的坑？”“一般不到两米高，挖多深的坑没说。”“两米高的树，挖一尺见方的坑就够了，栽完以后还不用学校浇水，由园林处统一浇。这样的树，一个人半天就能栽八九十棵，别去那么多人了吧！”“那显得多没声势。”“我们把实事做了，要声势有什么用？声势挺大，实事干得很少，反而不利于教育同学们。”“去多少人呢？”“一个班就可以了，我们班去吧。”

这时，我们班已达到 82 人，一听说劳动都来劲了。

我说："咱们还像修大坝一样，提前制订一下计划。"

同学们问："多少任务？"

"栽 4000 棵树。"

"那么平均每人 50 棵。"

"男子汉呢？该不该多栽点？"

"应该！男同学每人栽 60 棵，女同学 40 棵。"男同学喊着，女同学不服气，不愿少栽。

我说："分任务时先这样分，女同学若嫌少干得快，你们干完了来支援男同学不一样吗？"

"大家去了以后先挖坑，每个组的组长负责先检查坑够不够尺寸，合格了，再往里栽树。栽树的程序知道吗？"我问。

"知道，根须分开，埋土，一踩二提三浇水。"

"水不用大家浇，园林处统一浇，咱们一定注意坑要挖得够大，埋土的时候根须散开，埋一层，踩一层，用力适当。咱们听说过盖房子是百年大计，咱们栽的树，立在那也是十几年不动，甚至活上百年、几百年。咱们把树一行行地编好号，谁栽的几号树，共多少棵，半年、一年、几年以后，咱们多次来看成活率。"

同学们下午两点钟兴致勃勃地来到工地，迅速分好了自己承包的 60 或 40 棵树的位置，热火朝天地展开了竞赛。湖滨公园岸边，空气本来很凉爽，但有几名同学汗水已浸透了衣衫。力气大的同学不到两小时已栽完了 60 棵，同学们互相支援，两个半小时，任务全部完成。园林处负责验收的同志来检查，横看竖看，行距棵距均匀，整齐，每棵树都正直。往上拽一拽，不动；往侧面扳一扳，不歪。负责同志跟我说："你们学校干得最快，栽得最整齐、最结实。"

同学们听了，互相传递着这喜人的检查结果。有同学说："他们如果知道完成这么多任务只来了我们一个班级，就更满意了。"

今年暑假前，我们全班领取了往学校小花园内运土的任务。同学们问怎么干，我向大家介绍以前几届学生劳动不吃"大锅饭"的做法。同学们纷纷提出具体的建议，谁挖土，谁运土，每个组应怎样分配挖土、运土的位置。事先规定每人定额 50 盆。极有力气的张军同学非要突破定额，他找了一副担子，一人顶两人，完成了 90 盆。赵伟同学也不甘示弱，他膀大腰圆，个子高，力气大，端一盆觉得不尽兴，自己将两个盆摞在一起，最多时竟装了3盆摞在一起，端起来跑。一边跑，别人还替他数着："赵伟，这趟已115盆了！"由于目标明确，数量清楚，能力差的也不甘心完不成任务，能力强的呢，超额完成了任务。有明确的数量互相比着，激发了劳动积极性。

平时班级劳动，包括大扫除，我都努力做到计划明确，分工具体，数量清楚，质量可比。

大锅饭害苦了我们这个国家，一定要让学生从学生时代起就和大锅饭告别，从小学会劳动前制订计划，明确责任，落实数量，提高效率。

大扫除15分钟结束

一天，学校广播紧急通知：明天市里有关部门要利用我们星期天休息的时间，借用我们的教室进行招干考试，下午各个班级可以用两节自习课的时间进行大扫除。

那天下午，我没有外出，在教室里写材料，后来听到各个班都开始搬桌椅大扫除了，就问生活委员尤亮："咱们班怎么按兵不动呀？"

"老师，咱们班用不着两节课。咱们离水房近，大家分工又很具体，等别的班干一节课咱们再干也来得及。"

"咱班大扫除，一次需要多长时间？"我问。

"15分钟就能完成任务。"

"哪能那么快？"

"老师您不信，咱就试试看，您用手表计时，我指挥。"

他走到前面，站上讲台，说："同学们请注意，我们马上要开始大扫除。这次老师要看咱们的效率，我说预备起，大家开始干，15分钟以后，老师和我检查，看谁承包的岗位不合格。"

生活委员一声令下，大家立即奔向自己承包的岗位。

我们班学生大扫除的任务都是固定的，谁承包什么任务，由自己报，然后生活委员再分配。

南面的6个大窗户，每个窗户2个人；北面8个小一些的窗户，每人承包1个。谁包哪个窗户便从入学包到毕业，如南面西数第一窗，内外8扇共 24 块玻璃，其中西面的 12 块玻璃归邵迎新同学，那么她就一直负责擦这 12 块玻璃，平时也负责保护这 12 块玻璃。大扫除开始，她用不着考虑别人，只一心一意完成自己这 12 块玻璃的任务就行了。

别人也是这样。教室共有 6 个门，分别包给 3 名同学。侯耀芳同学负责的是走廊的两个门共 4 扇，扫除开始，她便立即擦这 4 扇门。

其余同学，承包黑板的，承包讲桌的，承包四壁的，承包灯具的，承包打水的，承包拖地面的，承包擦暖气片的，承包风琴的，承包壁报的，承包教室外面分管区的，凡有一样活，必有一人承包，大家都争先恐后地为尽快尽好地完成自己的任务而努力实干。

生活委员是总指挥，他不时提醒某个部位上次检查出了什么漏洞应加以注意，有五六名同学跟在他的后面要任务。原来，这几名同学没有具体工作，叫作“待业青年”。不是应该人人有事做吗？为什么还要有“待业青年”？生活委员也很有头脑，说这叫弹性原则。如果每个人都安排了满额工作，那么大型劳动时就难以应付失误。有时，某个同学病了怎么办？有时，某个工作环节因工具或特殊原因窝工了怎么办？没有待业的，没有富余人员，只好大家都干完了自己的本职工作再去突击。某个缺席人的任务虽少，但大家插不上手，最终还是一个完成任务的同学去承担病号的任务，这就等于全班同学等待一个人，全班同学的劳动时间都延长了一倍。手头有了机动人员，事情就好办多了，有三四个人缺席，他们便可临时顶替，哪一处窝了工，他们可以上去突击。没人缺席，没人窝工，他们便担任临时检查员、质量评比员。

我暗暗佩服生活委员的管理能力。不知不觉，时间过去了 12 分钟，不少同学已完成了任务等着检查了。15 分钟后，同学们各就各位，回到自己的座位埋头上起自习来，尤亮请我检查。

我摸摸两层窗户之间的缝隙，很干净。再蹲下往走廊后边的暖气片下边接头处去摸，也没有一点灰尘。门框顶上，分管区角落，黑板粉笔槽内，荧光灯管的上部，都没挑出毛病。

最后，我朝着教室前面的讲桌走去。这个讲桌较大，同大剧场内的讲桌一样，结构较复杂，正立面是弧形和矩形组成的图案；顶部有挡板，还有隔板；背面，上部是 3 个抽屉，两端还有两个窄窄的小柜。正面、上面与两侧不容易有漏洞，抽屉和小柜内能没有灰尘吗？我打开小柜，胳膊使劲往里伸，柜角没有灰尘，再抽出抽屉，很挑剔地将抽屉翻过来，摸底部的角落，也没发现灰尘。我不得不佩服学生的劳动效率。

这样较复杂的备品，承包者也只是一个人：黄书兵。她从入学就开始承包擦这个大讲桌，擦时带什么工具，第一遍先擦哪里，从上到下，还是从内到外，哪个部位容易被人查出漏洞来，她早已积累了较丰富的经验。

现代化大生产的特点就是专业化程度高。专业化程度越高，熟练程度就越高，劳动效率自然就提高了。

学生从小承包任务，增强了责任感，减少了劳动时当场分配任务的互相推诿现象或互相攀比现象，节省了重复分配劳动任务的时间，提高了完成所承包任务的熟练程度，不仅提高了劳动效率，也有利于他们将来适应专业化较强的现代社会。

一分钟全班调好座位

我从南方归来，一下火车就径直来到学校。副校长告诉我，外省市近百位听课老师不约而同地到校了，新疆有 8 位同志等了一周不见你回来，已返回了。现在还有 80 多人在班级看你们班学生活动，你回来了，正好上课。

第二节课，我走进教室，学生见我归来，极高兴，极活跃。“上课！”同学们全体起立。“同学们好！”“老师好！”

我正要讲课，下面呼啦啦动了起来，几名同学搬着桌椅，把我挤靠在一边。我刚开始还不知怎么回事，见同学搬桌椅出教室到走廊了，才恍然大悟：今天是星期一，按班规班法，每周一语文课第一个节目就是换座。我们班是以法治班，到这段时间就做这件事，老师忘了，大家忘不了。同学们依法办事，用不着老师说换座还是不换座。

换座完毕，值日班长宣布：“今天换座用了 55 秒，正常。”

原来换座位可没这么快。

13 年前，我们班同学的座位便每个星期换一次。靠南边的两行，16 名同学串到北面去，其余八组 64 名同学依次往南串两行。刚开始，只是人和书包作业本等用品串，换一次时间不长，三五分钟就完成了。

后来，按班级规定每人承包自己的桌椅，负责保管、搞卫生等，这样换座时，每个人必须连同自己的桌椅一起换。从南到北大调动，搬着桌椅，教室人又多，你挤我，我又塞住了他，显得秩序混乱，又很耽误时间。那时每星期换一次座，拖拖拉拉要 20 来分钟，同学们都觉得太浪费了。

大家觉得这件事也该计划一下，制订一个程序，以提高效率。经过讨论，制订了如下的程序：

第二节语文课，上课后即开始换座，由值日班长宣布换座开始。

双人桌由一人搬桌，一人搬两张椅子；单人桌则椅子放在桌子上都由自己搬。

南面两行同学最先行动。第一桌两人通过前面讲台搬桌椅出教室，到走廊外面走 5 米停下（倘走 4 米，后出来的同学挤不下，走 6 米则多走两步，浪费时间），第二至第八座的同学一个紧跟着一个依次而出，最后出来的第八座两名同学桌椅恰好摆在北面两行第一座的前面。

这时南面两行已成为空地，北面的同学趁空而入，集体迅速向南平移两行，平移的结果使北面两行又成为空地。

原南行现正在走廊的同学，又由第八座开始趁北行的“空”而入。

当原南行第一座的同学在北行第一座落座的时候，全班换座完毕。从开始到结束，正常情况下，55 秒钟便可以了。我 1984 年下半年教过一个有 92 名学生的班级，那时班级内还生炉子，“交通”不便，即使如此，我们全班换一次座也才用了 58 秒。当然，学生们需要一个从熟悉到熟练掌握换座程序的过程。

也有时，换完座，值日班长宣布，换座用了 1 分零 10 秒，这就要查找原因。班法规定，换座在 1 分钟内完成，超过 10 秒，便是事故。

事故也容易找到，有同学立即起来承担责任：“是我搬桌不慎，将文具盒掉在地上，弯腰一捡散乱的文具，便阻碍了整个集体的活动，使全班同学每人为我浪费了 10 秒钟。”

制订具体的换座程序，不仅节省了时间，也使同学们感到换座是既紧张又有趣的一件事。更重要的，是在这种紧张、有趣的做实事的过程中，培养了学生个人与他人与集体密切协作的品质，培养了学生的效率感。

两分半钟收好书费

又一届新生入学了，学生们领了新书：数学、语文、英语、地理、历史、美术、音乐、劳动技术教育、青春期教育、公民，十来种课本再加上数学用表、地理填充图、语文补充教材、书法，以及有关部门要求必订的辅导读物、学习指导等，每名学生领到了 25 本各种各样的书。面对这么多书，他们感到又兴奋又惊讶，又害怕学不好，但更多的还是有一种自豪感：自己长大了，成熟了。

第三天便是交书费。新上任的学习委员得知学校要收书费，便告诉我，意思是由我收。我说："我从开始教书到今天，从来没有自己收过费。这件事，学生完全可以做，老师若做了学生能做应做的工作，那就使学生减少了一个锻炼自己的机会。你说呢？"学生笑了。

自习课，学习委员到同学们的座位去收书费，显然他想一个人一个人全由自己收。这样做，学习委员的出发点肯定是好的，他不惜牺牲自己的时间，热心为大家服务。但在一个人一个人的收费过程中，要说话，要打扰前后左右的人自习。再者，学生刚入学，注意力还不好，不时有几个人在说话，在走动，还可能影响班级大部分同学上自习。

我便跟学习委员讲："以前我们班干部收书费或学费或班费时，我看主管同学站在前面一下就收完了。"

"站在前边怎么收？"学生问。

"用手表收。"

"用手表怎么能收书费？"

"那就要靠你自己想了。"

当学习委员的都是很聪明的同学，一点就通。"啊！我明白了。"他说。

说完，他走上讲台："同学们请注意！各组组长请注意，没有组长的便由你们组第一座右侧同学代替，下面我们开展收书费比赛。昨天讲了本学期书费 30 元，请大家准备好。各组组长站在前面，我说预备，大家便进入竞赛状态，我说开始，组长便开始收。收完以后，组长要将你们组的钱数一遍，共计多少人、多少钱，写在一张条子上，用绳子把钱扎好，送到我这儿来，看哪个小组速度最快。”

听说比赛，群情激昂，大家很快便做好了准备。有的组四个人还把钱放在一起，以争取加快速度，被别的组发现，告诉主持者，又立即退回去，参加公平竞争。

学习委员站在前面，看着表，喊：“各就各位！预备——开始！”

小组长立即进入工作状态。为加快速度，各组同学都积极参与，帮自己的组长数钱，找钱，记名单。

第三组最快，每人 30 元，16 人 480 元，交到学习委员手里时，只用了 1 分 15 秒。最慢的一组，交上来也只用了 2 分 20 秒。

全班 72 名同学，入学后第一次收书费，共 2160 元，仅用两分半时间，全班同学都为这样高的效率感到自豪。学习委员边从组长那里接收边验收，验收完毕，立即上交给教导处。全班同学两分半钟后便开始上自习了。

在校内我要求各教学班的班费都由生活委员收支。班主任只指导，不经手。这样做有利于锻炼学生当家理财的能力。班费收支账由生活委员定期向同学们公布，有利于培养学生的民主意识。

班费收取一次不宜过多，以免保管时发生意外，损失大不易弥补。收数额较大的书费时，一定要在放学前上交教务处，避免较大数额的现金在学生手中存放过长时间而发生意外。收费时为提高效率，减少麻烦，应尽量避免或减少尾数。如书费，实际是 29.50 元，计算收取都麻烦，便多收 5 角，留作下次电影费，既提高本次效率，又减少了下次收费所用的时间。

总之，收费这件事也让学生增强了效率感，增强了集体观念，增强了与别人协调一致的能力。

生物钟——高效来自科学

我喜欢给一届又一届的学生讲人体生物钟奥秘，讲人脑的奥秘，讲整个人类还处在年轻时代，还有许多更引人好奇的奥秘远未被人类发现。使学生从小便建立人类还很年轻的观点，会使学生变得目光远大，变得不那么急功近利，变得实事求是。

不要说对客观世界、宇宙的研究人们远远未到顶峰，就是对地球、对人类社会，以至对人类自身、人体本身的研究也远远没有到顶峰。

我们平时都有一种感觉：体力有时充沛，有时并没有病，却感觉浑身无力；思维有时敏捷，有时反应迟钝；情绪有时极好，遇到许多不顺心的事，也不烦不躁；有时没什么不顺，心境却莫名其妙地烦躁。科学家们发现人体生物钟每天都有高潮低潮的区别。另外，还发现，人体体力每 23 天，情绪每 28 天分别发生周期性变化。他们称 23 天的变化周期为体力节律，28 天的周期为情绪节律。奥地利的特里舍尔在教学中发现，不少学生的智能和考试成绩也与节律周期有关，经研究发现这个周期为 33 天，并把这个周期称为智力周期。

三个周期的变化，称为人体的三节律（体力、情绪、智力），一般说来，人从出生之日开始，这三台生物钟便开始运转了。

当一个人的体力处于高潮期时，就体力充沛，朝气蓬勃；情绪处于高潮期，则心情舒畅，意志坚强；智力处于高潮期，则思维敏捷，注意力好，记忆力强。如果这三节律处于低潮期，则情况恰恰相反。

人体在 24 小时之内也有变化规律，称为生命日节律。一天之内有 4 个高潮，4 个低潮。高潮时间为 6 时、10 时、17 时、21 时，低潮时间为 4 时、14 时、19 时、24 时。

1980 年，我给学生介绍了生物钟的资料，那时，我们还不会生物钟节律的具体计算方法，盖东同学便画了一张大图表，根据他自己的细心体验，画出了自己三节律的曲线图，处于低潮期、危险日时，提醒自己理智地分析烦躁不安的情绪由来，安排一些兴趣较浓学科的作业练习内容。当处于高潮期时，则抓紧有利时机，增加学习任务。

1988 年，有关单位出版了生物钟三节律的计算卡，我便引导学生根据自己出生的年月日，计算出自己当年体力、情绪、智力生物钟的起始时间，然后查表，对照一年中每天三节律的变化情况，据此安排自己的学习。

从劲松同学有一天效率特低，自己弄不清什么原因，我分析可能是他那天处于情绪危险中，便说："你随随便便、自自然然地写下自己的心理状态，写完之后，进行分析，原因就找到了。"他写道：

"昨天真没意思，一整天的心绪都那么坏。昨天也许是我的危险日，无心学习。这可能是次要的，主要还是主观控制自己的能力差。早晨到校后，便想按计划学习，突然一下想起《曹刿论战》还没有背，便背起课文来。可是怎么也背不进去，于是到教室外去背，到了外边看看这，看看那，把背课文这件事忘掉了。早自习就这样过去了。中午，我很早就来到了学校，因为下午要外语测验，想利用午休看一看，可拿出书来一看，这一大本儿从哪看起呀？这一会儿时间，看也来不及了，既然看不完，就干脆不看了。又拿起语文作业来做，写了一会儿，又想，马上要考试了，看一点是一点，便放下笔又看起外语来，东一眼西一眼地扫了一遍。外语考试时，想前思后，静不下心来，外语答得很差。晚自习，似乎满脑子烦恼要呕吐出来似的，便跑到操场上去又喊又叫，又蹦又跳……折腾了一会儿，心静了，才回到教室坐下来。晚上入睡，心情很好。”

学生处于情绪危险日时这种心态我也有过，明白了生物钟三节律的道理之后，处于这种心态时，便不会觉得莫名其妙，以至加深烦躁不安，而能够想办法，尽可能挑感兴趣的、较易完成的实事，一件接一件，不停地做下来，烦躁便减轻了。

我和同学们一起商量度过危险日的办法，从而使一部分同学提高了控制自己的能力。

研究自身生物钟使学生又朝着理智、自我约束的方向迈出了一步。

课堂上指导学生

第四辑

能力的训练

让学生尽可能多一些听、说、读、写的实践，在实践过程中教师给予适当的指导。边实践，边指导；多实践，少指导。坚持这样做，学生听、说、读、写的能力提高就较快。

听说读写都来自实践

语文教学的主要任务是培养学生听、说、读、写的能力。

我多次跟学生讨论，人的能力是怎样形成的？我们举了一个学骑自行车的例子。

骑自行车无疑是一种能力，这种能力是靠教师、家长讲会的，还是靠学生练会的呢？

一位家长以为孩子要学会骑自行车，这是一件大事，必须认真对待，必须反复地讲骑车的知识：骑车要领20条，骑车须知50条，骑车注意事项30点。这些都循循善诱地、认真仔细地、苦口婆心地给孩子讲了，讲清楚了，孩子也听了，听懂了，并且达到了倒背如流的熟练程度。尽管他耗费了大量的时间，孩子背也用去了几个月时间，但给孩子一辆自行车，照旧还不会骑。并且有些过细的条条框框，不该在骑车之前讲的条条框框，反倒起到了束缚孩子手脚的作用，使孩子对实践产生了畏惧心理。

另一位家长则认为骑车是一种能力，能力要靠孩子自己去实践才能形成，家长根本不可能代替。于是，他给孩子一辆自行车，又找到了一个大操场，让孩子自己在那练，练了不到三天，孩子便会骑车了。

事实上，学生们骑自行车的能力，确实是自己练出来的。由这个例子，学生们认识到，能力的形成主要靠自己实践。

有学生说："骑自行车，不用老师讲，不用家长说我们能学会。我觉得听、说、读、写的能力，不用老师讲我们也能练会。"我说："能是能，但没有在老师指导下能力提高得快。拿骑自行车来说，如果后一位家长边让孩子实践，边加一点必要的指导，他学得不就更快一些？如果想学得骑车技术高超一些，想参加自行车赛，想当杂技演员表演车技，就更需要老师指导了。"

学生说："我们怕的是一堂课都是老师讲，老师没完没了地分析课文，老师没完没了地表演做题，老师把史地教材的课文在课堂上重新给我们复述一遍。老师讲得很苦很累，我们听得也很苦很累，也浪费了时间。"我说："正因为这样，学校才提出，请老师讲课的时间省下一半来，让学生读一读，说一说，写一写，给学生一个实践的机会，使学生的能力得到提高。"

老师一点不讲，学生靠自己实践，可能会形成听、说、读、写的能力。

学生一点不实践，教师只靠自己讲，那么学生一定不可能形成听、说、读、写的能力。

基于这样的思想，十年以来，语文教学中我尽可能多给学生一些听、说、读、写的实践机会，以提高学生的能力。

1. 培养学生听的能力。给学生分析教材只是培养听力的一种形式。

难度较大的听的实践是学生听我读文章。我们手头没有教材，事先也没看过，这样就必须全神贯注地听，听完以后进行分析、归纳、讨论。我给学生讲的一些课外知识，如后面谈到的时文、教育心理学知识、中学生学习方法、国内外科技动态、相关科目的个别内容等，大多采取了这种训练学生听力的形式。

引导学生听新闻、听广播也是训练学生听力的好方法。这些年来，我一直主张学生应坚持听《新闻联播》节目。即使在升学考试前夕，建议大家不要看电视剧时，我也主张听《新闻联播》节目。当然看电视的《新闻联播》也行，但听有听的特殊作用，听能锻炼大脑的将语言信号转化为图像的功能。

2. 培养学生说的能力。我一直有意使学生在课堂上有较多说话的机会。我们课堂教学六步法中，有讨论、自我小结，这两个步骤学生必须说，而定向、答疑、自测，这三个步骤学生也都有机会说。

定向的时候，学生定向，自然学生可以说。教师定向时，学生也可以提不同意见。

讨论的时候，当然是学生互相谈看法，讲根据。

答疑时，学生提出问题，别的同学能回答时，则由学生回答。

总结时，大家七嘴八舌地说这节课的学习重点，自然又得每个人都说。

再加上上课前的口头作文，临时出题，每个人都七嘴八舌地说。

一堂课下来每位同学都会有三四次说话的机会。

有的同志以为大家七嘴八舌地口头作文效果不好，难免出"南郭先生"。万事万物有一利，便有一弊，注意兴利除弊，就能使其变成好方法。我们的学生，因长期这样训练，形成了习惯，且长期以"忠实于自己"为自我教育的口号，大家便说得很认真。

奇怪的是，我到外省市上课，就一个问题征求大家的意见：“是找一名同学回答一遍，还是大家七嘴八舌讲解一遍？”“这个知识难点是老师再重复一遍，还是大家七嘴八舌地说？”大部分情况下，学生都愿意选择大家七嘴八舌地说。我没想到第一次接触，就有许多省市的学生喜欢这“七嘴八舌”的方法。大概是他们在这种气氛中没有任何顾虑吧！大概是他们上课想说话而说话机会太少了吧！大概是这样随便说一说大家的身和心都感到轻松吧！

学生课前总口头作文，不因千篇一律而感觉厌倦吗？如果题目不换，态度不认真，当然会厌倦。但我们口头作文的题目是一天一换的，注意选那些学生感兴趣的题目，就不容易厌倦。另外，请同学们在说的时候都尽可能进入角色，好像自己在播音，好像自己在讲故事，好像自己在发表讲演，好像自己在同别人谈心。表情、姿势、语气都要随说话内容而变化。

一次辽宁省中语会在我校开教研会，省内外近200位教师到班级听课。上课前，一位同学着急地跟我说：“老师，我没带教材，到外班借行不行？”“预备铃都响了，借也来不及了，和同桌看一本吧！”全班上课起立后，我便请大家口头说一篇议论文《谈学生上课不带书》。同学们都说得很认真，我发现熊跃斌同学低着头。大家坐下后，我便来个突然袭击，请他重说一遍刚才的文章。他在班级是中等程度的学生，刚才又没认真说，我想他一定说不好。不料他说得非常流利，且观点鲜明，中心突出。他是这样说的：“学生上课不带书是一种失职，工作失职会给事业带来损失，学生失职会给班级造成坏影响，会破坏正常的学习规律……学生上课不带书就像战士上战场忘了带枪一样，上战场不带枪后果可想而知……”听课的老师都觉得这段文章说得好，还以为我故意找了一名学生尖子，一打听，才知道他成绩是中等还偏下。因为经常练习口头作文，学生说的能力普遍提高了。

一次省教育学院来检查我们班学生的能力，考一名同学口头作文的能力，随意出了一个题目，徐剑峰同学稍加思索，就开始说，连说五分钟，中间不停顿。省教育学院韩宏宇老师跟我说：“学生思路这样敏捷、流畅、清晰，确实难得。”

我觉得培养学生说的能力，绝不仅仅是增强了嘴的说话能力，不仅仅是三寸不烂之舌增强了功能，最根本的还是训练了学生的思维能力。一个人只有概念明确，推理符合规律，判断准确，说出话来才流畅、清楚。其实说也是写的一种方式，是更经济、更节省时间的一种写的方式。说的能力的提高，在某种程度上也促进了写的能力的提高。

3. 培养学生读的能力。十年来，我为什么一再压缩自己讲课的时间呢？原因在于我认为，学生会读书是一种能力，这种能力不能由老师替他们形成，只能靠他们自己实践。老师讲课，讲得再好，也是在讲教师怎样读书，怎样理解。具体到学生，怎样读一篇新文章，怎样理解分析一篇新文章，他们都各有自己的一套习惯。他们的注意习惯不同，不同性格的人会对不同作品有不同的注意程度；他们的观察习惯不同，粗心的学生和细心的学生，兴趣广泛的学生和只会死读书的学生从同一篇文章里观察到的事物，常常相差很悬殊。此外他们的记忆、理解、想象习惯都决定着他们读书的能力。教师讲课时企图把全班同学的认识程度提到同一水平上，用意无疑是好的，实际很难成为现实。即使凭着背诵把大部分学生暂时提到教师的认识程度了，时隔不久他们也会很快遗忘。

我常想，一课书，不管我们教了多少遍，上课前备课时，看各种资料上对这篇文章的各种看法时，也还要费一番脑子才能记住。有的资料讲作者写这句话、写这段时是这么想的，可我却百思不得其解，只好勉强记住。设想一下倘照样讲给学生听，那岂不是无效劳动？他们怎么理解得了，又怎么可能记得住？要知道我们的学生是中学生，他们要同时学习七种统考科目，再加上五种其他教材，他们不可能像中文系学生那样倾全力于语文，更不可能像研究生那样具体研究某一个朝代、某个流派、某位作家的作品。

如果有哪一位数理化教师，在中学课堂上讲起了大学所学的数理化知识，人们一定说他脱离实际，费力不讨好。但由于语文学科对一篇文章的认识缺少一个清晰的阶段知识层次，于是在中学课堂上，讲大学古汉语、现代汉语知识的现象存在着，像大学那样分析文学作品的现象存在着，甚至像大学那样介绍作者及其所处社会环境的事也存在着。对这些做法，不是所有的人都能认识到这是脱离实际，相反的有人还会奉之为高雅、渊博。

我讲课文时，尽可能把自己假设为学生，设身处地地想，哪些知识是可以接受的，哪些知识是最有用的，哪些是有长期储存价值的。一节课，45 分钟能记住多少知识点，即使记住了这些知识点又有多少能有长期储存于大脑的可能性与价值，又有多少有再现的可能性。这样一来，我要讲的就少了。这样一来，才能节省下大量时间，还给学生，让学生进行自己读书的实践。

为使学生在实践中能尽快增长能力，我适当地教给学生一些读书方法，如怎样读总体语文书、读一册教材、怎样读一类文章、怎样划分文章层次、怎样归纳文章中心、怎样分析文章写作特点、四遍八步读书法等。

学生参考这些方法去读书，在读的实践中运用、掌握、修改、补充方法，渐渐就能形成有自己特色的读书能力。这样，学生们不仅能读教材上那几百篇文章，更重要的是能读广阔的文章海洋中有益的文章。

4. 培养学生写的能力。我赞成鲁迅的观点：写小说要少看小说写法之类的文章。学生写作文也是这样，文章做法之类的书看多了，反倒无从下手了。

就写作知识与写作实践而言，我更重视的是写作实践。在学生实践过程中，讲一点最基本的写作知识也就可以了。

有同志问我："你十年不批作文，有的学期还不写作文，学生作文水平还很高，主要靠什么？"我的回答是，主要靠学生的写作实践。

我曾和学生商量过这样一个问题："叶圣陶先生说过，如果坚持长年写日记，则不写命题作文，似乎也可以。我们愿不愿搞一下不写命题作文的实验？"同学们经过讨论，最后表决，愿意试一试的同学占85%以上。这样，1983年秋季开始，我教的两班学生便取消了作文本，只坚持以前的老制度，每天写一篇日记。坚持了半年，让同学们总结这样做的利与弊。同学们说了不少这样做的好处，但没有讲出弊端。经过启发，最后举出了两条："第一，因不写命题作文，老师不再进行系统的指导，可能使学到的写作知识零乱，甚至残缺不全。第二，不写作文，我们失去了批改同学作文的机会，自然也就不能形成批改能力。"

为革除弊端，我们采取了如下对策：教师在进行日记指导时，有意识地增强写作知识的全面系统的指导。为提高批改能力，我定期选择典型日记，按照批改要求，进行自批自改。

一年以后，再表决是否进行实验时，90%以上的同学都赞成继续实验了。

这项实验我们进行了近四个学期，只是在毕业前夕，为了切实提高学生们的批改能力，我们才用作文本写了三篇典型作文。大家互相批改，到1985年升学考试时，我们班作文平均分数仍遥遥领先。

所谓日记，其实也都确定题目，是命题日记，每人每天平均字数要在500以上，相当于一篇作文。学生三年有了50余万字的写作实践，写作能力自然提高了。

写作如同画画，教师如果只是讲哪幅画画得好，为什么画得好，妙处有几十，甚至上百条，如果只是讲我们应该怎样画画，画画有多少规矩，有多少注意事项、细则，有多少重点、难点，学生仔细听，认真记，甚至倒背如流，可是并不进行画画实践，或者很少进行实践，只画了几幅画，那么，学生无论如何也画不出好画来。反过来，如果教师先让学生实践，在实践过程中适当讲一点画法，结合学生的画稍加指导，学生画的水平一定提高得快。我有时一年不上作文课，不写作文，不批改作文，学生作文水平还是高，道理大概就在于此。

十年前，教改刚开始的时候，有人总是为我讲课时间太少而担心，校内事务多，经常顾不得给学生上课，学生只好自习。即使我上课，一节课讲一课书，我讲的话又少，他们便以为会降低教学质量。以后考试成绩证明我们学生水平高，他们还有疑问："他讲得那么少，学生能力怎么能强呢？"1980 年春，营口教育学院为考察我班学生成绩，专门组织一次县城内中学初二能力测验。每校选 20 名优秀学生，重点中学在全年级选 20 名代表。我们的生源是重点中学选拔后的学生，但我们一个班就要出 20 名代表。市里出题，小学教师监考，统一评卷。比赛结果我们超过重点中学而夺得团体第一名。

让学生尽可能多一些听、说、读、写的实践，在实践过程中教师给予适当的指导，边实践，边指导，多实践，少指导。坚持这样做，学生听、说、读、写的能力提高就较快。

培养学生的观察力

春天来了，我喜欢带学生到双台河边，看花，看草，看树，看水。回来后请同学们写《春到双台河》。

写了一遍，发现同学们观察得不细致，便再去一次，提示大家用多种感觉器官去观察同一事物，眼看河水的形态色彩，鼻嗅春水中泛出的似草与土混杂的香气，耳听风吹河水泛起波浪的声音。回来以后再将作文《春到双台河》重写一次。这次虽然比上次强了，但文章顺序有些乱，我便又讲了按照观察顺序选择观察点的问题。这样我们看一次改一次，《春到双台河》

这篇作文共写了四次。

秋天，我曾领着学生步行十几里地，到鱼儿较多的小河里去捉鱼。那次，全班男女同学都跳到河里去了，大家嚷着，笑着，几乎每位同学都摸到了鱼。我说："大家仔细观察水的流态，水的色彩，感觉鱼儿在水中游，手能摸到鱼儿，摸到鱼儿又是一种什么样的滋味。回去以后，咱们写一篇作文《摸鱼》。"那次作文写得很成功，学习成绩差的同学也都写得趣味横生。

有几年我领着学生去开荒种地。分小组，每个小组开一片荒，然后种上自己最喜欢的作物。有花，有草，有菜，有玉米、高粱、大豆。我们过些日子，便去看看这些作物又长高了多少。观察自己最喜欢的作物，并且是自己亲手种的作物，真是一种特有的乐趣。看得仔细，看得高兴，回来一般都能写出逼真感人的文章来。秋天，我们种的玉米已经长穗了，可是都不翼而飞了。同学们好心疼，我便劝大家："物质不灭嘛，谁拿了去，都算是我们做了一份贡献。我们收获的是看着它们一天天长大产生的幸福感和我们锻炼出来的观察力，以及我们热爱生活、热爱劳动的品质，这些才是最宝贵的。"后来严重到我们种的那块地都被建筑物蚕食了，我们也还是无怨无尤，又到另一条河边新开了一片菜地，种上了青海省老师送给我们的蚕豆种子。他们说："看看这大西北的蚕豆种在你们东北能不能结果。"蚕豆出苗了，开花了，还没来得及结果时，天就冷了。学生写的日记《蚕豆》，记载着他们细致的观察和深深的情思。

每年冬天，历届学生我都约定："下了雪，咱们一齐到郊外的大河上去打雪仗。"今年一月我还和学生们一起到河面上，在冰封的河上跑接力，打雪仗。同学们纷纷把我当作掩体，打得热火朝天，有的女同学满头满脸全是雪，身上更别提了，还打得兴致勃勃。有的同学在围攻人时还预先通知："喂，请把你那阶级斗争的脸收一收，露出点笑容来，我们要打你了！"学生回来写作文《打雪仗》，写作时一个个眉飞色舞，看样子就知道文章写得成功了。

有的学生还自觉培养自己的观察力。我们班刘诗奎同学，一天中午放学，坐在自家的小园子里，一动不动，任似火的骄阳在头上烤着。原来，他想弄清楚，中午两个小时的时间，家里的瓜秧到底能长多长。汗水流着，他观察着，测量着。下午，他写了一篇相当出色的文章，关于瓜秧一个中午能长的长度。

我们班级十几年来一直养花。今天 12 月 15 日，外面千里冰封，但我们班的60多盆花都长得生机勃勃，现在君子兰正开着鲜艳的橘红色的花，白菊花也都比赛似的开着。我让学生观察这花，然后写作文《严冬里怒放的君子兰和菊花》。

我不仅引导学生观察物，还引导他们不断观察人。

有的学生写作文，不是从观察的实际出发，而是凭脑子编作文。写好人的外貌，一写就是浓眉大眼。有一天，我留了一个作文题叫作《五双眼睛》，写之前先请大家观察五名同学。我请这几名同学到讲台上站着，辛苦一点，给大家当写作模特。我说："请大家写的时候，不要脱离实际、凭空想象，五双眼睛一概都是大的，眉毛都是浓的。一定要认真观察他们眉眼的各自特点，具体形象地写出来，让别人一看你的描写就能知道写的是谁的眼睛。"

于是同学们都认真观察这几位同学的眼睛，看着看着都笑起来了。原来这几位同学的眼睛各有特色，有的确实大，有的小而圆，有的是眯缝眼，有的是三角眼，还有的细而长。就眼珠而言，有黑白分明的，有不甚分明的，有黑眼珠稍大的，有稍小一点的，还有黑中透黄的眼珠。眉毛呢？也不全浓，有浓的，有淡的，有粗的，有细的，有正八字眉，有倒八字眉。学生们观察比较，才意识到写文章，不能凭空杜撰，而应该源于生活。凭空杜撰，搜索枯肠，如无源之水，常觉得没什么可写的。注意观察，就像接通了源头活水，有无穷无尽的写作素材在身边。《五双眼睛》这篇作文，学生们写起来，觉得非常有趣味，文章也写得生动形象。

我们不仅观察人的外貌，也观察人的内心。

一次我留了一篇作文，题目是"有心人"，说好两个月以后交稿。在这段时间，大家观察，看咱们班级里谁的心最细，做事最认真。在这两个月中大家观察着，比较着，讨论着，既是准备文章素材，也是一次认真的学习。最后大家选中了一名小同学，他写作文水平比大家都高，大家总结原因就是他的心细。别人看来没什么可写的小事，让他一写却能感染人。他的那篇《我学会做饭了》，油盐酱醋，锅碗瓢盆，写得全都像活了一样。他的书包书桌也与众不同，书籍作业摆放极有条理，哪种作业本挨着哪种作业本，这种教科书和那种教科书的位置总是始终如一，即使停电的时候，大家手忙脚乱，他摸黑整理书籍仍然位置不差。学生们观察他，写他，佩服他，学习他，益处是多方面的。

我们不仅观察人的某一方面的稳定品质，也观察人的变化。

我曾出过几次这样的作文题，叫作"× × × 今昔"。要求同学们选择一名比较懒、办事爱拖拉的同学作为观察对象。观察的时间是半年，半年之后再写文章，将这位同学半年前后的懒与拖拉的程度都写下来。如果这位同学变化较大，那么咱们写的这篇文章的中心就是积极的，催人向上的了；若没有什么变化，各位作者当然就为难了，虽然也要写，但文章无论如何也难以催人奋进。这样看来选择观察对象很重要，选择之后，大家还有责任帮助这几名同学，使他们变得勤奋起来。有的懒同学问："可不可以写自己？""当然可以，写自己能观察得更仔细，说不定为了写出今非昔比，你还能咬紧牙关，狠治自己的懒病呢！"写这样的文章，使学生观察到了懒的危害，又使同学们能够伸出手来，拽着懒同学，跟大家一齐奋进。

我们又由对人的观察延伸到对集体、对社会的观察。

《校园新貌》写出了校园两年中的变化。昔日操场夏天一片水，校舍两栋破平房，学生毕业前，操场垫了沙石，修了花坛，建了教学楼。

连续几届学生我都出这样的作文题，"盘锦 × 年来的变化"。这些变化都以 1978 年的十一届三中全会为起点，在我们的国家停止以阶级斗争为纲的路线，开始以发展生产力为中心以后发生的。1983 年就写盘锦五年来的变化，1988 年就写盘锦十年来的变化。十年前盘锦的面貌学生不记得了，就请他们去采访自己的父母、亲人、长辈，而近几年城市面貌的变化学生是有目共睹的。

这样引导，培养了学生观察的习惯，增加了学生有目的观察自我、观察自然、观察世界的实践机会。观察实践机会的增多与观察习惯的培养，自然增强了学生观察的能力。观察力的增强，又提高了学生发现生活中的美、提炼写作素材的能力。实际上，美的生活，好的写作素材，不仅存在于惊天动地的事业中，铁马金戈的战场上，更多的还是存在于普普通通的行业、平平凡凡的小事之中。学会爱普通，爱平凡，才会到处都有爱，时时都有爱，才会时时处处都有美。学会写普通，写平凡，才有无穷无尽的写作素材，作品也才有更普遍的意义。

提高学生的记忆力

“人的脑量有限，记忆力有限，可不能随便用，用没了等长大了再急需时就没有了。”有的学生这样说。他们觉得记忆力像人民币，每个人工资都差不多，须积攒着不能多花，不然，花没了，急需的时候就没有了。

我便多次跟学生讲记忆力越用越好的道理。人的脑量固然有限，但每人平均具有的140亿个脑细胞根本用不完。以人每天活24小时，86400秒计算，每年365天，则是31536000秒。以平均寿命70岁计算，一辈子才活220752万秒。假定每秒钟使用一个脑细胞，也仅用了大脑的七分之一。据人体科学家推测，目前杰出的科学家，也不过仅用了脑量的十分之一。我们这些平常的人，用得就更少了。

记忆力如同开露天煤矿，上面的煤层挖掘的范围越大，潜在的煤层露出来得越多。如果只开巴掌大的小孔，那么大量的煤层只好一辈子埋藏着，与生俱来，无用而去。这就是人们常说的用进废退的道理。

接着我们做了简单的实验，请同学们准备一张稿纸，再把教材拿出来。实验要求老师说正式开始时，大家按老师要求的页数，打开教科书。这样肯定是大家都没有读过，更没有背过的。然后大家立即从这页的第五行开始背，都不出声，背5分钟，我能背到哪一行便到哪一行，起点相同，终点不限。到5分钟时，大家都把书合上，放起来。然后在准备好的稿纸上默写自己背下来的那段文章，会背多少，就默写多少，字数不限，多多益善。

实验时学生们的情绪是热烈的，全神贯注，动作节奏加快。结果，绝大部分同学5分钟背会了130个字以上，最快的达到195字。最慢的同学5分钟仅背下来54个字。大家发现背得快的同学都是平时喜欢背诵、喜欢锻炼记忆力的同学，而背不到100字的几位同学，恰恰都是平时舍不得用脑子记知识的同学。尽管到了比赛的时候，他们也真心想用，也真用足了力气，终因平时缺乏训练，记忆力已经不行了。几次实验，结果都是这样。同学们信服了“用进废退”是规律，认识到记忆力真像肌肉一样，越用越锻炼就越强健有力。长期不用不动，强健有力的肌肉也会变得松弛无力。

提高学生的记忆力，有效办法之一，是进行小型记忆力比赛。

一种比赛是定时不定量的。上课我们班也经常搞这种比赛。“《生命的支柱》这课讲完了，照教材要求没有背诵任务，但其中有一段话说得非常好，给大家两分钟时间，能背多少算多少。”这时学生背的积极性非常高，很快就背下来了。

有时我到外地上课，也搞这种短时间记忆力比赛。有一次我问外市的一班学生：“大家说，一分钟，如果背课文，能记住多少字？”学生回答：5个字，有的说10个字，接着是争论声。我说：“咱们试一试吧，等一会老师说‘开始’的时候，大家都翻到第100页从第二自然段开始背。老师看着表，一分钟到，大家都合上书，马上默写背下来的句子，看有多少字。”为了鼓励大家的自信心，我故意选了一篇记叙文。背的结果，一半多同学都达到30字以上，有的甚至达到80多字，最少的同学也有20字以上。他们为自己有这么强的记忆能力而感到振奋。

有时我们也搞定量不定时的竞赛。“请同学们进入竞技状态，看看《生于忧患，死于安乐》这篇短文背下来要多长时间。”比赛气氛一出现，连最懒的同学也短时间内变得勤奋起来，爱溜号的同学在这段时间内也能做到全神贯注。这样一来，大家都取得了超越自我的成绩。尽管最快的和最慢的同学所用时间相差悬殊，但大家都尝到了战胜自我的欢乐。

我给学生读《中学生的科学的学习方法》一书，其中有一篇文章提到美国一位心理学家用数字显示器来训练学生的短时间记忆能力，训练的时间不长，但却明显地提高了学生的记忆力。学生们听了，便说：“我们也这样训练吧！”可是我们没有数字显示器，同学们便想办法，每个人找一块长1米、宽15厘米的木板或纸板，在上面写上无规律的15位数字：256135971351914。每位同学写的数字都不一样，也有的写无规律的15个汉字：思电房稿墨浆空清月理海飞忠科效。还有的写15个毫不相关的英文字母：WYACFBPEJXAZMDN。

比赛开始了，全体同学各准备一张卷纸，我从70余块纸板中随意抽取一块，面向同学们高高举起，只出示20秒钟。大家紧张地记忆20秒后，我将数字板收起，学生们开始默写自己记住的数字。写完之后，再出示新的数字板，一共出示10次，开始统计分数。凡10次都认真记忆且写对答案的，奖励100分。每记对了一位数字的位置则给0.6分，15位数字全对的为10分。经过训练，有20%的同学能达到满分，这是很不容易的。

这样的比赛同学们很愿意参加，内蒙古包头市的老师对我说：“你们班倒数第一的同学都非常认真地记忆，我们想抄下来，送给他标准答案，他不干，说是不能错过增长记忆力的机会。他从自己的实际出发，每次只努力记前 10 位数字，不贪多，也取得了及格的成绩。”

1979 年，我们还做记忆力体操，所谓记忆力体操是借用托尔斯泰的一个比喻。俄国大作家列夫·托尔斯泰记忆力特别好，别人问他原因，他说是坚持做记忆力体操的结果，就是每天用一定的时间要求自己记住一定量的新知识。日久天长，记忆力就提高了，就像每天用一定时间坚持跑步、做体操一样。日久天长，身体就强健了。那时，同学们每天早晨 5 点 30 分到校跑步，跑步休息之后，6 点 10 分至 6 点 30 分背 20 分钟各科知识。我还请学习委员将一个月中每天要背的知识列成一张表，叫作记忆力体操计划。

十年来，我特别强调学生要背会一些名篇名诗。讲读课我一直不愿精雕细刻，关于教材内容的思考题，关于作者写本文时的写作动机这类题，我一直主张学生凭自己的分析能力，解放思想，大胆谈自己的见解，坚决反对学生死记硬背什么标准答案。但好的篇章段落，好的诗歌，我却严格地要求，每位学生都要逐字逐句地背会。

有学生提出：“我们现在的考试题很少有默写，即使有，也就是两三分，何必费那么多力气去背呢？”我说：“我们读书，目的不单是为了考试，考试升学在人生旅途中不占主要的位置。我们学习主要为了使自己成为四有人才，成为自身与国家的主人。背一些激励人上进、教育人忘我、引导人开阔、启发人理智的文章、名句，本身就是养成完善人格的需要，是加强自身修养的需要。另外，人脑子里多装一些名篇名句，本身就是知识储备。背多了，语感增强了，说话、写文章都容易通顺。再就是背课文明显有利于提高记忆力。”

今天上午我还向学生又一次强调这一问题，明知不考，但了解它对我们的人生有用，那就一定要背，一定要认真学。反过来，有的题尽管看起来挺“时兴”，但纯属文字游戏，我们也犯不着用脑子去想，到时候临时对付就行。

我们班上语文课第一件事就是全体起立，或者口头作文，或者集体背诵。

外地教师来听课，会见到这种情况，集体背诵课文之后，我说请坐，总有几名或十几名同学不坐下。原因是我们班有个规矩，每当集体背诵完了，“南郭先生”（即混在集体中背不出的同学），都要自我申报一下。自己哪段文或哪句话，或哪几个字背不出，还需要几分钟才能摘掉“南郭先生”

的帽子。在忠实于自己的口号下，学生久而久之，习惯成自然。有时上百人听课，几位同学倘在齐背时，背错了一个字或几个字，或一句话，我当然听不到，有时也忘了他们须申报这件事，请大家坐下，都有几名同学站着，我刚一愣，马上明白过来，连忙问他们错在哪儿，什么时候补救。

我们不仅背诵今年学的文章，也常常背诵过去学过的文章，意在将重要的篇章强化为永久的记忆。

我们不仅背诵教材中要求背诵的篇章，也背诵思想内容特别好，而教材没要求背诵的文章。如本册教材中《故乡》的结尾，我要求学生当堂背下来。如《批评和自我批评》的结尾："无数革命先烈为了人民的利益牺牲了他们的生命，使我们每个活着的人想起他们就心里难过，难道我们还有什么个人利益不能牺牲，还有什么错误不能抛弃吗？"毛泽东的这句话，以及他的许多关于全心全意为人民服务的论述，一直鼓舞着我战胜自己的弱点，战胜人生道路上的重重困难，成为我的精神支柱。所以我也要求自己的学生务必把这些话牢牢记在心里。《生命的支柱》一文中有这样一段张海迪说的话："美国盲聋女作家海伦·凯勒说，倘若我能看见三天，那么，用眼睛观察到的该是一幅多么美丽的景象啊。但是，那些视力健全的人，对此都视而不见，他们认为，世界上的一切五彩缤纷的壮观景色都是理所当然的。她讲得多么好啊！就像有些天天工作的人，他们习以为常，并不珍惜自己工作的权利。能为社会，为人民做点事，对我来说是最大的幸福！"这段话，教材没要求背，又比较长，但说得十分感人，包含着极深刻的人生哲理。语文课上我重点讲这段话，并且当堂进行记忆力比赛，要求每位同学都一字不漏地背下来。

在引导学生进行记忆实践的同时，我也适当讲一点记忆的心理过程和记忆的方法。

十年前，我就给学生讲过艾宾浩斯的遗忘曲线，引导学生们根据遗忘规律确立自己的学习计划与复习密度。

我也给学生介绍过一些记忆方法。如链式记忆法、五步记忆法、形象记忆法、夸张记忆法、朗诵记忆法、图表记忆法、活动记忆法、比较记忆法、联想记忆法。这些记忆方法各有所长，关键在于实践中不断根据自己的实际去运用。初用的时候，常常还会有不如自己按习惯记忆那样效果好。用得多了，记得多了，才会越来越熟练，才会感觉到方法的可贵。

现代社会知识爆炸，知识的陈旧率提高了，但这主要指应用技术方面的知识，就基础理论知识而言，一代又一代的学生都应该首先掌握，然后才谈得上学习新知识。

而学习基础理论知识，不管教育怎么改革，学法怎样更新，记忆仍是最重要的环节。这样，提高学生的记忆力也就成了教师们永恒的任务之一。

无规则数字板——提高注意力

国外有的心理学家这样训练学生的注意力与瞬间记忆能力：将不规则的15位数字在数字显示仪的屏幕上打出，要求学生集中注意力，在20秒内，尽可能多地记住数字的顺序。经过50次训练，学生瞬间记忆能力便有了成倍的提高。

我向同学们介绍了这一消息，同学们都要求我们也搞这样的训练。

“我们没有数字显示仪呀？”有同学提。

“可以用多块纸板代替！”立即有人想出了办法，全班一致响应。

立即动手做，每人做一块无规则数字板，用一块长75厘米、宽15厘米的纸板或木板，写上高10厘米、宽7厘米的数字，数字的排列一定要没有规则，越杂乱越好。

为了试验记忆数字快还是记忆英文字母快，还是记忆汉字快，我又分配10名同学在自己的纸板上写顺序不规则的英文字母，另10名同学写顺序不规则但一定要大家熟悉的汉字。

第二天，数字板、字母板、汉字板都做好了，尺寸统一，大小一致，都放在前面。

语文课上，我说：“咱们也试一试吧，看谁记得快。”我把纸板举起来，大家便全力以赴记。20秒后，板放下，大家默写，看记住了多少位数字，默写后，我公布正确答案。从前向后排数字与顺序都正确的，有一个数，便得6分，满分为90分。

第一天，这样训练了10次，没有一名同学得满分，有几名同学开头在20秒内准确地记住了15位数字，但到10位后却记颠倒了几位，大部分同学不及格。

经过几天训练，学生瞬间记忆能力明显增强，已经有一半同学能连续

10 次用 20 秒准确记住 15 位数字，而且速度越来越快。连平时最不爱背单词、不爱背概念的同学也兴趣十足地投入了记忆竞赛之中。

语文课搞这样的竞赛一次用六七分钟，增强学生学习兴趣，增强学生注意力，再接着讲课，效果也好。

有一天，我们又搞这样的竞赛，有不少外地教师来听课。我们班张铁同学好溜号，包头市听课的老师问别的同学："你们班谁最淘气？"同学们便向他推荐了张铁，包头老师便故意坐在张铁身后，看他怎样听课。

我出示数字板时，张铁也聚精会神，全力以赴地背。包头市的老师发现他只用力背前 10 个数字，后 5 个连看都不看。

听课的老师见他背得挺累，便说，等下次你们老师再举起数字板时，你不用这么费力背了，我们给你抄到一张小纸条上，默写时，你照着抄下来，不就每次都能得满分了？

课后，老师们和我座谈时，说："你们班学生确实有学习自觉性，而且能根据自己实际确定学习目标。据我们了解，张铁是学习"后进学生"，可他上课时也积极主动。下课了，我们问他，为什么每次只记 10 位数字，他说得很有道理：'老师平时告诉我们，每个人从自己的实际出发确定自己的学习任务，不能什么都想做，贪多，结果什么都干不成，也不能因为不能跳到两米高就连半米也不跳了。根据我的实际，如果 15 位数字都去记，可能记乱了，连 5 位都记不住，我试了一下自己记 1 至 10 位最合适，就全力以赴记前 10 位数字，后 5 位连看都不看，这样就能保证得 60 分。等到以后再竞赛时我再努力争取背到 11 位、12 位，逐渐达到 15 位。'"

另一位老师说："难能可贵的是他自觉地学习。当我们告诉他，老师举数字板，我们给你写数，你照着抄，能得满分时，他像受了侮辱，瞪了我们一眼，说：'我得满分有什么用，我的记忆力没练出来，你们走了，我找谁去要。'"

不仅语文课可以用数字板进行注意力、记忆力训练，就连上自习课累了，若想换换脑子，活跃一下气氛，也可以搞这种竞赛。

有人说："瞬间记忆，过一段时间不就忘了吗？有什么用？"用途不在于长期保存，就在于在短时间内能记住枯燥无味的、没有规则的、没有意义联系的一大串数字，如果这些需要长期保存，那只要按照艾宾浩斯遗忘曲线去复习就可以了。倘只短时间有用，那就在用过之后在记忆上抹掉。现实生活中我们经常需要这种瞬间记忆能力，特别是在旅途中、讨论会上、谈判桌上。即使在日常学习中，瞬间记忆能力也有利于加深对知识的理解，有助于筛选需长期保留的知识。

搞这种比赛的另一个好处就是训练了学生的注意力，倘若学生对没有趣味、没有意义、没有联系、枯燥的数字都能全神贯注地加以注意的话，那么他们这种有意注意能力一定会迁移到学习其他学科上面去。

培养学生的想象力

培养学生的想象力，会使学生变得更聪明，想问题思路更开阔，办法更多，能激发学生学文化的兴趣，还能增强学生战胜自我与改造世界的信心。怎样才能更好地培养和提高学生的想象力？我们的做法是：

1. 利用教材培养学生的想象力。在《课堂激发学习兴趣》一文中，我谈过让学生将教材内容变成图像，变成立体可感的空间，这是培养学生想象力的一种做法。

讲《香山红叶》时，请学生想象自己如何跟着作者去登香山，如何嗅那片片散发着香气的红叶。学《白杨礼赞》则想象我们到了黄土高原，乘车在高原上奔驰，由远而近地看那枝枝叶叶靠紧团结的白杨树。学《岳阳楼记》则想象自己站在岳阳楼上，放眼洞庭湖“衔远山，吞长江，浩浩汤汤，横无际涯”的雄伟景象。这样做，既激发了学生上课的兴趣，又培养了学生的想象能力。

还有的教材，请学生们改换一个位置叙述，效果更好。如学《第比利斯的地下印刷所》，请学生以设计者的身份，讲解印刷所为什么要这样设计。学习《故乡》，请学生讲一讲，假设水生的儿子长大了，他回到故乡，故乡发生了哪些变化，家乡的人们又如何评论当年的闰土、杨二嫂和“我”。这样一提示，学生兴趣盎然，对教材钻研得更深了。学《桃花源记》，则请学生讲一讲，若确有桃花源这一地方，在今天的时代，那里的人民又将如何，当那里的人知道了现代科技和现代社会发生的巨大变化的时候，他们怎样看待自己的生活？而我们这些生活于现代社会的人又如何评价生活于世外桃源中的人？

2. 学写童话有助于培养想象力。学生反映修改病句是学习中的难点，怎样解决这一难点呢？除讲清规律，多进行练习外，我还让学生们写一篇童话，题目是“给句子看病”。引导同学们假设这样一个环境：森林学校的学员百灵鸟，因为有病，少上了一天学，这天讲的是改病句。百灵鸟平时说话恰好又病句多，于是它主动到八哥老师家去请教如何改病句。八哥老师就和百灵鸟开始对话，讲的是怎样修改病句。写这样的文章既提高了学生的写作兴趣，又提高了学生改病句的能力，还增强了想象力。

1980 年，班级有两个报夹子，分别夹着《中国青年报》和《中国少年报》。同学们很喜欢看，但对报纸不够爱护。我就请同学们写一篇童话《青年报和少年报的对话》。许多同学写得情真意切，把两份报纸的心情、过去、未来，报纸对同学们的看法写得形象感人。又如写《书的自述》这篇文章，学生们把书的家族的分支、书的身世、书的骨骼、书的大脑、书的衣服、书和主人的关系、书的服务方式都进行了生动形象的说明。我请学生口头作文《书包里的辩论》，讲书包里各科教材都在努力证明自己是最重要的学科，它们争吵着，辩论着，各自摆出很多理由。这时作业本、文具盒也一齐参加进来，强调教材再重要，不经过作业本和笔的合作，别人还是不能掌握教材。适当地写一点童话体裁的文章，显然有利于学生想象力的培养。

3. 写科学幻想文章更有利于培养想象力。有时我引导学生的思绪飘向未来。有的学生上课、自习，心很浮，静不下来，哪有一点音响、有一点风吹草动就立即凑过去，以致自己的学习成绩始终不理想。我说：“请同学们写作文《他的心沉下去了》，谁的心沉下去了？你的学生的心。”“我们现在还是学生。”“假设你将来当了老师，遇到了一名学生上课、自习心都很浮躁，你怎样帮助他，使他静下心来学习。”于是那些平时比较淘气的同学，这时态度也格外认真，因为在自己写的作文中，他们已经长大了，并且当了老师，在教学设备现代化的学校上课，眼前面对的是几十名有远大前途的学生。个别学生在作文中写教育他的学生办法是训斥，是罚站，吓得学生改好了。我看了，便问：“这样能教育好学生吗？这样训斥惩罚，学生不是越来越反感吗？”学生一听笑了，回去又认真重写了作文，想了一些具体办法。如给他的学生讲心理知识，引导他的学生制订明确具体的计划，做有趣的密度较大的习题等。他是在想方设法教育他的学生，实际上也是在教育自己。

我多次请学生写《2000 年的一天》这篇命题日记。希望大家展开想象，想自己 2000 年的一天从早到晚是怎样度过的。许多学生写得生动感人，想象丰富。他们设想那时正在自己的工作岗位上，利用现代化设备，高效率地工作着。数控机床，机器人，无人驾驶汽车，高速公路，摩天大楼，花园式的车间、工厂，电化教室，花园式学校，无药麻醉手术室，激光手术刀，遥感跟踪仪，呼风唤雨的机器……都成了他们 2000 年的一天接触的环境、物品。

1979 年，我请同学们写过《35 年后的班会》这篇作文，那一年同学们平均年龄约 15 岁，再过 35 年，大家约 50 岁，正是在事业上做出成就的时候。2014 年班委会发出了邀请信，重新开一次向祖国献礼的班会。同学们写道：那是多么令人神往的一天啊！单是来母校聚会乘坐的交通工具就有几十种。50 岁上下的老同学见面当然有叙不尽的友情。同学们在各行各业都做出了很出色的成绩。一位学习不好的同学写道："那时我在文具厂当工人，我给老师带来了我们生产的粉笔，虽然叫粉笔，可不像现在的粉笔这么多粉末。这叫光电粉笔，在磁力黑板上能写出各种颜色的字，擦了以后无粉无尘，笔又特别耐磨，一支笔能用一个学期。"显然同学们意识到即使将来当工人，也不是手工操作笨重的劳动工具，生产粗糙产品的工人了。

我还引导学生越出今天和未来的时间范畴而回到古代，去处理古代的问题。如我让学生说，如果以我们今天的思维方式去判断葫芦案，将怎样判。断完以后，那时的人又会有怎样的反应，我们又如何对待。如果我们去给诸葛亮当参谋，那么隆中对策能有几多修改？几多补充？如果我们是岳飞的部下，我们将怎样协助元帅完成"收复旧山河"的大业？

不仅从悠长的时间范畴引导学生展开想象，我也喜欢引导学生从广阔的空间范畴展开想象。

我请学生写过《站在月球上想到的》，条件是我们乘宇宙飞船到达了月球，站在月球上看地球。地球只是一颗直径比月亮大两倍的淡蓝色的星体。这时，人与人之间的不愉快、不协调，自然就显得十分微小，越来越感觉到整个人类利益的一致，感到实现共产主义社会的必要。写这篇文章，学生的感情变得非常深沉，眼界和胸怀顿时觉得非常开阔。

我请学生写过《飞碟发射之前》这篇文章。要求这样展开思路：宇宙中某一个星体上的高智慧动物，发现了地球上生存着人类，于是他们便想访问地球，凭着他们高度发达的科学技术，他们制造了飞碟。在飞碟发射之前，这一星球的领导人召开了一个会议，会上他们对飞碟到达地球之后的情况做了种种设想，并分别设计了对策。他们做了哪些设想？对可能出现的情况又准备了哪些对策？请同学们展开想象的翅膀，来写好这篇文章。

10年前有一位学习成绩中等的同学，这篇文章竟然写了六千字，到了欲罢不能的程度。

想象力像一匹烈马，通常对待它有三种方式。有的循规蹈矩惯了的人，把这匹烈马紧紧地束缚住，生怕闯出什么乱子来。结果精神生活，乃至工作学习平平淡淡，安安稳稳。有的放荡不羁的人则对这匹烈马不加管束，只好任其胡乱驰骋，狂奔乱踢，精力浪费了不少，有时倒也挺浪漫，终因缺乏管束而一事无成。聪明的人能够驯服这匹烈马，让它按自己的意志去奔驰，放得开，收得住。这样常常使自己的工作和学习充满了创造精神。

我们当教师的当然有责任帮助学生驯服想象力这匹烈马。

培养学生的写作能力

到我们班听课的教师，喜欢看“后进学生”写的作文、日记、说明书、思想病历、班级日报等方面的文字材料。这些年来，连续几届“后进学生”的文字材料，都普遍受到外省市教师的赞扬，许多老师都问我，为什么“后进学生”的写作能力也能够提高？

培养学生写作能力，如果让我谈最重要的一句话，那就是坚持写日记，写命题日记。如果还要说得再详细些，大致有以下几点做法。

1. 欲擒故纵。学生普遍怕作文，为了打消怕的心理，先让学生放开胆子，随随便便地写作文，少批评，少讲一些规矩要求。我常想我自己，有时由着自己的思路，用实实在在的话，写实实在在的事，讲实实在在的心理，反倒能写出一两篇别人愿意读的文章。如果婆婆多了，清规戒律多了，左思右想，弄得左右为难，写得费劲，自己看着都别扭，更不要说读者了。从我自己想到学生，更不能刚一见面，写作文就提一大堆要求。

我跟同学们说：“咱们班第一篇作文就一条要求，格式正确。题目是‘童年趣事’。你回忆吧！童年时候哪件事你感觉最有趣，就写哪件事，随随便便地写，怎么想就怎么写，怎么高兴、怎么有趣就怎么由着性子写。”这么一来，那些淘气学生也能写出感染人的文章，因为他们口语其实都很风趣，一没顾虑就写出来了。一读，大家还觉得蛮能吸引人。格式正确就给 100 分。这样的作文写几篇，淘气学生也不怕作文了。

2. 改写仿写。要将作文水平提高一步，可以在放胆写的基础上，来一点改写、仿写。

天下文章一大抄，好文章大多是向前辈名篇学习之后，再加上自己的创作写出来的。《童年趣事》《真是乐死人》这类文章，学生觉得有兴趣写，也有内容写。而有的文章题目就不是每个学生都写得出来的。如有个考试题叫作“谈智力”。这就很难谈得清，因为连智力这个概念的内涵，心理学家都还在争论。但题目出来了，只好谈。怎么谈？只好给学生读几篇类似的文章，让学生仿写。

改写、扩写、续写、听写也是给学生打开思路、提高写作能力的有效方法。将《木兰诗》改写为记叙文，将《第二次考试》陈伊玲安置灾民那段扩写成一篇文章，给《牛郎织女》再写一篇续文。这样就容易使学生有话可说。一次我在一个全是“后进”的男同学组成的差班上作文课，题目是“扫烈士墓”。我和学生们走了十多里地去扫墓。事情已经做了，而作文不会写。我便将自己写的文章慢慢地读给大家听，请同学们记录下来，就可以了。这也使他们的写作能力在原有基础上有了提高。再写这类文章，思路就清楚一些了。

3. 激发兴趣。

①选题切合学生实际。作文题目最好是学生亲身经历过的喜闻乐见的事，或是学生身边经常接触的人或物。“除夕夜”“新年联欢会”“千山游”“笔架山之行”“寻找春天的踪迹”“我的同桌”“我的左邻右舍”“班长二三事”“班上的幽默大师”“我的座右铭”等这些题目，学生写起来素材多，积极性高。

②细心观察。我们身边不是缺少写作素材，而是我们缺少发现素材的能力；我们身边不是缺少乐趣，而是我们自己缺少发现乐趣的能力；我们身边不是缺少丰富、深刻的哲理，常常是我们自身缺少发现丰富、深刻的哲理的能力。要发现这些，就要细心观察，不断提高自己的观察力。一个观察力敏锐的人，即使对于极普通、极一般的环境，他也能发现许许多多值得爱、值得写、值得讴歌的素材来，他也会充满了写作兴趣。（因前文已专门谈到培养学生观察力问题，此处不再赘述。）

③力争将写作变为学生的需要。引导学生感受到写作是工具，使用这一工具分析改造自我与分析改造世界，会使自己头脑更清醒、更无私、更

坚强、更乐观、更轻松，会使自己和别人和集体和社会相处得更和谐。学生喜欢那些自我教育的日记题目，喜欢那些谈学习方法的日记题目，喜欢那些谈处理人际关系的题目，因为需要才喜欢。写作一旦成为一种心理需要，常常能达到欲罢不能的程度。1985 年学生毕业前的两个月，我提出，大家已经写了一千篇日记，请每位同学写一份《千篇日记总结》。从今以后大家可以不写日记了，老师也不再指导检查大家的日记了。我说完这话，不知怎么，一些同学神色凄然。后来，看《千篇日记总结》才知道，他们和日记已经有了深厚的感情。把日记比作自己的良师、伙伴、最知心的朋友、心理咨询老师……三年来日记和他们一起同学习，同生活。有了欢乐告诉日记，欢乐便增加了一倍。有了苦恼向日记倾诉，日记劝说自己，心中便没有了苦恼。现在这朝夕相伴的朋友却要离自己而去了，这怎么行呢？于是有很多同学表决心，日记一定要自觉地写下去，尽管老师不要求了，也要自觉写到毕业，写到升学，有的还说，要让日记陪伴自己终生。显而易见，当写作已成为学生一种需要的时候，他的写作能力一定会不断提高。

4. 写作形式多样。我总想，提高学生的写作能力，绝不只有用作文本写命题作文这样一种形式。

上面谈到的写日记，显然是一种比写作文更有效的提高写作能力的形式。

学生每天都要办的《班级日报》中，有新闻，有评论，有建议，有记人，有叙事，当然也能提高写作能力。

学生犯了错误写的心理活动分析说明书，填写的思想病历，写的个人法院审判经过，当然也能提高学生的写作能力。有的学生升大学以后来看我，说：“老师，幸亏我当年总写说明书，现在写作文已经不成问题了。”冯松同学在班级时语文中等，去年高考进入国家重点大学。他父亲对我说：“这次冯松升学语文成绩很高，这跟他当年写说明书是分不开的。”

前面写到的让学生练口头作文，练说的能力，其实也是提高写的能力。

5. 专项突破。让学生写放胆文不是目的，放开之后，再收拢，写符合规范的文章才是目的。

我一直认为中学作文规范不宜讲得太多，讲多了束缚学生手脚，学生反倒不会写文章了。

我将阅读知识、写作知识与批改要求三个方面统一为一练。共提出 5 方面 21 点要求。中心 3 点:明确、集中、正确。选材 5 点:围绕中心、真实、典型、新颖、生动。结构 3 点:层次清楚、首尾照应、过渡自然。表达 5 点:

记叙、说明、议论、抒情、描写，运用适当，符合文体要求。语言5点：通顺、简练、准确、生动、运用恰当的修辞方法。

每次作文重点指导一两项。比如：写《我们班上有雷锋》这篇文章，重点突破选材要围绕中心、要真实这两点要求。指导时，请同学们讨论，哪些材料是围绕中心的，哪些是偏离中心的。什么材料是真实的，要防止胡编乱凑。一篇文章突破一两点之后，别的文章指导时，这一两点就一带而过，只在批改时再强调这已突破的知识点。

这21点要求，除表达5点之外，其余16点都可搞一次性突破。尽管其中个别知识点可以有更多更细的分支，但那是学生读大学中文系之后才有必要研究的问题。个别确实对学生作文有实用价值的，简单介绍一下即可。如：开头的八种方法，我简单地向学生介绍四种；结尾的五种方法，我介绍三种。四种开头和三种结尾方法，一次作文指导时就能说清。至于运用，那是长时期的事情。有的方法只是介绍，使学生有个大致的了解，启发其思路，也许学生一辈子不用一次。

表达的5点要求，下面还各有更细的分析。记叙六要素，说明的顺序与方法，议论的论点、论据和论证之间的关系，散文的形散神不散，描写的多种方式等，这些细分支的指导，结合讲解知识短文和讲课文进行，用的课时也很有限。如讲说明的顺序与方法，一课时即可。具体指导，在每次写说明文日记时，再说三言两语即可。

我觉得初中阶段掌握5方面21点写作知识，并能运用于写作实践也就可以了。

6. 学会批改。好文章一般都要经过反复修改。而一般中学，学习成绩中等、下等学生的特点是将写作文当作负担，勉强写完交卷，就算完成任务，不愿修改文章，也不愿批改文章。我便努力引导学生互相批改作文，引导学生体验批改的乐趣。学生学会批改绝不只是在批改别人的作文，更重要的是也同时学会了批改自己的作文，自然也提高了写作能力。

7. 注重底蕴。文章写法、要求、规则，都是形。写出“形”方面合格的文章，并不难。难的是文章的“神”，即文章蕴含的思想、观点、感情。

文如其人。文章的“神”的感染人、教育人的力量，取决于写文章的人的人格力量。教学生作文，必须教学生做人。要写严肃认真的文，得做严肃认真的人；要写正直无私的文，得做正直无私的人。襟怀开阔、理想远大的人，才写得出教人开阔、教人有理想的文；诚实善良、乐于助人的人，才写得出教人诚实善良、乐于助人的文。

学生如果勤奋，守纪律，始终如一，忠实于自己，有良好的道德品质，有为人民为祖国学习的远大理想，他就一定能够战胜作文道路上的艰难险阻，不断提高自己的作文能力。

我一直认为提高学生作文的能力，最根本的工作还在于提高学生做人的能力，提高学生的思想素质。

做语文学习的主人

语文教师要完成的育人任务之中，也包括将学生培育成语文学习的主人的内容。

有这样两部分中学生，一部分是学习的主人，一部分是学习的奴隶。

是学习主人的中学生主要表现为：学习目的明确，有的理想还比较远大，学习积极性、主动性强。他们知道每天每月学哪些内容，知道选择适合于自己的学习方法，听课注意力集中，自习效率高，课余时间也有计划内的实事可做。这些学生和老师合作很好，但又不依赖老师，有较好的自学习惯。他们忠实于自己，考试从来不抄袭，学习成绩好，学习对他们来说是一种内心深处的需要，是一种乐趣、享受。

是学习奴隶的中学生主要表现为：为避免父母的指责或老师的批评而学习。他们缺少或没有学习的积极性、主动性，父母或教师推一推，他们动一动。有时他们想学习，可又不知从何学起，用什么方法学。他们上课时经常为不能集中注意力而苦恼；自习或无事可做，或明知有事却尽可能拖拉；作业得过且过，课外时间就更没有自控能力了。他们喜欢依赖老师，可老师让他们做的事，他们又常常拖拉甚至不做。他们没有良好的学习习惯，心血来潮时也能学一阵子，但很快就会冷下来。他们常把考试分数作为学习的终极目的，而考试分数又不高，学习成了他们的负担、包袱，成了一种痛苦。

显然，学生自身利益需要的，教师和父母喜欢的，祖国和人民需要的，都是学习的主人而不是学习的奴隶，而在几乎每一个班集体中都存在着这样两部分学生，还有的学生处于两者之间。显然，我们当教师的有责任、有义务帮助学习奴隶们得到解放而成为学习的主人，使班集体学习的主人越来越多，从而也就使自身的教学工作得到了较大程度的解放。

怎样使学生成为学习的主人？我从以下四个方面做了尝试。

1. 教师要树立为学生服务的思想。刚教书的时候，我曾自以为是，缺少民主作风，觉得自己是教师，就该说了算，我讲你听，我管理你服从就是了。这使我想当然地做了不少脱离学生实际的无效劳动，吃了不少苦头。于是我回忆起自己读书、下乡、到工厂的经历，想起自己过去所由衷尊敬的都是那些作风民主，真心诚意地为学生、为群众服务的领导或教师。今天自己当了教师，就该做受学生欢迎、为学生服务的教师。

为学生服务，就不能强迫学生适应自己，而应努力研究学生的学习心理、原有的知识水平、接受能力，以使自己的教学适应学生的需要。教师要善于在教学大纲、教材要求与学生的心灵实际之间架桥，要努力防止离开学生心理的此岸世界而只在大纲、教材的彼岸世界动脑筋、做文章的倾向。

有时为了使学生学有所得，宁肯把教学目标定得低些，使学生经过努力能实现。11 年前我曾在一个全是男同学组成的“后进班”上作文指导课。指导办法，就是请学生听我念范文，然后写下来，同学们在听与写的过程中感觉符合自己的实际，愿意写。如果不这样，硬逼着连听写都有困难的学生自己作文，他们失去兴趣，索性不写，效果反倒更糟。学生学会听写作文后，再一点点引导他们往高处攀登。倘觉得学生水平低，总不肯把桥的一端建在学生的实际水平上，那学生也就总也不能到达大纲教材规定的彼岸。

为学生服务，还要注意处理好与“婆婆”的关系。语文教学“婆婆”多，这是语文教师共同感觉到的一个事实。“婆婆”多有有利的一面，也有不利的一面。有的“婆婆”很开明，既有实践经验，又有理论修养，在教学中点拨几处，便使人有豁然开朗之感。也有的外行“婆婆”，数理化听不懂便听语文课，听了以后，便有许多指示指令性的意见。一篇课文怎么教，仁者见仁，智者见智。每册语文书，除人教社教参外，全国各地为之配备的练习册、学习解难、单元练习等参考资料不会少于 30 种。“婆婆”的话可以听，这些资料也可以看，但听和看的目的都是为了更好地给学生服务，而不是倒过来，教学为这些“婆婆”、资料服务。

十年来我上过四百多节公开课，其中有的课上得一塌糊涂。事后查找原因，重要的一条就是参考资料看的版本太多，考虑多方面“婆婆”的意见太多，以致进行教学设计时，忽略了学生的实际，而去设法适应各类教参及“婆婆”们的需要，结果课堂上学生昏昏欲睡，死气沉沉，自己越讲越不是滋味。反过来，那些既吸引了学生，也吸引了听课教师的课，都是我认真研究分析学生的心理实际，有了课堂设计的主体框架，再把教参及“婆婆”们的意见拿来参考的结果。

2. 建立互助的师生关系。教与学之间的关系，绝不是教师居高临下，我讲你听，我管理你服从的关系，而应该是互助的平等的关系。一方面，教师帮助学生学习，另一方面，学生帮助老师教学。我常觉得，帮助二字很重要，帮助学生学习，就不是强迫、命令学生学习。这些年我在教学中，特别是在辅导“后进同学”中，尝试过不少次失败。失败的重要原因之一，就是忘了给学生当助手，而站在学生的对面，强制、逼迫学生去学习，结果和学生搞得很僵，师生心里都很不愉快。认识到这一点后，再辅导“后进学生”时，我总是事先叮嘱自己：我是在帮助学生学习。帮助，就意味着必须耐心地到学生心灵世界中去寻找他们那些好学上进的脑细胞，使之兴奋起来，学起来，然后我再帮助他学习。在任何时候，对任何学生都要坚信他脑子里有好学上进的一面，只有这样才能避免强迫命令，才能避免师生对立。

反过来，也要坚信每位学生不仅能帮助我完成教学任务，而且能帮助我提高教学水平。只有从这个意义上思考，才能对各类学生都有感情。以前，我曾有过只有好同学才能帮助我完成教学任务的观点，觉得那些“后进同学”是阻碍完成教学任务的，是包袱、累赘，于是对“后进同学”就缺乏耐心。越缺乏耐心，就越不能建立互助的关系，师生关系不协调，教学任务就更不能完成。

后来，我在实践中注意强化这一认识，每位学生都潜藏着帮助我教学的能力。从这样的认识出发，耐心地到学生中去找，这样我的助手越来越多，连最差的学生，也能学着帮我留作业、批改作业、出试题、评试卷、批改作文。这些年来，我教语文越来越轻松，重要原因在于我把每位学生都当成了助手。

这些助手不仅帮助我完成教学任务，也帮助我提高教学水平。因为在和这些助手的交往中我不断加深着对学生心灵世界的认识，不断加深着对一届又一届不同性格特点、思维特点的学生的认识，从而根据学生的心理实际，改进自己的教学方法。从某种意义上讲，越是学习“后进”的学生，越是能提高教师的教学水平。就像医生，只有经常治疗疑难杂症患者，才能提高医疗水平一样。

3. 发展学生的人性与个性。学生要成为学习的主人，就必须自觉地发展自己人性的成分，发展自己心灵深处真善美的成分，由自在的人变成自为的人。

我认为所谓完善的人性，就是每个人既有低层次的需要——衣食住行，也有高层次的需要——劳动、学习、创造、亲情、友情、爱情、责任感、义务感，直至具有最高层次的需要，追求人类的理想社会。

从这样的角度去研究人、思考人，就会理解人的各个层次的需要都是正常的需要。特别对人那些高层次的需要，我们都应尽可能创造条件，使其有满足的可能。从这样的深度去分析人，就会发现，我们所进行的教育，不是外在的口号，而是源自学生内心的需要。学生心中那些真诚、美好、善良、尊重人、帮助人、为别人尽义务、为社会尽责任，以至为共产主义事业奋斗的需要强烈起来时，他才会充满了做人的自豪感和幸福感。

人来源于动物界这一事实，决定了人永远不能完全摆脱动物界，因此，每个人心灵世界中既有人性的成分也有兽性的因素。猿最终进化成为人这一事实，又决定了人一定离至善至美的人性会越来越近。教师的责任就在顺乎这一趋势，发展学生的人性。

作为语文教师要着重发展学生心灵中需要劳动、需要学习、需要创作的那部分人性。即使对这些需要不那么强烈的同学，我们也要坚信他的心灵是一个广阔的世界，坚信这个世界中一定存在着劳动、学习、创造的需要，不管这种需要多么难找寻，有的甚至被压迫为潜意识，我也要叮嘱自己走进学生心灵世界中，历尽曲折，也要把这种需要找寻出来。

另外，要注意发展学生的个性。丰富多彩的世界，培育了人们丰富多彩的个性。世界的丰富多彩，也需要人们具有多种多样的个性。我们的社会主义祖国并不需要每个学生都成为文学家、艺术家、诗人。实际上，国家需要我们现在培养的学生 80% 以上将来成为高素质的各行各业的工作者、劳动者。这样想来，我们就能尊重学生的个性，发展他们的特长，就不必逼着 100% 的学生都去按统一的模式去进行高难度训练了。我们国家的国情，决定了到下一个世纪第一年，也仅仅能从 20689704 个 19 周岁的同龄人中录取不到 200 万名大学生。而近三年我国人口再生产又总以每年 2300 万以上的速度进行着。这些都说明，在下一世纪的最初几年，同龄人升大学的比率很难突破 10%。这一基本国情我多次向学生宣传，同时又启发学生认识人才标准的多样性。使学生认识到，升学是人才，当数学家、文学家是人才，就业当工人、经商、搞个体经营，干得踏踏实实，干得出色，也是人才。同学们都应该从自己的特长出发，通过不同的途径，掌握尽可能多的语文知识，提高听说读写的能力。

尊重与发展学生的人性和个性，会使师生生活在一种相互理解、尊重、关怀、帮助、谅解、信任的和谐气氛之中，从而真正体会到做人的幸福感与自豪感，减少内耗，明显提高了工作和学习效率。

4. 决策过程要民主。要使学生成为学习的主人，就必须引导学生多参与教学，即不仅参与学而且参与教，参与得多了，才会增强主人翁意识。

11 年前我从工厂来到学校时，应该说是不会教中学的，但一年多的时间，就取得了较好的效果，其中一个重要原因，就是我经常和同学们商量，教什么，怎样教。在一些心里没底的问题上，我总请同学们举手或投票表决，确定怎么办，这就使我避免了脱离学生实际的较大的失误。同时，又获得了学生们自觉、热情的支持，因为学生都有维护自己选定的方案的心理。

比如，作业究竟是自己根据实际确定，还是由老师统一留？单元或平时测验是进行，还是不进行？作文是同学互批，还是由教师批？日记是统一题目，还是自选题目？教材分析是假期写，还是开学写？这些较大的问题，我都和学生一起商量，同学们举手或投票表决后，再根据多数同学的意见办。

这样时间长了，学生便养成了发表自己意见、积极参与教学的习惯，我也养成了尊重学生、理解学生、从学生的实际出发的习惯。

我曾给许多省（自治区、直辖市）的学生上过语文课，从黑龙江到广东，从新疆到江苏，从蒙冀鲁豫，到皖赣湘鄂，学生在课堂上学习积极性都很高，发表意见也活跃，而在课前，他们都没有预习过一分钟。

今年 9 月 27 日我到北京参加国庆观礼，10 点刚到招待所，全国中语会学术委员会副主任张鸿苓老师和北京教育学院刘全利主任便来找我，让我下午便去北师大附属实验中学去上课。原来我只知道 29 日要在京讲公开课，不知又加了这一任务。教材又不是讲我带的教材，而是讲另一册教材。下午 1 点 46 分到了实验中学，1 点 50 分拿到教材，备《最后一课》，两点正式开始上课。和学生刚一见面，我便将自己仓促上课的心理全盘端出，说："咱们大家一起商量，看怎样讲。怎样学，效率更高。"我研究学生心理，多次就学习目标、学习时间、学习方法征求学生意见，学生积极性很快就高起来，教学任务完成得很顺利，到讲完这一课下课时，学生们都感到意外，觉得时间过得太快。下课后同学们团团围住我，让我签字留念。许多教师问我，学生学习积极性这么高，是用什么办法调动的？我仔细想来，根本的办法其实只有两个字，那就是“民主”。教师树立了教学民主的思想，教学中多和学生商量，学生学习的积极性就容易高涨起来。

一旦学生成了语文学习的主人，语文教学中的许多难题，就变得容易解决了。

发展中差生智力的几点做法

1978年我从工厂来到盘山县第三中学，做语文教师并光荣地当上了班主任。这一年正赶上办重点中学，我们三中是普通中学，学苗经重点中学按25%的比例选拔后，剩下的绝大部分都是中差等学生了。

学生在重点中学落榜后，自尊心受到挫伤，不少人丧失了学习的信心。他们说：“大学招生才占每届学生总数的2%，重点中学的学生也有一些不能升学的，我们学习还有啥用处。”我问学生，再过二十年，你们多大年龄？回答是三十四五岁。我说：三十四五岁正是壮年，那时你们正在工农兵的岗位上，用现代化的工具建设着自己的祖国。虽然你们不能升学，但你们一定会成为祖国建设的主力军，因为你们占了同龄人的98%。从某种意义上说，不能升大学的人数越多，提高这部分学生素质的任务就越重要。学生们热烈地争论着，逐渐认识到自己肩负的责任，产生了要提高自己素质的愿望。

要提高中差生的素质从哪做起呢？在对中差生学习情况的调查中，我发现中差生的形成有一个发展过程，其原因是多方面的：知识缺漏、性格懦弱、气质抑郁、学习欲望不强、智力和自学能力差等。这些方面互为条件，互为因果，形成恶性循环链。但这些环节中，哪些是主要的呢？我认为智力差是主要环节。我调查过35名初一差生，发现他们观察力差，他们看到花草树木也很喜欢，觉得美，但让他们说美在什么地方时，大部分只会写“枝叶茂盛”等抽象的话。记忆力差，搞背诵新课文比赛，5分钟里优等生能记住168字，中等生记住102字，差生才记住49字。默读比赛，优等生能在5分钟内读完5320个字，差生仅能读完1190个字。思维能力差别更大，优等生读完小说能较正确地分析人物的思想性格，而差生只能做出“好人坏人”的鉴别。这些现状说明学习同等数量的知识，差生要比优等生多付出两倍、三倍乃至更多的时间。如果只给差生在知识上查缺补漏，他们是难以摆脱落后状态的。只有注重发展差生的智力，才能提高他们的学习效率，才能逐步缩小他们与优等生之间的差距。

怎样发展差生智力呢？5 年来我始终注意做以下 5 个方面的工作。

一、增强信心

我教的一个初一班，好学生语文成绩是 89 分，而 15 名差生都不足 40 分。我找这些同学了解为什么同样在小学学了 5 年，成绩却相差 50 分呢？他们大部分都认为自己脑子笨。再问为什么笨，他们说生来就笨。他们对学习丧失信心，是由于对自己工作效率很低的脑子丧失了信心。

这使我认识到，只是教师有提高中差生素质的热情和信心还不够，还应用自己的热情和信心去激起学生的热情和信心。于是我从 1979 年起就选了一些有关智力的知识短文让学生学。暗示教学法主张使学生在不知不觉中受到教育，有它的科学性，但对差生而言，我觉得设计教学法的一些原则更适用些。智力是一个众说纷纭的概念，差生更是不甚明了。通过学习，他们认识到：智力主要由观察力、思维力、记忆力、想象力组成。我告诉学生，据研究部门调查，超常儿童仅为百分之二左右，智力缺陷儿童仅为千分之三。大部分学生先天差异不相上下，之所以后来有较大差异，是由于差生缺乏定向、规则、紧张的智力活动造成的。只要加强训练，对症下药，差生就能够赶上来。我让差生搜集达尔文、爱迪生等小时候智力并不好而后来成为杰出人物的故事。学生们把搜集到的课外读物拿到故事会上来交流，差生们受到了鼓舞，增强了发展智力的信心。

二、掌握方法

怎样才能发展观察、思维、记忆、想象的能力呢？这是差生在有了发展智力的欲望之后，开始注意的一个问题。我注意到中差生的特点，把心理学上提到的一些比较简单、容易掌握的方法介绍给他们。

1. 观察力。告诉学生把观察对象从背景中分离出来，用比较的方法抓住特点，用各种感觉器官去认识同一事物，并结合差生实际进行训练。如中差生作文时描写人物外貌基本都是“浓眉大眼”。针对这个问题，我找了5名眉毛浓淡不一、眼睛大小各异的学生，请他们到前面，让全班同学观察他们眉眼各自的特点，然后写短文《五双眼睛》。学生不善于用触觉去察觉事物，我就领全班学生到小河里摸鱼，回来后写作文《摸鱼》，重点要写好手在水中及摸到鱼时的细致感觉。为了培养学生的观察兴趣，我领着学生在郊外开荒种地，各小组分别种了20多种作物，每个星期我们都去观察一次农作物的生长情况；全班同学几十次到双台河边观察花草树木的异同，大家一起坐在操场上观察月全食的全过程。中差生对参加这样的活动很感兴趣，较快地学会了观察的方法。

2. 思维力。我结合议论文教学，教给学生简单的归纳、演绎、类比等推理方法。利用阅读课文和课外阅读，训练中差生分析、综合的能力。如理解每篇课文从字词句段到归纳中心，总结写作特点，就是一个分析、综合、再分析的过程，学生自己学着做就是在训练思维能力。我还在星期四安排一节智力竞赛的时间，把国内外智力竞赛的试题拿到班级让学生抢答。为了取胜，学生们从各地新华书店买了十几种智力竞赛的书来读，增强了思维能力。我还确定了定向、自学、讨论、答疑、自测、自结的六步课堂教学方法，使中差生都有目看、耳听、口说、手写的机会，使学生用眼、耳、口、手等器官，促进大脑思维能力的发展。我让学生从初中一年级起就多写议论文，给学生讲辨析词义的7种方法。每学期的期中期末每个学生都要出一组语文、数学、英语试题等做法，激发了思维的积极性，使差生初步掌握了思维的方法。

3. 记忆力。中差生爱死记硬背，不过记忆力并不好。我所调查的102名差生和好学生相比，他们之间记忆的敏捷性、持久性、准确性都有很大的差距。我看到有个差生写护村堰的“堰”字，写了20多遍。我给他合上本，问他“堰”字怎么讲，他不会。更遗憾的是让他背着写一遍，他怎么也写不对。所有的差生都为自己记不住而苦恼。他们或者以为记忆力是先天与生俱来的，或者以为记忆力像存在脑子里的人民币一样，不能轻易用，怕用光了急需时就没有了。针对这种思想，我告诉学生加强机械识记和意义识记的20多种方法，如艾宾浩斯遗忘曲线、复习的最佳密度、记忆的最佳时间、联系记忆法、归类记忆法等。我经常当堂试验各种记忆方法。差生根据自己的实际，选取不同的方法背《马说》《社戏》等课文，然后评论各种方法的利弊。我也向学生介绍了记忆力体操的做法。1979年6月坚持做一个月的记忆力体操，差生都轻松地背诵完了全学期要求背诵的课文。

他们充满了自豪感，讨论增强记忆力的兴趣越来越高，人人写谈记忆力的文章。他们已写到《四谈记忆力》了。

4. 想象力。告诉中差生无意想象和有意想象的区别，讲再造想象、创造想象和幻想的方法。为了使中差生更密切地配合老师完成教学任务，我经常让差生想，假如自己将来当了教师，将要怎样上课，怎样教育学生爱集体，怎样纠正学生思想爱溜号的毛病。我要求学生以自己做了老师的第一人称写《我怎样上数学课》《一堂试卷总结课》《他热爱集体了》《他不溜号了》等作文。学生爱写，既密切了师生关系，又锻炼了想象力。我让学生把《大自然的语言》改写成童话，把《中国石拱桥》改写成《石拱桥的自述》，写《地球的自述》《三十年后的班会》《宇宙人会议》《站在月球上想到的》等作文。差生想象的积极性非常高，有的差生写《飞碟发射之前》这篇文章，一口气写了3000多字，这样中差生就较快地增强了有意想象的能力。

三、定向活动

差生大脑智力活动差，并非没有智力活动，而是缺少具备一定指向能力的活动。他们每天的活动大多是不定向的活动。东一头，西一头，盲目性较大，结果发展缓慢。要发展差生智力，必须使他们的活动具备较强的指向能力。

指向什么？离开教学去谈发展中差生的智力显然是荒唐的。各学科的具体内容是什么，这在差生的头脑中是很不清晰的。我从1979年起开始训练中差生系统归纳知识的能力。我要学生把学过的各科知识分别用“树”的形式表示出来。我经常要求中差生填写“学习病历”，包括疾病名称（如三角形中位线和中线不清症、兼语式和联动式易混病等）、病史、病因、诊治方法、疗程计划等。这样用来训练智力的知识阶梯看得见，摸得着，攀得上。中差生盲目的智力活动变为定向活动了。

四、规则活动

差生智力活动的再一个弱点是不规则。首先，时间观念淡薄，不能把训练内容和时间紧密联系起来。其次，大脑各部位活动时间经常比例失调，有时已超过记忆区域负荷的时间度，还在拼命地记忆，结果使大脑处于消极的抑制状态。发展中差生智力，就必须教会他们制订科学的训练计划。

我首先教会把训练内容和时间联系起来，规定了差生经过半年训练后要达到的一般效率标准：每分钟默写30字，写25字，背诵课文20字，速读1000字，写作文每小时800字。程度不同的差生还可根据自己的具体情况增减，但一经制定必须执行。一项训练不进行则已，只要进行，就必须按照时间规定去完成。紧张有助于思维，只有提高智力活动的紧张程度，才能高效率地发展学生的观察、记忆、思维、想象能力。

其次，教中差生把诸科训练内容统一于一个时间常数之中。我让学生体验自身生物钟的特点，然后帮助他们制订出每天、每周、每月、每年的德、智、体、美、劳的综合练习计划。计划要求时间具体、内容具体、数字具体、方法具体。人是一个有机的整体，发展智力的途径越开阔，智力的发展也就越快。只有在各科教学和各项教育活动中都注意智力的培养，学生的智力才能得到充分的发展。我觉得作为班主任不应该怕学生参加各种活动影响学习，而应该帮助学生统筹设计各科活动的计划和时间。我帮助差生制定了包括长跑、游戏、郊游、音乐、美术、课外阅读在内的时间表，并努力在这些活动中进行听说读写训练，帮助他们增强各种能力。最后，计划要周密。就是节日放假3天，我也要求学生制订3天活动计划，这样就纠正了中差生易于顾此失彼的弱点，使他们忙而不乱，各科兼顾而有序地进行规则的智力活动。

五、惯性活动

中差生智力活动的另一个弱点是一推一动，每动必推，不推不动。差生作业本往往第一页比第十页工整得多，数量依月递减，不能像优等生那样有良好的智力活动习惯。要发展中差生智力必须使他们的智力活动成为惯性活动。

为使中差生养成习惯，每项计划，不订则已，订了就坚决执行。小到每一页练习，大到每一项社会活动，都力求形成制度，形成习惯。久而久之，各项智力训练计划就变成了中差生习惯性的活动。学生因养成了良好的习惯，做起事来，就不再拖拉，也不感到疲乏了。

经过几年的努力，中差生掌握了发展智力的方法，学会了做定向、规则、惯性的智力活动。他们变得喜欢讨论智力问题了，每人都写了《归纳和演绎》《再谈想象力》《四谈记忆力》《大脑的最佳状态》等几十篇讨论智力的文章。这使他们的智力结构、性格特征都发生了变化。

这些变化使他们初步摆脱了学习困难状态。1979 年 3 月，我接班时县统考语文成绩平均仅 49 分，有 8 名学生不到 40 分，最少的 24 分。到初三毕业考试，全班平均 78 分，升学考试比重点中学平均高 7.8 分，8 名差生都达到了高中、职业高中录取分数线。那名初一时语文 24 分的学生，升学考试也取得了 72.5 分的好成绩，升入了高中。升学考试全县 43 所中学超过 300 分的考生共 72 名，我们一个班就占了 19 名。我任教的第二届毕业生去年毕业，全县43所中学超过500分的考生共41名，我们一个班占了9名。就是这届学生，毕业前的 6 个月中，我有 62 天离校开会，没有请老师代课，全凭学生在班干部指导下按照以往的计划自学语文，虽然也有 6 名差生，但升学考试平均成绩仍达到 76 分，为全县第一，升学率 100%。

第五辑

经师与人师
——教书与育人并重

我觉得如果我能为这个世界多教育出一个好人，或者能让某人多一点真善美的品质，那就是一种贡献，一种幸福，就算是不枉此生。如果让国家少一个坏人，或让某人的思想少一点假恶丑的成分，同样也是一种幸福，一种贡献。

教书必须育人

外省市教师经常到我们学校听课指导，他们和学生相处，时间长的，有的半个月，有的一个月，还有的两个月。

凡是和学生相处时间长的外地教师都发现，我真正用于教书的时间太短了。去年九、十月间，吉林柳河老师在我校一个月时间内，我却外出开会 20 天。有的老师替我计算说："你每年要有十分之三的时间开各种会议，十分之三的时间接待外地客人，写各种稿件、材料，处理信件。十分之二的时间处理学校工作，十分之二的时间用于学生。而在十分之二的用于学生的时间中，你有一多半时间是用于班级管理和学生思想教育的。计算起来，你用于两个班 136 名学生的语文教学时间，真还不到你全部工作时间的十分之一。"这样机械地划分时间比例，虽然不尽符合事实，但确实说明我用于语文教学的时间太少了。

许多青年教师都对我说："魏老师，我们真想像您那样教语文。"我问："为什么？"他们说："您教得多轻松啊！不留作业，也不批作业，不考试，也就不用刻题、印试卷，不印复习提纲，还不用评卷，再加上不批改作文，这些都是我们很累的工作，您都不做。我们如果也能这样，当然好了！"

更有许多教师问："你是靠什么办法，使各类学生都能积极主动地学习的？我们看到你的学生每天都自觉写作业，写日记，他们互相出考试题、互相评卷的时候，都非常认真仔细。你用什么办法使他们学习这样自觉呢？"

我回答只有两个字："育人。"

我从工厂费尽千辛万苦，抛弃人们羡慕的工作来到学校，根本原因就是想多培育一些正直、善良、勤劳、无私、愿为国家为人民多做实事的人。

我 1978 年当上教师，1979 年就在营口地区语文教研会和思想政治教育会议上，分别就自己教书育人的做法和对学生进行品德教育的做法，向大会做了汇报。

当教师三年多时间，我的文章《培养学生的自学能力》便在全国中语会交流。这以后，写文章、做报告逐渐多了起来。社会各界对我的文章、报告，褒贬不一。

著名语言学家吕叔湘先生曾当面教诲、赠书、撰文并发表热情洋溢的讲话，给我以鼓舞。国家教育部原副部长董纯才同志不仅嘱咐我继续钻研育人之道，而且亲自赋诗、作文，给我以充分的肯定。中国教育学会常务副会长、学术委员会主任张健教授风尘仆仆，到我校访问学生、教师、家长，长时间座谈后，发表长篇讲话，之后又亲自撰文，充分肯定了我教书育人的经验。

国家教委主任李铁映同志，两次见面都勉励我在教书育人方面探索出新途径，后来还让省教委的领导告诉我，要进行系统的总结。教委副主任王明达到我校视察，做了多方面的具体指导。指导得最多的，还是让我在培养社会主义新人方面下功夫。

省市领导对我的鼓励指导更是难计其数了。几年来，一位省长、三位副省长、一位省人大常委会副主任先后七次到校视察，都谈到教书育人是一个大题目，要深入实践，继续总结。

当然，我也听别人向我转述过某位专家的意见："魏书生教书实际没什么新东西，没什么经验，他只不过在思想教育方面有一套办法，比别人多下了点功夫！"

显然，专家、领导鼓励我，主要不在于我是经师，而在于我是人师，在于我始终注重教书育人。

有的专家承认，我育人下了功夫，我觉得很受鼓舞。至于我语文教学方法是不是新东西，无关紧要。我总想，抓住了育人这一关键，再去教语文，新办法、旧办法、土办法、洋办法，都能改造成好办法。

为什么我到学校来？目的是为了育人。为什么我在教书的同时始终注意育人？

1. 首先是个人心理上的需要。我在人生的路上，遇到过许许多多正直、无私、善良、真诚的好人，和他们在一起，我享受到真正做人的自豪感和幸福感。在他们面前，我觉得名誉、地位、财产都极淡极淡。"士为知己者死"，为了这些好人，尽管有的好人并没有一起共事，但为了共同的事业，我常觉得，献出自己的一切也心甘情愿。在他们面前，自己常觉心中有一股浩然正气在升腾。我常想，世界上要尽是这些好人，人生该多么幸福、愉快。可惜，我确实遇到过坏人，像康生、江青那样以整人为乐的人，见了他们便像见了苍蝇、蚊子、臭虫、黏痰、鼻涕那样令人恶心难受。更难受的是，和这类人打交道时自己心中那些阴暗、自私、邪恶的念头常常爬出来，尽管让这些东西爬出来，自己后悔，心里也痛苦，但它们还是爬了出来，似乎不出来便不能以毒攻毒。于是我常想，这个世界都是好人就好了，都是周总理、雷锋就好了，共产主义就能很快实现了。我知道这是幻想，但我愿为了这个幻想早日实现而努力。

我觉得如果我能为这个世界多教育出一个好人，或者能让某人多一点真善美的品质，那就是一种贡献，一种幸福，就算是不枉此生。如果让国家少一个坏人，或让某人的思想少一点假恶丑的成分，同样也是一种幸福，一种贡献。我感到从成年人做起太难了，最好的选择是从孩子们做起，自然最合适的职业是教师了。

这动机，这心理欲望，驱使着我为申请做教师而努力了六年，又驱使着我在教师的岗位上为人心的真善美而努力了十年，我甘愿做这欲望的奴隶，在退休之前再努力 21 年，退休之后，我想为了这欲望努力仍将是我最大的乐趣。

2. 学生切身利益的需要。什么人才能获得真正的人生幸福？是那些正直、善良、真诚、无私的人。人如果树立了这样的世界观，那么任何挫折、打击、不幸、地位、金钱、名誉的丧失都能够泰然处之，历九死而不悔，经磨难而无愧。

当然更多的还是我们这样的普通人，脑子里有雷锋的人生观，同时也有某些坏念头，做过好事，也做过坏事。没有雷锋好，当然也不会有多坏。两种人生观常在我们脑子里打仗。真善美一方战胜时，我们感受到做人的幸福与自豪；双方争执不下时，我们感受到做人的矛盾与艰难；假恶丑一方战胜，做了坏事时，我们又常感受到自责不安，惭愧与痛苦。

成人如此，学生亦如此。显然学生只有更多地树立正确的人生观，才能多一点人生幸福。比较坚定地树立了劳动阶级的人生观，那他无论做什么工作，经受多少磨难，都能够正确对待，始终开朗乐观，问心无愧，幸福坦然。

教师不可能给学生地位、名誉、职业和金钱，但确实可以给学生比这些更宝贵的东西——正确的人生观。这才是最符合学生切身利益的财富，这才是学生一辈子都需要的最宝贵的财产。

3. 人民的需要。我们常听到家长和社会各行各业的人评论我们的学生，谈到他们的身体，谈到他们的学习，但人们谈得更多的，还是他们的品德。家长、邻里、社会各界喜欢赞扬的那些学生首先是品德好的学生。人们不喜欢那些只顾自己利益，不顾他人死活的学习尖子。岂止是不喜欢，简直有点厌恶与痛恨。不仅社会上的人们痛恨、鄙视那类极端自私、损人利己的学习尖子，在同学中不也同样被鄙视、被厌恶吗？

反过来，也有的学生学习成绩并不好，没能升学，但他当工人以后对别人真心诚意，对工作勤勤恳恳，像雷锋那样给别人带来欢乐，他们同样受到人民的尊重与赞扬。

既然人民群众都喜欢赞扬品德好的学生，都愿意和品德好的人为邻共事，我们为什么不尽可能多地培育出一些品德好的学生呢？既然人民群众都厌恶那些损人利己的人，都不愿意和他们比邻，不愿和他们在一个单位，我们为什么不尽自己最大的可能，使学校少出一些这样的学生呢？

4. 国家利益的需要。只有爱父母、爱同学的人，才可能爱集体；只有爱集体、爱人民的人，才可能爱国家。如果一个人品德不好，视周围的人为敌人，那他无论怎么高呼爱国口号，也一定是在骗人。

国家有更多的人爱，它才有可能繁荣昌盛；有更多的人为它尽忠出力，它才有更强大的力量保卫更多的人。

一个国家，品德高尚的人越多，人民群众便越安居乐业，社会秩序便越稳定安宁，生产工作效率便越高。

反过来，坏人给国家带来数不清的麻烦。他们千方百计挖国家的墙脚，贪污腐化，败坏风气，阻碍生产，破坏改革。国家不得不花费大量的人力物力，成立各种机构来惩治这些人。有他们在，社会主义公有制便很难发挥出优越性，改革便很难顺利进行。

这么多年来，我们国家取得的成绩并没有达到中华民族所应达到的高水平。究其原因，很重要的一条，是我们国民的素质低，而国民素质中，全体有爱国心的人都强烈感觉到，最使人忧虑的还是全民族的品德素质。

既然国家需要品德素质高的人才，我们当教师的怎么能不把育人作为分内的大事呢？

5. 语文学科性质的需要。语文是工具学科，既然是工具学科就必然要为某种目的服务。是学习的工具，便为学习服务；是工作的工具，便为工作服务；是认识自己改造自己的工具，便为认识自己改造自己服务；是认识世界改造世界的工具，便为认识世界与改造世界服务。

掌握工具不是目的，利用语文这一工具才是目的。不同的人利用这一工具做着不同的事，来达到自己的人生目的。同是学习的工具，有人用读写能力读伟人传记、先进理论，有人用读写能力读黄色书刊、反动文章。

同是工作的工具，有人讲话劝人具备真善美的品质，写文章宣传周总理、雷锋的精神，激励别人为人民为祖国做出贡献；有人说话怂恿人作恶，写文章宣传人是自私自利的动物，引诱人们为了个人私欲不顾别人死活。

显然只培养学生语文知识不够，只教会学生听说读写的能力也不行。姚文元如果不具备一定的写作能力，便不能用笔“杀”那么多的人，他个人也许不会受牢狱之灾。没文化很可怕，有了文化心术不正，有人认为更可怕。我觉得，至少是同没文化一样可怕。

6. 提高语文成绩的需要。过去我们学校有的语文教师上课，课堂纪律较乱，有的学生睡觉，有的在下面玩东西。他没办法了，便去找班主任，班主任找不到便来找我。“你上不了语文课，为什么找班主任，找校长呢？”“我本来没想找校长，只是想请班主任来给学生做做思想工作，帮我维持一下纪律。班主任没找着，教室又没法上课，实在没办法，就到这儿来了。”

这件事至少说明三个问题：第一，普通中学有相当一部分学生认为读书的目的是为了升学，认为升学无望的学生，自然觉得无须读书。第二，教师们都懂得，想让升学无望的学生也认真读书，就得做思想工作，增强他们学习的责任感、义务感，提高学习兴趣，培养他们勤奋刻苦的学习精神，这是育人范畴内的工作。第三，由于是育人范畴内的工作，有的科任教师便以为这不是语文教师的事，而是班主任、教导主任、校长的事。

前两个问题是所有普通中学教师都感觉得到的问题。要让不愿学习的学生也能忠实于自己，认真学习，就得育人，就得做思想工作。重点中学这个问题为什么不突出？因为经过选拔的学生，或五中选一，或十中选一，都是成绩好、基础好的学生，都有较大的升学希望，虽然他们的学习动机不同，但都有比较强烈的学习动机。如果只就提高语文成绩而言，那么不做思想工作也可以。

第三个问题，以为思想工作是班主任、教导主任、校长的事就不对了。且不说育人是人民、国家、党赋予我们的任务，我跟那位教师说：“咱们只从最狭隘的角度，为提高你的语文学科平均分而言，你把育人的责任推给班主任也是对你不利的。首先，你这么一推，就等于在学生中宣布了自己的无能为力，威信的降低，会使你讲知识的效果也随着降低。其次，你疏远了和学生的感情。中学生的普遍心理，也和我们成人一样，不愿意将两方面的矛盾交第三方去裁决，特别是交给上级去裁决。裁决意味着双方感情的破裂，协商气氛的丧失。这种感情的破裂和协商气氛的丧失是今后很长时间都难以挽回的，它将降低教学效率。最后，你失去了使自己增长能力的机会，把这机会拱手让给了别人，别人能力增长了，你还在原地踏步，下次怎么办？将来怎么办？还去找别人吗？我们的话谈到这，你还让不让我替你去做学生思想工作呢？”他笑了，他自己回到课堂想办法去了。

其实许多教师也悟出了这样的道理，那些教语文成绩高的教师，实际上都很善于做学生的思想工作，都很善于突出育人。即使仅为了提高语文成绩，我们也必须育人，育人是语文教师分内的事。

我个人的心理上需要育人，学生切身利益需要我们育人，人民需要我们育人，国家利益需要我们育人，党的利益需要我们育人，语文学科性质决定了我们要育人，提高语文成绩还需要我们育人。我们怎么能只教书不育人呢?

育人应先知人

孔子教育学生成效卓著，重要原因之一，在于他对颜回、子路、曾参等学生的性格特长、思想状况了如指掌，在知人的基础上因材施教、因势利导。纵观古今中外凡有成就的教师、教育家，都有一个共同的特点：有知人之明，能察觉学生思想深处的奥秘，能触摸到学生感情的脉搏。他们的心和被教育者心心相印，息息相关。在这样的前提下，确定的教育计划，学生执行起来会感觉那是一种幸福和享受。

有一位“很负责任”的教师，每天早来晚走地看着学生，规定了许多不准，甚至包括在新年晚会搞击鼓传花的游戏时不准笑，上课不准研究问题，不准提不同见解。他还用了互相监督的方法检查“几不准”的落实情况。结果呢？这个班级纪律似乎被“治”好了，可全班的学习成绩、体育比赛成绩却不断下降，学生们对他意见很大。为什么事与愿违？根本原因在于他太不了解学生，他不了解青少年学生好奇、好动、好玩、好积极思考的特点，而用成年人（其实也只是一部分成年人）的习惯去约束十四五岁的学生，结果当然适得其反。有的教师总结说：“我在教育工作中的每一次失败、烦恼、痛苦，追根寻源都和不了解学生联系着。”

无数事实告诉我们，要教育学生，首先必须了解学生，这就如同园丁养花，首先必须了解花的习性，医生治病首先必须了解病人的病情一样。

怎样了解学生心灵中的奥秘呢？

1. 用好理论的显微镜。教育学、心理学等教育科学理论，是在总结先进教师的工作经验和少年儿童的心理变化过程的基础上揭示出来的教育规律和心理变化规律。教师凭借这些理论的显微镜，常常能发现许多凭经验认识不到的学生心灵上的闪光点。教师不仅能了解学生思想、行为变化的特殊规律，而且能了解学生思想、行为变化的普遍规律；不仅善于把精力花在偶然的个别事件的处理上，更善于把主要精力用在带有普遍性、规律性的问题上，从而提高教育工作的效率。

一位青年教师过去看学生总是一点论，把“后进学生”看得一无是处，师生互相埋怨，甚至和他对骂对打。在他苦恼的时候，领导指导他认真学习教育理论，渐渐认识到学生的心灵都是矛盾的统一体，好学生和“后进学生”的区别只在于头脑中是非好坏排列的顺序及比例不同而已。正因为“后进同学”上进心的幼苗弱小而枯黄，有的常常被压在石头底下，才更需要教师的同情、关注和扶植。于是他以满腔热情去帮助“后进学生”，使他们头脑中真善美的东西占了上风，这些淘气大王后来都有了明显进步，师生间也建立了深厚的友谊。

2. 用教师的心灵去感知学生的心灵。教师是从学生时代走过来的，学生的今天就是教师的昨天。学生犯了错误时的心情，教师通过回忆自己当年犯错误时的心情就能认识更真切一些。这是用回忆的方法去感知。

再一种是用心灵位移的方法去感知。一位失去父亲、家庭生活困难的孩子学习成绩不好，教师如果不设身处地去想问题，就很容易因为他使班级的总分降低而恼火。但如果设身处地想一想孩子家务劳动的繁重与上学的艰难，就可以观察到孩子心灵上斑斑点点的伤痕。了解到这些，教师自然会采取措施治愈这些伤痕，而决不会再去砍上一刀。

还有一种是用心灵交换的方法去观察。学生心灵的门并不总是敞开的，特别是对他们不熟悉、不信任、不知心的老师，常常在心灵的门口设一个警戒的哨兵，不把真情实感的心理活动流露出来。如何突破这一岗哨，使学生的心灵和教师的心灵交流呢？最好的办法是和学生一起去参加他们感兴趣的活动。如和他们一起唱歌、郊游等。当玩得很开心的时候，学生变得无拘无束了，这时他们心灵的岗哨不知不觉地撤掉了，师生心灵之间好像搭起了一座宽阔的桥，感情在交流，心灵在互换，什么心里话都肯告诉老师，和老师成了忘年之交。如果能有一段和学生一起下厂下乡劳动的时间就更好了，师生心灵的交换进行得更自然。教师可以探索到平时的课堂上几年也发现不了的心灵的奥秘。

有两名同时从大学毕业分配到初中教数学的女教师，由于观察学生的能力不同，五年以后，两人工作效果相差悬殊。孙老师致力于探索学生心灵的奥秘，总是回忆自己念书时的心理过程，设身处地地想学生的难处。工作之余，她也像个孩子一样同学生们一起唱歌打球，学生们既不怕她又格外尊重她，什么心里话都跟她说。这样，孙老师的话能说到学生的心坎上，学生听她的话即使牺牲多少个人利益也感到痛快。尹老师呢？总习惯于指责学生不听自己的话，总在一厢情愿地琢磨“治服”学生的办法，搜集一些噎得学生喘不过气来的语言，学生的心灵对她来说一直是一个未知的世界，师生关系一直处于一种教训与反教训的紧张气氛之中。结果，工作对她来说成了怄气的同义词，她的阴云密布的脸便很少有阴转多云的时候。她的学生当然也得不到学习的乐趣，师生之间由于互不了解，彼此都付出了沉重的代价。

3. 调查研究。调查，是一种目的更为明确、具体，方式更为固定的了解学生的方法；研究，则是将调查来的材料去粗取精，去伪存真，然后上升为理性认识的过程。

调查的方式有多种，一般是开调查会。找班干部开会，归纳每个学生的性格特点；找某同学的几个朋友了解某同学的课外兴趣，以找出其注意力不集中的原因；和“后进同学”谈心，了解他们信心与自卑感在心灵深处的斗争，了解他们所能承受的心理压力；开独生子女家长座谈会，了解独生子女的同情心与责任感的增长过程；到学生集中的街道，调查学生对待社会工作和邻里关系的态度……学生的普遍心理是愿意崇敬一个了解他们，并能客观地分析他们心理状态的教师。

还有一种调查方式，是经常征求学生对自己工作的意见和建议。问一问学生哪些问题处理得对，哪些问题的处理使大家感到失望，对犯错误学生的批评是不是过火，这是事后征求意见。还有的老师总是在事前征求学生的建议，管这种做法叫“民意测验”。星期日搞一次野游活动好不好？电影院上映《心灵的火花》，我们什么时间看好呢？下周的班会是交流学习方法，还是搞诗歌朗诵？早晨跑步的路线怎样确定？音乐课是学唱《童年》，还是《我的中国心》？这样商量问题使学生积极踊跃地表达自己的见解，教师就能够准确地掌握学生的心理。

第三种调查方式是书面调查。教师通过看学生的作文、日记，掌握学生思想感情的脉搏。有不少性格内向不善言谈的学生，常常把心里话在日记里说一说。看作文、日记常常可以发现学生心灵中许多闪光的东西。也有的老师为了有目的地调查学生心灵对周围事物的反应，就让学生在日记中写一些专题:《真是乐死人》《使我气愤的一件事》《分别》《自传》《嘱咐》《妈妈的话》《我的好朋友》，教师看日记时，就可以总结出十四五岁孩子们心灵天空的变化规律。

打开学生心灵的大门当然不只有以上几种方法，更多、更有效的方法还有待于第一线的教师们去总结、创造。心灵的大门不容易叩开，可是一旦叩开了，走入学生心灵世界中去，就会发现那是一个广阔而又迷人的新的天地，许多百思不得其解的教育难题，都会在那里找到答案。对学生细致入微的了解，使教师的教育工作如同有了源头活水，常做常新，使每一株幼苗都能得到适度的甘霖，教育工作才能获得大面积的喜人的丰收。

重在培养良好习惯

给学生讲做人的道理，学生明白了，也会说了，提高了道德认识，这不是一件难事。组织学生进行一两次道德行为的训练，也比较容易做到。

但德育不同于智育体育之处，在于受复杂环境影响过大，反复过大。学习成绩提到一个高度之后，一般不容易有较大反复。德育则不然，一名看来积极上进的学生，环境一变化，则可能消极落后。上午两个人还是好朋友，下午则可能由于某人的挑拨而不说话。昨天看影片《祖国新貌》时激发起来的爱国热情，今天很可能由于物价上涨转化为对祖国的牢骚。这些变化即使在成年人中间也是屡见不鲜的，对思想感情不稳定的中学生来说就更常见了。

显然育人的关键在于使人形成良好的道德品质。而道德品质的形成，靠在道德认识支配下，实践道德行为，养成道德习惯。习惯成自然，最终形成道德品质。

认识、行为、习惯、品质四者之间，我觉得最重要的是抓习惯。

要养成学生良好的道德习惯，就要尽可能将一时一地曾做过的有益的认识教育与行为训练，用“法”的形式固定下来，使其形成制度，今后在某时某地也必须实行。学生照这些制度去做，久而久之就形成了关心别人、关心祖国、遵守纪律、勤奋学习的习惯。

为培养学生良好的习惯，多年来我一直引导学生在制度、规矩、计划方面思考问题，强调以法治语文教学，减少随意性，减少人治的成分。我和学生多年来反复讨论，制订了从时间到空间，从大事到小事，从事到人，各个系统都尽可能统筹兼顾的班规、班法、计划、制度。

我们努力将事情、时间、人三者落到实处。朝着“人人有事干，事事有人干，时时有事干，事事有时干”的目标努力。

几年来，我们师生经过筛选，觉得和语文教学的育人有直接或间接关系、不能放弃的实事共有 34 件。然后又将这 34 件实事分成六类，具体制订出计划，规定了做事的人、做事的时间和做事的方法。

寓德育于语文教学之中

要不要把德育列为语文教学的任务之一？对这一问题长期以来有不同意见。我从实际工作中认识到，必须把德育列为语文教学的一项任务，完成了这项任务，语文教师才算是对学生全面负责，才算是对建设社会主义精神文明尽到了全面的责任。另一方面，单就传授语文知识而言，完成德育这一任务也是必要的。非重点中学的许多学生，常常以为读书的目的，是为了升学，如果不能升学，也就无须读书，以致许多学校的许多班级出现了这样的情况：教师在课堂上苦口婆心地传授知识，学生在下面昏昏欲睡，甚至于说笑打闹。遇到这种情况，任课教师都感觉到，不抓德育，传授语文知识的任务也无法完成。于是有的语文教师面对乱班无法上课的局面时，就埋怨学校教导处，埋怨班主任，埋怨政治教师没有抓好德育。其实，德育不仅仅是教导处、班主任、政治教师的任务，也是语文教师的任务。

一提到语文教师要完成德育任务，有的人就回忆起“文化大革命”中那些“左”的做法：脱离课文的内在内容，空讲些大道理，说什么小字眼中讲出“大道理”；不进行系统的语文知识教学，而以政治思想为纲组织教学；不按照德育规律教学，只强调为一个又一个的政治运动服务……这些“油水分离”式的、穿靴戴帽式的德育方法，不仅不能培养学生崇高的理想和高尚的情操，而且干扰了学生学习系统的文化知识，结果是两败俱伤。我们现在提出语文教师要完成德育任务，不仅不意味着要重复那些“左”的做法，相反的倒是要警惕“左”的做法的复活。

语文教师驾驭语文教学，像驾驶员驾驶汽车。汽车在公路上行驶，超出了左面的行车线会出事故，超出了右面的行车线，同样也会出事故。只有不左不右，才能安全行驶，完成运输任务。语文教师不完成德育任务是偏向右的一端，用左的方法完成德育任务是偏向左的一端，其结果都不能很好地完成教学任务。那么怎样才算不左不右地完成语文教学任务呢？实践使我体会到，寓德育于语文教学之中，就能收到良好的效果，既使学生学到完整系统的语文知识，提高听读说写能力，又能提高学生的思想觉悟和陶冶道德情操。这里的关键在于一个“寓”字，即在语文课堂要求中、在语文教材分析讲解中、在语文听读说写实践中、在语文课外活动中渗透进德育的因素。

德育的范畴较广泛，本文仅以培养学生自我完善的精神、团结协作的精神、爱国精神为例，谈谈寓德育于语文教学中的三个步骤。

一、增强道德意识

1. 增强自我完善的意识。人是矛盾的集合体，人心灵世界的真善美与假恶丑无时无刻不在斗争着。没有自我完善精神的人，任凭这种斗争呈自然状态发展，任凭生命之舟随波逐流。有自我完善精神的人则能够用自己的意志调动心灵中真善美的力量有意识地去战胜假恶丑，使自己生命之舟沿着有益于祖国，有益于人民的航线航行。所以，在语文教学中我注意增强学生自我完善的意识。这种意识的第一步是自我分析意识。我讲《一件小事》时，启发讨论：这么平常的事，为什么写得这样感人？学生认识到，作者不仅真诚地用自己真善美的心灵去观察认识这件事情，更重要的在于作者塑造的进步知识分子那严于分析解剖自我的精神。同学们认识到比较成熟的进步的知识分子尚且需要分析解剖自己，努力自新，我们这些很不成熟的青少年就更应该经常分析解剖自己了。自我完善意识的第二步是有战胜自我、超越自我的欲望。我讲《鞠躬尽瘁》时，学生们感到焦裕禄之所以为兰考人民做出了较大贡献，受到了人民的热爱，是因为他以人民的利益去战胜个人的私欲，能用坚强的革命意志战胜病魔。《一件珍贵的衬衫》《草地晚餐》《闻一多先生的说和做》《祖冲之》《哥白尼》这些文章，记录了领袖、学者、科学家们的高尚情操、云水襟怀、松柏气节。学生们探索这些杰出人物的精神世界，认识到他们都是经历了分析自我、战胜自我、超越自我的过程之后，达到了完善的自我境界。学生们抄录了“知耻为勇”“战胜自己是人生最大的乐趣”“做生命之舟的主人”等名言作为自己的座右铭，表达了他们完善自己的愿望。

2. 增强团结协作的意识。我们学习《雄伟的人民大会堂》，同学们都赞叹这一建筑的雄伟壮丽，同时又为建造速度之快感到惊奇，这样我便引导学生讨论团结协作精神的重要性。同学们认识到，现代大科学、大生产的发展，决定了任何巨大的成就都是团结协作的结果，科学上的重大突破几乎都是集体合作的产物。例如 60 年代美国阿波罗登月计划，参加的科学家和工程师有 42 万人，参加单位达两万多个。我们从小必须注意培养团结协作的精神，才能适应现代社会的需要。《古代英雄的石像》讲的也是要有团结协作的精神。中国石拱桥、苏州园林、故宫博物院无不是团结协作的产物，人民解放军横渡长江是团结协作的胜利。80 年代的青少年，有的受不正确宣传的影响，个人英雄主义的意识很浓，他们表现自己的欲望很强烈，狂妄自大，目空一切，有的涉世未深就自以为通晓各门学问；有的连个小组长都当不好，却一本正经地宣称要弄个部长省长什么的干干。他们不知道尊重别人，却强烈地要求别人尊重自己，他们不善于同别人协作却总想成就大事业。通过学习宣传协作精神的课文，学生们认识到个人和集体的关系，认识到“瞧不起别人的石像必然要倒塌”。同学们还写了《自己尊重别人，别人才会尊重自己》《感情是相互的》《助人力增倍，贬人力减半》《滴水与大海》等文章，表达自己愿意同别人团结协作的愿望。

3. 增强爱国意识。我经常给学生上书法课，让学生认识和感知祖国的文字美，讲汉字的演变和独特构造，汉字形体的表意功能，汉字的形体美……用这些来增强学生的民族感、自豪感。我给学生讲祖国的语言美、文字美，讲祖国词汇的丰富，讲中国文学在世界各国的地位。教材中有些文章写的就是祖国的江河山川美，如讲《香山红叶》《济南的冬天》《海滨仲夏夜》《听潮》《观沧海》《澜沧江边的蝴蝶会》等文章时，我引导学生把文字符号转换成色彩绚丽的图像，在大脑的荧光屏上放映出来。我又进一步引导学生再把平面的图像转换成立体的可感知的江河山川幻景，然后让自己的思维走进这景物中，使自己感受到祖国的江河山川美。教材中有的课文是歌颂爱国英雄的，如《谈骨气》《谁是最可爱的人》《最后一次讲演》《石灰吟》《过零丁洋》等，讲这些文章诗词时，我让学生讨论，为什么这些文章诗词，读来亲切感人，催人奋进，大家认为根本原因就是文章诗词中表现出爱国英雄们对国家的赤胆忠心，我们这些中华民族的子孙应该为有这样的先辈感到骄傲和自豪。

二、训练道德行为

有了道德意识是一回事，将道德意识转化为道德行为又是一回事。语文教师有责任也有机会引导学生将道德意识转化为道德行为，只有这样才能在更深的层次上抓德育，收到更好的效果。

1. 训练自我完善行为。仅就写字而言，这里就有一个自我完善的问题。有的同学不求上进，敷衍潦草地应付写完，剩下时间东游西逛。我要求学生练字，一为提高语文能力，二来也可磨炼学生意志，陶冶学生的情操，增强学生的审美能力。班级有些淘气学生，常常在别人做难题时，他不会做，于是便淘气，干扰别人。我和他们商量治淘气的办法之一就是练字，当心烦意乱什么也写不进去时，你就练字，这样一来就能稳定情绪，磨炼意志，另外也避免了干扰别人学习的不良行为。这样要求之后，有几名淘气的同学照着做了，字有了进步，又改掉了纪律上的毛病，自己也体验到了自我完善的愉快和幸福。还有的学生，有自我完善的欲望，找他谈话时头头是道，一再表决心，但一到具体做的时候就不行了，“醒得早，起得晚，说话的巨人，行动的矮子”。许多学生就是因为不能将自我完善的意志转化为自我完善的行动，变成思想、学习差生的。我和这些学生一起研究他们自我完善行为的运动过程，分析行为起始中断的具体原因，再制定新的行动规程。如差学生的作业，我引导他们根据自己的实际确定目标，根据目标确定适合自己的数量，再根据数量，确定具体的完成时间，这样他们写作业的行动过程，就处于“定向，定量，定时”的有效控制之中。无论是写作业、上语文课、搞课外活动、写作文、写日记，我都引导学生将战胜自己、完善自己的意识转化为行为，这样学生才享受到战胜自己的欢乐。再比如考试，有的学生用不正当的手段达到取得高分的目的，考风不正，学风也难正。我引导学生对考试抄袭过程进行心理分析，针对这些心理制订有效的控制抄袭的办法，以使学生在考试过程中忠实自己，完善自己。我们还改变考试办法，每逢期中期末，每个学生都出考试题，以增强检查平时学习效果的责任感，训练学生自我完善的道德行为。

2. 训练团结协作行为。首先我强调师生之间的协作行为。我说，老师教语文，主要靠在座的 100 多位助手。讲课文时，我经常征求学生的意见，同学生一起讨论学习重点、课时安排和学习方法，师生之间加强协作，提高了语文教学效率。教学中我还强调同学之间的协作，如上课时有疑难问题，先由每 4 个人组成的讨论组讨论。有时上课出 5 组难题，每个小组承包一道，本小组成员可轮番到黑板上写答案。我请好学生介绍自己学语文的方法，还请学习差生自愿找一名好同学当自己的保护人，负责上课提醒他注意听讲，课后督促他完成作业，帮助指导他自学。自 1979 年至今，我们班级一直是互相批改作文，同学之间在批改过程中，树立了研究之风、互相帮助之风，密切了同学之间的关系，增进了相互了解。经过这样训练，同学们的团结协作精神、班集体凝聚力大大增强。同学们互相传授学语文的方法，互相取长补短，大家都是知识信息源，又都是知识信息接收器，比起互相封闭来，学习效果好得多。最重要的是，学生今天有了与别人交往的能力、团结协作的能力、帮助别人的能力，这些能力将来带入社会，会明显有益于今后的工作。

3. 训练爱国行为。就语文教学而言，训练爱国行为的第一点，就是要写好用好祖国的文字。第二是引导学生学好用好祖国的语言。第三是站在爱国主义的角度去阅读分析课内课外的文章书籍，自觉抵制批判那些贬低我们祖国、贬低我们民族的作品。第四，我引导学生写一些歌颂祖国、赞美中华民族、分析个人与祖国的关系、谈个人为国尽责等方面的文章，提高学生的认识能力。学生写《祖国新貌》《谈爱国》《我为祖国做了些什么》《谈责任感》等文章时，都将爱国意识与爱国行为结合起来，认真调查，搜集资料，这些行为又强化了学生的爱国意识。学生写《三中全会以来社会上的变化》这篇调查时，许多同学回去问父母、问长辈，了解党的十一届三中全会前的社会状况。通过调查来的事实，学生们写出了很好的文章，认识到三中全会以来，我们伟大的祖国确实发生了巨大变化，许多战线生产指标成倍增长。学生们为祖国取得的成绩感到自豪，也为自己能为祖国说话，能为祖国尽一点责任感到自豪。

三、培养道德习惯

短时间道德意识的教育与一两次道德行为的训练都是不难做到的，但如前所述，德育不同于智育、体育之处，区别在于反复过大。要巩固已形成的道德意识与道德行为，就要在培养学生的道德习惯上下功夫。

1. 培养自我完善的习惯。我引导学生讨论有效地管理自己语文学习的方法。就语文学习而言，确定了计划系统，每学期每月学哪些语文知识，读和写的具体量有多少，具体采用什么学习方法，都制订出来；又确立了检查系统，先自己检查，然后保护人检查，再班干部检查，再班集体大规模检查，最后由教师抽检学生语文计划完成情况；还确立了反馈系统，通过个别谈话、班干部会议、访问家长，以及全班讨论的方式及时总结语文学习的利弊得失，继续完善成功的措施，及时纠正不正确的方法。这样的学习过程就使学生积极向上、自我完善的行为不再是点状的，而是连续的线状的，不容易轻易中断了。还有一些语文学习方面的要求，一旦提出来经学生表决通过后，就决不轻易放松。如每天学一条格言、警句的要求是从 1979 年提出来的，到现在 8 年多了，从来没有间断过。领袖的教导、哲学家的名言、英雄模范的警句像春风化雨，点滴入土，滋润着学生的心田。我们把写日记叫作“道德长跑”，8 年多来也是从未中断。最差的学生 3 年中也写了 22 万字的日记。一位较差的同学在千篇日记总结中写道：“日记是我最好的朋友和老师，是她使我学会分析自己、战胜自己，养成了自我完善的习惯……”

2. 培养团结协作的习惯。我在教学中养成了和学生一起商量的习惯，几乎每一节课我都征求学生对教学重点、教学方法的意见，由于经常这样做，学生也就养成了同教师协作的习惯。学生们互相批改作文，课堂互相批改自测题，互相出题考试，互相评卷，都不是即兴的、一时的要求，而是语文学习中的一项制度。学生在长期协作过程中既提高了语文成绩，又养成了团结协作的习惯。有一名好同学长期帮助一名学习纪律双差生，同这名差生同桌，两年中付出了很大代价，家长对他有意见，说他帮助了别人，耽误了自己。我想在毕业前，解除他们的互助条约，没想到这位同学主动找我，还要求和这名同学同桌，继续巩固前两年的协作成果。我们班级大部分同学都养成了团结协作的好习惯。

3. 培养爱国习惯。我培养学生阅读祖国优秀文学作品的习惯，用自己的笔写赞美祖国、有益于祖国文章的习惯，对祖国的进步、成绩要讴歌，对社会存在的某些不良现象，我也培养他们站在历史的角度去分析的习惯。学生写《心灵的摄像机对准啥》《位卑未敢忘忧国》《先天下之忧而忧，后天下之乐而乐》这些文章时，都表达了自己和祖国共命运、同忧乐的思想感情。从这样的思想感情出发，学生不再对社会上的阴暗面发牢骚，而是感到自己应为祖国多尽责任，为早日消灭阴暗面做出应有的贡献。

寓德育于语文教学之中的三个步骤不是截然分开的，它们之间也常常你中有我，我中有你。

学生有了自我完善精神、团结协作精神、爱国精神，不仅有利于他们身心的全面发展，有利于他们踏上将来的人生道路，还有利于他们今天的学习。我任教的1985届毕业生入学时未经选拔，我同时任两个班的班主任，教两个班的语文课。3年时间，我外出开会314天，离校时不请人带班，不请人代课，回校后也不补一节课，人们以为我们升学考试成绩会很差，结果我们两班好中差学生全部参加考试，语文成绩比按2:1选拔的好学生平均高12.5分，升学率、高分率都为全县第一。现在我任校长兼党支部书记，除了学校工作，我目前正兼任两个班共136名学生的班主任，并教这两个班的语文课。有的青年教师问我：搞好语文教学的最好方法是什么？我觉得最好的方法之一，就是寓德育于语文教学之中。

既教作文，又教做人

一次一次的作文教学实践使我认识到，把作文教学和雕塑学生心灵结合起来，就能收到一篇篇情真词切、充满新意的文章。可以说作文教学的源头活水就是雕塑学生心灵。

写作文的过程既是认识世界，也是认识自己的过程。我尽力在作文教学中使学生看到自我，认识到自己心灵世界的丰富性与广阔性。

初一学生刚入学，对集体就有两种不同的态度：关心或不关心。我让学生写《两个自我》的作文，我说大家往往都有关心的一面，只是程度不同而已。大家体验一下是不是脑子里有两个自我在打仗，你随便把这两个自我吵嘴的过程记下来就行。有的差生自卑感很强，我就让他写《上进心和自卑感的对话》，于是学生在作文中找到了自己脑子里上进的因素。《心灵中的辩证法》《一分为二》《得与失》《过犹不及》《谈适度》《理智与感情》等作文题目，都能把学生带到自己心灵中，使他们不断加深对自己的认识。思想先进的同学谈到了自己潜在的“后进”因素，“后进同学”也发现了自己上进的幼苗。通过写这类文章，学生们感到自己面对的绝不是单一的自我，而是无论何时何处都有两个自我存在于一个心灵之中。

心灵世界的广阔性当然不只是由两个自我构成的，我多次让学生写《心灵世界》《在心灵的原野上》等文章。我说心灵是世界的反映，世界有多广阔，人的心灵就可能有多广阔，尽管现在我们对世界的认识还很片面，但你仔细体验一下，心灵中已经是气象万千了。有的写道：每个人的心灵世界都是由多方面组成的，好同学和差同学的区别在于关心他人的思想在脑子里占的比例不一样。

学生很愿意写这类分析自己、认识自己的文章，写这类文章使许多以前百思不得其解的思想问题解决了。特别是较差的同学，发现了自己的上进因素，并且用文字把它写出来，还得到老师和同学的肯定，那种幸福与自豪常使他一连几天都无休无止地做好事。写这类文章，学生有许许多多的材料，用不着搜索枯肠，字里行间洋溢着真情实感。

写作的过程不仅是认识自己的过程，而且是受教育的过程。我尽力用作文这把锄为学生心田上美好的幼苗松土培土，用这把锄去清除学生心田上的杂草。

一次有两名学生搬家去沈阳，全班学生远远送到车站，列车开动时许多学生洒下眼泪。回校后，我们立即写《送别》的作文，以后我又多次组织全班学生给他们写信。这样的文章，学生写得情真意切，读来感人肺腑。每年冬天，班上都要选一名炉长，给大家生炉子。每当新炉长上任的时候，我就布置大家仔细观察两个月，看炉长是怎样顶风雪、冒严寒，起早贪黑为大家带来温暖的，两个月之后写作文《炉长》。这样一来，炉长为大家服务的热情更高了，同学们也在这两个月学会了观察，受到了教育。几年来，我让学生写过 6 次《炉长》，学生很喜欢，有的自觉地写了两遍三遍，生怕写不好，对不起给自己带来温暖的炉长。我教过的几个班都有一位受同学尊重的、勤勤恳恳为大家服务的好班长。我多次让学生观察班长牺牲了多少学习时间，来维持班级的纪律，保证同学的学习、休息、锻炼和劳动，然后写《我们的班长》。在写《我自豪的一件事》时，学生便在自己做的许多好事中挑选给他心灵上带来无限幸福的事。一个差生在作文中写道：“当老师宣布我的作文不用老师再检查一遍，就可以像好学生那样直接放到讲台上的时候，我顿时感到自己是幸福的人，下次我一定比这次写得更好，决不辜负老师的信任。”《友谊》《他助人为乐》《新我的胜利》《亲人的嘱咐》《为妈妈分忧解愁》等文章，学生写出来都洋溢着深切的感情，起到了培植他们心灵中美好幼苗的作用。

有一名学习不好的学生，老是得过且过，学期初，我给全班布置了一篇作文《××今昔》，但要到期末再写。这名学生一听大家要写他，着急起来，便积极改正自己拖拖拉拉的毛病。到期末写他的“今”时，他居然成了一名基本上能管住自己的学生了。同学们也在写他的时候受到了教育。初中学生犯错误是常有的事，我就布置他们写《从错误像隔年的草谈起》，学生认识到了错误思想发展的规律，引起了警觉，都谈到了草要及早锄、经常锄、连根锄，思想要勤检查，时时防止污染，有了错误要及时、彻底改正。

有的学生对社会缺乏观察、分析的能力，有的往往观察得很片面。我们社会主义社会是光明美好的，也有阴暗的一面。但有些学生由于受到某种思潮的影响，看不到社会光明的一面，有时盲目地甚至专门在作文中写社会的缺陷，以致在心灵上摄下了一张张阴暗的底片。我觉得教师有责任通过作文教学去引导学生发现和描写我们社会的真善美的事物。

写《我爱家乡》《盘山变了》这样的作文时，学生调查搜集了大量事实来说明家乡已成为丰饶的鱼米之乡，加上新开发的油田与新建的许多大工厂，确实使自己的家乡越来越可爱了。

学生的作文，主要应该写我们生活中的美好事物，《清洁工赞》《售货员的笑容》《三伏天的炼钢工人》《雪夜哨兵》等文章的写作，使学生认识到劳动者心灵的美好。《心底无私天地宽》《风物长宜放眼量》《追求》《精神支柱》《莫做精神乞丐》《力量的源泉》等文章的写作，使学生感受到追求美好的道德情操和为共产主义事业奋斗才是真正的幸福。在这基础上，我引导学生在作文中表达未来。《昨天、今天、明天的我》《我当上了班主任》《二〇〇〇年我的一天》等作文，要求学生展开想象的翅膀飞向未来。学生写《共产主义在我心中》等文章，表达了自己无限向往这人类最美好的社会的心情，文中还有许多对共产主义生动有趣的设想。学生写这样的文章充满了激情，任思绪在纸上展开。

为了充分发挥作文在雕塑学生心灵方面的工具作用，我和学生五年如一日地坚持写日记，我们管写日记叫“道德长跑”。尽管不能说写十几篇、几十篇、几百篇文章就能把全体学生雕塑成共产主义新人，但有一点是肯定的，只要一点一滴、锲而不舍地雕塑下去，学生一定会朝着共产主义新人的方向转化。

写文章符合学生的心理状况和认识规律，学生积极性高，这时讲写作知识便很容易接受。言为心声，文如其人，作文做人相辅相成。我觉得既教作文，又教做人，才会写出文情并茂的文章，培育出有益于人民的新人。

能受委屈的人才是强者

1979 年，学生们经过讨论，制订了一个规矩，每到星期天上午都到社会上做好事。有去火车站的，有去外宾招待所的，有去电业局的，有去客运站的。

去客运站的那个小组工作最稳定，连续去了半年多，和一些司乘人员建立了感情，受到人家热情接待和表扬。

但有一次例外了。

那一天，他们见到停车场停着一辆满是灰尘污垢的车，他们还像往常一样找司乘人员联系，但没见到。就想以前也有没见到司乘人员就干活的时候，等人家回来，给他们一个惊喜，司乘人员更高兴。这回咱们也先干吧!

学生们端着盆，拎着桶，一趟一趟地打清水冲。冲了几遍后，开始擦车身，擦完外壳，擦车内部。学生们累得满头大汗，有的脏水溅了一身，有的脸上抹得东一道，西一道，成了花脸。

正进入扫尾阶段时，一个浑身酒气的人大大咧咧地走来，一看学生在车里，就火了:“哪来的小孩伢子？到车里捣什么乱？快滚开！”又过来一个穿着乘务员服装的人帮腔说:“前几天，我们车里丢了钱，快说，是不是你们偷的？”学生们一听，像兜头浇了一盆冷水，刚才的满腔热情顿时降至零点，跟他们吵了一通。

他们带着沮丧的心情回到学校跟我讲这件事，诉说委屈，并七嘴八舌地吵着:“我们去找他们的领导！”“干脆给他们贴大字报！”(那个时候还允许贴大字报）学生们问我怎么办。

怎么办呢？我谈道，那位司机和乘务员显然没有道理，使大家受了委屈。怎样对待别人的攻击与坏话，可以有三种态度。

第一种态度，你不对，我也不对，针尖对麦芒，和他对着干。你说我的坏话，我也说你的坏话；你不讲理，我也不讲理；你给我造谣，我也给你造谣。这样做，会使自己心灵的天空多云转阴，甚至下起雨来。为什么，气哭了嘛！

第二种态度是置之不理，走你的路，让他去说吧！我只要做得对，就坚持做下去。人的嗓子总有个疲劳承受系数，说累了，他也就不说了。再说，声音还有个传播限度，你沿着正确的路朝前走得远了，就听不到了，这叫作“两岸猿声啼不住，轻舟已过万重山”，这样做不耽误自己的路程。

第三种态度是用宽阔的胸怀去包容它，用善意的态度去感化它。能做到这一点很不容易，但真的这样做了，会使人有天高地阔之感，会使人心灵的天空多云转晴。

“老师说完了，愿采用哪种态度，大家自己选择吧！”

下一个星期一，同学们告诉我：“老师，我们又去客运站了！”“干什么去了？找人家吵架去啦？”我故意问。

同学们眉开眼笑地说：“哪能去吵架呢，我们又去做好事啦。”“这回人家对你们怎么样？”“这回没看到那个挺横的司机。”“客运站的领导还给咱端茶送水。”“人家可热情啦，怕我们累着，干一会儿就让休息。”

我问：“心灵的天空呢？”

“早就多云转晴啦！”

我说：“其实，非难、委屈，几乎要伴随人的一生。周总理那么伟大，‘四人帮’还要诬陷他，迫害他。上自国家领导，下至平民百姓，每个人一生中都要背一大口袋冷言冷语。伟人和庸人的区别不在于经没经受过委屈，而在于如何对待委屈。如果不能正确对待，比如你们到客运站去吵闹一通，就会白白耗费许多脑细胞，惹回一肚子烦恼，强化了大脑吵架的功能，增长了坏毛病，还耽误了学业，真是一举两失。你们若用宽阔的胸怀去包容委屈，用善意的态度去感化个别狭隘的人，时间久了，就会觉得周围的人对你充满善意，你爱人民，人民就会更爱你。一个人的幸福感，就是在这种不计较别人说什么，埋头做好事的胸怀之中产生的。能承受委屈的人才是生活的强者。”

一届又一届的学生，我都强调要增强自己承受委屈的能力，做生活的强者，不要总是哭丧着脸面对生活，似乎自己是世上最委屈、最不幸的人，于是生出无尽的牢骚与怨恨。

热爱生活吗？就别怨天尤人，无论身处怎样的委屈与不幸的环境，都让自己的精神处于强者的状态，然后以一个幸运者自居，那就能充满进取精神，就能尝到生活之水的甘甜。

有人误会吗？那总比受人打击强多了。

有人打击吗？那总比无辜戴了 20 年“右派”帽子强多了。

戴上了“右派”帽子受管制吗？那总比坐牢强多了。

因直言而坐牢委屈吗？那总比“文革”中那些被“四人帮”迫害致死的人强多了。因为我们毕竟看到了人民的胜利，祖国的富强，人类的发展，科学的进步。

我们就生活在这样一个使人感觉幸运的时代。物质丰富，生活幸福，环境和平，文化繁荣，几千年前的人能比拟吗？即使今天告别人类又有何憾？有惭者，无以报先烈，无以利后人也。为什么还要稍遇不顺，便让自己跳进委屈的情绪里去受折磨呢？

心灵的摄像机对准啥

十几年来，一届又一届的学生都爱问我这样一个问题：“老师，现在的社会好不好？”“你说好还是不好？”学生说：“按理说社会主义好，但是您看党内那些不正之风，有的当官儿的拼命捞钱，有的给自己的亲属子女安排好工作，有的用职权压制老百姓……社会上不少坏人偷抢拐骗，打架斗殴，您怎样看这些东西？”

80 年代、90 年代的学生信息源特别多，这些阴暗面，有的比老师知道得多，知道得具体，你否认，说社会上没有这些阴暗面，学生会觉得你是在骗人，学生便不信服老师了。

只停留在承认这些上，让学生们讲、看，学生们又会为此而生气，甚至泄气。这些丑恶的东西，不要说学生，我们大人看多了还泄气呢。

于是我引导学生讨论盘锦市容怎么样。有的说好，有的说不好。

说好的同学喊：“市里有湖滨公园，有带状公园。”“有60米宽的大马路。”“有新修的火车站。”“有商业大厦。”“盘锦市政府大楼比营口，比锦州，甚至比沈阳市政府办公楼都漂亮！”

说不好的同学喊：“盘锦市内街道窄，车辆多。”“市内交通混乱。”“市区内有好几个大脏水坑。”“市内平房区垃圾遍地。”

“这么说来盘锦市容也好也不好，和5年前比呢？”“那当然好多了。”“现在是好的方面多，还是坏的方面多呢？”连说盘锦市容不好的同学也都承认，还是好的方面多。

即使在那垃圾遍地的平房区域内，迈过很脏的小巷进入每家的院落，里面还是整齐洁净的。进到屋里，许多家庭装修得非常漂亮，可见不好的地方也有好的一面。

反过来，大家都说湖滨公园好，湖滨公园里的垃圾箱那块脏不脏？痰盂不全是鼻涕黏痰吗？湖滨公园的厕所里不也有苍蝇蚊子吗？那么你到公园里去看什么呢？很明显是去看鲜花，看亭台楼阁，看小桥流水，看飞禽走兽。谁也不会利用星期天休息时间，买张票到公园去看垃圾苍蝇。看完那些东西不是享受而是遭罪。

即使住在垃圾遍地的平房区的居民，每天也不都把精神花在看垃圾，看苍蝇蚊子上，而是看自己家里的书，看墙上的字画、挂历，看电视……

我们的心灵像摄像机，眼睛便是摄像机的镜头。面对社会，面对生活，我们拍下什么录像片在自己心灵的录像带上，全由自己说了算。

社会中肯定存在不好的东西，因为社会还不尽善尽美，所以我们才追求更美好的共产主义社会来替代它。说它好，是因为它比过去好。说它好，是因为在这社会中好人占多数，好事物占多数。

我们不能因为湖滨公园有垃圾箱就说湖滨公园的荷花不好，就说湖滨公园不好；不能因为康生凶狠毒辣，就说周总理不好，就说所有的人都不好。同样的道理，也不能因为社会上有不正之风，就说一身正气的干部不好，就说整个社会不好。

社会再向前发展一万年，也还会有垃圾，也还会有坏人。问题在于，我们应该让自己心灵的摄像机对准啥。这常常决定自己的心灵世界是阴暗还是晴朗。

一个学生，从早到晚瞪着两只眼睛，总看阴暗面，总看垃圾、脏水、苍蝇、臭虫、黏痰、鼻涕、打架、斗殴、懒散、懈怠、违法乱纪……久而久之，他心灵的录像带，左一盘，右一盘，全是这些假恶丑脏的东西。于是他发牢骚，他愤懑，他觉得天昏地暗，自己的内心也没有光明。

反过来，从小多看光明呢？阳光、鲜花、清泉、蜜蜂、老黄牛、周总理、雷锋、团结、友爱、勤奋、进取、廉洁、奉公……时间长了，他心灵深处，充满了这些催人奋进的因素，于是他昂扬，他奋发，他乐观，他豁达，他觉得天高地阔，自己的内心一片光明。

阴暗的东西不是不可以看，而是把它放在应有的位置上看，别看多了，别总看。

看的目的不是发牢骚，不是埋怨，更不是跟着学，而是想到如何改变它、改造它、消灭它；想到有这些不好的东西存在，自己也有一份责任，自己也该为抑制它、消灭它，力所能及地尽一分力量。

生活中的阴暗面，我们没有能力抑制消灭时，我想还是不看为好，何必让那些苍蝇臭虫一样的人弄得自己恶心呢？

我引导学生将心灵的摄像机对准真善美，摄下了一组组感人的镜头。

严冬，野外，我们看到钻井工人冒着严寒在钻台上紧张地作业，井内喷出的泥浆浇在棉袄上、棉裤上，都冻成冰了，他们还坚守在轰隆隆的钻机旁。盛夏，烈日，我们去野游，看到农民在晒得发热的水田里，弯着腰挠秧拔草。

初春，我们看到工程兵在蛤蟆塘两侧修带状公园，挥大镐，刨冻土。我们穿着棉衣，而有的战士光着膀子还浑身冒汗，一个月才挣二十几元钱。抗洪救灾中，有的战士为了盘锦人民的利益，献出了自己年轻的生命。

一次，学校组织劳动，全班同学都到谷家闸南边去修大坝，往高高的大坝上抬土，大家累得汗流浃背，出完了汗紧接着是渴。

丁健、刘勇等几位同学到附近一户素不相识的农民家里要水喝，这一家农民听说学生渴了，便把桶借给学生们装水，还借给他们两个饭盒，七个茶杯和水碗，带给同学们喝水用。他们挑水回来，不多时喝没了。后来又渴，大家便排着队，又一齐到那位农民家去喝水，人家又热情地接待同学们，嘘寒问暖，一句句真挚的话，深深地感动了同学们。

这一家素不相识、偶然接触到的农民给大家的印象太深了，同学们说：“社会上还是好人多。”“受人滴水之恩当以涌泉相报，我们怎么报答人家呢？”

我说：“咱们把这人家美好的心灵与言行摄录到自己心灵的录像带上，不要拍完了就完事，而要经常拿出来放一放，使它变成激励自己上进的力量。想到自己欠了人民群众的情，然后努力学习，上进，将来为老百姓的幸福努力工作，就是最好的报答了。”

培养什么样的学生

学校、班集体绝不是制造统一型号、统一规格的升学零件的机器。学校、班集体是将学生载向远大前程的渡船，是培养学生生命的幼苗在合适的阳光、土壤、肥料、水分中长大的园地，是学生走向社会各个不同岗位的实习场所、实习小社会，是学生德、智、体、美、劳得到最大限度发展的培训基地。

班主任应研究国家规定的中学生守则，大而言之，还可研究外国中学生守则，然后再根据本班学生的实际，提出某些更具体、针对性更强、可操作性更强的要求。

我国教育部 1981 年 8 月颁布的《中学生守则》如下：

1. 热爱祖国，热爱人民，拥护中国共产党，努力学习，准备为社会主义现代化贡献力量。
2. 按时到校，不迟到，不早退，不旷课。
3. 专心听讲，勤于思考，认真完成作业。
4. 坚持锻炼身体，积极参加有益的文娱活动。
5. 积极参加劳动，爱惜劳动成果。
6. 生活俭朴，讲究卫生，不吸烟，不喝酒，不随地吐痰。
7. 遵守学校纪律，遵守公共秩序，遵守国家法令。
8. 尊敬师长，团结同学，对人有礼貌，不骂人，不打架。
9. 热爱集体，爱护公物，不做对人民有害的事。
10. 诚实谦虚，有错就改。

苏联《中小学班主任手册》中所载中小学学生标准守则，分为三个阶段，即一至三年级、四至八年级、九至十一年级，现摘录后两个阶段标准守则如下：

四至八年级

1. 顽强地掌握知识，努力学习和工作，在课堂上要注意听讲并积极发言。

2. 在学校和家里从事有益的劳动。在完成劳动任务和实习作业时要严格遵守安全操作规程。

3. 积极参加班级和学校的社会工作。

4. 爱护公共财物，保护大自然，注意清洁。

5. 参加体育运动，遵守个人卫生规则。

6. 在课余时间从事阅读、技术创作、艺术创作及正当游戏等有益的活动。

7. 珍惜自己和别人的时间，遵守作息制度。

8. 严格地遵守纪律。要谦虚，有礼貌，亲切待人。穿戴整齐。严格遵守交通规则。

9. 尊敬父母，帮助他们料理家务。

10. 认真执行教师和学校其他工作人员的一切指示，以及学生自治机构的决定。

九至十一年级

1. 顽强和坚持不懈地掌握科学基础知识和自修技能。

2. 积极参加公益劳动，做好自觉选择职业的准备，在完成劳动作业时严格遵守安全操作规程。

3. 积极参加本校、本市、本村的社会生活和文化生活，积极参加学生自治会活动。

4. 关心人民财产，为祖国创造自然财富。

5. 经常参加体育运动，锻炼身体，时刻准备保卫祖国。

6. 掌握现代的文化和技术，发挥自己进行各种创作活动的才能。

7. 合理安排利用时间，遵守时间表，学会正确组织自己的劳动。

8. 遵守社会主义生活准则。给低年级同学做出文明行为的良好榜样。对不道德的和反社会的行为持不容忍态度。

9. 关心学校全体人员的团结。爱护和发扬学校的好传统。做一个有原则性的和正直的学生。

10. 尊敬父母，经常关心所有的家庭成员，帮助他们料理家务。

11. 尊重教师的劳动，遵守和积极支持教师的要求以及学生自治机构的决定。

《基督教科学箴言报》1987年1月30日，刊登美国学生品德规范准则(摘自《新编中学班主任工作指南》)。

到目前为止，在所有的学生品德规范准则中，受到最好评价的是由美国迈阿密大学雷欧·克里斯顿教授制订的21条学生品德规范准则。

1. 明确自律的重要性，把自律作为动力，去做我们认为应该做的事，即使我们不愿意。

2. 做到值得信赖。这样，当我们说要做什么或不做什么时，别人能相信我们。

3. 讲真话，尤其是在讲真话对自己不利的时候，更要这样做。

4. 一生中，在所有的问题上都要诚实，包括在工作上和与政府的关系上。

5. 独自一人时，要有勇气；当团体要我们做自己应拒绝做的事时，要顶得住压力。

6. 不要矫揉造作，弄虚作假，但要显示出自己最佳的自然状态。

7. 用不侵犯他人权利的正当方法达到个人和集体的目的。

8. 在注重道德行为的场合，大胆地表现自己。

9. 要有勇气承认错误。

10. 具有良好的体育道德，认识到，虽然求胜的愿望很重要，但赢得胜利并不是最重要的。

11. 在与他人的交往中，做到谦恭有礼，包括认真倾听别人的发言。

12. 要像自己所希望受到的对待那样对待别人，确认这项原则适用于对待所有的人，不分阶层、种族、国籍和宗教信仰。

13. 认识到没有一个人是生活在真空中的，那些看起来纯粹是属于个人范畴的行为，实际上常常会影响到自己周围的人或影响到所处的社会。

14. 牢记我们身处逆境时的表现就是对自己的意志是否成熟的最好考验。

15. 不论干什么工作都要干得出色。

16. 爱护他人财产。如学校财产、企业财产、国家财产、公有财产。

17. 遵守法律。与法律相抵触的行为必须是非暴力的，而且要接受法律的制裁。

18. 尊重言论自由、新闻出版自由、集会自由、宗教自由和进行正常法律活动的民主权利。认识到这个原则适用于我们所憎恨的演讲、我们所讨厌的团体和我们所鄙视的人。

19. 养成有益于身心健康的习惯，制止那些有害于达到这些目标的活动。

20. 避免产生性早熟的经历，形成与家庭生活准则相适应的对性的认识。

21. 认识到人生最重要的问题是自己将成为什么样的人，将具有的性格和道德品质。

参考国外学生守则、要求，结合许多人从校门走入社会之后的实践，思考学生们将要面对的信息量极大，比昨天竞争更为激烈，比昨天更文明、更繁荣、更民主的现代社会，我除了让学生遵守我国教育部规定的《中学生守则》，还对我们班学生提出了如下要求：

1. 辩证地分析自己。看到自己是一个广阔的世界，尊重并忠实于自己真善美的观念，对自己负责任。做自己的主人，有战胜自己假恶丑的能力。牢记：自胜者强。埋怨环境，天昏地暗；改变自我，天高地阔。

2. 尊重别人，对别人负责任。从对别人的尊重、理解、帮助、关怀、爱护、谅解中，得到别人对自己的尊重、理解、帮助、关怀、爱护、谅解；从对别人的尊重帮助中获得人生的快乐，从和别人融洽和谐的相处中感受人生的自豪与幸福。牢记：人心与人心之间等量交换的定律。己所不欲，勿施于人，己所意欲，尽施于人。

3. 尊重集体、国家，对集体、国家负责任。时刻想到自己既是集体、国家的一个成员，也是集体与国家的主人，绝不能对集体、国家抱冷漠和无所谓的态度。越是以集体、国家主人的身份思考问题，处理问题，个人的潜能越能得到发挥，个人能力增长也越快。牢记：为集体、社会做的实事越多，人的能力越强，才智越广。

4. 充满信心。即使失败一千次，也坚信下一次的努力是走向成功。

5. 意志坚强。有经受失败、打击、挫折、逆境的心理准备，真的遇到失败、打击、挫折、逆境能不退缩，不屈服，将此看作磨炼自己的机会。

6. 胸怀开阔。不陷入鸡毛蒜皮的斤斤计较之中，更不陷入窝里斗的怪圈，大事清楚，小事糊涂，有吃亏思想，有容人之量。

7. 除关注学校生活、教科书学习外，对社会、对世界的问题有较广泛的兴趣。善于从政治、经济、教育、文化、科技的广阔信息海洋中，搜集有助于自己的学习教材，有助于自己勇往直前的信息。

8. 能做实事，有潜心实干的精神。在没有更理想的实事可做时，先潜心做好眼前的、手中的实事。手中的实事虽不是最理想的，但一定能做成同类事中最好的。

每个人都有无穷无尽的潜力，潜力倘挖掘得当，都能很神奇。每项有利于人类的工作都是神圣的，倘用一种神圣的态度去对待，去做，一定能将这工作做得很神圣。种地、养猪可能创造神圣的业绩，做工、当兵也都是神圣的岗位。教书、科研、经商、当官、写作、摄影、唱戏、踢球，如若用神圣的态度，全身心地投入，就会发现工作的神圣、工作的乐趣与幸福。从小养成踏踏实实、潜心实干的品质，进入社会无论为民为官，还是务农种田都能处之泰然，都能做得出色，都能使人觉得他的工作有一种神圣感。

总之，我们要全心全意，不遗余力地培养“五讲四美”“四有”“三热爱”的一代新人。

好教育是能自我教育

教学的日历翻到八十年代以后，我感到我的学生们有了几点明显的变化。首先，表现在见闻上，比以往的中学生要广泛得多，学习极差的学生有时国际新闻和本地新事都比我知道得多。其次，不像过去的学生那么容易接受教育，这些不大不小的小大人有了自己的见解，不容易说服了。最后，许多学生指责别人多于内省。问学习差的同学为什么差，他能很流利地说出一串原因，上怨干扰，下怨小学老师没教好，内怨爸妈不会辅导，至于自己应负什么责任却不去想。谈到社会，常常也是一串串的指责、牢骚，很少想到自己的责任。他们特别渴望别人尊重自己，却不像从前的学生那样尊重别人。

发生这些变化的原因是显而易见的，成倍增长着的电视机、录音机、报纸、杂志、书籍，使滚滚滔滔的新的信息，涌入学生的心灵世界中去，学生的心灵便发生了前两点变化。一方面是大量的新信息涌入，另一方面不少学生自我教育的能力并没有增强，也就是说不具备筛选、处理、分析、储备这些信息的能力，鱼龙混杂，佳肴与毒饵兼收并蓄，以致许多学生发生第三点变化。第三点变化便使我们这种县普通中学的学生产生自卑感：反正也不能升学，自暴自弃！学生上学像给老师扛活一样，总得班主任监视着，才肯守纪律。我刚接一个初一班时，离开不长时间就会有人告状：谁和谁打起来，谁搅得大家不能学习了……教室的北窗口成了我和学生进行监视和反监视的前线，只要我在那一露头，学生的反监视网便会发出“老师来了”的暗号，于是大家正襟危坐，假装学习。我感到我这种教育方式，算不上是真正的教师。真正的教师应当引导学生进行自我教育，使学生学会自我认识、自我克制。于是我从以下四个方面入手，开始引导学生进行自我教育的实验。

一、认识到新我旧我之争

一次，新年前大家正忙着准备过年，班里的两个大个子打得不可开交，我拉开了他们，问道：“你们过去没成见，这次偶然打起来，自己的心情也很矛盾吧？脑子里都有不想打的因素吧？”我让他们找不想打的因素。他们都挺积极地找到了。我说：“这只是你们脑子里的好的那方面，是新我，你们还都有想打的一面，是旧我，新我和旧我先在脑子里打仗，旧我战胜了新我，你们俩的旧我才打起来，是不是？”他俩都笑了。我让他们把心灵中新旧两个“我”斗争的程序写出来，他们既感到了问题的严重性，又看到了自己前进的方向。我引导那些学习不好却怨天尤人的学生分析，为什么同样在动乱时期长大的工农子女有的学习差劲，有的学习优秀呢？经过争论，大家认识到，一个人要想成才，客观条件固然重要，但更重要的还在自身。许多人埋怨社会、教师，却忽视了严格要求自己。如果每个人都善于发现自己脑子里埋藏着的“美好的、聪明的细胞”，并努力把它挖掘出来，用美战胜丑，用聪明战胜愚昧，用新我战胜旧我，那么谁都可以成为优秀的人才，不然，古人为什么说“人皆可以为尧舜”？同学们考重点中学落榜之后有失败的心理是事实，用不着否认它，重要的在于发现另一部分事实，谁都有过不服气、争口气的念头吧！尽管这只是一闪的念头，但它是新我，抓住它、扶助它，它就能战胜自卑，振奋精神。我一天学会一个英语单词，按四年计算，现在也有一千多了，再埋怨四年不是又耽误一千多个单词吗？

对一些重大的政治理论问题的宣传，我感觉启发学生从新我旧我之争的角度上去认识也比满堂灌式的说教要好得多。有一名自私的同学写了一份入团申请书，别人看了说：“像他那么自私的人，喊这样的口号，一定是在说假话。”我说：“不一定，他完全可能有一部分新我想为共产主义奋斗终生，只是他的私心大一些罢了。我们这些人，包括我在内，不也常有私心占上风的时候？那能不能说，我在说假话呢？”大家笑了。我接着说：“我们平时表的每一次决心都是真的，但从脑子里还有旧我的角度来看，也有少量假的成分。我们要削弱自己脑子中的旧我，一点点去掉旧我，那么为共产主义奋斗终生的真的成分就会多起来。”

为了使学生认识到人人都有一个新的自我，我有意让全班最矮的女同学王惠珍练长跑，参加校 1500 米长跑比赛。经过苦练，她得了全校第六名。初二时参加全县运动会获 3000 米第三名。按照别人的和她自己原来的认识，长跑能坚持下来都困难，更不用说取胜了。但当她发现新的自我，并用新我战胜怯懦的旧我时，事情就发生了令人惊异的变化。我多次让学生写《两个自我》《脑子里的对话》《我的私心与公心的对话》等文章，使学生认识到自己并不是单一的，而是辩证的统一体。

在此基础上，我让学生写《心灵世界》《在心灵的田野上》等文章，使学生认识到自己的心灵中还不仅仅是两个自我，而是一个丰富多彩的大千世界，江河山川、花鸟草虫、社会、人生、真善美、假恶丑都并存的一个统一体。有自我教育能力的人善于扶植心灵真善美的思想，勤于清除假恶丑的东西，对外界的东西也有分析和筛选的能力，只让闪耀着共产主义火花的思潮流入心灵中来，不准“人是自私自利的动物”之类的污水进入头脑中去。经常这样引导学生分析自己，渐渐都发现了脑子中的两个自我，当学生认识到脑子中新我旧我之争，真善美与假恶丑、公与私之争时，他就迈出了自我教育的第一步。

二、感受到新我胜利的幸福

教师让学生做任何一件事，都应该使学生觉察到心灵中有一种美感、幸福感、自豪感。这种幸福感就能成为学生继续做同类事情的动力源泉。自我教育也是这样。尽管新我旧我斗争的过程中心情不那么轻松，甚至还常常伴随着痛苦，可是，一旦新我战胜了旧我，即使最不爱动感情的人，心头也能涌起幸福的浪花，这是人的心理规律决定的。教师要善于捕捉这一浪花，及时拍摄下来，展示给学生，引导他追根溯源，知道它产生于自我教育，理解要想经常品尝到这种幸福，就必须经常进行自我教育，经常扶植新我战胜旧我。1979 年起，我们班级学生每逢星期天就到社会上做好事，总是受到表扬、奖励。但有一次例外了，某单位的一个司机硬说学生是玩，甚至说他们想偷东西，学生们委屈透了，发誓永远不再到那个单位做好事，而且要再找那个人吵一通。他们征求我的意见，我说：有一位心理学家指出，对于别人的无理取闹、诽谤讥笑有三种态度。1. 被他同化，和他对骂，结果你自己的心灵世界也会多云转阴，变得阴暗而沮丧。2. 置之不理，照常做事。3. 用广阔的胸怀、善意的态度去感化他，那你自己的心灵也会多云转晴，变得开朗乐观。学生们听了，深思着。一个星期以后，他们又去那个单位做好事，受到领导和工作人员的热烈赞扬，学生们欢乐溢满心田。我说：如果你不克制旧我，去跟人家吵一通，那得到的就是愤懑、烦恼，而不是幸福了。可见，自我教育是能给人以幸福的。

党风不正、社会风气不正对学生的影响非常大，有的学生专爱看阴暗面，专爱讲一些违法乱纪的干部胡作非为的事情，结果自己弄得牢骚满腹，写作文都放怨气，学习也没心思。我说生活中有阴暗面，这是事实，但我们应当用心灵去发现生活中的光明面。这样看，你的新我就可以战胜旧我，你就觉得生活是美好的、可爱的。同学之间也是这样，你努力发现别人的长处，向别人学习，就会感到学习生活天高地广，到处都是学问，都是欢乐。那些好发牢骚的同学便去观察生活中的英雄模范人物，发现同学身上闪光的东西，这样一看感觉到自己有了榜样，有了激励自己前进的精神力量，于是感觉到“心自安详气自宁”了。

学生牺牲休息时间给同学补课，经过努力改正了字迹潦草的毛病，滴水成冰的天气里坚持跑完了 10 里地，寒冬腊月起早给班级生炉子……我都引导他们品尝这种战胜自我的欢乐。学生们逐渐感到这种欢乐本身就是最高的奖赏、最大的享受、最宝贵的财富。学生们为了获得这最宝贵的财富，自我教育的欲望更强烈了。

引导学生体验自我放纵，即新我失败的痛苦，也能从感情上激起自我教育的欲望。初中学生喜欢探求自我，认识自我，并经过引导能够具备一定的自我监督约束的能力，但年龄决定了他们自我放纵的现象还是很多的。教育实践使我体会到，对学生的大声训斥和惩罚是自我教育的大敌，学生的大脑忙着处理训斥和惩罚的信息，也就无暇静下心来裁判心灵中旧我和新我的论战。我对学生说：老师批评你们，老师内心深处是极其痛苦的。但对做错事的同学怎么办呢？从 1979 年起，我规定了三种自我教育的方式：1. 谁犯了迟到、早退之类的小错误，就给大家唱一支歌。2. 再大一点的错误就自觉找一件好事去做。3. 思想意识方面的错误，就写一份心理活动说明书，要求反映出事前、事中、事后心灵深处旧我与新我是怎样论战的。学生很欢迎这三种自我教育的方式。既使他们体验到自我放纵的痛苦，又给他们以自我教育的机会，增强其进步的信心。1982 年 9 月，我刚接一个初一班才 12 天，就到外地开会 10 天，回来以后，发现新布置的学习专栏破破烂烂。原来几名男同学课间兴奋之余，以学习专栏为靶子，练起了新买的小手枪，以致专栏弹痕累累。我回来以后查明了情况，这几个人很害怕，但我一句也没批评他们，而是请他们每人为集体做一件好事，然后写一份心理活动说明书。学生们感觉十分懊悔，有的还流下了眼泪，在说明书中表示要痛改前非。但错误像隔年的草，过不了多久，有几个人又飘飘然了。为了打预防针，我多次指导他们写《痛定思痛》的日记，并且请有的同学把“痛定思痛”写成座右铭贴在书桌上。这种做法就掀起了他内心深处新我的浪花来，拍击他犯错误时曾痛苦过的心灵。这重新产生的隐隐约约的痛苦的回忆，增强着他们对旧我重新萌发的警觉，自觉地割去那刚刚从心灵的田野上冒出来的错误的草芽。

乐与哀、甜与苦的感情鼓动着学生愉快地迈出自我教育的第二步。

三、制订扶植新我的计划

学生要进行自我教育，要做自己生命航船的主人，光有认识，光有热烈的感情还不够，必须把这认识和感情变成一点一滴的行动。而要使德、智、体、美、劳、政、语、数、理、化等诸项学习活动统一于一个科学的时间常数之内，学生就必须有制订自我教育计划的能力。我多次让学生计划自己的明天，根据不同季节制订作息时间表，体验自己生物钟的特点，制订学习计划。从 1979 年到现在，我每年都让学生制一张大统计表，格式如图。

时间	细目									
	德育				智育			其他		
	做好事件数	读课外书页数	抄格言条数	写日记篇数	政治练习页数	语文练习页数	数学练习页数	跑步里程	图画画几幅	学歌几首
一月										
二月										
全年总计										

我让学生写《自我教育计划》的作文，要求写清四部分：终身德智体要达到什么目标，十年做完哪些事，一年怎样度过，一天的时间如何分配。当学生极目未来，确定自己的奋斗方向时，心头充满了做自己命运主人的自豪感。我多次让学生写《日记一则》，月、日就是当天的，只是年代变为 20 年后，当你 34 岁的时候，是怎样在自己的工作岗位上度过一天的。写这样的作文，学生心驰神往，沉浸在对美好未来的憧憬之中。

学生自我教育计划和个人实际、祖国需要结合得越紧密，他们自我教育的能力就越强，脑子里的新我就成长得越迅速。初中阶段，正是学生希望别人把自己看作成年人的阶段，是自尊心增强的阶段，这样由他们自己规定出的目标，比起学校老师规定的目标来，在心理上就更容易接受些，由被动地接受老师交给的任务变为主动地实践自己的计划，就避免学生产生那种给老师“扛活”当“长工”的心理，而是觉得老师是援助他把生命的航船划向理想彼岸的助手，老师是他的船工。

制订扶植新我的计划，使学生在自我教育的路上又迈出了新的一步。

四、日日自新无歇时

一次新我战胜旧我是容易获得的，难的是几次、十几次、几十次。成千上万次自我战胜的点，才能连成线、构成面、组成自我教育能力的体。

我反复强调抽打自己的鞭子要掌握在自己手里，在漫长的人生道路的每一步上，都要经常鞭策自警，万不可以为有过一两次抽打就可以沿途平安了。“自新应似长江水，日夜奔流无歇时。”

初三下半年面临升学，时间紧迫。有学生说：“社会上的好事就别做了。”更多的学生还是觉得不能中断这坚持两年的线，于是还坚持。一次，全班同学都到电业局帮助清理仓库，他们的局长、工会主席、团委书记等领导同志亲自给学生们倒水、分糖，学生们感觉过意不去，也意识到自己原来中止做好事的想法是自私的。不仅做好事这一项持之以恒，其他事我也引导学生务必忠实于自己制订的计划。学生计划每学期读 5000 页的课外书，从初一坚持到初三，平均每人读完了 75 本，达 2 万多页。计划每周到郊外野游一次，或摸鱼，或在草莽间捉迷藏，或游泳，或开荒种地，一直坚持到毕业前还一起到野外采集标本。计划每周学一次歌，一直坚持到毕业前，平均每人学唱新歌 71 首。健身长跑计划初一订了，就日复一日、月复一月、年复一年，坚持跑到毕业。我们把写日记叫作“道德长跑”，一写就是四年半。1979 年订的每月月末对德、智、体、美等方面 15 项数据进行统一检查的计划，一直坚持到现在。这届学生每月末必须执行自检、互检、教师抽检，每人都要写出数字具体的检查报告。1979 年制订的积累各科作业的计划一直执行到现在，历届学生的练习本已积累了 26 米高。全班积累的各种可参考数据有 1.8 万多个。

不能奢望在学生的心田上撒几粒种子，淌几滴汗水，就能收获丰硕的自我教育的果实。只有日日夜夜、点点滴滴地坚持下去，学生自我教育的步子才会越走越坚实。

八十年代学生对教师的要求更为严格，他们用最精细的目观察着老师。我时时叮嘱自己应该用自我教育的行动去引导学生进行自我教育。1978 年我经过 100 多次申请才从工厂的政工组来到学校当上了班主任。我努力忠实于自己最初的选择，用教育学、心理学的理论丰富自己，走进学生心灵世界中去探幽析微，力争做一名受 80 年代学生欢迎的班主任。我让学生坚持道德长跑——写日记，我也坚持写了 100 多万字的日记、笔记、文稿。四年来我发表的 15 篇论文有 4 篇获省优秀论文证书。为了和学生打成一片，我学习有关武术、美术、音乐方面的知识，然后教学生打拳、绘画、唱歌。近几年很多市县的领导、教师到班级听课，指导我的教学，为了给学生以实事求是的教育，我宁肯公开课失败也决不搞预习。单是“坐如钟”这一个问题，我就向第一届学生叮嘱过 100 多次，全班初一时视力正常的 84 只眼睛，到毕业时只有一只眼睛视力稍有减退。

毕业后，学生们为了表达自己的感谢心情，由班干部背着我收了350多元钱，要到外地给我买洗衣机、录音机，说是为了补偿我为他们花的300多元课外书和班级用品钱。我知道以后，进行了耐心劝说和坚决制止，请干部把钱退给了同学们。我感觉自己如果不这样做，不仅不利于学生进行自我教育，而且十几年后回忆起来也会惭愧和不安。我不让自己做金钱的奴隶，五年来尽管我是全校补课最多的人，但我没领过一次补课费。1982年我结婚时候穿的是一件穿过5年的旧上衣和一条减价的旧裤子，我感觉对照陶行知先生“在人世间捧着一颗心来，不拿半根草去”的教诲还差得很远。

经过努力，学生具备了一些自我教育的能力。我已经送走的两个毕业班，先后受到省、市、县、校的47次奖励，两届学生共139人加入了共青团。两届学生的升学率、达标率都为全校第一。

去年8月，我开始在两个班搞培养学生自我教育能力的实验。我担任班主任并教语文课的两个班，学生们自我教育的积极性很高。在我到北京、沈阳、丹东等地开会期间，他们强烈要求自治，不请老师代理班主任，他们表示一定在班干部的领导下，搞好各项活动，搞好自学。我从丹东回来后，班干部已做好了运动会的各项准备，比赛结果一班获总分第一名，七班获第三名。我从北京回来后，得知两个班的班干部组织的96人“我爱中华”大合唱获优秀节目奖，班干部组织参加的长跑比赛，七班获第一名，一班获总分亚军。边闺茹同学获全县“我爱中华”讲演比赛一等奖，李放等4名同学进入县长跑比赛前10名。当学生们给我看这一张张凭他们自己的力量得来的奖状时，一张张稚气的脸上堆满了自豪的神色。

如果学生在自己生命的航船驶出学校这条大江，进入生活的广阔海洋的时候，仍然能不断增强自我教育的能力，那么，在漫长的人生道路上会受益无穷。广阔的生活现实，映现在不同质量的思想的荧光屏上，歪曲变形的有之，模糊不清的有之，支离破碎的有之，清晰真切的亦有之。对人生的不同反应认识，决定着人们不同的人生观，或苦闷，或彷徨，或开朗，或旷达。人具有了自我教育的能力，就有了自我调整的能力，使思想荧光屏的图像趋于清晰、真切。把世间万物都放在应有的位置上，就能使自己始终站在人民的立场上去迎接困难，永远带着开朗乐观的情绪奔向明天，把更多的精力献给人民和祖国。

永远有效的“后进生”互助组

1992 年，我刚从俄罗斯访问归来，校团委书记刘勇便送给我一个封面是立体画的日记本，告诉我：“老师（刘勇是我教的 1985 届毕业生），政教处又重新分配了师生互助组，给学生的纪念册，只有您没领了。”

我问：“今年我和谁一个互助组？”

“不知道，我去政教处查一查。”刘勇跑步走了，不一会便回来告诉我：“老师，您和张军同学一个互助组。”

从 1986 年我当校长以来，就一直要求政教处把互助组工作落到实处。

即每个教学班的倒数第一、第二、第三名学生都要由政教处给他们找一位任课老师或学校领导，师生组成互助组。教师教会学生超越自我、管理自我、学会学习，学生帮助教师提高教育教学的技能。

组成互助组后，每个学期，互助组要向政教处交三份互助报告，期初、期中、期末各交一份。互助报告上要写清互助学生对老师的期望，互助教师帮助学生进步的具体措施，互助学生所在班班主任对学生变化的评价。

互助教师要经常和学生谈话，至少每星期交谈一次，了解学生的喜怒哀乐。

1990 年我又要求，每位教师每学年要给互助学生买 10 元钱的文具礼物赠送给学生，由学校报销。刚开始，有的教师不理解，说：“好学生们会不会说这是在奖励‘后进’？”我说：“我想他们不会这样说，好学生也绝不可能为了获得一点文具就故意“后进”，相反，他们看到“后进学生”不被歧视，充满了上进心，鼓足了劲往前追，自己也产生了紧迫感，怕“后进学生”追上自己而加劲学习。“后进学生”呢，也不会认为教师赠送物品是鼓励他继续“后进”，他会觉得教师在关心他，教师在感情上和他很近。“后进生”读书多年，长期“后进”，显然他们不缺少批评，不缺少指责，他们经常得到的是冷落，很少得到赠予和奖励。这时，我们赠他一点纪念品，不是雪中送炭吗？”

物品不多，有的教师买支钢笔，有的买个书包，有的买个高档次文具盒，有的买精致的日记本，送给学生，许多学生激动得不知说什么好。这几年，我几次把物品送给学生的时候，看到学生那诚恳感激的表情，那因激动而说得慌乱的感谢的话，都使我的心灵受到震撼。

后来赠送的文具又改由政教处统一买，然后发给教师，再送给学生。

互助学生和老师最好从入学到毕业都不改变。遇到教师不跟班了或“后进学生”有了明显进步，就再重新组合，一般也要够一年的期限。

我以前互助的学生已毕业升入了上一级学校，我去年互助的学生赵挺已前进了 15 名，不在“后进”行列了，这个学期，政教处便给我重新分配了帮助对象张军。

张军同学初一时在六班，今年，班级调整，每个班倒数第一的学生都到我班学习，在这七个班倒数第一的学生中，张军的成绩是最低的。他分班考试五科总分 89，数学 12 分、生物 5 分、英语 12 分、语文 46 分、政治 14 分（其中语文、数学两科满分各为 120 分）。

我在日记本上写了这样一句话：“赠张军同学：坚定信心，多做实事，享受学习中的乐趣。你的班主任。”

张军长得膀阔腰圆，很结实，很有力气，他参加的运动会项目是推铅球。他每天上学不仅听英语课是外语，听数学、物理、政治好多课都像听外语。他说：“老师，我一上课头就疼，像受罪。”我听了，设身处地想一想，也真够难受的。我听某位老师讲课，倘内容听不懂，一节课都觉得是在受罪；张军却能一节又一节，一天又一天，一周又一周，一月又一月地熬着，耐心地、无可奈何地、很守纪律地在那里坐着。从这样的角度思考，我不能不佩服张军的顽强的毅力，这么苦，这么难，他却能忍受着。

我便想引导他将受罪改为享受，发现学习的乐趣，先品尝学会一个字、一个英语单词、一个公式的乐趣，然后将一堂课又一堂课的陪坐时间具体落实为一个字一个单词的计划，施加一个快乐的意念：我是在享受超越自己的乐趣，我是在享受完成计划、做实事的乐趣。当快乐地做实事的时候，别的忧虑、烦恼、拖拉的情绪等都先往后靠靠，待做完实事再说。总用这样的心态引导自己，时间长了，快乐地做实事的脑细胞就兴奋起来了，逐渐就形成一个牢固的兴奋中心了，那忧虑、烦恼、懒散的脑细胞就逐渐淡化了。

我还请张军经常再现自己读书以来最辉煌的时期。我问：“你学习最好的时候是哪一年？”“小学二年级。”“好到什么程度？”“那年我期末考试总分全班第二名。”“到三年级呢？”“还能排十多名。”“四年级呢？”“能排三十多名，到五六年级就开始倒数了。”

“为什么三年级下降了？”“那一年我转学了，换了老师，老师有病，又不停地换老师。老师管得也不严，我就不爱学习了。”

“你现在觉得自己能不能取得好成绩？”

“我总觉得自己不行，不如别人，已经倒数第一这么多年了，努力也不行，也晚了。于是，本来能学会的知识也不愿学了。”

“对！问题就出在这，你总给自己输入不行的意念，输入我不如人的意念，结果你当然就不如人。现在你这样改变自己，每天早晨，每堂课前，每天晚间都全心全意地想一想当年排在班级第二名时的情景，再现一下那时的信心、感情、对学习的态度，这样想会激发你的勇气和力量，经常这样施加意念给潜意识，时间长了，潜意识就能起作用，将你改变为一个自信、上进、勤奋、积极的学生。”

最后我引导张军制订了作息时间表和一周学习计划，接着又指导他写了《奋斗 10 天，无悔无憾》的日记，离月考还有 10 天时间了，张军充满了超过倒数第二名李健同学的信心。他写道：“这 10 天我要努力奋斗，每天每时都做实事，我想我一定能超过李健，就算不能超过，我尽了自己最大的力量学习，对得起自己，也就无悔无憾了。”

互助组的建立，密切了师生的感情，增强了学校的凝聚力，“后进学生”对学校更热爱了。6 年以前，个别老师瞧不起“后进学生”，动不动就训斥挖苦，不仅使个别同学丧失学习信心，有的还产生了对立情绪，有两位同学甚至还在夜间用偷偷打碎教室玻璃的方式来表达自己的不满。

这些年，师生关系融洽了，学生自觉关心班级，有的“后进同学”自觉用休息时间到校维修桌椅。我校实验楼外没有围墙，紧挨实验室窗玻璃外面就是一条没有路灯的公共道路，道路上学生和行人熙熙攘攘，伸手一碰窗玻璃就能碎，可是学生自觉维护着，没有人去碰。有的“后进同学”还劝说社会上的人不要在实验室窗户边打闹，以免碰坏了玻璃。

控制“三闲”

我经常要求学生计算“三闲”的数量。从 1979 年起，我便建议学生每天像苏联生物学家柳比歇夫那样，细致地计算时间的利用率，然后统计一下当日“三闲”有多少。

后来我便要求学生，每天写完日记以后，便在最末一行记下当天“三闲”的数量。

所谓“三闲”，即闲话、闲事、闲思。

我发现，凡学习不好的同学都有一个共同的特点，不是他们控制了“三闲”，而是“三闲”控制了他们。

不只学生，就连自以为有点自控能力的我，也常常某一段时间无所作为，明知有许多实事可做，但脑子就是不配合，不知不觉地或很不情愿地任脑子闲思，任手不由自主地做闲事，也有时不由自主地成了清谈俱乐部成员。

应该说，我算是一个比较忙的人，但即使在完成较多任务之时，我觉得自己脑子仍不自觉地向闲思贡献了两三个小时的时间。

由此我想到缺乏自制力的中学生们，被“三闲”控制的时间一定比我多。

统计“三闲”，先要具体分析什么叫闲话、闲事、闲思。

闲话，指没用的话和有害的话。没用的话是指人家在那上自习、看书，他在那说笑话、说玄话、说大话、说课外的话，当然都没有用。人家在听广播、看电视、参加会议，他讲起了吃零食的事，自然没用。这类话，不说为好。另一类是有害的话，人家学习，他故意干扰别人，分散人家的注意力；人家进步，他编了瞎话，造了谣言伤害人家；别人团结，他背地里传话，搬弄是非，背后说人家短处，即使无意，也是有害的话。

闲事指无用的事或有害的事。如一个中学生，并非研究电子游戏机的专家，却把课余时间消磨在电子游戏厅里，这显然是没用的事。老师正在讲数学，个别人数学成绩不好，却在下面看武侠小说，当然无用。同学们都在上自习，他却在那里做学龄前的事，叠纸船，画儿童画，有用吗？一位同学并非对服装设计有兴趣，却用相当多的时间跟父母要钱，逛市场，买花样翻新的服装。如此支配精力，显然也没什么用处。

中学生做有害无益的事也不少，个别学生逞强妄为，想称王称霸，满脑子计算怎样打别人和怎样逃避别人的打，并付诸行动。人家上自习，他哼小曲；人家用下午第三节课活动、跑步，他偷偷跑去买糖果吃；还有不少违反《中学生日常行为规范》的事，都应在控制之内。

闲思困扰人的时间就更多了。有一类闲思只是没用，耽误做实事，闲思本身并无直接害处。如正听着历史课，思路不由自主地从课堂教学讲的晚清文学，联想到《三国演义》，又联想到《封神演义》，联想到姜子牙垂钓遇文王……不知不觉，下课时间到了，毫无用处的闲思统治了这位同学半节课。也有的同学正听着英语课，思路不知不觉到了前面同学的衣服上，随着衣服又到了服装厂、纺织厂、印染厂、服装店……这样的联想倘是有目的的，为了创作，为了训练自己的联想能力，当然有用；倘在不需要联想的时候，联想却无拘无束地自由驰骋，这至少可以说没有用途。认真统计，细心观察，会发现许多“后进同学”的大量时间便是在这类闲思中糊涂地度过的。何止学生，就是我本人，昨天一天，今天下午，至少有 4 个小时的时间被这类闲思夺走了。

另一类闲思则是有害的。如学习、生活中遇到不顺心的事，或考试成绩不理想，就忧虑和担心同学们怎么议论自己，父母怎样批评自己，邻居又会如何瞧不起自己。结果越陷烦恼越深，越不能平心静气地分析失误的原因，更谈不上采取积极有效的纠正失误的措施了。这样便形成了恶性循环链：考试失误，情绪低落，无心纠正，成绩更差。不少“后进同学”就是沿着这条恶性循环链，使自己从中等甚至上等的位置，滑到了最底层。这类闲思尤难控制。以我自己为例，昨天上午给 140 位外校教师正讲公开课时，被唤出，告知校内东风车在阜新拉煤时发生事故的消息，我立即被担心忧虑的情绪控制，自知无效，也难摆脱，只是当重新回到课堂，向老师们讲语文教改时，不良情绪才被紧迫的实事挤走。散会后，不良情绪正要袭来，朋友来找我陪远方来的客人，闲思便被控制了 3 个小时。客人走后便是省教科所 3 位老师到校谈国家教委重点课题，闲思一再想冒出，又一次次被紧迫的实事所控制。下班后，没有了紧张的必做的正事，全凭意志便很难控制住，以致失眠，到了后半夜，还被这闲思所扰而未眠。

由自己，我想到学生经受挫折时，产生的闲思一定多于我，倘不有效地控制，确实贻害无穷。

引导学生控制“三闲”，就使学生较明确地将无用有害的言、行、思和有用有利的言、行、思区别开来。一旦有了区别，下意识和潜意识就会起作用，不知不觉地对其加以限制。区别之后，又想出千方百计控制，虽不至于完全控制住，但有一点可以肯定，控制比不控制要好得多，“三闲”数量一定要少得多，学生的言、行、思要理智得多。

一位同学从别的中学转到我班，到这以后须写日记和统计“三闲”，我看他刚来时的日记最后一行写着今日“三闲”数量：闲话 280 句，闲事 13 件，闲思 3.5 小时。能有这么多吗？据我观察，他实际“三闲”数量，只会比这多，不会比这少。

过了半年，我再看他的日记，确实写得比过去好多了，看他写的《自我教育计划》，感到他想问题较全面，一个月中自己德、智、体、美、劳几方面都有较明确的追求目标。

谈到控制“三闲”中闲话这个细目时，这位同学这样写道：“这个月我要努力把自己的闲话控制住，目标是每天控制在52句以内。”我从来没要求他具体规定自己闲话的句数，没想到他竟提出了这样的目标，便问他：“这52句是怎么回事？”他回答：“经过控制，我闲话比以前减少了一多半，但和同学们比仍然比较多，要全部去掉，显然不可能。我计算了一下，自习和上课我能控制住自己不说闲话，但在家里和校内课间活动时，还不知不觉说些使别人不痛快的闲话。每堂课间6句便是36句，早晚还有那么长时间，不由自主地各说8句便是16句，合计52句。”我听了，没说好，也没说不可以，只是说你可以试一试。效果好，就继续试。

又过了一个月，我再看他的日记本，这位同学在本月《自我教育计划》谈到闲话这项时写道：“经过上月努力，我已实现了把闲话控制在52句以内的目标，本月要继续努力，把闲话控制在每天39句以内。”

一年以后这位同学纪律明显好转，基本控制住了自己的闲话，成了全校书法和美术活动小组的尖子学生。

有的同学在日记中写道：“一个能够控制‘三闲’的人，不管在什么岗位上都能是一个幸福的人、快乐的人、有所作为的人。”

控制“三闲”要注意，一定要引导学生弄清“三闲”的概念。个别同学以为学习以外，特别是学习课本知识以外的所有言、行、思都是无用的。这是偏见，不利于学生的全面发展。有这种偏见的学生甚至不愿参加社会公益劳动，不愿参加体育锻炼，拒绝参加课外活动小组。这种思维方式本身就是一种有害的闲思，倘不加以控制，学生长大以后将难以在信息多元化、交往广泛化的现代社会生存。

具体控制“三闲”的办法应当有几十种，上百种，每位同学都应根据自己的实际选择不同的方法。我感觉最有效的方法之一，便是尽可能多地做实事，明确做什么事，做几件，用多长时间做一件。心情不好时，做喜欢做的、难度小的事。实事做多了，形成较牢固持久的兴奋中心了，“三闲”便不容易侵扰了。

关注国外科技动态

“批林批孔”我也挨批时，深感政治的黑暗，我便转移学习的兴趣，找了一些技术书来读。我研究车、钳、铆、电、焊、铣、刨、磨的基本原理和操作规程，研究钢材，研究刀具。那一年我订了一份《国外科技动态》杂志，读过之后，眼界大开，一时间有站在云端里看政客们拼死命地窝里斗的感觉。世界这么大，绝不能被这些窝里斗专家给愚弄了，该认真研究点实事，研究点技术，将来总是用得上的。

从那时到现在，快20年了，我每年都订阅《国外科技动态》这一杂志。这一杂志以科学技术各领域的新进展、新趋势以及有关科学技术的述评、展望和预测为报道重点，也注意报道一些重要国家和地区科技政策的变化，大型科技项目与规划的制订与实施。对某些重要的科研机构、重要科学人物也有选择地给予介绍。这本杂志还特别注意对自然科学与社会科学，经济、科技与教育以及各学科间交叉性内容的报道。

我非常喜欢杂志中的《科技前沿》与《技术实力与对比》专栏，学生们则喜欢《科技信息》专栏。

每期杂志收到后，我挑自己感兴趣学生也感兴趣的栏目，在语文课堂上介绍。有时原文照读，学生复述，分析结构内容，回去后整理成文，有时把文章中适合于学生了解的部分讲给学生听，供学生讨论。

每次讲《国外科技动态》，学生都显示出极浓厚的兴趣，这样做也弥补了教材因受出版周期限制而离现代社会较远的不足。

如该杂志刊登的《1991年重大科学、环保新闻》一文，我给学生介绍后，学生们深深被人类科学的巨大成就所鼓舞，从而产生了极大的学习积极性，也使个别学生受窝里斗流毒影响而产生的好琢磨人的心理病灶得到了科技之光的照射治疗。

这篇文章写道：

1991年已经过去，美国《时代周刊》回顾了这一波涛汹涌的一年，列出了科学及环保方面的重大新闻，从而使读者能对1991年的大事有更为全面的认识。

重要科技发展（摘要）：

1. 布基球。乃是由60个碳原子形成的圆球状碳分子，它与金字塔形的金刚石和六角形的石墨迥然不同。科学家们相信，它能发展成小型滚珠轴承，轻若鹅毛般的电池及只有一个分子般粗的超导电线，其潜在价值无可限量。

2. 聚合酶连锁反应。这是一个看似简单却非常重要的遗传工程发现，只要在一个脱氧核糖核酸中加入聚合酶，用不了几小时，它们便会繁衍数亿一模一样的复本……

3. 廉价太阳能。1991年光电研究进展神速……试验成功一种革命性硅圆球太阳板，将获取太阳能的成本降低了50%……

4. 庞大的并联超级计算机。新一代超级电路允许一千人同时联合操作。麻省一家电子计算机公司开发了一部极为巨大的数字处理机，一秒钟能处理两万亿个数字。

5. 手提式计算机。这种计算机愈来愈轻巧，不但变得如手提书写板那样薄，而且无须键盘也能操作，只要用笔直接在计算机屏上比比画画就行了。

6. 4600年前的古尸。一具属于石器时代晚期的登山者的尸体，原封不动地躺在冰封的阿尔卑斯山……这是考古学的一大发现，又是低温科学的最佳宣传品。

7. 禾田上的神秘怪圈。英格兰南部一块禾田上的神奇圆圈和错综复杂的线条，一直引起阵阵疑团。是外星人的杰作？是不明飞行物的降落地点？都不是，它们是两名年老的英国风景画家“闹着玩”的后果而已。小报从此可以停止杜撰故事了，科学家也不必再为此苦思冥想了。

环保要闻：

1. 南极条约（特别保护区）令。原本一片白皑皑的南极洲已被油污垃圾搞得乌烟瘴气。24个国家已签订一项条约，50年内严禁在这片洁白的陆地上采矿。

2. 经过再三试验及分析已证实，一些有毒物质如石棉及放射性氡气的毒性，不像先前想象的那样猛烈。

3. 在国际政治及道德舆论压力下，日本终于同意于1992年年底放弃漂网捕鱼。漂网乃是在水中漂浮的巨大渔网，能大量增加渔获量，但会杀害好些海洋哺乳类动物，如海豚等。

4. 南极圈上空的臭氧层空洞正逐渐扩大，人造氟氯烃使在北温带及南温带高空的臭氧渐趋稀薄，致使太阳的紫外线对人类的威胁加大，皮肤癌及白内障病例有上升之势。

5. 海湾战争。伊拉克把几百万加仑石油倾入波斯湾，对脆弱的海洋生物是一场浩劫。虽然 650 多口油井的大火在 8 个月内已被扑灭，并未祸及全球天气，但科威特的空气变得十分难闻，而渗入土壤的油污将在那儿逗留很长一段时间。

6. 皮纳图博火山爆发。火山灰如倾盆大雨，使广大地区出现泥泻，又把近 2000 万吨二氧化硫喷向大气层，造成硫酸粒，虽然它们能把部分阳光的热折射回太空，减缓全球气温上升的速度，但当火山烟雾消散后，地球温度上升的速度将加快。

7. 8 名美国人打算在面积约 3 英亩的生物圈中生活两年，试图了解生命是怎么回事，但在科学家尚未能完全理解生态系统的今天，他们岂能准确地掌握整个世界呢？

学生对这篇文章中的 14 条新闻都很感兴趣，每一条新闻也确实给学生开辟了一个新的思考问题的门户。打开这门，走出去，精神世界就会变得广阔。

同学之间偶发的对立情绪、对他人的嫉妒、心胸的狭隘、对人类事业的冷漠，这些思想感情的冰川，都容易在鼓舞人心的科技成果的阳光照耀下融化。

在我们的教学中，省下时间来适当给学生介绍国外科技动态，有利于缩短教学与现代社会、学生与现代社会的距离，使学生更明确学知识、读书是为科技飞速发展的现代社会服务。

国外的同龄人怎样学

引导学生注目于国外学生的学习，能使学生更全面地理解教育的实质，能使学生更积极主动地配合老师，进行教育教学改革。

我常给学生读外国学生的作文。

法国一位中学生写的是自己背井离乡，故意选择艰苦的环境体验生活，磨炼自己的经历，他讲自己离别了父母和舒适的家庭生活，到非洲南部，和当地居民居住、生活在一起达一年之久的经历。我读完以后，学生们都陷入了深深的思考，人家为什么能那么自觉地接受艰苦生活的磨炼？

美国一位中学生写的是自己如何面对家庭生活的不幸，学生时代便挑起支撑家庭生活的担子。

苏联的中学生写的是他们如何在集体生活中增强自己与别人协作的能力，如何学会尊重别人和遵守社会公德。

我多年以来坚持订阅《外国教育动态》杂志，那上面有了适合于学生的内容，我便向学生介绍。

日本等许多国家都把爱国主义当作重要的德育内容，他们的学生都有强烈的民族自尊心和自豪感。

我给学生读介绍日本山口县的教育的文章，他们的教育方法、教育内容引起了学生的关注，特别是有的学校想方设法磨炼学生的毅力，如有的赤足小学，让学生光脚参加各项课外活动，鼓励学生赤足到鹅卵石地上去跑，这一做法，引起了我班学生的兴趣。

读《加拿大教育一瞥》这篇文章时，学生们感到加拿大有的学校确实是把学生当成了学习的主人。有的校长介绍说："我们学校有 500 名学生，更有 500 张不同的课程表，学生完全可以按照自己的实际水平，每天、每节课选择适合于自己的科目与教师去听课。"这样灵活的组织方式，同样培养出了大批人才。

读《美国教育掠影》一文，我的学生们对美国有的中学选修课竟达到几十门乃至 100 多个学科感到不可思议，有的说："我们刚刚讲一点课外知识，个别人便认为冲击了考试科目，这样理解学生的学习确实太狭隘了。"

我介绍美国有的学校设置了实习牢房，把一间屋子搞得昏暗、潮湿，让学生进里面去。学生听了说："这是摧残青少年。"我说："咱们如果不是从批判家的角度，而是思考它合理的一面呢？"有的同学讲："我想他们是为了让学生体验犯罪之后带来的痛苦后果，从而避免犯罪吧！"

一次，上海 10 个县区的老师到我们班听课，我的语文教材讲完了，便讲了一篇《外国教育动态》上刊登的文章，《哥伦比亚少年教改营》。这个教改营里都是犯罪的青少年，所不同的是教改营编成一个行政单位——市。市长及银行行长、会计、管理人员都由犯罪的青少年担任，他们在这种充满自觉性和自豪感的管理过程当中，体验着做人的幸福，恢复着做人的尊严，提高了与别人与社会和谐相处的能力，使自己在对他人对社会尽责的过程中战胜不负责任危害社会的观念行为，从而获得新生。这个教改营取得了异乎寻常的教育效果，也使我们班同学感到震惊。这样一个由犯罪青少年组织的小社会尚且管理得井井有条，我们这些并没有走太多人生弯路的学生们，自己仅仅管理一个班级，就更应该井井有条了。

我也和学生讨论英国至今一些学校中仍没有废除体罚，利和弊各有几分。

介绍得最多的还是苏联教育。我给学生讲凯洛夫主张的“三中心”，也讲参加过凯洛夫《教育学》编写的赞可夫关于最近发展区的见解，讲巴班斯基课程最优化理论，也讲苏霍姆林斯基的教育理论与实践。

学生同我一样，对苏霍姆林斯基最感兴趣，有的学生建议：老师，我们也像帕夫雷什中学一样，半天半天地搞课外活动，该有多好？我说，咱们介绍这些的目的，是让大家理解，教育不是自古华山一条路，而是条条大路通罗马。我们刚搞了这么点课外活动，许多人就不理解，果真照抄照搬国外先进经验，在社会上片面追求升学率的环境中，我们更难生存了。同学们能用了解到的先进教育经验为我们搞的这点课外活动辩护就不错了。

有一次，吉林省的教师来我校听课。我连讲5天语文课，都是苏霍姆林斯基的《给教师的一百条建议》中的内容，学生选择，每节课讲一条。有的老师问：“这是语文课吗？”我说：“学生爱学这些内容，这些内容又跟学生的学习、生活息息相关，学生听了以后能复述，既练了听力，也练了说的能力；听实际是用耳朵读，听了一遍，就划分层次，归纳中心，这又练了读的能力；回去以后，学生将听的材料整理成文，又练了写的能力。听、说、读、写能力都练了，我觉得就是语文课。”

我甚至同学生们商量，苏霍姆林斯基的第一百条建议，大家猜是什么？学生猜了十多次都猜不着，最后我说：“他告诉以上那些建议都要对学生保密，大家说是保密好还是不保密好？”绝大部分同学认为不保密好。我说：“保密肯定有保密的好处，只是老师还没领会到，而我一贯的教育教学方法，又是提倡公开化，提倡教学民主，提倡师生共同商量。真的有一天，老师领会到保密比公开的利要大的时候，老师再开始保密，大家说好不好？”同学们热烈鼓掌赞成我的坦率。

日本学生到我校访问，我们班学生也迫不及待地问人家篮球队的同学怎样处理打篮球和学习的关系，问人家美术书法小组的同学活动都在什么时候，采取什么形式，是自发的时候多，还是学校组织的时候多。

学生还说："我们电视台放映的日本电视片《排球女将》《血疑》《阿信》，我们都很喜欢，你们日本电视台是不是也放中国电视？你们喜欢看吗？看电视的时间多吗？" 日本学生说："我们也看中国电视，最喜欢的是连续剧《西游记》。"

一谈起香港地区以及国外的教育，学生们便兴趣盎然，一串串的问题提出来。

我从香港地区考察回来，学生们从人家的办学条件到课堂教学、课外活动，以至教科书，问个不停。我讲了香港的学校，有些问题要求很严格，例如学生发型，我们走了大中小 20 多所学校，没有见到一个留长头发的男同学，女同学各校发型也统一，这样同学们对我们班从 1977 年起男女同学就统一发型的做法，觉得不孤立了。人家学生的服装也都统一，所到的所有学校，学生穿得都非常整洁、朴素，没看到一个人穿花花绿绿的奇装异服，更没有看到像地赖子（北方语，即小地痞流氓之类的人）那样打扮的人。另一方面，他们又重视培养学生自立、自治、自理能力和动手能力。以香港最好的中学——伊丽莎白中学为例，他们学校有四个学生社团，四个社团纷纷积极主动自觉地开展学生感兴趣的有益活动，社团之间互相竞争，以在同学中扩大本社团的知名度和提高威信，争取更多的同学参加到自己的社团中来。在这样积极主动、自觉竞争的同时，同学们受到了锻炼，增加了组织活动的能力，当然也增强了自我教育的能力。他们还重视学生的动手能力，每所中小学都有许多供训练动手能力的理化生实验室或其他专用教室。不仅职业技术学校重视，普通中学也重视。伊丽莎白中学的木工房设备比我们一般的木器厂还多。我们看到他们职业训练学校的一个车间里，光是车床就有 70 多台，加上铣床、刨床、磨床，机床总数在 300 台以上，超过我们市内任何一座机修厂或机械厂的机床总数。学生们听了，感到我们平时提出要自己管理班级，要多动手，多实践，还是有道理的，不再埋怨因此而耽误自己的学习，影响考试分数了。

我从俄罗斯返回，学生们上语文课时，不让我讲教材（尽管我已半个多月没讲了），纷纷让我讲到圣彼得堡、莫斯科、伊尔库斯克的见闻，特别是要多讲俄罗斯教育情况。

"俄罗斯办学条件怎样？"

"我们所看到的学校办学条件非常优越，一所 30 年前建的学校，校舍生人均占有面积就远远超过我们，有室内篮球场、体操房、小礼堂。新建的校舍设备就更齐全，一所中学有两个室内篮球场，楼内走廊都很宽敞。”

“他们每班也像我们这样有六七十名学生吗？”

“据说苏联要求把中学班额都控制在 24 人以下，我们所见到的教学班每班没有突破 25 人的。这样学生们和教师接触的机会自然多了，也有利于教育质量的提高。”

“他们那儿也有劣迹学生吗？”

“这点我们没发现，像我们有极个别学生模仿街头地赖子打扮的，看不到。不仅在学校一个没看到，在大街上、商店里、剧场里、博物馆里、地铁点、公共汽车上，近半个月的时间，我们也没有发现一个像我们公共场所地赖子那样，身着奇装异服，歪戴帽，斜瞪眼，长头发，弓背弯腰的人。”

“俄罗斯社会秩序怎样？”

“学校秩序井然不必说，广场车站，机场码头，我们所到之处，人们极其文明，凡有排队的地方，无一人拥挤；司机半夜过十字路口，见到红灯，明明横道无一辆车，也无警察，他也绝不闯红灯。莫斯科红场边上的大商场内无一人大声讲话，圣彼得堡大街上的候车亭三面是大透明玻璃隔开的，没有一块玻璃损坏。伊尔库斯克公共汽车上无人售票，但乘客都自动往票上打作废的孔。俄罗斯上层乱作一团，通货膨胀，但人民群众却如此冷静、文明、克制，确实得佩服他们教育的成功。”

学生们通过同龄学生生活的比较，通过不同国家教育目标、教育内容、教育方法的比较，能找到既科学又比较适用于我们自己的方法；能更全面地认识和理解教育，不至于像有的同学所狭隘理解的那样，教育便是上学、读书、做题、考试、得分、升学。通过比较，学生们也比较乐于接受我所提出来的，培养自我教育能力，提高学生管理班级能力的做法，认识到这不是老师别出心裁，而是符合世界改革大趋势的做法。

五千万年后的地球上

培养学生成为目光远大的人，是现代教育的任务之一。

相当一部分人争名于朝，争利于市，为鸡毛蒜皮的一点小事吵得面红耳赤，甚至打作一团，打得头破血流。为什么？这跟目光过于短浅有关。他们目力所及，仅眼前一点蝇头小利，仅6元钱的一级工资，看不到发挥自己才能、创造千万元财富的别的更远的途径，只好拼命争这一级工资。他们以为把对手搞掉了，自己才能涨上，所以宁肯付出血的代价，有的甚至宁肯付出生命也不肯让出这6元钱。

一个人要想活得有价值，不致成为鼠目寸光、寸利必争的庸人，就必须培养自己注目当代世界和未来世界的能力。

我喜欢和学生一起探讨未来世界的事情。我愿意给同学们介绍托夫勒、奈斯比特等未来学家对世界明天的一些观点和看法，谈今后20年、50年、100年，甚至谈未来10000年……

1984年，辽宁人民广播电台的两位记者到我们班级采访，要听我讲语文课，可是他们来时，已是期中，我本学期的语文教材早就讲完了，只好讲课外的内容。

当天我恰好收到刚送到学校的一本当月的杂志——《国外科技动态》，学生们也很喜欢我介绍那上面的文章。上课时，我便拿出这本杂志，简单介绍了一下本期目录，请同学们从中挑选一篇文章。

同学们不约而同地要求讲《五千万年后的地球上》。这篇文章，是一位物理学博士写的。

我便还按老规矩，首先朗读这篇文章。文章2000多字，我10分钟便读完了。

读过之后，我便请全班同学七嘴八舌地复述，又找个别同学复述。

我记得电台记者立即将采访话筒伸向复述的同学，当场录音。

然后，我请同学们划分这篇文章的层次，并概括文章中心。

接着请同学们对文章的观点进行讨论。一部分同学认为，作者说得有道理，人类乱砍滥伐，破坏生态平衡；掠夺性地开采地下资源，既侵吞了祖先的积蓄，又抢夺了子孙的能源；唯利是图的生产，全然不顾环境污染……这些鼠目寸光的做法，必然导致生态环境的紊乱，最终招致自身的灭亡。五千万年后的地球上的主人，完全可能同作者说的那样，是一群生命力极强的大老鼠。

付代诚同学说："我不同意作者的看法，生态平衡既然是人类破坏的，按照有矛必有盾的规律，人类就能凭自己的智慧使生态达到新的平衡；能源开采确实过分，但石油没有了之后，一定会有更好的能源替代它；环境污染确实给人类带来了灾难，但大家看到，经过世界环保组织的努力，不少地区污染已比前些年有所减轻……总而言之，我相信人类是伟大的，我对人类的前途抱乐观态度，我坚信五千万年后地球上的主人仍然是人类。”

同学们热烈地讨论着人类遥远的明天。在这讨论中，他们很容易产生“登泰山而小天下”之感，最低限度，在此时此刻，会觉得为了个人利益而和自己的同胞、同学、同志战斗，残酷无情地斗争是很可悲的。一个人只为了个人权力、名誉、地位，只为了个人利益活着是很可怜的。

下课以后，电台记者要去了我的杂志，他们将同学们复述的录音和原文相对照，发现许多细节、数据都和原文一致。他们以为学生不可能听了一遍就记住了这么多的信息，便问学生：“你们事先看过这篇文章吗？”同学们说确实没有看过，邮局刚刚送到老师手里，我们还不知道本期《国外科技动态》已经来了呢。

记者问：“你们怎么能在这么短的时间内，十来分钟，只听了一遍，就基本记住了全文内容呢？”

学生说：“我们感觉自己的记忆取决于对所记材料的兴趣。好的小说连播、评书连播只听一遍，基本能讲下来；我们非常渴望了解全人类的事情，更憧憬人类的未来，对这类文章，当然听一遍就基本记住了。”

过了一年，我又到省里开会，遇到电台记者吴海燕同志，她还同我谈起那节课，谈起同学们对整个人类的关注，谈起同学们对未来的独到见解，谈到课堂上同学们忽而凝神侧目细听，忽而热火朝天地讨论的场面。她感到，适量地给学生们介绍有关人类未来的文章，太必要了。

我想，未来学这门课程，将越来越多地被中小学列为选修课，简明未来学总有一天会成为中学的必修课。

立足长处，培养自信

1992年5月6日，我刚从深圳归来，校内来了六个省(自治区、直辖市)的老师听课。我连上了几天公开课，到5月20日轻松些了，一天只接待了四个市的客人，都是谈开会的事。我以为不会有人听课了，不料进班级时，教室的过道上又坐满了人。本该复习，听课老师一多，便改为讲课，我选了《扁鹊见蔡桓公》这一课。

同学们查资料，翻译，讨论，教学重点基本掌握了。我想，学习最差的同学能不能熟练地掌握了呢？便说：“张军同学，请你翻译一下第一段。”

张军没有推辞，站起来，很有信心的样子，不料才译第一句话，便引起了哄堂大笑。原来他把蔡桓公念成了蔡恒公。在张军之前，已有五位同学读译此文，没有语音错误，蔡桓公又是这课的主角，一篇短文里“桓侯”“桓公”出现了 11 次。从上课到张军发言，大家读说“桓公”“桓侯”，不下 30 次，都是正确的，即使如此，张军也还是读错了，真是“春风不度玉门关”。同学们、听课老师们笑不奇怪，哪有人家说了 30 多遍以后，他还读错了的呢？

错已成现实，课堂上，我显然不能停留在笑上，不能停留在张军不听课就批评他一顿了事上。张军就是挨批评太多，已经找不到自己的长处，没法扬长，自信心没有立足之地了。我应该帮他找到长处，帮助他的自信心建立根据地。

课堂上，大家笑过之后，我表扬了张军的长处：“我发现，张军同学有了进步，他开始独立思考问题了。”同学们先是一怔，紧接着大家为张军鼓起掌来，大家理解了老师的意思：“桓”和“恒”是形近字，上课时张军没听课，这是他的错，但到他发音时，他能根据“桓”字的字形，想到“恒”字的读音，这说明他进行了一番独立思考，而不是遇到不认识的字就不读、不想。如果他经常这样独立思考问题，学习肯定会有大的进步。

这表扬使张军增强了自信心，别的同学也从中悟出一点道理。

张军同学是 1992 年 3 月从六班分过来的，3 月分班，每个班的倒数第一名学生都分到了我们班，而张军在这几名学生中成绩又是最低的。要找他的缺点，批评他，毫不费力就能找到许多条，但这样做，只能打击他的自信心，强化他的自卑感。显然他在自己不长的人生道路上，经受的批评打击是足够的，也可以说是过剩的。他不缺少批评，缺少的是鼓励，缺少的是肯定，缺少的是别人帮他找到长处，使他的自信心有个落脚的地方，有个根据地。

刚到班级时，我便请这几位“后进同学”给自己找长处，他们开头不好意思，觉得是低着头进魏老师这个班的。我说：“找不到长处不行，你们肯定有长处，只是你们不肯告诉老师，那可不行！你们有缺点，有错误，不告诉我可以，我也不问；你们有长处，有优点不告诉我，我就狠狠地批评你们，天天批评你们，一直到你们告诉我为止。”

因为学生找不到自己的长处，老师会狠狠批评他，批评得再严厉，学生也没有反感，相反还会密切师生感情。学生会想：“看看，因为咱看不到自己的长处，把老师急成这个样子，快点找吧，别犹豫了。”

事实上，每位学生都有长处，而且都不只有一条长处，最“后进”的学生，也会有三条五条的长处，有的长处还非常独特，一般人赶不上。问题不在于学生有没有长处，而在于老师和学生自己有没有发现长处的能力。有了这个能力，就能从缺点很多的学生身上发现许多条长处，没有这个能力，明明有很多长处也会被自己和别人埋没掉。

刚到班时，别的同学不到一天就都找到了自己的长处，唯独张军说：“老师，我确实没有什么长处。”“找不到不行，明天再找不到让你写500字的说明书，后天再找不到就写1000字的说明书，直到你找到了为止。”

第二天，他来找我，我问：“长处找到了？什么长处？”他很紧张，脸涨得通红，极不好意思地说：“我的心肠好，爱干活。”

“这就是了不起的长处，心肠好，爱帮助别人，到哪里都会受到别人的欢迎与帮助。爱干活，你说的是爱干体力活吧，现在各行各业需要以体力劳动为主的工作岗位还非常多，你愿干，把这当成乐趣，那就能成为优秀的工人。”

他高兴了，以后心地更加善良，愿意帮助别人，也愿意为班级做好事。班级劳动时，平均每人运500斤土，他一个人挑着担子，来回飞跑，比三个人干的还多。

他学习也逐渐开始认真。过了三个月，他说：“我现在开始每天都能完成量化作业了。”又过了一段时间，他说：“我的作业已经有将近一半不抄别人的，凭自己的力量写了。”现在，他已学会独立完成日记，写完语文、政治、历史、生物作业。

他的自信心，植根于长处的土壤上，一点点地成长起来。

我体会到，在犯错误的学生面前，困难的不是批评，不是指责，更不是数落他的一系列错误，而是找出他的错误的对立面——长处。只有找到了长处，才算找到了错误的克星，才帮他找到了战胜错误的信心的根据地。

学会驾驶大脑这部汽车

红旗剧场，全校师生正在参加开学典礼，我讲了本学期工作重点中的一点，便是每位师生都要提高驾驶自己大脑这部汽车的能力。

“咱们的大脑像不像汽车？它可以开进知识的广阔原野，可以开向无限宽广、前途无量的人生大道，也可以开进游戏厅，可以开进同胞反目的械斗场。开得快时，每天能写上万字的作业，开得慢时，一个短短的定义也要拖到明天去写，拖到明天去背。

“细想起来，咱们每位同学的大脑真像一部汽车，咱们全校 1516 位同学便有 1516 辆大脑汽车。同学们想过没有，这些汽车的驾驶员是谁呀？”

“是校长！”同学们又用老办法，集体回答我的问话。

“不对！”

“是老师！”

“也不对。这汽车驾驶员，便是每位同学自己。每位同学，有脑子，有汽车是一回事，能不能科学地使用自己的脑子，也就是会不会驾驶大脑这部汽车是另一回事。”

我们经常遇到这样的同学，脑子透精透灵，思维敏捷，猜个谜语，玩个花样什么的，非常快，邻居家长都夸他聪明，可是一参加考试，成绩就低，是在倒数三名之内。为什么聪明的头脑没有好成绩？原因在于驾驶大脑这部汽车的能力低。他的头脑像皇冠、像奔驰汽车那样，性能极好，但若由一个不会开车的人去驾驶，这么好的车也照样上树下沟、追尾顶牛，可能连 10 公里都出不去便出事故。

也有这样的同学，看起来的确不太聪明，反应不够敏捷，但每次考试，成绩都在年级前五名之列。如同一部性能较差的北京 212 吉普，由驾驶技术极高的司机开，便能安全地用 10 个小时从盘锦跑到北京。而那位不会开车的呢，尽管开皇冠、奔驰，不要说去北京，就连盘锦市郊区都开不出去。

我们要想取得优秀成绩，有聪明的头脑重要，有优良的驾驶大脑的技术，更重要。

全校同学都要努力提高驾驶大脑这部汽车的能力。

这种能力也可以叫作自我教育的能力。

每个人有汽车是一回事，会不会开汽车是另一回事。

每个人有头脑是一回事，会不会用自己的头脑，会不会驾驶自己的头脑汽车是另一回事。

人在少年时期，学会科学、理智地驾驶自己的头脑汽车，将能极大地发挥个人潜能，为他人为社会做出较大的贡献。

培养这种能力从何入手呢？我觉得要从建立计划、监督、反馈三个系统入手。

首先，每位同学都要建立自己的计划系统。全校同学都要学会给大脑这部汽车制订计划，每年、每月、每周、每天，驶向哪几个目的地，各有多少里程，平均时速达到多少，完成什么样的运载任务。计划要明确具体，特别是近期计划，可操作性必须强。计划系统也包括自己的作息时间表，各科学习计划，行为规范，做什么不做什么等对自我的具体要求。

其次，同学们还要建立自我监督检查系统。自己订了计划，便该忠实于自己，不能觉得完成计划是在为老师扛活，为老师当长工。完不成计划首先是不忠实于自己，对不起自己。为监督检查自己及时完成计划，就要想出具体可行的监督检查自己的办法，甚至想出惩罚自己的措施。古往今来，有作为的人的一个共同特点，是及时检查自己的言行以及学习工作任务完成情况，发现失误，立即采取有效措施补救。

最后，每位同学要学会建立反馈系统，看看为自己制订的那些计划、规矩，是否符合自己的实际。过高了达不到，失去了信心，干脆躺倒不干，还不如低一点的计划。过低了，毫不费力便完成，剩余大部分精力无处使用，甚至去做无益有害的事情，显然更糟。过去，规矩曾经是符合实际的，现在情况变化了，环境改变了，还非要坚持原来的做法，就会碰壁，就会失去朋友，失去机会，所以那就得根据现在的情况，及时修改过去的规矩，使之适合于自己的需要。

驾驶大脑这部汽车是一件大事，是一个极大的题目，单是三个系统中的任何一个，细研究起来都可以各写成一本书。更具体地驾驶大脑的技术，我们以后还会更细致地讲。今天讲这些，就是希望同学们都能客观地看待自己，客观地看待自己的大脑，冷静地对待自己的感情，冷静地对待自己许多不成熟的冲动。从这样的角度提出问题，容易使学生变得成熟，容易使学生跳出自我圈子，站在第三者的角度，站在更高的立足点上，客观公正地看待自我，分析自我。

与职业技术学院的学生在一起

第六辑

犯了错误怎么办

犯了错误写说明书，与写检讨书有什么不同？

过去犯了错误写检讨书，越写越恨老师；现在犯了错误写说明书，越写越恨自己。

犯错误，写说明书

学生免不了要犯错误，犯了错误，当然要想办法帮学生纠正，我常用的一种纠正方法是请学生写说明书。

刚教书的时候，我曾让学生写过检讨书，我看到的检讨书往往千篇一律。“我犯了一个大错误……给别人，给集体造成了不好的影响……我大错特错……请老师原谅……今后一定下决心改正……决心做到以下几点”云云。

我觉得这样写，浮皮潦草，不能触及内心深处，不容易找到纠正错误的有效方法，于是提出写心理活动说明书。

我要求在说明书中基本使用心理描写的表达方法，描绘出心理活动的3张照片，每张照片上都有两种思想在争论。第一张照片，犯错误前，两种思想怎么争论；第二张照片，边犯错误，两种思想边怎样交战；第三张照片，犯错误之后，两种思想做何感想。

这要求是1979年提出来的，那时的说明书写得最规范。

我们班自习课不允许说话，有位后转到班级的同学，开头不习惯，遇到不会的问题，总不由自主地询问左邻右舍。一出声就被班长发现了。班长走到他面前，也不说话，只是伸出5个指头示意，他一看便明白了，意思是500字的说明书，写吧！

今天自习课我做物理习题时，遇到一道难题，怎么也想不出来解法，便想：向同桌请教吧！这时好思想提醒我：不行，这个班自习课不让说话，不让出声问问题。坏毛病说：不要紧，老师不在，干部又没注意，小点声不就行了吗？好思想干着急也管不住坏毛病。

坏毛病果然指挥我张开嘴巴，悄悄打听同桌这道题怎么做。同桌开头不愿理我，好思想趁机说：停止吧！别问了！坏毛病不甘心，缠着同桌，弄得人家不好意思，只好用笔给我写怎样解，我又看不懂，就又问。这时好思想说算了吧，别问了，下课再说吧，再不停止，老师来了，班长该注意咱了。可坏毛病正在兴头上，哪里停得住，说：不要紧，再问一问，问题就快弄清了。

正在这时，我的行为被班长发现了，他走过来，向我伸出5个手指头，好思想一看就明白了，这是让写500字的说明书。便说：看看，上课说话，干扰同学自习，你问的那位同学学习计划被打乱了，自己还受到了惩罚。坏毛病说有什么办法，这次挨罚就挨罚吧，下次不再问就是了。

写到这还不够500字，怎么办？他便进一步分析了自己的坏毛病是在什么时候，怎样一个环境中形成的。

人的错误像隔年的草，拔得不彻底还会长出来，特别是自习说话这类小毛病，要好长时间才能治好。

不长时间，这位同学又不由自主地在自习课上问别人英语题，被班长发现，五指一伸，又是500字。

写吧！这样写过几次之后，他的好思想便越来越强，坏毛病在灵魂深处的地盘越缩越小，直至后来被好思想控制住，改正了这一毛病。

后来，这位同学升了大学，来看我，说："老师，幸亏我总写说明书，不仅改正了自习爱说话的毛病，还提高了作文水平。"

冯松同学理解力强，思路敏捷，空间想象力强，在几何、物理科上是全班的尖子，但学习凭兴趣，不愿背文科的许多知识点，也不愿写日记，作文水平一般，语文成绩不高。因为懒，有的作业便拖拉，拖拉了，需补上，还要写说明书，吃了不少苦。后来他考上国家重点大学，他的父亲几次见面，都跟我说："冯松幸亏总写说明书，作文水平提高了，语文高考成绩优异，他总说，写说明书真有好处，能治懒病，还能提高作文水平。"

写说明书一定要深入自己的内心深处，观察自我，分析自我，发现两个不同的自我。

写说明书不一定非要说自己有错误，如果认为自己做得有理、做得正确，那就完全可以向自己的内心深处寻找辩护律师，说明自己这样做的根据和对己对人的益处。

1985年初，我到北京丰台区去讲学，会后，教育局丁局长问我："你说说明书和检讨书有什么不一样？"我想了想说："真不太好说有什么不一样，让我再想想。"

丁局长说：“你的学生回答得非常好，去年我们去你们班级时，活动课看到一名同学正写说明书。我问他怎么了，他说自习课说话了，再问他说明书和检讨书有什么不一样。”

“那他一定回答不上来。”我说。

丁局长说：“不，你的这名学生回答得非常好。他说他是从外地转来的，过去淘气了要写检讨书，那时越写越恨老师；现在写说明书，越写越恨自己，感觉就有这么点不一样。”

听了丁局长的话，周围的老师们都笑起来，我也没想到一名淘气的学生能有这么深刻的体会。

要注意的是，再好的方法，使用不当，也会失去效力，甚至产生副作用。这如同针灸的银针，扎当扎之时，扎当扎之处，它便有奇效，大病也能治愈。

倘若一个外行，不懂针灸技术，只是见人家扎，他也扎，效果一般不会太好，还可能产生副作用。

如若再荒唐一些，拿着这银针，不是想治病救人，而是看着别人有气，想拿这针扎别人，把别人扎疼了，以泄心头之愤，那就更不可能有好的治疗效果了。

这时，那外行医生和泄私愤的医生为推卸责任，便说那银针不管用，不明真相的人因此也不再相信银针。但明眼人心里明白问题出在哪里。

我让学生写说明书，也有效果并不好的时候，那便是看到学生犯错误，一时来气，违反平时班规，随意给学生加重惩罚的时候。有了病可以扎针，但进针深了，效果不好，学生或应付了事，或心里感觉痛苦。

有时学生犯了该写说明书的错误，我没让写说明书，对他自己，对全班教育效果反倒更好。

有一天第一节几何课快下课了，外面电闪雷鸣，风雨交加，风雨中一个学生在操场上穿过，不一会儿，我们班门外有人喊：“报告！”

进来的学生满头满脸都是水，裤子湿透了，上衣由于穿着半截身的雨衣，干一块湿一块的。他叫王小平，家不在城里，特意投奔我们班而来，离学校 20 多里地。这段路，大部分都是坝埂，窄的路面还不到一尺宽，天一下雨，一步一滑，自行车不能骑了。

这么大的风雨，20 多里路，少说要走两个半小时，现在是 8 点过 15 分，那他是不到 6 点便冲出家门的。

我没有让他写说明书，全班同学向他投去的也不是责备而是佩服的目光，尽管按照班规班法，迟到这么长时间该写说明书，但没有人想到这一点，没有人觉得不让他写说明书便是执法不严。我望着他，责问着自己，我这当老师的，该怎样努力工作，才对得起辛辛苦苦、顶风冒雨扑奔我们而来的学生呢?

也有时候，学生不该写说明书却写了说明书。

1984 年末，一个奇冷的日子，路上的行人裹紧了大衣，围巾和棉帽子把头包得严严的，有的还戴上了口罩，只露出两只眼睛，口罩的边缘结了霜和冰凌。

我跑步来到学校，太早了，教室门还没开。我开了门，教室里并没有多少暖气。我搓一搓冻僵的手，便劈柴，砸煤块，准备生炉子，正准备着，炉长陈东兴到校了。他见我在干活，急了，说什么也不让我干，硬把我推到一边。他用冻得通红的手收拾炉子，添煤添柴，一会儿炉火着了。我望着他那熟练的动作和任劳任怨的表情，心里充满了敬意。多不容易呀，整整一个冬天，他天天都要冒着严寒起早，来到寒冷的教室，把炉子点燃，通红的炉火烤得屋里有了暖气时，同学们才陆续来到班级学习。人们生活在温暖的环境里，不容易想到炉长天不亮就奔向学校，在寒冷中劈柴弄煤的辛劳。我以前没体验到，也没引导同学们从这个角度去体验。炉长也没希望人们体会到他的辛苦，他干惯了，他把这一切当作理所当然的事情，多好的学生啊!

炉子生得旺了，学生们来上自习了，我也开始看书。过了不久，炉长走到我身边，红着脸说:“老师，给您。”

“给我什么？”

“说明书。”

“谁的说明书？”

“我的。”

“你犯错误了吗？你犯什么错误了？”

“您看看就明白了。”他走了。

我打开说明书，字迹写得工工整整，原来他为今天自己迟到而让老师劈柴感到自责，字里行间充满了对自己责备的感情和对老师深深的歉意，并表示决不能让这样的事第二次发生。

其实，在这件事上，炉长一点过失没有，不是他迟到了，而是我比往常去得早了许多，应该自责的不是炉长而是我。往常炉长一个人受罪，我非但没陪过，甚至连想都没想过。

我反复读了几遍这份说明书，然后恭恭敬敬、一字不落地把这份说明书抄在自己的笔记本上，把它变成自己的动力。陈东兴那任劳任怨的品质，那强烈的责任感，那只知改变自己不去埋怨环境埋怨别人的品质，长时间给我以鼓舞和激励。

这样自觉写的说明书我还收到过许多份。也有时，如同大雨天迟到一样，同学们在特殊情况下犯了错误，我说可以不写说明书了，可是同学们还非要自觉地写。不少同学写道："情况特殊，老师说可以不写，但我觉得如果自己勤奋的思想再强一些，完全可以避免错误，我觉得只有写了这份说明书，勤奋的思想才能扬眉吐气，自我原谅的心理才能受到抑制，心理才能平衡。"

犯错误，写心理病历

有的错误，有较深的思想根源，病情较重反复较多，这样就需采取多种治疗方法互相配合。我觉得比较有效的方法之一，就是写心理病历。

心理病历包括五部分内容：疾病名称、发病时间、发病原因、治疗方法、几个疗程。

九年前，我们班有一位同学爱骂人，他不是想骂人时才骂人，而是不想骂人时也骂人，甚至他喜欢别人，想赞扬人家两句时，说出来的，也都是骂人的口头语。开头我挺生气，后来也觉得不奇怪，是风气使然。

孩子是受害者，不能责备孩子，但总不能眼见这孩子身患骂病而不救治，就让他在那愚昧、野蛮的骂病缠绕下活着。一天我把他找来，说："你骂人的习惯不好。"

"老师，我没骂人呀！"

"骂惯了，你都不觉得是在骂了。"我把当天搜集到的，他和几位同学的对话讲给他听，他承认是那样说的，我说："你把这些话写在稿纸上，再读一遍，看是什么效果。"这样一认真写出来，不会写的字用拼音代替，他才感到问题的严重性，话实在太脏了，不好意思再读了。我说："那你写一份病历吧！"

于是他开始写骂人病历。

疾病名称：谩骂症。

发病时间：小学三年级。

发病原因：那时，我们班的班主任有病，一个学期总换老师带班，带班的老师管不住同学们，我们一些男同学就比骂人玩，看谁骂过谁，骂得别人说不出话了，谁就算赢了。我赢的次数多，就开始爱骂人。

治疗方法：我想了几服药，老师是最有效的一服药，在老师面前，我不敢骂。

第二服药就是爸爸，在爸爸面前也不敢骂。

第三服药是在我最佩服的同学面前，咱班的德智体尖子，在他们面前，我也不好意思骂。

第四服药，在作业量大，老师又催得紧的时候，我也不骂，没有时间骂，只顾忙着写作业了。

以后我要多吃这四服药，多接近老师、爸爸和好同学，多写作业。

几个疗程：老师为我操了这么多的心，我想一个疗程就能好。

我看了，说这个病历写得还可以，治疗方法还可以想出几种来，但第五部分几个疗程，写得不现实，一个疗程怎么能好呢？

打个比方说，你的脑子里就像一个战场，姑且比作抗战胜利后的中国战场吧！不想骂人的脑细胞像解放区一样，只有很少很小的几块，其余都是骂人骂惯了的国统区，你想速胜，打一仗就把敌人全消灭，可能吗？

这些年来，我尽量不让学生制订不能实现的目标，不让学生品尝自食其言的滋味。一个人自食其言，常常是自食其信心，自食其勇气，时间长了，成了一个自卑感深重的人，对自己失去了信心。

我接着说："这一仗，你这样打就好了，分为五个疗程，即五个战役。第一疗程，调动一切手段，使自己从现在起，坚持到天黑，一天不骂人，这能做到吧！"

他一听，条件这么低，顿时信心百倍："老师，您放心，这么点毅力都没有，我太对不起您了。"

我说："那好，有了一天不骂人的基础，解放区就由10%扩大到了20%，解放区大了，第二疗程你就可以有能力达到三天不骂人的目标。这要依实际情况而定，若坚持不住，第二疗程就再订一天或两天。你先回去试试吧，两个疗程有效了，达到目标了，再订三到五疗程的治疗方法。”

我又跟同学们讲他要治疗自己骂人的毛病，请大家予以配合，而不要故意去激怒他，给他创造发病的机会。

他果然取得了前两个疗程的成功。三天没有骂人，这三天，可以肯定，他心灵的战场上斗争是激烈的，解放区经过顽强的努力，已扩大到了 30%，有了巩固的根据地，就有了打三大战役的实力。

于是，我又引导他确定第三疗程，一周不骂人的方法，成功之后，确定第四疗程一个月不骂人的方法。最后，第五疗程，达到了一个学期不骂人，骂人的脑细胞退居荒山野岭成为残匪，没有极特殊的外界支援，很难卷土重来了。

他品尝到了写心理病历的欢乐，品尝到了战胜自我的欢乐，品尝到了自我解放的欢乐。

写心理病历，有时是在个别学生犯错误之后，发现他心理上有慢性病，便引导他写。

也有时，面对全班同学在本年龄段的心理弱点，要求大家都写心理病历。

例如拖拉病，这是这个年龄段的许多学生或多或少都有一些的，明确指出来，想出切合自己实际的治疗方法，便将拖拉控制在较小的范围内。

又如过早成熟症，有不少同学自以为成熟，自以为现代，自以为潇洒，自以为深沉，实际还很片面，很幼稚，便听不进老一辈的劝告。这个病或多或少也存在于这个年龄段的学生中，写过病历之后，发病就轻些。

再如苛求朋友症，大量中学生渴望交朋友，但对朋友二字理解得较狭隘，或哥们义气才够朋友，或形影不离才够朋友，或同仇敌忾才够朋友，朋友便只能求同，不能存异，朋友便不能和自己不和的人表示和谐，这样苛求朋友的结果是容易失去朋友，产生重重苦恼。一些苛求朋友的同学在我的帮助下写了病历，进行治疗后，明白了朋友的广泛性、朋友的多样性、朋友的阶段性、朋友的独立性。感觉朋友多了，人生之路开阔多了。

学生犯了错误，写心理病历，有利于使他跳出自我保护的小圈子，站在客观公正的角度，冷静地选择改正自己错误的方法。

犯错误，唱歌

有的学生课间活动兴高采烈，忘乎所以，课前 3 分钟铃声没听到，见操场上没人了才突然醒悟往回跑。别说跑，就是飞，到教室也迟到了，同学们已上课了。这么小的错误，写说明书或做好事，似乎都有点像咳嗽两声就得扎针输液似的，纠正过分了点。

可又不能说这不是错误，怎么办，班级便规定，像犯这类很小的，又没有深刻思想动机的错误便给大家唱一支歌。

什么时候唱？大家都上课了，再唱歌不干扰大家上课吗？当然不一定马上就唱，上课时迟到了，由具体负责此项工作的同学记下来，待到下午活动课前，或自习课前，需要调节一下空气，活跃一下气氛时，便请登记本上迟到的同学到前面给大家演唱。

这位同学会不会因为不受别的惩罚，只是唱歌，感觉太轻松了，于是下次还故意迟到呢？不会的，他站在前面唱歌，虽然没有压力，没有羞辱感，但也不可能产生荣耀感、自豪感，他不会忘记自己是因为什么原因才站在这个位置上去唱歌的。再说，万一有的学生嫌这种纠正措施太轻，而故意再迟到，再犯错误的话，那时再采取别的措施也不迟。

这种纠止错误的方式，密切了师生同学之间的关系，淡化了学生的逆反心理，调节了班级的气氛。

有时，酷暑盛夏，看学生们学得累了，可临时又抓不到犯小错误的人，便也同一两个该写说明书或该做好事的同学商量，倘若你愿意给大家唱首歌，说明书便可少写 300 字，他若唱一首，就不用去打水了，怎么样？他们同意了，问同学们，同学们热烈鼓掌，学习中的疲劳为之一扫。

他们到前面唱，大家沉浸在歌声中。

总这么变动，班规班法还怎么执行？这种情况很少，又是大家通过的，就像税务局临时决定给发生意外的企业免税或减税一样，正常运转的企业不会来攀比。还是那句话，一旦有同学因为让唱歌就故意犯错误，那就马上采取别的纠正措施就是了。

这种纠正措施实行十多年来，受到同学们的欢迎，在我的记忆中，只有 1979 年有过一次，实行这种措施遇到了阻碍。

自习课，一位女同学迟到了，是一位腼腆的女同学，我忘记了这一点，便说："按规矩怎么办？"

同学们喊："唱歌！"

不料这位同学脸上多云转阴，竟至于流下泪来。也许她是做好事迟到，感到委屈了吧！也许是她今天的情绪不佳吧！也许是课间她做游戏失败了吧！

我问："这点事怎么哭啦？说说原因好吗？你有理就可不唱歌了。"

她不说，也不唱。

其实这时我可暂时退一步，弄清原因，再向同学们讲明，大家能理解对她的宽容。但当时我想，适当施加压力，增强学生心理承受能力也有好处，便说：

"从小这么点事就想不开，就哭，带着这样小马蹄坑的胸怀，走向社会，将来得流多少眼泪，比别人多生多少气，多受多少心理折磨。以今天的事为例，很简单、很快乐的事，你偏给自己设计了一个烦恼、痛苦的小圈子，然后自己钻进去，越系越紧，越钻越难过，今天，我们非把你从这小圈套里拽出来不可！"

全班同学很静，静静地想着我的话，静静地看着这位同学。3 分钟过去了，她张了张嘴没唱出来。5 分钟过去了，她又鼓了勇气，又没唱出声来。时间一分一分地流逝，大家热切期待着，到第 15 分钟时，她终于唱起来。开头是边哭边唱，后来情绪逐渐好转，唱完之后她破涕为笑，班级里响起了热烈的掌声。

犯错误，做好事

学生犯了错误，便做一件好事，也有利于纠正错误。这种方式，受到较多的同学的欢迎。

班规班法有的条文就规定：如果当天检查作业，昨天的作业没完成，就要擦一个窗户的两层，共 24 块玻璃、10 扇窗户框。又例如忘了带桌罩，除回家去取之外，还要到水房为班级打一桶水。早自习如果迟到了就要扫操场 30 分钟……

学生普遍欢迎这种纠正错误的方式。

有位同学跟我商量过这样的事："老师，跟您商量件事行吗？"

"那要看什么事了。"

"我们邻居那位叔叔出差了。"

"这跟我有什么关系？"我说。

"跟您没关系，跟我有关系呀。他家里只剩下老奶奶，这样，我做好事的机会就有了。"

"那你就多帮老奶奶做点好事吧！"

"我有个想法，不知该不该说。"他支支吾吾地。

"直截了当地说，别吞吞吐吐。"

"我做的这些好事，能不能记在班级的好人好事登记本上。"

"老师觉得记上可以，不记也行，既然你愿意记，那就记上吧。"

他还不走，似还有话想说，脸憋得红红的，不好意思说出来。

我便鼓励他："你一定还有心里话要说，别不好意思，咱们商量商量，说出来怕什么？"

"我想这些天，多为老奶奶做好事，挑大一些的记在班级的登记本上，等到以后，我再犯错误的时候，就不让我写说明书了，用这些好事来代替，不知道行不行？"

"你这是拿班级的好人好事登记本当银行的存折了，钱多的时候存起来，急需的时候，再取出来花。"

他笑了，还问："行不行呢？"

我没轻易说行或者不行，而是讲了为什么要用做好事这种形式来纠正错误。

人犯错误的时候，心里都有过斗争，做还是不做呢？话是说还是不说呢？这一仗打还是不打呢？作业完成还是不完成呢？公物是爱护还是破坏呢？对别人帮助还是拆台呢？……斗争之后，脑子里对自己不负责任的那一方、自私的那一方、狭隘的那一方、懒惰拖拉的那一方获胜了，于是指挥着自己犯了错误，这如同在心灵的原野上，涌出一股浑浊肮脏的水流，流淌出来，污染了一部分心灵的田野。这时一般人都有一种懊悔感、一种负疚感、一种痛苦感，有的还有恐惧感，但眼见浊流污染心田又想不出办法控制。

人在做好事的时候，一般都是积极、昂扬、上进、助人、善良、真诚、勤奋、果断的那一方脑细胞指挥自己行动。这便如同心灵的原野上涌出一股清清的泉水，这清水便可冲刷受污染的那片心田，使人重新恢复自尊、自信、自豪，重新感觉踏实、安全、幸福、快乐。

你以前做了好事，便是以前清清的泉水在心田上流过，后来又犯了错误，心田上受到浊水的污染。不及时开挖新的清泉去冲刷污染，却只幻想招呼昨天流过的清泉回来，能起到冲刷污染的作用吗？能及时纠正错误吗？

他听了，点点头："老师说得对，我不要求拿现在做的好事去抵消以后的犯错了。"

"那么，好事还做不做？"

"哪能不做呢。"

犯了比较严重的错误，就要两种甚至多种纠正方式综合运用。

晚自习第二节上课了，可操场的一角还有两位高个子同学，拿着篮球扔过来扔过去。细一看，不对劲，不是扔球，那是砸，互相砸来砸去，空气中带着火药味。友好的相处，变成了敌对的行动，分明在进行着一场以互相伤害为目的的争斗。

我走过去，渐渐看清了，一位是将近 1.8 米的班级高峰袁中，另一位是 1.7 米的胖子杨斌。杨斌的手还捂着脸，似乎很疼。两个人一起一伏的胸部都说明他们此刻仍在怨恨着对方。

"怎么回事？"我问。

两个人只好承认："我们俩先是玩球，闹着玩，后来急眼了，打起来了。"

这是两位很要好的同学，为班里也做了大量好事，但明白人有时也会糊涂，不知大脑哪根狭隘的神经被触动，就可能绷紧人与人之间敌对的弦。

我说："你们这么高的个子，该有宽阔的胸怀才对，过去挺开朗的，今天怎么掉到这个小马蹄坑里了，累不累？怎么办吧？"

袁中说："写说明书。"杨斌说："做好事。"我说："同学之间不依不饶，是最可悲的错误，我看连写说明书再加做好事，行不行？""行。"

"每人先写 500 字，主要写自己的短处，写有哪几点对不起对方。"

放学后，两人把各自心理活动 3 张"照片"交了上来，我看写的都是自责和对不起对方的话，感到满意，便把说明书还给他们说："各自把自己的说明书交给对方看一看。”

正常的人都有这种体会，一旦对立的对方自觉了，说对不起自己了，原来不依不饶的感情便烟消云散了。两人看着对方的说明书，对方自我批评的诚挚话语传送到自己心头，心中现出温暖，脸上露出惭愧，他们互相理解又互相原谅了。

我说：“请二位先握握手吧！”他们不好意思。

“男同学闹矛盾，速战速决，别留后患。有点男子汉的气度和胸怀，伸出手来，别不好意思，潇洒大度一点嘛！”

别看他们长得那么高，毕竟是天真的孩子，两人红着脸，伸出手，握在一起。

我说：“老师看表，你们握一分钟好吗？”他们笑了。冷战结束，冰雪融化，烟消云散。中日可以友好，中美可以友好，中苏可以握手，两名同学有什么不可以握手的。

杨斌问：“我们还用不用做好事了？”

“你们自己说呢？”

“还是做吧，做什么好呢？”

我望了望班级南面四个大窗户上挂的窗帘，就说：“每人洗两个窗帘怎么样？”“行。”

第二天，有同学向我报告，袁中和杨斌晚自习放学，走在路上的对话很有趣。杨斌说：“我脸还疼呢！”袁中说：“我胳膊还疼呢！”过了一会儿，袁中说：“咱们一人拿这么一大堆窗帘回家，爸妈要问，该怎么回答呢？”沉默了一阵之后，杨斌想出了个“统一口径”的说法：“就说快过年了，每人都要为班级做好事，班长分配咱俩洗窗帘。”

他们不愿把发生矛盾的事告诉家里，反正已经友好了，不告诉就不告诉吧，还让爸爸妈妈操心做什么。

做好事，起到了增强学生自尊心、自信心的作用，也起到了分散学生犯错误的精力，将其导向真善美的疏导作用，起到了使学生发现一个新的更强大的自我的作用。

有时也需要留下学生

当日事，当日毕。以这六个字为题的日记、作文，一届又一届的学生都写过两遍以上，有的多达 6 遍。

我喜欢当日事，当日毕，也喜欢白天的事，白天做完。即使 1989 年用一个月时间写一本书的时候，我也照样，白天在班上每天写完 5000 字，晚间回家看武打连续剧。

现在手头写的这本书，也是白天在校内写完，晚间看电视轻松一下。

我也主张学生当日事，当日毕；白日事，白日毕。尽可能不让学生放学后挨留。但对于比较懒的学生，还是有必要隔一段时间便留下来，特殊帮助一下。

1982 年暑期，我新接了一个班，有 15 位同学入学考试语文成绩不到 40 分。这十儿名同学到我班以后，有 8 名同学较勤奋，基本做到当日事，当日毕，学习成绩进步较快。有 5 名同学比较懒，爱拖拖拉拉，我便经常检查他们的作业，并嘱咐他们学会保留作业，不要随便乱扔。

入学 50 天了，我想看这 5 位同学作业保留得怎么样。便提前一天通知他们把 50 天的各科作业都带来。

放学后，5 位同学留下来，作业本放在桌子上。

李刚的作业很乱，单说英语作业，就凌乱地分散在 5 个本子上，9 月 15 日的在此，9 月 16 日的在彼，9 月 17 日的又在另一个本子上。不过李刚却有很强的整理能力，昨天听说我要检查作业，他便把不同本子上的同类作业，一天挨一天地归拢到一起，竟然完整无缺。看完了英语，我又检查了他的数学、语文、政治、生物各科，只剩下地理一科了，李刚长出了一口气，把地理作业拿在手里，问我还检查不？我看他那自信的样子，知道没什么问题了，便说：“信得过了。”这位长得极强壮的短跑运动员，性格粗犷，不拘小节，学习上比较粗心，想不到 50 天的各科作业竟一天不缺，一科一页不缺。

我问：“这样严格要求，你觉得苦和甜哪个是主要的？”

李刚憨厚地笑了。我很喜欢这个孩子的憨厚，他说："甜是主要的。"李刚说甜是主要的，那一定是他心里想的，李刚可不逢迎着我说话，因为他不逢迎，我便更喜欢和他谈话。

我又继续检查另外 4 位同学的。冷军的各科作业按月日排好，每天定量，整齐无缺。郝继军、单继波丢失了 9 月份的政治作业本，陈东兴则丢失了 9 月 16 日至 30 日的语文作业。他们紧张得头上都渗出了汗珠，请求允许他们在 5 天内补完。

我说："我给你们证明，你们前次大检查时确实写完了，可为什么才隔几天就没了呢？可见你们生活没规律，不善于保存资料，今后要注意积累，到年末还检查，倘若丢了整本作业，甚至丢了几本，你们说怎么办？"

"我们一页不落地补上。"

"那就说话算话，今天丢了作业的三位同学先补吧！"

这样严格要求，是否有点过分，有点苛刻？我想将来，他们会做出回答："正因为有了严格的要求，才使我们养成了说了算、订了干，当日事当日毕和认真积累资料的好习惯。"

10 月末，按盘锦的习惯是买秋菜的时节。这段时间，各单位都放一至两天假买秋菜，搬运回家，整理存放。

我用这个时间检查学生作业，开学两个多月各科作业全都拿来，先自检，再互检、抽检。结果发现 9 位同学程度不同地缺作业，有的缺一两天的，有的则又丢了作业本。

别的同学走了，留下他们，我问："咱们怎么办？"

"补呗！"学生答。

"真愿补吗？"学生不吱声。我说："你们思想也在斗争，懒的那面想让老师放了你，勤的那一面想请老师帮你管住自己，是吧？"同学们点点头。"最不愿挨留的同学，刚留下时，可能是一肚子不高兴，补完一半作业时，便剩下半肚子不高兴，全补完了，满肚子都高兴了。不信，你就试一试。"

同学们留下了，教室内很静，我在写稿，学生们奋笔疾书。

一直到下午 3 点多钟才补完，我问几个刚刚补完作业的学生："挨留高兴不高兴？"

"高兴。"同学们齐答。

我又问常常挨留又不愿挨留的郭大伟此刻还是不是一肚子不高兴。

郭大伟说："不是一肚子。"

“多半肚子吧？”我又问。

郭大伟说：“我这会儿真的满肚子高兴，老师不留我，作业我不可能补完，心里总有负担，可又管不住自己，在这有老师的威力做压力，不知不觉作业写完了。”

这话说得符合他的心理。在老师的催促下补完了作业，实际是减轻了他们因内疚、担忧而产生的心理负担。

“不早了，快回家吃饭吧！对不起，耽误大家吃午饭了。”

“老师您不是也没吃吗？”

郭大伟和两个男生还磨磨蹭蹭不肯离去。“你们不走我走了！”

我刚走到操场中间，高志男同学从教室里追出来，吞吞吐吐地说：“老师……郭大伟问您家里买没买秋菜，买了，我们帮您搬菜去。”

我心里一热：“感谢大家的好意，等以后买了菜，一定请同学们来帮忙，谢谢大家了！”

走在路上，我想，只要引导得法，说到学生的心里，学生是通情达理的。挨留到下午 3 点多了，饿着肚子写作业，心里还惦记着别人。有好几位学生一边写作业一边催促我回去吃饭，并且一再表示：“我们自己能管住自己，两小时以后您再来检查。”

从心里是为了学生好，再设身处地去说服学生，即使在留学生的时候，师生之间的感情也会融洽和谐，甚至比不留时还要亲近。问题不在于形式而在于实质。

当然，留学生这类事还是越少越好。

教师是亲子关系的黏合剂

一位家长怒气冲冲地来到学校，向我告状：“我家 ×× 在家里常常发脾气，早晨叫他他也不愿起来。好不容易叫起来了，因为快到上学时间了，他就责备我饭没给准备好，没给盛到碗里，没给晾凉，急着忙着洗两把脸，顾不上吃饭，就往学校跑。在家里学习，边玩边学，拖拖拉拉，几天作业不写。有一回老师要检查，他可急坏了，一下子补到凌晨 4 点钟，这样子哪行？他最听老师的话，您可得狠点管他。”

有的家长告状内容更具体，说孩子在家不爱洗脸，即使洗的话，只限于头部朝前的部分，连腮帮子都不愿洗到，都 14 岁了，常常还得家长帮忙洗脸。

怎么办？个别的问题我找学生个别谈，今后家长再告这类状，可就要公布于众，请全班同学来断案了。

现代中学生普遍不做家务，家长开始不舍得让孩子做，后来想让孩子做力所能及的小事时，孩子也不会或不愿做，我便请学生们写《替父母分忧解愁》的日记，想一想父母抚养自己的艰难，自动承担一点力所能及的家务，让父母尽可能多休息一会儿。引导学生在班会上介绍自己都为家里做了什么事，树立做家务光荣的观念；引导学生体验自己为父母分忧解愁做实事之后的幸福感和自豪感。一些不爱干活的学生渐渐学会做一点家务活了。

也有的学生向我告家长的状：家里管得太严，母亲太爱唠叨，一天到晚总是教训个没完没了。碰上考试分数不高的时候，便要动家法——罚跪。半个月之前，某同学还因为自己期末考试成绩不佳而被罚跪。

随后又有一位女同学也来告状，说她的母亲也让她下跪，而且跪的是搓衣板。尽管她在家里是独生女儿，父母还是这么狠心。父母太注重分数了。据说，半个月前，让她跪了 1 小时的搓衣板，原因是考试分数低。

对这些家长，我请他们来，谈为什么体罚在小时候还有点效，越大越没效；讲学生自尊心受到刺激后，会从根本上伤害孩子与家长的感情产生逆反心理；讲许多青少年犯罪是由家里的体罚引起的……

也有的家长为了吓唬学生，竟然编造说孩子在学校也不守纪律，学生问：“你怎么知道？”家长说：“你们老师说的。”

“不！不可能！我们老师从来不向家长告状。”学生反驳说。第二天，学生问我：“我说您从来不向家长告状，对吧？”

确实如此，我从来不越过学生向家长告状。发现学生有诸如到电子游戏厅等行为，总是先劝说，倘两次不改，则由其本人告诉家长，再由家长写一个知道此事的条子，本人带给老师。这样使学生变得诚实，家庭关系好一些，也提高了老师在学生中的威信。

如果学生实在不愿报告家长自己的不良行为，我则再次跟他商量，再给他一次改正的机会，倘再不改正，那就一定得报告家长了。遇到这种情况，大部分同学能改正不良行为。倘实在不改，报告家长，他也无话可说了。

我最忌讳学生偶有小过便找家长告状，那实际等于在向学生宣布自己的无能。另外不让学生知道便报告家长，往往不仅使师生关系疏远，也使学生和家长、家长和教师的关系都疏远了。涉及三个方面的事情，为什么不可以三方面都知道呢？

因为我们更多的还是同学生在一起，家长偶有过失，我也决不当着学生的面说家长的不对，即使罚跪搓衣板的家长，我也对被罚跪的学生说："家长为你着急，恨铁不成钢，方法过火一点，心里全是为了你，你化疼痛为力量，奋发学习，成绩上去了，你还得感谢搓衣板呢！"

对过多责备孩子的家长，我喜欢跟他们谈他们孩子在学校好的方面，摆孩子的优点，劝家长在批评孩子的同时，肯定孩子几条优点，这样孩子愿听，用优点战胜缺点，取胜的希望也大。

总之，班主任要善于调解家长和学生的关系，使之更亲密，更融洽，而不能告状后让家长惩罚孩子替自己出气。即使对关系已经出现裂痕的家长与子女，班主任也要起缝合的针线和黏合的万能胶的作用。

感染熏陶，潜移默化

教书育人是中外教育史上讨论最多的一个问题。这里，我仅根据自己的一些教学实践，谈一点对这个问题粗浅的看法。

一、只教书未必能教好书

多年前，因为众所周知的原因，我被停职审查，遭受大小会批判时，"左"倾的狂热并没能轻易传导进我的大脑。我仍旧坚持认为，人的大脑这部机器应当分为两部分：动力部分和工作部分。两者不能互相取代——学习的动机不能代替学习的实践，学习的实践也不能代替学习的动机。

今天，政治可以代替业务的谬论被人们否定了，但有人在否定这些的同时，却又向另一个极端倾倒，似乎业务可以代替政治，学习好的学生自然思想好。对这种看法，我实在不敢苟同。

中学阶段，特别是初中阶段的学生，既像大人，又像小孩。他们有时执拗得令人生气，有时又幼稚得可笑。同一个学生在同一天内自私得不肯告诉同学一道题，却又慷慨地把家里最珍贵的花献给了班级。这说明他们正处于思想最容易变化，也最容易接受教育的阶段。教师如果只管教书，而不管育人，这些小大人们以后就可能受到不良影响而长成狭隘自私的大人。不能升学的青年仍要长大，而且必然要成为21世纪祖国各条战线的主力军。为了适应社会的需要，他们就得学习。他们主要是靠自学，而自学对大脑这部机器的功率要求就更高。不能设想，一个没有远大理想，又没有升学希望的人会有炽热、持久的学习热情。可见，普通中学的教师必须既教知识，又要教学生做一个有理想有抱负的人。其实，这个问题在重点中学里同样存在。重点中学的教师同样应将培养学生共产主义理想和品德作为自己责无旁贷的义务。学习刻苦的学生不一定个个都品德高尚（他可能靠个人主义思想动力驱使），而品德高尚的人却定能刻苦学习，即使由于先天素质限制，不一定成绩优异，但一定能扎扎实实学到一些为人民服务的真本领——这样的人远比学习成绩好但满脑子个人主义思想的学生为佳。

1979年3月我接手了一个初一班的语文课。接手时，全班语文成绩平均49分，最低的24分。我问他们为什么读书，有的说是为了少挨父亲的巴掌，有的说是为了少听妈妈的数落，还有的说是为了给老师“扛活”。他们懂得很多宫廷秘史、飞碟怪人、凶杀奇案、小道消息，但很少懂得系统的知识；他们非常迫切地希望得到别人的尊重，却很少想过怎样去尊重别人；他们不断伸手向父母和社会要求享受的物质，却很少想过自己应该奉献给社会和父母一点什么。谈到读书，有的畏书如虎，一打开书本就头疼。我用“好好读书，将来升大学”的话来鼓励他们，大部分学生觉得那是拿他们开心。他们说：升大学那是重点中学学生的事，哪能有咱们的分！很显然，面对这一部分没有发动的大脑机器，教师如果只管教书不管育人，这书是不可能教好的。

我就是在这样一个班级开始了我的探索。

二、心染芝兰久自香

我是一个语文教师。我觉得语文教师不应像食品厂的推销员，以把食品卖出去当作完成任务，而应当像保育员，以考虑孩子的胃口、心灵的需要为己任。如果说知识上的满堂灌，学生还能勉强地咽下一些的话，那么政治口号的满堂灌，则可能导致呕吐。在语文教学中育人，绝不是在课堂上滔滔不绝宣讲思想内容所能奏效的。

初中学生感情胜于理智，对一些事物的感情也不稳定，既易于激动，又易于冷漠。他们的心灵接受美和艺术感染的效率，远远超过接受一个音阶的单调的说教。感染熏陶，潜移默化，对学生心灵所起的塑造作用，要比说教大得多。而语文课所具备的感染熏陶条件是得天独厚的。认识到这一点，所以我采用了以下三点做法。

1. 通过课文内容感染熏陶。中学语文教材中的文学作品大都是作者用笔蘸着心血、蘸着欢乐或辛酸的泪水写成的。许多记叙文、人物传记也无不浸透着作者深沉的感情。如果教这些文章，只是讲字、句、篇，涉及作品所表露的思想感情时，也只是概念化地讲解，那么学生便会感到兴味索然，越来越感到学不下去。因此，我坚决摒弃这种教法。通过这几年的实践，我觉得用熏陶感染的方法去教是行之有效的。

我每讲一课之前，都向学生推荐作者传记。我还给学生买了 70 多位伟人和杰出人物的传记，大力提倡阅读。1982 年《人物》月刊出版青年专号，我立即写信到北京订购，使全班同学人手一册。我觉得人物传略对学生的熏陶感染作用是巨大的。探索一位伟人的胸怀，既是一种精神的享受，也是一个思想被陶冶的过程。学生读了作家传略，会加深对文章思想内容的理解，触摸到文章中跳动着的感情的脉搏。例如学生读了介绍鲁迅先生的书籍，再学课本中鲁迅的文章时，感受到的就不再是一篇篇孤零零的文章，而是围绕鲁迅战斗的一生和他生活的年代而产生一系列的联想，于是对作品中表现的不幸的人物寄以深切的同情，对正直坚贞的人由衷地尊敬，对制造种种悲剧的反动统治者深深地厌恶、憎恨，对作者期待的美好未来无限向往。学生们读了《闻一多》，再学《最后一次讲演》时，许多同学便被闻先生炽热的爱国激情和大无畏的英雄气概所感动。

有的课文，我从外面找来一篇和它有关的文章结合起来讲，既开阔了学生的视野，又增强了课文的感染力。讲《鞠躬尽瘁》这一课时，我就给学生朗读了长篇通讯《县委书记的榜样——焦裕禄》。学生们都被这位人民公仆的高大形象感动了，许多学生听着听着感动得流下了一串串的泪水。讲《松树的风格》时，我给学生读了陶斯亮同志写的《一封终于发出的信》，学生们对陶铸同志的高风亮节心驰神往，也就更爱读他所写的道德文章。讲《周总理，你在哪里》时，我就让学生搜集歌颂周总理的诗歌，并在课堂上朗读，使学生们受到周总理伟大的人格和为人民鞠躬尽瘁精神的陶冶。

我感到有不少课文学生反复默读和朗读可以受到很大的感染和熏陶。凡遇到这样的课文，我就从朗读入手，如让学生揣摩、讨论焦裕禄入院前后的话应该用什么感情和语气去读，读到描写其他人物心理活动时又该用什么感情和语气。这样，学生在读课文时，思想感情也进入角色，从而受到了感染和熏陶。读得动情的同学常常几句话就使大家心酸落泪。有些长课文，课堂上不便于全文指导朗读，我就挑出几处最感人的地方让学生读，或者让学生选择最喜欢的自然段来读。比如学生们很喜欢《泰山极顶》中最后一句话："伟大而光明的祖国啊，愿你永远如日之升。"大家试着用十几种不同的感情去读，同样是爱的感情，又有深沉、热烈、单纯、丰富之分，当学生们热烈地争论着该用什么样的感情和语气去读的时候，也就同时在受着课文的熏陶感染。

中学语文教材的课文思想内容极其丰富，有爱国主义教育，有革命传统教育，有理想前途教育，有组织纪律教育，有共产主义品德情操教育。如果说政治课的作用是让学生从逻辑思维的角度懂得真善美的概念，语文思想教育的作用更多的则是从形象思维的角度，让学生感觉到真善美的形象，使学生从内心深处向往之，追求之。这是语文教学的特殊性决定的。

2. 通过课外阅读感染熏陶。普通中学差生多，这些学生成绩低，课内课程学习不好，于是不少教师和家长不让学生看课外书，这实在是很不应该的，因为它往往导致智力开发的失败。据我了解，差生学习差，并不是因为他们读课外书耽误了学习。我接触的 102 名学生中，其中 100 人没有读课外书的习惯，这使他们生活单调，兴趣狭窄，缺乏对未来的向往和追求，心目中几乎没有杰出的人物做榜样，这使他们的大脑机器不能很好地开动，以致学习效率极低。因此我反复向学生、家长宣传读课外书的好处。我说课外书刊其实是学生的第二课堂。我给学生买了 300 多本课外书，指导学生按各自不同的爱好选读各自需要的课外书，又按不同的接受能力规定自己的阅读量。针对某些女同学好计较小事、胸襟狭窄、初中阶段自信心较差的特点，我买了一些女科学家、女革命家的传记让她们读，使她们受到伟人们高风亮节的感染。比如我一次就买了 5 本《居里夫人传》，让全班女同学传阅。读后她们都深深被居里夫人追求真理、热爱祖国、献身科学、忘我工作的精神所感动。一时间，居里夫人的名言写在文具盒上、日记本的扉页上，用以自我鞭策。这样一来，她们中间的是非和其他的闲事少了，而互相帮助、互相激励的风气浓了。我教这届同学五个学期，到毕业时女同学平均每人读完了 2.1 万页课外书，精神面貌有很大变化，学习成绩也显著提高了。全县 45 所初级中学升学考试，只有 33 名女同学总分达到 330 分以上，而我们一个班就占了 12 名，超过三分之一。这件事说明，完全可以而且应该让普通中学的学生，也走进课外阅读的天地里，去接受真善美的感染熏陶。只要教师认真指导，完全用不着担心会影响他们的学习。见多识广，经过多种色彩美的熏陶，学生的思想将变得更纯洁、更健康。

我不仅指导学生读课外书，还指导他们课外时间听广播，领着学生一起去看电影，还鼓励学生回家去看《时代之子》《排球女将》等电视剧。事实证明，学生课外有很多时间，如果没人指导他们去读有益的作品，他们就要去读不健康的作品。许多差生因此受到腐蚀而走上了犯罪道路，这类的例子太多了。我觉得自己作为语文教师，有责任用优秀的文学作品去占领学生的课外阵地，使学生在这第二课堂中也受到共产主义思想的熏陶感染。

3. 用格言熏陶感染。那些经过几百几千年历史波涛的冲刷，到今天仍旧存留下来，并放射着夺目光彩的格言警句，具有异乎寻常的感染力。范仲淹、文天祥的名句，学生过目成诵，激起爱国主义的共鸣。如果把现代革命斗争中那些言简意赅、深刻隽永的格言警句抄给学生，即使不加任何解释说明，他们也能凝神沉思，扪心自问。从 1979 年起，我每天都给学生抄一首古诗或一则格言警句。后来改为让学生轮流摘抄，不到两个月，每个学生就有一次摘抄的机会。我又规定定期评比，看谁抄的格言警句对大家的教育意义深远。学生为了给大家抄就得去读，为了抄得好，就得选择。这样，就在读和选择的过程中受到感染。有的学生毕业以后来看我，还谈到初一时抄的陶铸同志的诗句“如烟往事俱忘却，心底无私天地宽”。说每当遇到挫折，遇到意外的打击时，就想到这两句诗，于是就增加了勇气和力量。有许多学生都把奥斯特洛夫斯基关于生命意义的格言作为自己生活的座右铭。在学生的作文中、日记中，以至文具盒里、书包带上、各科作业本的扉页上，常常可以发现一些激动人心、鼓舞斗志的格言警句。有些“差生”写得反倒更多。尽管常立志的“差生”，不如立长志的优等生，但常立志也说明他常常受到感染熏陶，比起不立志来还是强多了。

三、好雨润物细无声

我注意在写作教学中使学生受到真、善、美的思想教育，在听说读写训练中使学生的信心意志得到锻炼。

从写作心理的角度来看，学生作文的过程，就是思想上受教育的过程。我认真分析学生的心理，尽力使每次作文都能起到教育作用。我发现有些学生对外国先进的生产技术感兴趣，但常常因此而看不起自己的国家，觉得自己的国家落后，他们还没有学会历史地看问题。据此，去年寒假我让每个学生完成两篇调查报告，一篇是《社会上五年来的变化》，另一篇是《家庭中五年来的变化》。学生通过写这两篇调查报告，掌握了许多翔实的数据。仅仅城市建筑情况、市场供应情况、家庭收入、家具增长这几项数据，就使他们心悦诚服地承认我们的国家正在落后的基础上迅速前进。这些年来党风不正，对学生们的影响是严重的。我便努力引导学生学好样、干好事。我让学生写《心灵的摄像机对准啥》的作文，使学生认识到生活中既有蜜蜂也有苍蝇，我们不应该让自己心灵中的摄像机摄满了苍蝇的照片，而应当摄蜜蜂，学蜜蜂。我布置学生写《新风》《清洁工赞》《三伏天的炼钢工人》等作文，使他们发现了生活中成千上万的无名英雄。写《他助人为乐》这篇作文，我让同学们先观察一个星期，看谁最愿意帮助别人，作文就写他。写《班长》这篇作文，我要求同学们积累班长为大家服务的素材，两个月以后再作文。写《炉长》（管理班级烤火炉的人）这篇作文，我于入冬时就把题目布置下去，叫学生开春的时候再写。这样学生既是在写作文，又是在接受这些好同学的教育。那些好同学由于感到别人在写自己，因而就更加努力地为大家服务了。

普通中学的学生几乎每天都面对着一个自信心问题，想躲也躲不开。学校设备差，学生是选拔后剩下的，他们感到自己已基本无升学希望。不少学生随着年级的升高，学科的增加，学习欠债也越来越多，信心也就愈来愈差。有不少学生痛苦地跟我说："眼看升学越来越没希望，学习还有什么用？"我说，哀莫大于心死，人最可怕的就是没有理想、没有信心。杰出的人物之所以杰出，重要的原因之一，就是面临不管多么复杂的情况和意想不到的困难，都始终有为实现理想而战胜困难的信心。我让学生写《谈信心》《再谈信心》《三谈信心》的作文。为了给他们提供写作材料，我先后给同学们读了长篇通讯《追求》《当惊世界殊》，读了报告文学《热流》《艰难的起飞》《美的探险者》《生命的升华》《当代青年》。李月久、钟华等英雄模范人物在重重困难面前始终满怀必胜信心的事迹，像滚滚的热流冲刷去了学生的自卑感。我每个学期都让学生写增强信心的作文。有的学生就是通过不断的写作来树立自己的信心的。例如一名学习成绩倒数第一的学生，由于先天素质较差，总也赶不上别的同学。他自己也感觉到没有任何升学的希望。但他在文章中却写道:“不能因为不能升学就没有学习信心。如果不学习，那我连现在的水平也达不到，学一点知识，将来就多一点工作的本领。”他在完全没有升学希望中坚持着。毕业以后，他参了军，给我来信说:“由于养成了学习习惯，到部队以后，我还在坚持学习。”为了提高学生自我教育的能力,1979年以来我让学生写了30多篇设想做教师工作的文章。要求每个学生都设想自己将来长大了，当上了人民教师，怎样做学生的思想工作。学生对写这样的文章也很感兴趣。《他不溜号了》写的是怎样帮助一位注意力很差的学生，克服思想溜号的毛病。《一堂试卷总结课》写的是如何针对期末考试后学生中出现的骄傲和自卑两种思想情绪，进行耐心细致的思想工作。在《他不自甘暴弃了》这篇文章里，学生设想自己当了老师以后，怎样满腔热情地帮助一个丧失学习信心的学生，写得非常生动。我觉得，学生写这类文章有助于师生之间感情的交流。在这类作文中，常常能发现学生心灵中埋藏得很深的思想，学生也能更全面更细致地观察老师的工作，理解老师良苦的用心。

另外，我还感到有必要通过作文教学，把学生的思想引向明天，引向未来。我让学生写过20多次《日记一则》。月、日就是当天的，只是年代变一变。写2000年的这天，从早到晚在自己的工作岗位上都做了哪些工作。学生们设想自己30多岁时在工厂、农村、机关、学校、医院工作时的情景，都写得十分动人。学生一面写，一面情不自禁地笑着。很明显，他看到了一个美好的明天，自然也就想到了应该珍惜今天。写《我心中的共产主义》时，学生用自己纯洁的心灵描绘了一个无比美好的人类的未来，连学习最差的学生都把共产主义描绘得令人神往;进步的社会制度，发达的生产力，读后确实使人心驰神往，这表明他们心目中确有一个美好的未来。在这样的基础上，我又引导学生写《新我旧我之争》《自我竞赛》《战胜自己》等，学生一般都学会了客观地辩证分析认识自己，学会了从长远的利益出发来严格要求自己。

初中学生另一个带有普遍性的特点是意志比较薄弱，普通中学的中下等学生尤为明显。意志薄弱是学生目前学习的大敌，也是将来工作的大敌，因此我们有责任帮助他们克服。我注意通过听说读写训练来锻炼学生的意志，使学生逐渐养成一种“不做则已，做就要做到底”的持之以恒的品质。例如做语文练习，经过和学生商量，我要求他们每人每天完成500字的语文练习，如果课堂笔记和练习已达到了400字，则课后再写100字即可。但有一条，要结合自己的实际水平确定练习内容。每天的练习要写清年月日，练习笔记要逐日逐月逐年保存。即使到临毕业的时候，发现初一的作文不全了也还要逐一补齐。每年年底学生都必须拿出 1 月 1 日到 12 月 31 日的 365 页语文练习。谁缺少了，我就利用休息时间陪他一页页地补齐。学生以前作文拖拉，到这一个班以后，我就提出要求：作文必须当天交卷。反正星期六最后一节课是作文，写不完，我就陪着他写，非写完不可。我开头提的要求很少，但必须做到。例如要求字迹工整，标点基本正确。每次作文课我都坐在教室里陪学生写，学生写完交给我检查，合格一本，放走一人。有的同学字迹不工整，就废掉重写，还不工整，就坚决再废掉重写。这样要求似乎过分严格了些，但我觉得普通中学的学生如果不训练出这种严谨的学习态度和顽强的学习毅力，是不可能完成规定的学习任务的。

不仅写的训练可以用来锻造学生的意志，就是说的训练，跳读、速读、精读的训练，也都可以用来锻造学生不达目的决不罢休的顽强意志。即使是要求学生于课外自行完成的学习任务，我也是不提则已，提了就一定要落到实处，决不半途而废。1979 年班级制定了每年读 5000 页课外书的计划，为了落到实处，班级设了有 400 多本书的图书柜，设立了借书登记簿，选举了图书管理员，这项制度一直坚持到现在。四年前订的每天抄一段格言警句的制度，同学们直到现在仍在坚持着。四年前订的每天一篇日记的计划，同学们到今天也仍在坚持着。进行这种意志锻造，学生是比较苦的，但毕业以后他们常常满怀深情地怀念当年那紧张的学习生活和极其严格的训练。他们说正是这种训练使他们养成了说干就干的作风和不屈不挠的意志。这些对于他们今后都是比知识更为宝贵的财富。

四、春风化雨柳成荫

心灵上的辛勤播种浇灌，开放出来的一定是灿烂的思想之花。例如在 1982 年学生毕业前的半年，我竟有 62 天外出开会，没有找（也找不到）老师代课，学生在班干部指导下自学语文，但升学考试仍取得了全班平均 76 分的成绩，为全县第一。究其自学能力较强的原因，我觉得最根本的是学生思想发动机的工作效率提高了的缘故。我深感从育人的角度去教书，教书中的许多难题都能迎刃而解。我把自己的心灵向学生敞开，师生之间无思想不可交流。我要求自己一定要深入学生心灵世界中去观察他们的喜怒哀乐，忧学生之所忧，乐学生之所乐。感情交流是相互的。我关心学生的思想和学习的好坏，反过来，学生也这样关心我工作中的成败，师生之间心心相印，其乐陶陶。正是有这样一种巨大的精神力量在支持和鼓舞，使我们师生都敢于藐视在教和学中遇到的一切困难。

我和学生都知道，学校像游泳池，社会像海洋。有时他们在学校接受的一些道理，受的一些训练，到社会上就可能行不通，特别是当社会上的不正之风掀起的恶浪打来时，常常把我们打得晕头转向。但我们并不因此怨天尤人而放弃思想训练。相反，险风恶浪更激励我们增加学校训练的信心和强度，并提醒我们注意把游泳池训练和江河湖海训练结合起来。

育人的工作能使教学收到预期的效果，但我觉得这还远不是全部收益。育人不是像种水稻、种玉米那样属于一次性收获的劳动，它可能是收获和播种相隔几年，十几年，乃至几十年的劳动，它的最佳结果期也许在若干年后。如果学生们在今后的人生道路上继续陶冶自己的共产主义情操，锻造自己必胜的信心和坚强的意志，那他一定能够在战胜自我中享受到战胜客观困难的欢乐，成为能以自己的创造为人民服务而感到最幸福的人。

教书育人涉及一系列有关教育学、心理学、哲学等理论方面的问题，越思考越觉得自己所面对的未知领域极其广阔、新奇，这更激励着我潜心于教学实践与理论学习中探求教书育人的真知。

第七辑

“学高”还要“身正”——提高教师修养

我经常觉得，日常生活中，我们无时无刻不面对各种角色的选择。面对同一件事，我们可以扮演多种角色；在生活这个大舞台上，我们更扮演着多种角色。我们千万不能把自己封闭在一种角色里出不来。

多改变自己，少埋怨环境

1978 年 2 月 20 日，我经过 6 年的努力，终于实现了自己教书的夙愿。

面对的环境并不尽如人意。两栋平房之间一个低洼的大操场，四周连围墙都没有，这便是盘山县第三中学。

平房内部还没有顶棚。这样，一位教师讲课的声音便会穿过顶部的人字架，到达第二、第三乃至第四个教室，大家就这样互相干扰着上课。那时房顶还没有扣瓦，上课时抬头，透过木板缝可以看到蓝天白云。冬天下雪，有的雪花碰巧可以直接飘到室内来。除了教室，没有一个实验室。

刚到校，领导便分配我做班主任并教两个班的语文课。学生呢？也不尽如人意，初二(6)班还不错，初二(8)班可就难了。56 位同学全是男生，是从各个班级选出来的学习“后进生”。他们爱玩，怕上课，有几位同学填学生登记表，连父母的名字都写不对。问他，他却埋怨：“都怪我爸的名字太难写！”

面对这样的环境，我埋怨过，灰心过，也等待过，想等待环境好了，自己再好好教，自己再搞改革。

埋怨、灰心、等待的结果，是学生越来越难教，自己的脾气也变得更糟糕。一事当前，不是千方百计想办法战胜困难，而是先指责埋怨一番。用黄金般宝贵的光阴，换来一大堆无用的指责埋怨，这真是人生最悲哀的事情。

想等办学条件标准化了再改革；想等教师地位提高了，自己再安心教育；想等社会上的厌学之风改变了之后，自己再认真教书；想等所有的人都努力工作之后，自己再努力。这样坐等空想的结果，不仅自己没有改变的希望，还可能因为自身的弱点使外界条件更不如意。

我体会到，比较有效、比较实际的做法，是先从改变自己做起。用七分力量去埋怨、指责环境，可能也不见一丝一毫的效果，有时甚至会适得其反，助长别人的愚昧和自己的野蛮。但只要省下七分力气中的一分，用来改变自己，就能使自己发生变化。

埋怨环境不好，常常是我们自己不好；埋怨别人太狭隘，常常是我们自己不豁达；埋怨天气太恶劣，常常是我们抵抗力太弱；埋怨学生难教育，常常是我们自己方法少。

人不能要求环境适应自己，只能让自己适应环境。只有先适应环境，才能改变环境。

从这样的认识出发，我面对现实，千方百计改变自己的教育教学方法。不长时间，我任班主任的班级，班风有了明显的变化，那个全是男同学组成的班级的学生和我成了朋友，他们也帮着我搞教学改革，帮我设计公开课，学生们的学习热情出人意料地高。

教书不到半年，组织上便要我做教导处副主任，推辞不掉，我只好改变自己教书当班主任的方法，研究边负责 1500 多名学生的思想教育，边兼班主任教语文课的方法。1986 年 3 月 14 日，市委组织部任命我做学校的校长兼党支部书记。学校被特殊批准为辽宁省重点中学，并更名为盘锦市实验中学。这几年，在国家教委及省、市主管部门的支持下，学校办学条件有了明显的改善：新建了教学楼、实验楼和办公美育楼三座楼房；不仅有了标准的理、化、生实验室，还有了体、音、美专用教室，设备先进的电子计算机操作室、语音实验室；有了四通打字机、摄像机、复印机等设备。校园内还建了假山、喷泉、植物园……昔日简陋的办学条件已成为历史的回忆。

昔日不尽如人意的条件没有了，新的不尽如人意的事情又出现了：新上了许多设备，这些设备的保管、维修不精心；一些专用教室使用率不高；房子多，设备多，水费、电费、维修费也跟着成倍增长……

可见，人总要面对一个不尽如人意的环境，总要从改变自己做起，才能适应环境，进而使环境朝着如人意的方面改变一丝，改变一毫。

选择积极角色进入生活

一天夜间，凉风习习，我到校园内跑步，然后返回教学楼，恰逢毕业班的同学晚自习休息，同学们三三两两地步出教学楼。我进了楼，想观察一下同学们晚自习课间活动情况。不料在面对我班的走廊处，听到两位同学正在吵架，吵得十分难听。我立即让那两位学生到我办公室。

一见到我，他们立即害怕起来。看他们起初那样子，我本想大发雷霆，见他们害怕，我的气又消了。于是我想，面对犯错误的学生，一位教师真的可以扮演十几种乃至几十种不同的角色。

我可以扮演一个大发雷霆的莽撞的角色，使自己生一顿气，也使学生生一顿气。

我可以扮演一个不负责任、听之任之的角色，结果学生愈来愈淘气，我的威信也越来越低。

我可以扮演有极丰富经验的教师角色，给学生分析吵架的弊端和危害，帮学生订出避免吵架的措施，使学生佩服得五体投地。

我也可以扮演对学生只会训斥、挖苦一通，别的方面一筹莫展的角色，使师生之间有了隔膜。

我还可以扮演学生外祖母的角色，先施之以关心爱抚，再进行教育指正。

我又可以扮演学生的严父、慈母、兄长等角色，使学生感到亲人般的温暖和爱护，在温暖中改正错误。

我可以扮演学生的好朋友的角色，扮演和学生一起淘气的伙伴的角色，再现学生淘气时的心理，然后使其心悦诚服地同我一起将他的错误思想捆绑起来。

我当然也可以扮演生理保健医生、心理诊疗医生的角色，分析学生犯错误的生理与心理原因，然后帮助其排除障碍。

……

总之，我面前虽是两位吵架的学生，我却不止有两种处理这个问题的选择。选择的角色不同，决定着教育效果的不同。

我选择了严父与心理诊疗医生的双重角色，先施之以爱，继而给予具体细致的心理分析。他们听着我的分析，既没有吓得胆战心惊，又对错误有深刻的认识，对自我进行了有效的解剖。他们心悦诚服地接受了教育，并学到了控制自己犯错误的方法。我也为自己角色选择的成功而涌起一股欢乐。

我经常觉得，日常生活中，我们无时无刻不面对各种角色的选择。面对同一件事，我们可以扮演多种角色；在生活这个大舞台上，我们更扮演着多种角色。我们千万不能把自己封闭在一种角色里出不来。

选择积极的角色这个道理，我也经常跟学生讲。

我问学生：“老师在大家面前是什么角色？”

“是我们的班主任，语文教师。”

“在全校师生面前呢？”“是校长。”

“在我校32位党员教工面前呢？”“是书记。”

“老师出了学校，走在大街上呢？”

“是行人。”

对了，这时我就不能把自己封闭在班主任的角色里。若走在大街上，对面来了人，我非要给人家当班主任，那不自找麻烦吗？

“到了十字路口，红灯亮了，我没看到，还往前走，这时我扮演什么角色了？”“老师，那您就是违反交通规则者了。”既然是违反交通规则者，就不能想，我和交警支队队长、大队长都是好朋友，警察批评我，我不服。而应该扮演好违章者的角色，老老实实地挨批评，接受处罚，以后真心诚意地改正。

“老师到商店里呢？”“您的角色就是顾客了。”

“在优秀售货员面前呢？”“老师是被热情接待的顾客。”

“在刚和爱人打完架，装了一肚子气的售货员面前呢？”“老师您完全可能成为出气筒。”

对了，把这些事都想通了，真的遇上那样的售货员，就不会想不通，就能想到当好出气筒需要多么宽阔的胸怀，需要多强的忍耐力，需要多丰富的心理学知识，这样把她的气给顺下来了，我们还增长了人生经验，丰富了知识，岂不一举两得？倘不愿进入这个出气筒的角色，她出气，你不让；她骂，你也吵，双方都不痛快，每人弄一肚子气，胸怀还容易变得狭隘。

“对医生来说呢？”“您扮演患者的角色。”

“对邮递员来说呢？”“您扮演住户的角色。”

“对政治家来说呢？”“您扮演一张选票的角色。”

“对化学家来说呢？”“您扮演化合物的角色。”

我算是获得荣誉比较多的教师，多次与党和国家领导人合影，先后和党的三任总书记合影7次，多次出席在中南海怀仁堂、人民大会堂召开的会议。人民大会堂的会议不要说在下面坐着，主席台上面我已经坐过5次了。有几次，正部长级干部被安排在我后面坐。有一次，我一回头，发现国务院发言人袁木在我后面坐着呢。此时，我就不好说：“袁老，你这么高的地位，怎么能坐魏书生后面呀，咱俩换一换吧。”你要求也不可能换，这样安排自有这样安排的道理，无须惴惴不安，很坦然地演好教师代表这个角色就是了。

但日常生活中就绝不能总惦记这会啦。日常生活中，我想得最多的，就是我跟卖冰棍的老大娘，跟卖白菜的老大爷，在人这个意义上是完全画等号的，咱一点不比人家高。我总想，地球上不少麻烦事就是有人总想高人一头造成的。高人一头，还是人吗？他们想成为不是人的东西，骑在老百姓头上，老百姓就不让，于是便斗争起来。

总想着自己在人格上和最平凡的劳动者一致，这样便能演好自己“人”这个角色。如果非要说自己和卖冰棍的有什么不一样，那就是咱比人家工作条件好，咱比人家人生机遇好。既然这样，那就该更加勤奋地学习，更加努力地工作才对。

1991 年暑期，我去西藏讲学归来，要赶到哈尔滨参加全国中学学法研究会第二届年会。我请西藏方面给我买 7 月 26 日由成都飞哈尔滨的机票，他们说都已联系好了。不料一到成都，说是没有这天赴哈尔滨的飞机。我非常着急，因为哈尔滨 2000 多人的大会、350 人的讲习班、146 人的代表会都在等着我，因我是全国中学学法研究会的理事长。没办法，我只好 26 日改飞沈阳，到沈阳已是夜里 9 点多钟了，我赶到沈阳站买了一张站票，好不容易挤上了火车。

这时站在拥挤的车厢里，我便想，此时我的角色是挤火车者，怎样演好这个挤火车者呢？站在那里研究人们的表情，研究旅客们的动作，研究旅客语言和他们职业、性格的关系。这样研究着，我忘记了疲劳，感觉兴味盎然。正在高兴时，左边来了一个人使劲撞了我一下，我觉得撞得有理。我站在过道中，人家要走过去，不撞我怎么办，我朝人家笑笑。又过了一会儿，右边又来了一位，照我脚面踩了一脚，我觉得踩得也没什么不对，便连说没关系，没关系，说得他也不好意思起来，只好来了一句：“对不起。”

倘若不寻找积极的角色来扮演，明明是挤火车者，却不肯安心，总是牢骚满腹，一百个不平，一千个气愤，甚至埋怨：“人民大会堂主席台还有我的座位，怎么坐火车反倒连个座都没有?！”这不是自我折磨吗?

在火车上对乘客而言，我是挤火车者；在沈阳市内，我只是五百万市民之一；对全人类而言，我只是五十亿分之一，微不足道的一粒沙子。换个角度，有什么不微小呢？地球在太阳系还算个东西，太阳像西瓜那样大，地球毕竟有豆粒那么大。到银河系呢？还有豆粒那么大吗？不也成了一粒尘埃了吗?

变换角度思考问题，选择积极的角色进入生活，容易使人成为一个成功者。

多抢挑重担，少推卸责任

1991 年 7 月 17 日，我自成都飞抵西藏贡嘎机场。

踏上高原，感觉置身画中，阳光明丽，草翠山青。高原上的山石草木都比平原上的看起来更清晰、明亮，大概是空气稀薄，且又很少有污染的缘故。

刚到，人们都劝我多休息，说是报上登了：“赵本山到西藏演小品要吸氧气，冯巩来说相声，刚下飞机便进了医院。”拉萨市孔繁森副市长对我说：“休息几天再讲吧！这里的空气只及平原的 60% 多，中央有位领导来视察，一下飞机便进了医院。你讲课时间长，体力消耗大，一定要多休息几天，体力恢复了再讲。”

我说，还有别的会等着，只能休一天，明天就开始讲吧！

“那怎么行，累坏了怎么办？”“累坏了我就不讲了，就休息嘛！”

第二天，在拉萨市政府礼堂，我开始讲课。讲了 20 分钟还行，30 分钟还可以，一小时感觉良好，中间没休息，一直讲到中午。上午感觉挺好，下午又讲了半天，这一天我讲了教育改革的指导思想。

第三天，我讲了一天，讲的是怎样管理班级，怎样做一位好班主任。

第四天，我先给西藏的学生们讲了两节语文课，接着又谈怎样教语文。

第五天，我讲怎样当校长、书记，怎样管理学校，一直站着讲，讲到 1 点过 10 分。我说：“各位老师，我明天早上 5 点钟就要奔飞机场离开西藏。这是我第一次来拉萨，拉萨市容还没看，请允许我到此结束，剩下半天时间游览，行吗？”全场老师都笑了。但大家还不放过我，要照完相再走。于是各个单位轮流合影，到 2 点 15 分我才走下舞台。

下午，参观了大昭寺、小昭寺和市郊的古寺。

晚间回到日光宾馆，一看房间里坐满了人，等着我座谈。谈到半夜 12 点 5 分，送走了副市长、教体委主任、教体委副主任等领导和教师。

第二天早晨 5 点钟，副市长、教体委主任等领导又起来给我送行。孔副市长说："在拉萨这样的高原地方，连讲 3 天半课，这么繁重的劳动，西藏当地人也讲不了，你能承受得了，有什么秘诀吗？"

我想了想，回答说："要说有秘诀，就只有一个，那就是，平时多抢挑重担，少推卸责任；多干活，少闲着。这样，体力就好，适应能力就强。"

我从在农村学校当班主任至今，共当了 17 年班主任。17 年来，我从没请过一天病假，也没花过党和人民一分钱药费。有人问我不得病的原因是什么，我觉得原因也在于平时多干活，少闲着。

在老区开会，去宾馆、剧场，有四五里路，我都是步行，有人看见了，问："魏老师，怎么不骑自行车呀？""我在锻炼，在占便宜。"

到新区开会，往返 20 公里，倘时间允许，即使是数九寒冬，我也爱骑自行车去。有的领导遇到了，问："魏老师，怎么不坐车呀？"我们学校有 3 台东风大卡车，有面包车，还有伏尔加轿车（去年市领导又把我的伏尔加换成了一台桑塔纳）。见我有车不坐，有人便说："典型难当呀！魏书生得注意自己的形象，给国家省汽油。"在全市干部大会上做报告时，我讲了自己的观点："在骑自行车开会这个问题上，我真的一点都没想党和国家的利益。那我为什么骑车不坐车呢？实在是出于自私自利的目的，想占一点小便宜——白捡一次锻炼的机会。20 公里路，一边骑，一边锻炼还增强了体质。"

人就是这样，有动的机会，有锻炼的机会，不能白白丢掉，要紧紧抓住。生命在于运动，多锻炼才有较强的体质。

工作也是如此。我多次和青年教师谈心："每月给你 200 元工资不变，面前放着两副工作担子，一副 100 斤，一副 200 斤，挑哪一副占便宜？"有的青年教师说："当然挑 100 斤占便宜。"我问："为什么？"答案是省了力气。我觉得不少青年人能力差，工作平平，原因恰在这个观念上。工作挑轻的，力气是省了，增长能力的机会也放过了。

人的能力强是工作多逼出来的，铁肩膀是担子重压出来的。有的青年人推卸掉了领导让他担任的班主任的担子，自以为是占了便宜，实质是把机会、把能力推出去了，把自己变得无能力。另一部分青年人抢挑重担，抢着当班主任，抢着当比较乱的班级的班主任，他便抢到了一个增长能力、锻炼自己、显示自己才干的舞台。在这个舞台上，他开头的表现不会很出色，但随着实践机会的增加和学习的深入，他定能成长为成熟的班主任，一定会具备驾轻就熟管理班级的能力。而推卸了班主任重担，推卸了乱班班主任重担的人，一定不会有当好班主任的能力，一定不会有当好乱班班主任的能力。

同样，一年又一年上班工作，倘若一个人工作量不足，有充分的剩余时间没法消磨，便只好或用闲思，或用忧伤，或用牢骚，或用闲话，或用百无聊赖的心绪，或用自责懊恼的感情，或用玩扑克、打麻将来消耗掉剩余的时间，一年又一年重复着自己低水平的工作。

抢工作干的人呢？如同没有时间叹息的蜜蜂，忙于工作，忙于学习，忙于提高，忙于自我更新。几年过后，便是一个能力强的班主任了。

我们的社会正朝着公平合理的方向发展，少劳不少得、多劳不多得、无能的人不少得、能力强的人不多得的可悲现实正在改变。如今，社会已进入尊重教育，尊重教师的时期，同时也对我们教师提出了更高的要求。我们应该储备能力，增强能力，而增强能力的有效途径便是：多抢挑重担，少推卸责任。即使不是为了明天，仅仅为了使我们今天活得有价值，活得少一点懊悔，多一分自豪，我们也该多抢挑重担，少推卸责任。

笑对人生

一位班主任积极乐观，笑对人生，容易使学生受到感染，容易使学生性格开朗、乐观。

我曾用开朗、乐观的态度处理过较复杂的问题，结果使复杂的问题简单化，大家很容易便相互理解，相互谅解了。

我也有过情绪不好的时候，这时，鸡毛蒜皮的一点事处理起来，也会变得复杂。小事变大，无限上纲，搞得人人自危，情绪紧张，同志关系很不正常。

我便叮嘱自己，要笑对人生，做一名乐观的班主任，是为了学生，也是为了自己。

有人问：“现在学生厌学，教师难当，经费难筹，学校难办，怎么能笑得起来呢？”我反问：“难道愁眉苦脸，就能把那些困难吓跑了？”

我常想，生活像镜子，你对它笑，它就对你笑；反过来，你板着面孔对待生活，那就天天都有值得生气的事情。你若对着镜子哭，它当然也对着你哭。

“有那么多困难整天缠着你，笑得起来吗？”“那就要看笑的水平高不高啦！”我想，笑是一种胸怀，也是一种能力，一项技术。应钻研这门技术，不断提高自己笑的能力，不断提高学生笑的能力，这样，教学效率就会高。当然，笑还有其他好处，诸如笑能使心理轻松、思维敏捷、强身祛病、延年益寿、增进团结、吓跑困难等，就不细说了。

从哪几个方面努力能提高笑的水平呢？

1. 首先要多做实事。人在不断地一件又一件地做实事的过程中，心里会产生自豪感、快乐感。至少在忙着做实事的时候，没有时间烦恼、忧虑。另外，对别人，对集体，对国家有益的、实实在在的事做得多了，无愧于人生，无愧于他人，无愧于集体，无愧于国家，才能笑得起来。

2. 对别人要一片好心，与人为善。能助人时且助人。没有能力相助时，也绝不贬低人，绝不嘲笑人，更不能整天想着害别人、整治别人，那样的人生绝不可能快乐。与人斗，其实绝不可能“其乐无穷”，而只能是“其苦无穷”。在人世间，应该是宁可人负我，不可我负人。这样，别人由于你的存在而快乐，你自然也就容易笑起来。

3. 要看到自己的长处，特别要少想一些自己无法改变的弱点。个子高就想个子高的长处，个子矮就想矮的优点。实在有难以改变的弱点，如先天耳聋，则努力发现自己视觉、触觉方面的长处。或取长补短，或扬长避短。眼前事业受挫时，就想想过去自己取得成绩时的心态和过程。这样就有可能由悲观转为乐观，进而激发新的开拓进取精神。

4. 要看到自身的渺小。人若把自己看得太重，便会产生过分的自我保护心理，看重名誉啦、地位啦、财产啦，等等。要保护那些不符合实际的名誉和非劳动所得的财产，就容易产生重重苦恼。这时不妨采取一点虚无主义的态度，想一想在广阔的宇宙空间，一个人只是一粒沙，甚至是比沙还小的尘埃。实际上也确实如此。从漫长的人类历史长河的角度来看，一个人活一辈子，七八十岁，也仅是整个人类历史的数万分之一，是极其短暂的一瞬。这样，名誉、地位、财产这些身外之物，就更显得微不足道了。为了实现更高层次的人生价值，即使失去再多名誉、地位、财产，也不足惜，也能以乐观的态度对待这些问题。

5. 对待人生的不幸要用笑来使它减半。有人说：“戴着镣铐跳舞是阿Q精神。”我认为阿Q精神胜利法的本质是：用自我安慰来为自己的软弱与无能做辩解。如果我们为了使自己坚强起来，为了使自己减少忧虑，节省下时间来多做实事，为了使自己具备多方面的能力，而对眼前的不幸采取幽默和无所谓的态度，那有什么不好呢？戴着镣铐跳舞显然比戴着镣铐哭泣更有利于自己的健康。丢了一大笔钱，本来就已不幸，若再苦恼一天，只能使不幸加倍，倘再因此病倒，岂不使不幸翻了三番？倒不如丢钱之后，想不幸中之幸，“算啦，毕竟没丢太多……”迅速摆脱苦恼，查找原因，亡羊补牢，积极乐观，使不幸至少不再增加。倘处理得好，由此激励自己开创一个新的项目，开拓一个新的增加财富之道，还有可能变不幸为幸事。千里马不被伯乐发现，本来已是不幸，倘若因此而悲观丧气，牢骚满腹，甚至破罐子破摔，则不仅使不幸加倍，而且会失去千里之能。反过来，少想或不想这些，甘做无名之辈，积极进取，充实自我，开朗乐观，笑对人生，多做实事，埋头苦干，等待机遇，则很有可能被大众发现。即使终生不被发现，默默无闻，自己也应开朗乐观，积极进取，快乐地走完一生，享受大马拉小车的轻松自得的乐趣。面对不幸，哭只能失去得更多，笑则至少能抑制不幸的增加，还可能减轻损失，使不幸减半。

6. 做感兴趣的事。生活中常有一些猝不及防的烦恼事，如与好友偶然产生矛盾啦，工作突然遇到挫折啦，等等，明知烦恼不对，可又笑不起来，心被烦乱缠绕，怎么解脱？有效的办法是挑一件自己平时感兴趣的事做。你爱美术，此刻就画画；你爱书法，此刻就练字；你爱看书，就挑一本最感兴趣的书看；你爱打拳，就去打拳；你爱下棋，就去下棋。这样，一件或几件感兴趣的事做过之后，负责烦恼的脑细胞失去了工作机会，不知不觉处于抑制状态，快乐的心境重又恢复，重又笑对人生。

7. 唱几支歌。愁的时候，烦的时候，最好听听音乐，唱几支歌。可唱凄苦的歌，也可唱欢乐的歌。几支凄苦的歌，全心全意地唱过之后，胸中凄苦往往也随之排遣出去。再唱几支欢乐的歌，唱的时候要努力做到全身心都沉浸在歌词描绘的境界里，大脑呈现歌词中的丛林、鲜花、奔马、海浪、阳光、山谷等，这样很容易使人重新快乐起来。

8. 拖拉法。世人用拖拉法，贻误了不少该做的事。我们也应该用这个办法把愁闷拖少拖无。遇到生气的事，不妨这样告诫自己：“这些闲气一小时以后再生吧！”烦闷向你袭来时，你这样暗示自己：“上午先做几件事，等下午再抽时间烦闷吧！”拖到下午，能拖再往后拖。再比如你想发脾气，并且知道发脾气不对，当气满胸膛难以抑制时，你命令自己：“数 15 个数以后再发火！”15 个数数完了，倘还能抑制住，则 5 分钟、半小时以后再发火。这样一拖，常常就能想出比发火更高明的处理问题的方法。

9. 冥想。愁闷心烦之际，还可微闭双目，目视鼻尖，以鼻对口，以口问心，气沉丹田，浑身放松，大脑入静，能静则万念皆空；不能静则开始冥想，以一念压万念。可以想自己以前到过的印象最深的、曾经流连忘返的风景区：如桂林的大榕树、月亮山、漓江水……再细一些，置身于桂花丛中，桂花的叶，花瓣的色彩，花蕊的形状、味道……还可以冥想自己骑着黄鹤，悠闲自得地云游于蓝天白云之间，这时再低头看沙盘一般的江河大地，于是顿感宇宙之浩茫，人生之须臾，便容易心自安详气自宁。这样想来，常常能使烦恼愁闷一扫而光。当然这方法也不是每一个人第一次用就百分之百地灵验。第一次可能只管一两分钟，练的次数多了，就随时做随时灵了。

10. 善于寻找欢乐。生活中不是缺少欢乐，而是我们缺少发现欢乐的能力。有的人寻找忧愁的能力很强，总埋怨生活给他的欢乐太少，以致自己老板着脸孔过日子。大家想一想，许多革命前辈、志士仁人，为了人类的进步事业，背井离乡，妻离子散，有的身陷囹圄，有的甚至献出了宝贵的生命，生活对他们真是太不公平了，可他们在牢狱中仍积极乐观地同腐朽势力做斗争，有的在赴刑场时，仍能高唱《国际歌》。他们高度的革命乐观主义精神，应该永远鼓舞着我们笑对人生，笑对生活。想想慷慨捐躯的先烈，我们个人的忧愁烦恼便很容易烟消云散。

提高笑的能力，其方法当然绝不止以上 10 种。我想，我们人类应该有一门专门的学问来研究笑，有专门的著作来谈笑。三国魏邯郸淳便编撰有《笑林》，可惜后来亡佚了。我们今天应该重新编辑一本《笑林》，如果能编写一本《笑学》，设立快乐专业那就更好了。人生苦短，人好不容易才获得一次在地球上生活七八十年的机会，人生值得高兴的事情又这么多，如果不学会笑对人生，那真是永远无法挽回的损失！

走自学之路

我从念初中的时候开始自学《哲学讲义》《辩证唯物主义讲课提纲》《论共产主义》等书籍，到今天，已经曲曲折折地走完了 20 年的自学道路。唯其路途漫长，才更觉成果的微不足道。忆昔抚今，悲喜参半。从自学方法的角度去思索昨天的路程，有四点体会是比较深刻的。

一、注重非智力因素的培养

以前我觉得，学习只要有较强的记忆力、集中的注意力、敏锐的观察力、丰富的想象力便能够自学到广泛的知识了。现实生活却严肃地教训我：智力因素在自学的成绩中只有一小半的功劳，一多半的功劳属于非智力因素，即人的理想、情感、意志、性格。

自学比起学校学习来，客观条件要困难得多。1968 年我从沈阳下乡到盘锦，在那“革命加拼命，拼命干革命”的日子里，我们人人比赛汗流得多少来表示自己对革命的忠诚程度，这样干一天重体力劳动下来，浑身像散了架一样，真不想再摸书本了。在这进退处于两者之间的时刻，我竭力唤起自己对当时重体力劳动不满的感情，去追求向往一种更科学更合理的管理方式和劳动方式。这种情感转变为信念，信念又点燃了意志的发动机，于是又坚持读哲学、政治经济学的有关论著。

离开农村到了工厂，自学条件也没有什么改善。入厂第一年，我以自己本来瘦弱的身体为别人输血，以致体质更弱。不久又在一次繁重的义务劳动中把右臂砸成粉碎性骨折。头脑中自我原谅与为理想而刻苦学习这两种选择像天平的两端，摇来摆去，我用意志的砝码，稳住上进的一端，和同宿舍的青年工人们制订了自学课程表，内容包括政、语、数、理、化各科。那是 1973 年，我的自学毅力比自学的内容更引起人们的注意，于是我被接收为中共党员，并被确定为厂级领导的接班人。

“批林批孔”开始，形势急转直下。我由于提出“孔子毕竟是杰出的哲学家、教育家，对他的许多见解应该一分为二”“西欧共同市场的发展有利于世界形势的稳定”“企业必须加强计划管理、制度管理，必须管卡压”等许多观点被抓了典型，在党内外多次被批判，上级领导提出要深挖我的反动思想体系，并列出了我否定“文化大革命”等方面的 108 条言论。先停职反省，后下放车间劳动。如此境况，在自学道路上，我遇到的当然不是智力方面的考验，而是非智力因素的考验。能不能再坚持自学，显然取决于我的信心、理想、意志、性格。当时我喜欢学哲学、政治经济学、世界通史等。正是这些知识，使我站在一个高远的角度看人生，书中许多杰出的共产主义战士的献身精神，使我看清了自己生命的价值。我既然在入党志愿书上写了“为共产主义奋斗终生”，那就应该忠于自己的入党誓言。于是，在挨批判时我提出辩论，但未获允许。我说：“十年以后可鉴别今日之是非。”于是招致更不讲道理的批判，这时又是信念、理想、意志支持着我艰苦自持，更认真更刻苦地寻求着真理。四匪覆灭，晴空澄澈，特别是党的十一届三中全会后，个人的自学条件大大改善。在各级组织的关怀下，自学效率也较以前为高。身体的不适和政治的压力没有了，但工作的繁忙，紧接着就来了。这时又是理想和意志促使我在工作的间隙里自学。以 1984 年为例，我除了本职工作教两个班的语文课、任两个班的班主任，还参加了 132 天会议，接受了十几家新闻单位采访，处理了 500 多封信件，接待了省、市、县领导 13 次考察，为十几个省市 5000 多位教师讲公开课近百节……即使这样，我还是自学了几种版本的教育学、心理学，并参加了古代文学、外国文学等科的自学考试。

回顾这些年来的自学道路，我最深的一点体会，就是把大脑分为动力部分和工作部分。动力部分由信念、理想、意志、性格组成，工作部分由记忆力、注意力、观察力、想象力、理解力组成。要想使大脑机器在曲折坎坷的道路上不停地前进，就必须不断检修、调整动力部分，使之不停地运转，这样工作部分才能发挥作用。

二、增强筛选信息的能力

知识海洋，浩瀚无涯。思想之舟游弋其上，最重要的是选择一条正确的航线，否则也有沉没的危险。这是我的第二点体会。生活的海洋能浮人也能淹人，知识的海洋同样能浮人也能淹人。人们必须具备筛选知识的能力，不然东一头西一头地乱撞，虽然学习了几十年，最终也会一事无成。

首先，筛选要考虑国家的需要。“文革”期间，是非混淆，唯心主义横行，形而上学猖獗。我希望能够寻求到种种社会问题的正确答案，便选择了哲学、政治经济学、科学社会主义。1969 年，我到学校做教师，便开始选择研究人的思维、研究教育方法等方面的书籍来读。这最初的自学选择，使这方面的信息深深嵌入我的头脑中。

其次，筛选不能朝三暮四。在和国家利益一致的前提下，尽可能按自己原来自学的科目延伸。我到工厂以后，目睹一些人践踏教育园地的做法，深感做一名教师责任的重大，且自己自觉无力扭转当时社会上的许多偏见，倒不如从纯洁的孩子们开始，做一点踏踏实实的塑造人们共产主义人生观的工作。在当时看来，要求从工厂到学校，从当政工干事到做普通教师，不是高攀，而是低就。于是我几年如一日地执着地申请去当一名教师，仍在继续筛选对将来做教师有益的知识。这段时间，我除学习《欧洲哲学史》《中国哲学史》《中国古代思想史》《世界通史》《政治经济学》《社会主义史》等著作外，也看一些中文专业方面的书籍，以及中外教育家的著作。

实现教书愿望之后，我的学习目标更为明确。在知识的海洋中，我在教育的领域航行，这是大的筛选。就某一科、某一本书、某一类文章来说，也有个筛选的问题。我试用跳读、速读、细读、精读的方法去读不同内容的书。遇到有关教育的书籍，我先用跳读的方法，即眼球做纵向运动或横向跳跃的方法，迅速捕捉那些跟自己联系较紧的信息。对筛选后的信息再用每分钟 1000 字的速度去速读，决定其是否有细读、精读的价值。细读的部分我用每分钟 200 字的速度读，精读的地方更慢，有时还要反复读。

三、看多家之言，有助于信息的处理

教育是古老的事业，语文是古老的学科。就这一点而言，前人积累了许多经验和理论，这是十分宝贵的。但从另一个角度看，人类正处于年轻时代，人类将来要走的路比起已经走过的道路来，不知道要长远多少倍。这样看来，教育和教学都还有许许多多未被揭示的领域等着人们去开拓。所以当前世界教育、教学领域、心理学领域出现了百花齐放、百家争鸣的大好局面，大量研究教育方法、教学方法和心理学的著作应运而生。我在学习这些知识的时候，喜欢把对立的两种观点或更多不同见解的著作拿来对照着看。我觉得在学术问题上，一个学术派别的新的发展方面，常常在他对立的那一学术派别的边缘，而真理又常常在两个极端之间的某一点上。这样我既看凯洛夫的《教育学》，也看巴班斯基、赞可夫、苏霍姆林斯基的文章和著作。既看美国布鲁纳的课程结构理论，又看批判他这一理论的文章。既思考杜威的儿童中心主义，也分析在我国占统治地位的“三中心”学说。

我觉得在学术问题上抽象地肯定与否定都是没有任何实际意义的。困难的有意义的事情是给各种理论确定正确与错误的时空范围。而把各家对同一问题的观点看法都拿来分析对照，就比较容易理解各家理论的精髓与糟粕，从而比较准确地确定它能够成立的时空范围。

看多家之言，还有助于训练人归纳、演绎、比较、分析等思维能力。比如我手头的心理学著作就有十几种之多。在看这类书之前，我力求弄通心理学这门学科的著作知识结构图。从系统论的观点理清这个结构中许多母系统和子系统的关系。这样有了读总体心理学知识的路线图，再去读各种专著。一部书，我也不是一页页地读，而是先看目录，然后跳读，弄清它在总体系统上的位置，再在心里画出这本书的知识结构图。这样一本一本书的知识结构图对照着思考，相互之间的异同点就异常清楚了，相互之间的利与弊也容易暴露出来。

四、用读写结合的方法进行信息反馈

自学的目的不应是为了文凭，为了好看，而应该是为了在实际工作中应用，使工作效率提高。而巩固知识，用获取的信息提高工作效率的最好办法，我觉得就是把学习与写作结合起来，这样会迫使自己目的性更强地去学习理论，又有目的地去用理论指导实践。这样学来的理论镶嵌在脑子里才是牢固的。

这些年来，我一直坚持这样学习。1972 年，我结合当时的学习内容写了一篇16万字的文章《论改造世界观》。1973年又写了一篇18万字的文章《论工作方法》。尽管当时的形势用批判当作报酬付给了我，但我边读边实践边写作的学习方式并没有改变。1979 年我写的《思想政治教育与开发智力资源》一文获省社科联优秀论文奖；1981 年写的《培养学生的自学能力》一文在全国交流，并在《中国教育学会通讯》上刊登。这些年来我在国家级刊物与各省刊物上发表 22 篇文章，有 4 篇获省级优秀论文奖。我先后 6 次在全国性学术会议上宣讲自己的论文。

结合实际去写，就逼着自己去看更多的书，在实践与写作的过程中又加深着对理论的理解，又养成了用理论去指导实践的习惯，是一举多得的好事。我不仅写文章，而且写思想日记、工作日记、学习笔记，这些积累起来近 200 万字。我深深体会到读写结合，确实能提高自学效率。

为了跻身于百分之九十八以上没有大学学历的同龄人行列中，12 年前，我没有执行领导要送我上大学的决定，也放弃了念函授、业大的机会，而选择了一条自学道路。我知道它崎岖坎坷，也知道在这条路上行进要付出双倍的毅力和汗水，但唯其崎岖，才更有利于我一辈子在最基层做一个知行统一的教师。以后，我还要踏着这条路，满怀信心地朝前走。

发展自己的长处

1990 年，辽宁省中学历史教研会在我们盘锦市实验中学召开，会场内的横幅上写着：学习魏书生教改经验，深化历史教学改革。

会议总结的那一天，领导找我说：“魏校长，你给讲一讲吧！”我说：“会议代表中很多人都是名牌大学毕业的前辈，我又是历史教学的外行，哪有资格讲。”领导说：“会议中心议题就是历史教学怎样学习魏书生的经验，你不讲怎么行？”

我推辞不过，只好上台。这次发言，我只讲了发展长处的问题。

就课堂教学的形式而言，我衷心希望大家千方百计发展自己的长处，千万不要都来模仿魏书生的“六步教学法”。有的老师擅长讲授，他讲历史课，好、中、差学生都非常愿听，兴趣浓，注意力好，边听边理解边记忆。老师讲的知识入耳入心，在大脑皮层上留下较深的痕迹，学生考试成绩好，那就证明这位老师的“讲”是成功的，他还应该讲下去，还应该发展“讲”的长处，讲得更生动、形象、科学、系统，讲得更有趣，更吸引人，更迷人。他不应该看魏书生上课很少自己讲授，于是也不讲授了，也去组织学生讨论。那样丢了自己的长处，再学一种方法，即使成功，也多用许多时间。

有的老师擅长写，字写得漂亮，还会绘画，板书设计极吸引人，学生像欣赏艺术品一样，欣赏研究他的板书，在欣赏研究的过程中，学生很容易便理解了历史事件复杂的起因，记住了历史人物、大事年表等知识。学生学历史兴趣浓、成绩好，显然老师“写”的长处起作用了。这样，老师当然应该继续发展“写”的长处，写得更科学、更艺术、更迷人，而无须看魏书生一堂课有时只有十几个字的板书，于是自己回去也很少板书了。

也有这样的老师，不善讲，有人听课就脸红；不善写，练了十几年字，字还是写得歪歪扭扭。但他不自卑，因为他有一个长处：善于个别辅导。无论教什么班级，好、中、差学生一经他辅导，都学有动力，学有目标，学有方法，学有兴趣。他教不长时间，各类学生都有明显进步，这就说明他的辅导功夫过硬，他应努力发展辅导这方面的长处，写出论文，写出专著，那么，尽管他讲得不好，写得也不漂亮，但他完全可能成为辅导方面的专家，成为特级教师。

我接着说："能不能说擅长唱的老师就可以在课堂上唱起来呢？"

会场上一阵笑声，大概是觉得不可能吧。

这时省历史教研室崔主任站起来说："我就接触过这样一位老师，善于唱，把知识点编成唱词，一上课就唱给学生听，教学效果非常好。"我想学生上这样的课一定感觉是一种享受，课前盼望着老师快些来，课上听着老师讲，欣赏着老师唱，思考着老师的唱词，下课了，不愿让老师离去，考试成绩高。这位老师能因为学魏书生的"六步法"，发现魏书生上课并不唱，便也抑制了自己"唱"的长处，由一位有特长的老师重新变为平常的老师吗？这样学习显然是片面的，还不如不学。

我不是主张不向别人学习，而是主张坚持自己的长处，学习的目的是发展而不是抑制自己的长处。一个人有很多长处，当然好。长处不多，只有一点儿，只要努力发展，同样能取得突出成绩。

一个人瞧不起另一个人的时候，喜欢把人家的长处说成是雕虫小技。且不说雕虫原指虫书书法这门艺术，单是引申义——微不足道的技能，真要努力发展也能有突出成绩。如在小器物上雕刻这些小技能：在桃核上刻舟，在枣核上刻人物，在牙签上刻山水，都给人以多方面的启示。一位中国微雕艺术家在国外表演，外国友人当场拔下一根头发，请求在上面刻字，艺术家顷刻之间刻了"福如东海，寿比南山"8 个字，外国友人在放大镜下看了这 8 个字，喜不自禁，当场拿出 5 万美元酬谢。

我 18 岁下乡，19 岁当班主任时，跟几位年龄大的学生只差一两岁。没经过师范训练，不会做班级工作，我承认自己的不足，但又不能自卑，便努力寻找自己的长处。

我发现自己的长处是善于商量。班级纪律不好，找班干部一商量，大家帮我想了许多办法。用这些办法维持纪律，班级秩序比以前好多了。我不会开主题班会，又和学生们一起商量，大家帮我想出了提高班会质量的好办法。个别学生学农劳动时不积极，我和学生们商量出了开展劳动竞赛的办法，极大地调动了学生的劳动积极性。

凭着商量的长处，我这个从没带过班的人，居然使班集体有了极强的凝聚力。后来，离开农村，到工厂，又回到学校教书，当班主任，我一直记着自己这一点长处，并努力发展这一点长处。

后来，当了书记、校长，我也是凭着商量这两个字，最大限度地调动全体教职员工的积极性。6 年多来，大家齐心协力，使学校面貌发生了较大的变化。

不仅同自己的学生商量，给外省市的学生上课我也依靠“商量”这两个字，顺利地完成了教学任务。

8 年多来，我给中苏边界的黑河市的学生上过课，也给南宁、桂林、广州、深圳的学生上过课；给西部城市乌鲁木齐、拉萨、兰州、重庆的学生讲过课，也给东部济南、南京、上海、厦门的学生讲过课。

应该说，给学生上课，要比向老师汇报教改情况复杂得多，困难大得多。

有一次，教研部门的领导跟我说：“魏老师，您把明天要讲的课文题目告诉我们，我们组织学生先预习一下，讲课成功的把握不是更大吗？”

“我从 1981 年 9 月起，讲公开课就从来没让学生预习过，这次也不破例。”

“那失败了怎么办？”

“失败了我也没负担，本来我就应该实实在在地向老师们袒露一个真诚的自我，露出缺点，才能得到老师们的帮助。”

“您是没有负担，可是我们有压力呀。”

“为什么有压力？”

“明天听课的人很多，老师们从四面八方赶来，最远的山区老师，用了 3 天时间，换了 4 次车专程赶到这里，倘若失败了，我们组织者要受责备。”

在洛阳，老师们告诉我：“明天有 1600 人听课。”在武汉，是 1900 人听课，在哈尔滨，2000 人听课。到郑州，马正老师告诉我：“明天在郑州大学礼堂的舞台上讲课，下面是 2000 个座位，票还不够分，在过道上又加了 200 个小方凳，听众 2200 人，刘副市长也来听课，不预习行吗？”

我心里比较踏实，原因在于我有商量的长处。

1989 年国庆节，我到北京参加全国劳模会。刚到京，北师大张鸿苓教授和北京教育学院刘全利主任便到住处找我：“你给我们讲公开课吧！”我说：“事先不是说好到京后的第三天讲课吗？”“第三天是给全市语文教师代表和教研员讲，上课的是普通中学的学生，今天下午重点中学的老师想听听你怎么给重点中学的学生上课。”

我说：“讲就讲吧，我现在正讲第三册教材，从中找篇课文吧。”

“不，老师们想听听学生刚入学，你怎样调动他们自学积极性，就讲第一册教材吧。”

“那我没带教材怎么办？”

“不要紧，下午到会场就有了。”

下午1点50分，张教授给了我一本教材，我匆匆忙忙备了8分钟课，2点进会场，上课的是北京师范大学实验中学的学生。我便实话实说：“同学们，我上午10点多赶到北京，10分钟以前才拿到教材，没备好课就上课来了，怎么上，咱们商量着上吧！”同学们一听都笑了，学生都愿意接触没有架子，和他们说心里话的老师。

“今天我们讲小说《最后一课》，大家说说学一篇小说，要完成几项任务？”同学们很热烈地发言。“好了，我们完成这样5项任务。”“大家首先做哪件事？”“60分钟完成5项任务行不行？”“分析人物形象这项任务，是老师讲好，还是学生干部讲好？是大家讨论好，还是分头查资料好？”

实验中学的学生非常聪明，尽管我课备得不好，但在同学们的帮助下，教学任务还是准时完成了。同学们都嫌时间过得太快，不愿下课，下课后团团围住我，问长问短，让我给签名……

在西藏，我给学生上完课，第二天要走时，学生们又赶来看我，送我。在乌鲁木齐，要下课时，学生一齐要求我压堂。在厦门上完课，学生喊：“老师，我们要求拖课。”我问：“什么叫拖课？”学生说：“拖课就是到下课时间也不下课。”“原来如此，我们北方学生管这叫压堂。”“咱们压堂多长时间呢？”“老师愿压多长时间就压多长时间。”于是我便用十几分钟讲一讲人脑潜力开发的方法。

也有时讲完课刚回到盘锦，便接到各地师生的来信。安徽和四川听课的学生寄来了问候信，兰州的学生寄来了祝福卡……

于是有的老师问我：课前你和学生素不相识，到了讲台上师生才第一次见面，才宣布这节课讲哪篇课文。你是凭什么秘密武器在这么短的时间内和学生沟通了感情，在这么短的时间内获得学生的理解与信任的？

其实，我真没有什么秘密武器，如果非要说有，那就是我这两个字的长处，多和学生——商量。一位当班主任的，如果凡事都和学生商量，一定容易成功。

商量，就不全是教师说了算，即使我们主张办法都正确。如“我们应到客运站劳动”这件事，你用不容置疑的命令口吻，学生就不愿意接受。用商量的口吻呢，就容易接受。再让大家商量商量劳动的好处，那么学生的劳动积极性就更高了。

调整需要，善于比较

做教师的应善于调整自己的需要，并学会比较。

这里所说的需要，是指对事物的欲望或要求。只有善于调整自己的需要，才能善于调整学生的需要。只有善于调整学生的需要，才算是抓到了教育的关键，抓到了根本。

人活着是因为有需要，一旦什么需要也没有了，人也就不再活下去了。

人和动物有区别，是因为人的需要比动物丰富得多，高级得多。一旦一个人的需要和动物相同了，我们便说这个人丧失了人性。

人之所以产生需要，有积累起来的遗传的原因，更重要的是人生活于社会之中，受社会影响、教育的结果。

每个人社会经历不同，需要的结构、强烈程度也不同。人是自己需要的奴隶，不同程度的需要，指挥人走着不同的人生之路。人又不完全是需要的奴隶，通过努力，通过反思，通过意志训练，人可以调整自己的需要，使之广阔，使之平衡，使之适度。

所谓广阔，就是人应该每个层次的需要都有，不能只停留在“人生在世，吃穿二字”上，不能只是埋头于学习，只是追求自我完善、个人成就，也不能只满足于获得了友情、亲情、爱情。尽管古往今来都有许多人为其中之一而死，但时代变了，如果今天还有人只为了其中之一而活而死，那就不无遗憾了。人的需要越广阔，生活道路就越广阔，生活乐趣就越丰富，生活信心就越坚定。

所谓平衡，就是将各层次的需要放在原来的位置上，不能将最高层次需要降为低层次需要，也不能将低级需要和高级需要对换。需要有个原则，低层次需要要服从上一层次的需要。只有这样，个人的物质生活和精神生活才能协调，个人和集体、个人和社会的关系才能协调，人的内心才能获得最大限度的平衡。假如，一个人为了衣食，牺牲了个人的学习与创造，不顾人情、爱情、亲情，不顾集体利益和社会利益，那他不是罪犯就是受人唾弃的庸人。反过来，许多革命先辈，例如马克思、恩格斯，为了追求人类的理想社会，牺牲了数不清的个人利益，放弃了较高的社会地位，甚至有时不得不牺牲亲情和爱情，遭到几个国家政府的驱逐，受到资产者的诽谤，正因为如此，他们受到了全世界无产者的尊敬和爱戴。在现实生活中，人民群众总是尊敬爱戴那些让低层次需要服从高层次需要的人。

所谓适度，就是各层次需要及各层次需要中的具体需要，要适应主观和客观实际情况。生活水平要提高，但提出超出个人及社会承受能力的吃住需要，结果个人空受欲壑难填之苦不说，还可能给他人与社会造成危害。就自我完善的需要而言，是需要朝着体育、音乐、写作的方向，还是朝着工业、农业、科技的方向，这自然也要看个人素质及社会条件而定。友情、爱情、亲情的需要很宝贵，但倘若需要之火燃到了不适当的地步，同样能燃烧自己和别人。甚至追求理想社会的具体需要也得适度。1958 年我国几亿人民不是凭着纯真的需要去追求社会主义高级阶段——共产主义才能办到的事，而演出了以成千上万人的生命为代价的悲剧吗？要让需要之火变成受理智、意志调控的“炉火”，而炉火失控就会变成火灾，甚至酿成漫天的山火、野火。在世界上受不适度需要的“火灾”折磨的人实在太多了。

需要的天地非常广阔，不要为某个需要得不到满足而悲观。家庭现代化既然实现不了，那就让一部分有希望的人先拥有彩电、冰箱、录像机好了。我们对知识的追求，对事业的追求，满足了；再追求，又满足了，不是也很幸福吗？

需要的平衡非常重要。不要让事业去服从打麻将、赴筵席。一个心中燃烧着事业、理想、责任、义务的需要之火的人，低层次需要再微弱，他的内心世界也会充满温暖，充满光明。

调整需要的“度”是一门艺术。有了不同层次而又广阔的适度的需要，他就不再受失望、沮丧、自卑、惶恐的折磨，而每时每刻都会生活在自豪、自信、愉快、宁静之中。

这些年来，每当我发现自身的一种需要使我空耗精力，使我失望，使我不快时，我总是审视自己的内心世界，寻找到那团不适度的或不平衡的需要之火，想法减弱它或消灭它。我总想：不要了不行吗？换一样需要不是更好吗？这样想来，容易使思维在头脑深处得到解放。

从需要的角度和学生谈心，处理问题容易谈拢，容易找到助手，从根本上解决问题。

我们每个人都要有不断地增强和调整自己需要的能力。

学会比较是一种修为。

比是人们生活内容之一。大家平时攀谈，相当一部分内容都是比，人的脑子里都有不少的脑细胞用来比。

教师应善于比，也应该教会学生善于比。我常觉得“比”是一门学问，围绕它，可以写一本书。要学会比，就要先明确比的目的。

目的正确的比，是为了进步，为了振奋，为了博学，为了勤奋，为了善良，为了真诚，为了勇敢，为了幸福，为了愉快。显然，如果问一个精神正常的人，他都会回答说是为了上述目的而比。

会不会有人为了落后，为了萎靡，为了愚昧，为了懒惰，为了凶恶，为了虚伪，为了怯懦，为了痛苦，为了悲哀而比呢？精神正常的人是很难在公开场合这样说的，但私下，也有人为原谅自己的落后、萎靡、愚昧、懒惰、凶恶、虚伪、怯懦……为了给自己这些明知不对的弱点，寻找一些开脱的理由，因而去和更落后、更愚昧的人去比较。这样比的结果，是在不知不觉之中，更落后、更愚昧、更痛苦、更悲哀、更懒惰了。

显然目的不同，比的方法也不同。这些年，我注意采用一些积极的比的方法。

1. 机遇和差的比。工作环境、工作条件同那些更差更苦的比。盛夏，炼钢炉前工人正挥汗如雨；严冬，战士在冒着风雪值勤。我只是在讲课、写材料，我是幸运的，我该加倍珍惜这幸运。

我有一位同学，各方面条件都非常好，我们一同下乡到一个生产队，刚下乡 108 天，为了拦住受惊的马，他献出了自己的生命。20 多年来，我经常和他比，于是觉得该珍惜这延长了的生命，为党多做工作。

和自幼双目失明的印度教育部长塔哈·侯赛因比，和双目失明、两耳失聪的美国作家海伦·凯勒比，我是幸运的，我应该充分用这幸运的条件，忘我工作，努力去接近他们的业绩。

如果不这样比，而是和那些不费力气就飞黄腾达的人比，和那些靠偶然幸运取得成绩的人比，那就很容易使自己怨天尤人，或埋怨自己生不逢时，或埋怨自己没有出生在理想的家庭，因而自暴自弃，放弃自己的努力。

2. 干劲要和足的比。到外地出差，沿途总能看到烈日下农民挥汗锄地的场面，看到夜里车站工作人员匆匆忙忙工作的身影，看到泰山、华山的山间羊肠小路上，挑夫们挑着重担奋力攀登的姿态，看到炼钢炉旁挥汗如雨的工人紧张工作的场面，看到钻井旁满身泥浆的石油工人制服井喷的豪迈情景……看到他们就浑身热血沸腾，备受鼓舞。和他们相比，总觉得自己和他们还差很远。

当然更多的还是和同行业辛勤耕耘的老师们比。有的老师家离学校 30 余里，每天来回跑，二十年如一日，从不缺勤；有的老师上有老下有小，七口之家全靠他一个人每月 97 元工资度日，可个人无怨无尤，每天早来晚走，工作做得极其出色；有的老师家里有责任田，爱人有病，孩子又小，十几亩地靠自己种，可是他从不因此而耽误三个年级复式班的课程。我总觉得他们才是我们民族的精英、民族的脊梁。和这些埋头苦干的人比，我总觉得自己的工作劲头还差一个层次。

反过来，如果和那些上班不工作，喝水看报纸，却照常拿薪水的人比，便越比越没劲，越比越泄气。

3. 待遇和低的比。我喜欢比那些待遇不如自己的人，这样比容易满足，容易心理平衡。有同志说："你是国家级有突出贡献的专家了，不该住这没暖气的房子了。"确实我的许多学生目前住房条件都超过了我。我愿向不如自己的人看。我们的老书记资格比我老得多，到现在也没住上公房。农村的老师们不都是干了一辈子也没住上有暖气的房子吗？别的待遇也如此。我国农民中的绝大部分，付出的劳动量比我大，可得到的报酬却比我少得多。这样想来，就觉得自己的待遇不是少了，而是多了，应该满足了。

偶尔，自己也产生过同"官倒"相比的一闪念，他们一个条子就挣几千上万，甚至几十万上百万，不大的芝麻小官就有三窟四窟……可那样一比，除使自己不高兴、耽误时间、心理不平衡、心情烦闷之外，得不到一点积极的、有用处的东西。后来我就极少干那种傻事了。

4. 生活和过去比。我们这代人从 1960 年的饥饿中走过来，从"史无前例"的批判资产阶级生活方式中走来，从累得要命而又饿得发昏的知青生活中走来，三灾八难，五劳七伤，生于忧患，长于艰难。这些刻骨铭心的经历，经常在我吃饭的时候浮上脑际，痛定思痛，愈觉今日生活之幸福。有的老师问我："你不吸烟，不喝酒，不喝茶，不吃糖，连瓜果梨桃都不吃，不是太苦了吗？"苦与甜，要看和什么比，我喜欢和自己的过去比。我总是和自己的过去比，当然我就总能尝到今日生活的幸福与甘甜。因为生活确实是一年年比过去好起来了，尽管有许多不如意的地方。

如果和那些不干多少实事却三天一大宴、两天一小宴的人比，和那些基本工资 80 元，家里却现代化音响、录像机、彩电等设备一应俱全的人比，心头难免产生自卑、不平、清苦的感觉。既然比了以后不舒服，干脆就不那么比。人活着，各取所需。所需实现，谓之幸福。人家需要吃席，人家吃到了，人家幸福了。我们的生活需要是工作有成绩，成绩有了，我们就满意了；成绩如果比较突出，我们觉得很幸福了。各得其乐，无须自寻烦恼。

5. 道德和高尚的比。比崇敬墨子为利天下人，而甘愿身为齑粉的自我牺牲精神，崇敬诸葛亮鞠躬尽瘁、死而后已的精神，崇敬范仲淹“先天下之忧而忧，后天下之乐而乐”的博大胸襟。我崇敬雷锋，把为人民服务当作最大幸福，也崇敬马克思为全人类服务的开阔襟怀，更崇敬敬爱的周总理把最后一口丝都吐出来献给人民的伟大人格。尽管我经过毕生的努力也达不到他们的境界，但朝着这种境界攀登，本身就是进步，就会产生一种自豪感，一种幸福感。

6. 将来和强的比。那些工作和学习比自己强很多的人，无疑是追赶的目标。如果不把比自己强很多的人列为自己追赶的目标，自己就容易自满，就不可能挖掘出自身更多的潜能。但比的时候心中必须清醒那是近几年或更远一些时间的目标。如果不是这样，不比则已，一比就和最强的比，比如一名差生非要赶上全校第一名，是不现实的。“人比人得死，货比货得扔”，这样一比，越比越自卑，越比越没有学习的劲头。

7. 目前和接近的比。长跑的时候，如果拉得很远，你总往最前面看，既浪费时间，又使自己泄气，还不如盯住自己前面的人，下决心先追上他。这样比既有希望，又有立即实现的可能。你学习成绩排在第 80 名，那么你本学期努力目标就是追到第 79 名。至于经过努力一下子达到了 59 名，那不是更好吗？将来目标很远大，目前目标又接近，人前进的动力就大了。

8. 需要和入党时比。生活在社会上会不断产生着需要。生活在千变万化的人群里，生活在日新月异的社会中，这样人的需要便容易发生变化。一种需要满足了，又会产生新的追求，新的需要。我们回顾过去，都有过不理解几年以前的自己的感觉。但不管怎么变，基本的需要，高层次的需要不能变。经常回忆一下自己入党时为共产主义奋斗终生的誓言，对祖国对人民的使命感、责任感，便会焕发出无穷无尽的力量。一切烦恼、忧愁、不满都会一扫而光。因此，不论环境怎么变，不能忘记和自己入党时的需要比一比，别让它发生了变化。入党时根本的需要坚持住了，没有变，那就没有失去自我，那就活得自豪幸福，理直气壮。

比真是一门学问。它可以不用物质，不用金钱，不用地位就使人获得幸福、欢乐、自信、进步、勤奋……比确实神奇，通过比，有多少人化萎靡为振奋，化痛苦为幸福，化自卑为自豪，化怯懦为勇敢。

钻研这门学问，学会比，善于比，是人生的一件要事。

尊人者，人尊之

1986 年 9 月暑假后，又一个新学期开始了，按照惯例，我们全校师生又在剧场举行开学典礼。

当天有 1500 个座位的红旗剧场座无虚席，即使如此，还有一些师生没有位置坐，于是我便要求领导班子成员和教师，还有主要学生干部站着。

大会开始，照例第一项是我讲话。

我问同学们："大家知道不知道在实验中学学习几年，得到的最宝贵东西是什么？"

学校开校会，我习惯于用这种集体回答的方式讲话。

台下几乎异口同声地回答："是知识！"我说："不对！"

台下又回答："是能力！"我说："还不对。"

同学们还在回答着，早已不是异口同声而是七嘴八舌，各抒己见，会场人声鼎沸。

我说："请同学们静一静，我觉得，在实验中学学习几年，大家得到的最宝贵的，就是尊重人、理解人、关怀人、帮助人、信任人、原谅人的品质。

"每位同学，每位活在世上的人都有强烈的发自心底的需要，需要别人的尊重、理解、关怀、帮助、信任，偶犯错误时，需要别人的原谅。怎样才能得到别人的尊重？有没有得到别人尊重的秘诀呢？应该说，有秘诀，这个秘诀就是：首先从自己做起，培养自己尊重人的品质，首先向对方、向他人输出尊重的信息。

"人心与人心之间，像高山与高山之间一样，你对着对方心灵的大山呼唤我尊重你，那么，对方心灵高山的回音便是我尊重你；你喊我理解你，对方的回音便是我理解你；你若喊我恨你，人家的回音能是我爱你吗？

"咱们实验中学的学生，一定要千方百计培养自己尊重、理解、关怀、帮助、信任别人的品质。在现代社会，学习、生活与工作，能获得别人的尊重、理解、关怀、帮助、信任是至关重要的，朋友多了，合作的人多了，事业才能成功。”

讲话结束了，会后看电影，我们当领导当教师的都在侧面过道里站着看，座位省下来让同学们坐，用这种方式，表达我们对学生的尊重、理解、关怀。

立即，我们便吸引了相同的心理回声，一个又一个的学生来拽我，拽老师们到自己的座位去坐着，推辞了一次，又来一次新的邀请。

电影开映不久，借着银幕的反光，我看到站着的老师都没了，哪去了？被学生拉到自己的座位上去了。学生呢？也真能想办法，找身材小的同学，两个人挤一座，问题便解决了。

我想若干年后，这次电影演的什么内容，师生们可能记不清了，但看电影时，你让我，我让你，师尊生，生尊师，互相关怀、互相帮助的感情却完全可能藏在心灵深处，越积越深，常忆常新。

一年又一年，一届又一届的学生，都感到我给学生出的日记题目，重复得最多的就是《尊人者，人尊之》。我说：“你尊重别人，便是尊重自己，便能得到别人的尊重；你帮助别人，一定也能得到别人的帮助。”

有个同学钻牛角尖，说：“帮助了没良心的人，也能得到他的帮助吗？”我说：“举一个具体的例子好吗？”“那天李卫东同学问我数学题，我给他讲了，可是，第二天有一道物理题我不会，李卫东是物理尖子，我请他给讲，他却不肯告诉我。”“那你也得到了帮助。”“他不告诉我，我还得到什么帮助？”“你得到了两点帮助，首先你在给他讲数学题时，加深了你对数学题的理解，提高了自己的语言表达能力；其次，他帮你开阔了胸怀，第二天，你问他物理题，他不告诉你，倘若你不计较这些，给以充分的理解与谅解，你的胸怀不又比昨天开阔了一寸吗？”学生听了，笑了。

尊人者，人尊之，不能单是口号，要千方百计变为学生的行动。仅有一两次行动还不够，要尽可能在学生生活的广阔空间与时间环境中身体力行。

一个班集体，一旦用“尊人者，人尊之”的思想统率起来，一旦成员们都在言行中尽可能多地用尊重别人的方式获得别人对自己的尊重，这个集体就会产生极大的凝聚力，每个生活在集体中的人都会感到幸福、自豪，从而发挥出巨大的潜力，取得意想不到的好成绩。

来者都是客

进入 80 年代，到校到家找我的人越来越多。

1984 年 5 月的一个星期天，我在家准备写一篇文章。早晨 5 点多钟，咚咚咚，有人敲门。门打开，原来是东北师范大学在我们班级实习的几位老师到我家来找我谈近期工作。谈了一个早晨，老师们走了。

我正准备接着写那篇文章，咚咚咚，又有人敲门。开门一看是市教育学院文自成老师和盘山广播局孙局长，两位老师找我来采访，想为我写一篇报告文学。我们自然谈得较多，较细。10 点钟了，咚咚咚又是敲门声。打开门，原来是鞍山某中学的老师，到校去找我，不见我在学校，又打听我家，找到这里来了。

上午没能静下心来写，下午家里又有事。待到办完事，已 5 点钟了，正想写，又是一阵咚咚咚的敲门声。开门一看，原来是东北师大于亚中老师和沈阳师院白德昆老师，他们是专程再次到盘锦来指导我的教学的，刚下车，便到了我家，我忙向两位老师汇报近期的工作……晚间 8 点，我想该静一些了，不料咚咚咚，又有敲门声。开门一看，是北京二龙路中学的老师们到校来听课，刚找到住处，怕我明天上课没有准备，便匆匆赶到家来通知我。

一个星期天，五次来客人，原订写文章的计划只好往后拖，省下时间来，尽量按客人们的要求去做。

为减轻我的负担，省教育厅专门发了文件，规定到魏书生所在的学校去听课，须经教育行政部门批准。文件下发，找教育行政部门联系的，行政部门加以控制，基本不予批准。可是不联系，直接来的，就没有办法控制了。特别是外省市的老师们，大部分都是没事先联系，直接就乘车来了。有一次因听课人太多，1984 年教育局专为讲公开课盖的 18 米长的教室也挤不下，便到文化技校的大会议室。试了一段时间又挤不下，大家只好步行四里路到文化俱乐部。这样改变讲课地点的事情还发生过多次。

我的时间表经常由四面八方来的客人安排。1989 年 10 月 25 日，副省长王文元及省市领导到校视察，到班级听课，同一天来访的客人还有抚顺、沈阳、辽河油田、胜利油田的领导及教师。从开学到放暑假绝大部分时间需接待各省市听课教师，或记者采访……

1989年国庆观礼回来，北京一位教师见我同时接待三家客人，另有两个检查团，便问：“你每天时间都被挤没了，心不烦吗？”我说：“也烦，也不烦。想到今天该写的稿又写不成了，该看的书又没时间看了，该做的本职工作又得往后推了，心就有些急，也有些烦。但老师们从祖国各地，有的自新疆、云南而来，风尘仆仆，比我更苦更难，我就该尽自己的力量使老师们满意。尽管我的力量微薄，时间有限，但老师们看得出来我是尽了心的，也就满意了。看到老师们满意，自己也产生满足感、幸福感。特别是在和老师们的交往中，学到了老师们难以描绘的好品质，好的教学方法，这样自己也变得更充实。想到这些，便能处之泰然，满足感、幸福感就更强烈了。”

这些年来，先后有27个省市的2.8万多人次到我们学校听课、指导。吉林一位老教师4年中先后6次到校指导，北京丰台张思恭所长先后3次到校指导，沈阳市刘承岩老师先后8次到班级指导，和几届学生建立了联系。有许多老师，白天在校听课，晚间打听到我的家，便到家里来谈。这些年我痛感自己是时间的乞丐，衣食住行什么都不缺，缺了也好将就，唯独时间，确实缺。在校时间东挤西占，没有办法，这就更显得晚上时间的宝贵，看书、写文章主要靠晚上时间。晚间写材料时，听到客人敲门声，说心里话真有些急，特别是有的客人是来谈被打击报复问题，有的谈户口，有的谈职称，也有外省的跑来要念书，也有精神不正常的也来找我。个别时候，应该说对客人不够热情。每当客人走后，我便深深自责，如果是自己摸黑到外省市一位老师家，人家反应不热情，我将如何呢？经常这样想一想，再以后，一晚上接待几次客人，也能做到不想自己的读写计划，而诚心诚意地同客人交谈。我的爱人也很好客，新疆、内蒙古、吉林、湖南等一些省市的客人到家，赶上就餐时间，我们都真诚地将素不相识的客人留下，一起就餐。

服装与发型

班主任的服装与发型对学生们也有一点教育作用。说一点，意思是没有太大的教育作用，用不着大惊小怪，无限上纲。这一点作用可以忽视，但不忽视总比忽视要好一些。

对于班主任的服装与发型，我想两点要求即可：1. 整洁；2. 大致符合当时当地的大众服饰习惯。

见到有的青年教师穿不整洁的衣服，我总要建议他去洗、去换。道理很简单：我们要求学生做到衣着整洁。有的便举出藤野先生的例子，说："他的衣着那么脏，不照旧受到鲁迅的尊敬吗？"我说："此一时，彼一时也。也许那时日本教师生活困难，负担极重，不讲卫生的人多，学生便也见怪不怪。倘此时再在日本出现一个穿相同衣服的人，人们怕是普遍会怀疑他为精神病人吧！学生也会为有这样脏的教师而感到羞惭吧！"

第二条要求便不好把握。原来我提出教师服装应俭朴。我的一件蓝平纹衣服，洗了一水又一水，式样是中山装，在工厂已穿了两年，到学校穿了 4 年，蓝色已褪成灰色，领、袖、兜盖处还磨成了白色。有同学说："老师，衣服这么旧了，您到各市去开会，该换一件了。"

"穿这样的衣服有什么不好？不是很俭朴吗？"

"反正我们觉得不太好，都 80 年代了，俭朴过分，就像给社会主义掉价似的。"

给社会主义掉价（比喻身份、排场降低），我还是第一次听人这么说。细一想，也有理，社会发展了，时代进步了，人们生活水平提高了，还总穿五六十年代的衣服，穿下乡劳动时的衣服，显然不合时宜，不仅给社会主义掉价，也给教师这个职业掉价。

我也感到自己在这个问题上想得太简单了。1982 年 8 月 1 日，我结婚时穿的"礼服"，上衣是穿了两年多的白衬衣，裤子是一条以前花 10 元钱买的灰裤子。那时受"越穷越革命"的思想影响很深，宁肯花几百元买书送给学生，也不肯花几十元买件衣服。

学生一批评给社会主义掉价，我才慢慢转变观念，逐渐觉得，穿得太落伍，也是给自己掉价。于是开始穿质地好一点的衣服。

1987 年，我到香港考察前买了一套西服，并且第一次打了领带。已毕业的学生见了说：“老师这回更新换代，跟上形势了。”听了这话，再看看这身衣服，自我感觉确实比过去穿那褪色的衣服好一些。

写此稿时，我穿的是一套 1991 年 5 月去广州时花 80 元钱买的深蓝色西装。穿这套衣服，我走了十几个省（自治区、直辖市），感觉良好。对服装很有研究的郜老师认真看了这套衣服，说：“至少要在 350 元以上。”穿着这样的服装自然不掉价了。

但我对穿奇装异服的教师仍看不惯。当校长以来，我一直要求学生穿校服。既然不允许学生穿奇装异服，教师怎么可以呢？我批评衣服穿得过分艳丽奇特的教师：“不能忘记我们从事的职业是教师，不是演员，不是服装模特，不是服装柜台的售货员。”目前我感觉自己批评得有理，不知过了十几年后，会不会像否定我提倡服装俭朴一样被否定。

我盼望，教师这个行业能够大致统一一下服装，或者统一由国家制装。不知道这一愿望能否实现。

我不让校内的男教师蓄长发、留胡须，也不让女教师把头烫得奇形怪状的，理由是因为我们不让学生这样做。我自己先做到及时理发。12 年前，我们班理发小组刘志军同学技术很高，那几年，由他给我理发。刘志军毕业后，新一届的学生怕自己技术不行，都不好意思给我理。我到理发店去了一段时间，觉得浪费时间。当校长后，我开始自己理发，每个月对着镜子理一次，十几分钟即可，这些年来再没去过一次理发店。许多人都不相信我自己能给自己理发，有时我就表演给别人看，这确实是一件很简单的事，不仅节省理发费，最可贵的是节省时间。

练习放松

1984 年，是我最紧张的一年。那一年辽宁省委、省政府做出了关于在教育战线开展向魏书生同志学习活动的决定。有人说：“人还活着省委就能做决定，省里真有魄力。”面对党组织这样的信任，我一个挨过批判的人，内心的感激之情是难以言表的。于是我叮嘱自己，以拼命工作的实际行动来报效党和人民。

这一年我除了做教导处副主任工作，还担任两个班的语文课，任两个班的班主任。除了这些本职工作，我还外出开了 132 天各种会议，做了 50 余场报告，接待了 7000 余人次到校听课、指导，上了 70 余节公开课，写了 10 多份材料，处理了上千封信件。各种事情，劈头盖脸，一齐压来。一年工作是坚持下来了，但精神极度紧张，身体非常虚弱，晚间躺在冰窖一样的房子里，浑身常像散了架一样地难受。

许多人为我的身体担心，好心人劝我：“能离开就离开吧！干吗这样拼命！”有同志说：“这么大的劳动量再有两年，你就会垮掉！”

那时至今又五年时间过去了。最近我到北京等地，见到一些老朋友、老前辈，他们都说：“你怎么比五年前结实得多，脸色好得多？是不是工作量减轻了？”

其实只要我不肯离开教学第一线，工作量只能增加，不会减轻。因为额外工作与兼职在逐年增加着。目前我除了本职工作，各级兼职——实实在在做过工作、出过力的兼职已经有 24 个了，再加上会议、来访、信件、稿件。有同志计算后说：“你的额外工作所用时间比你的在职工作还多，这么大的工作量，你怎么能受得了呢？”

“这么多年，这么多工作，没把你压垮，怎么看上去你比以前还轻松了呢？”

我有一个窍门，就是自我放松。怎么放松？

学会自我调节。工作再忙，闲暇时间，五分六分、十分八分钟总还是有的。每当闲暇，不累则已，累了就自我调节。双目微闭，内视鼻尖，以鼻对口，以口问心，气沉丹田。大脑一片空白之后再在脑中放映自己喜欢的景色。放映一会儿，就不在脑中而是感觉自己走了进去，我就像重新又到了齐齐哈尔的鹤乡、香港的海洋公园、新疆天池、南京中山陵……想着想着，我不只是走进去，而是自己的血肉筋骨、整个身心，都轻松地融入那迷人的景物里，于是感觉天人合一，那山冈波浪是我，我是那鲜花绿草，那飞瀑流泉是我，我是那亭台楼阁。这样想来，不消三五分钟，便觉浑身轻松而又有力，大脑疲劳之感一扫而光。时间长些，当然更好。

还有时，我喜欢自我感觉是一个装满了米的绷紧了的米袋。想轻松一下，便设想这袋子的米都倒出去了，于是浑身便轻松自如地瘫软下来。怎么舒服，怎么轻松，就怎么待着。任意地由它松下去，软下去。这样调节三五分钟后，也有疲劳顿消、轻松愉快之感。

自我调节，使身心轻松的方法至少不下一百种，但其本质都是调意，或万念皆空，或以愉快之一念压疲劳之万念，使之恬淡愉悦、宁静有序。调身，使身体各部位放松，排除紧张部位。调息，使呼吸随意而行，意到气到，气到血到，血到则疲劳顿消。

暗示法放松。这种方法适用于长时间中间没有停顿的工作。比如在外地做报告，一般情况下，我都是连续三小时不休息。累了怎么办？累了的时候，内心深处就开始自我暗示：我浑身很轻松，我正在进行的讲话很轻松，很愉快，再讲几个小时也不会疲劳，照样很轻松、愉快。这样暗示着，体内便流动出轻松愉快的潜流，疲劳也容易消失。

在校内上课和到外省市给学生上课，我都养成这样一种自我暗示的习惯。“给学生上课是一件轻松愉快的事，是一种难得的享受，我要轻松愉快地一点一点品尝上课的欢乐。”这样想来，课就容易上得轻松愉快。

写文章也是这样，几天来，我连续写文章每天都在 5000 字以上。今天（12 月 3 日）是星期日，到此时，已经写完了 5000 字，到下班我想写到 7000 字，晚间再写 2000 字。如果从苦和累的角度去想，真有些苦不堪言。可我偏不那么想，而是在自我暗示：写文章很轻松，很愉快，思想通过笔在纸上流淌着，心灵借助文字在弹拨着，诉说着，并不是所有的人都能享受写作的欢乐呢，我更应珍惜这难得的机会，一点一点品尝写作的愉快。这样暗示着，写着，写着，暗示着……浑身只有轻松，只有愉快。疲劳、紧张的感觉就跑得无影无踪了。

我常想，人间的紧张、苦恼有许多都是心理因素造成的。什么事情你自己在心理上都不紧张、不苦恼，相反总感觉自己很轻松，很愉快，那真是神仙也拿你没办法。人在精神上不使自己倒下，那谁也没办法使他倒下。人在心理上不紧张，谁也没办法使他紧张。

当然自我调节也好，自我暗示也好，都要经过一段时间的练习才能有效，不是说一个没有经过心理训练的人，处于紧张的工作之中，一下子就能调节到轻松的程度，一下子就能置烦恼苦闷于身外而自入奇山秀水之境。

全心全意去做每一件事情。我在做一件事情的时候，不愿意牵挂别的事情，除非做事时悟出有利于做别的事情的道理。上课了就全心全意地上课，什么校内基建、工厂生产、评职称、分房子等，许多烦恼的事，对不起，都请靠边站，此刻没工夫想。大修厂接受年检，我陪检查团用了一天时间。课没上成，校内还有些事没顾上处理，对不起，此刻一概不想。想有什么用！此刻只能顾这一头，课又不能去上，还会影响检查工作。上班的时候，不想家里事；下班回到家，我遵循着一条原则，学校的事、工厂的事，特别是那些麻烦事请别进家门。到外地开会，十天二十天，我尽可能全心全意开会，向外地教师学习，而不去想学校怎么样，两个班没人带怎么样，家里人怎么样。控制不了的时候，我也喜欢想他们一切都非常好，于是更全心全意开会。我不愿干那种傻事，把好端端的班级想得一团糟，没事又想亲人病了怎么办。这么想除了折磨自己，没有一点好处。

尽可能全心全意做此事，不许彼事来分心。不得不分一点心的时候，也要分得愉快，分得轻松。一想亲人而干劲倍增，更全身心地投入工作。看书时全心全意看书，跑步时全心全意跑步，写作时全心全意写作，唱歌时全心全意唱歌，上课时全心全意上课。这样不只做事时效率高，休息效率也高。

我想，最累的人恐怕就是做什么都三心二意的人。什么事都三心二意地做，自然休息时也是三心二意的。

学会自我调节、自我暗示，再努力练习全心全意去做每一件事，这就使我由过去的紧张转变成了轻松，虽然工作量比过去大，但心里感觉比过去轻松愉快了。

当然，我的自我调节、暗示，和全心全意工作的能力还处在一个低水平上，我想五年以后，会比今日更高一些。

愿人们都来练习放松，不然，我们活得太累了。

每学期都写文章

这些年来，每学期我都坚持写几篇文章，发表的大概有50多篇吧。从1981年至今的8年多时间中，每次大会报告，我都真诚地向青年教师建议：每个学期一定坚持写一两篇文章，可以是经验总结，可以是调查报告，也可以是科研论文。

常有人以为，写是输出。输出是有资格、有经验、水平高的人做的事。

青年人写东西被无知的人讥笑为吃了一把草便想挤出两杯奶，自身只有一杯水，却想往外倒一桶。我总认为写作既是输出，也是吸收的一种极好方式。

因为要写，要发表自己的见解，通常就要先看别人对这个问题是怎么认识的。比如写《寓德育于语文教学之中》，你就要看教育理论家对这一问题是怎么谈的，有几派不同的观点？又要看有经验的老师、前辈是怎样做的，我和人家有哪些相同，又有哪些不同见解。显然这样吸收来的理论与经验比平时随意翻翻，吸收与消化的效果要强得多。

写文章还能输入、吸收新知识新见解，提高科研水平。教师这一职业决定了每位教师都具有进行科学研究的机会，但有机会是一回事，有没有科研能力又是另一回事。有机会不利用，仍然不可能具备科研能力。而写文章就是抓住机会、利用机会、进行科研、增长能力的有效途径。我们新时代的教师都应该既会育人，又会教书，还会科研。人一旦从研究的角度来看待他的本职工作，那么无论他的工作多么平凡，都会有无穷无尽的研究价值，同时也就有无穷无尽的乐趣。大的、远的不说，每天的教学活动、课外活动、班级管理尽可以写成文章。如写成调查报告、教学杂感、实验报告等。如《谈今日六节课的节奏》《教学课堂纪实》《语文课堂学生兴趣分类》《45 分钟学生注意力变化》《课前三分钟学生注意力分类》《不同品质学生自习课表现的异同》《五分钟记忆力比赛结果分析》《男女同学自习课自制力比较》《课间操动作到位情况与学生性格的关系》《眼保健操乐曲与学生动作共鸣结果分析》《长跑过程中学生的耐力分析》……单是一堂语文课，就可以从多侧面多角度选材来写成文章。如学生因性别、性格、智力、体力、兴趣、爱好、基础的不同，因而在课堂上注意力、观察力、记忆力、想象力、理解力均有不同，这就可以分别写出几十篇文章。总之，不是生活中缺少科研内容，常常是我们自己缺乏发现科研内容的能力。

刚开始写，最好选题要小一些，这样自己容易把握驾驭得住。刚开始就写大题目，如当今世界、论我国教育、我国发展战略等，往往有百害而无一利。

刚开始写，不要想尽善尽美，一鸣惊人。而要有不怕“一鸣烦人”的精神准备。文章写出来了，许多人批评，许多人心烦，甚至骂娘，我们把这些批评意见中合理的成分吸收过来再写，这样文章就逐渐提高了。

刚开始写，不可急于发表，或者能发表则写，不能发表就不写。写的目的，主要是提高自己的认识水平、理论修养、实践能力。就是一辈子写了数百篇都没发表，但自己的水平、修养、能力提高了，不是很大的收获吗?

我觉得写文章还有一个好办法，每天都随身带着写作提纲，什么时候闪过一个新的观点，哪怕是正在走路，也停下来，摘要写在提纲上。哪一天又发现了一个新材料、新证据也立即掏出提纲，再补上这一内容。又在什么地方看报刊，发现了与自己的文章有关的内容，立即掏出提纲，记下来。这样日积月累，材料丰富了，期末不用费太大的劲，整理润色，就成了一篇文章。

每个学期不用多，写两篇文章，教书十年辑录起来就是40篇。这40篇文章帮你输入、吸收了多少理论精华、教学经验、实践能力，倘认真总结，计算一下，那实在是一个不小的数字。

做园丁，当然收硕果

尽管生活清苦，绝大部分教师仍以为国分忧为荣，以为民吃苦为乐，情系祖国未来，心付颗颗童心，以自己的辛勤劳动表达着对人民教育事业的忠诚。许多教师心甘情愿在这住房条件差、额外收入少、耗心费神的学校工作着，心甘情愿当这许多人瞧不起的孩子王。

我属于愿意当教师的这一类人。这样，我们这些愿意教书的便常常聚在一起，谈我们这行又穷又苦的事业中的乐趣，以激励自己更踏实、更认真、更有效地做好本职工作。我们觉得教师的工作尽管又苦又累，但又确实是一项很吸引人的工作，主要原因在于教师的劳动有三重收获。

1. 收获各类人才。农民劳动，收获粮食、蔬菜等农业产品；工人劳动，收获钢铁、机械器等工业产品。农民工人生产出了社会需要的粮食机器，看到自己生产的粮食机器服务于社会，满足人民的需要，于是产生幸福感、自豪感。

教师呢？教师的直接劳动对象是人。一个知识面很窄，各方面能力很低的娃娃，经过幼儿教师、小学教师、中学教师、大学教师的精心培育，就成了知识较丰富，有一定分析问题、解决问题的能力，有理想、有抱负的人才了。看到自己培养的人才在工农商学兵战线上为党为人民做着实实在在的贡献，哪一位教师能不感觉到幸福自豪呢?

当然，人才的培养周期不像粮食、机器的生产周期那样短，那样很快就看到效益，那样容易引起领导者的重视。唯其如此，才更使教师产生一种为祖国未来而鞠躬尽瘁的历史责任感，产生一种更加神圣的自豪感与幸福感。唯其如此，才使教师不那么急功近利，而是培养了较为宽阔的胸怀，较为远大的目光和较为坚强的韧性，从而强化了把自己的命运和国家民族的未来命运紧密联系在一起的观念。许多教师之所以爱自己的事业，就是因为他们爱自己的劳动收获——各类人才，他们爱看到自己培养的学生正在各行各业大显身手，他们爱想象自己正在培养的学生将来去实现自己的梦。

2. 收获真挚的感情。教师除了收获各类人才，还有一个更大的收获，就是真挚的感情。

人是有感情的，特别是学生时代培养的感情尤为真挚。师生的心与心之间的呼应就像人们在群山之中得到回声一样，教师对着学生心灵的高山呼唤:“我尊重你，我理解你，我关怀你……”学生便在心灵的深处回应:“我尊重你，我理解你，我关怀你……”

年复一年，教师就像从一条河的岸边接一届届新生上船，用满腔热情和真挚的爱，把他们送到理想的彼岸，让他们奔向远大的前程。学生们不仅在船上时不断表达着对老师的满腔热情和真挚的爱，就在他们奔向远大前程以后，三年、五年、十几年，甚至几十年以后还不断表达着这种满腔的热情和真挚的爱。公式可能淡忘，定理可能忘记，而师生之间培养起来的真挚感情，却经年累月不仅不淡忘，甚至会越积越深。有许多毕业十几年甚至几十年的同学不是相约重到母校聚会，去表达自己对老师的感激之情吗?

随着人类征服自然的能力的提高，人类的衣食住行等温饱问题基本解决之后，对感情的需要，对人际关系和谐，人与人之间互相理解、尊重、帮助、信任、谅解的需要会越来越强烈。教师的工作恰恰最容易使人的感情得到满足。有时候老师也批评学生，当学生咬着死理、脾气执拗起来时，老师也会生气。然而一旦风波过去，学生明白了道理，明白了老师的一片善心之后，师生之间的情谊会愈加深重。当学生走上工作岗位以后，他们甚至把读书时受到的老师的批评也当成感激老师的理由。

我曾多次和一些原来教书，后来改行从政的同志多次谈心，发现大家有一个共同的遗憾，失去了来自学生的那些激动人心的、纯真的感情。

我也曾见过不少这样的教师，有关单位请他们改行做行政领导工作，房子好，待遇高，可他们不为所动，偏偏眷恋着这又穷又苦的教师工作。问他们为什么这样，他们也都有一个共同的认识：人活一生不能只为名利地位。我们教书惯了，把一片真情捧给学生，也感觉到学生一片真情对自己，这才是人世间最美好的。这里应该补上一笔的是，师生之间感情的交流是一种崇高的美。老师在对事业、对学生的奉献过程中也未希冀学生的报答；受到美好感情陶冶的学生，热爱的也不仅是自己的老师，他们更热爱祖国，热爱人民，热爱事业，热爱生活。

3. 收获创造性劳动成果。教师的工作对象是人，人是千差万别的，要做好教育工作，就得充分发挥创造性。正是这种工作性质，决定了教师必须学识渊博，并且每时每刻都要开动脑筋，针对当时的情况和学生的差异，创造性地处理各种问题。从这个意义上说，教师随时都有科学研究的机会。

不要说学校、社会这样的大范围内有科研题目，单讲学校教育，单讲德育、智育、体育、美育、劳动教育，就各有数不尽的科研题目。以学生的注意力为例，就能写出上百篇科研文章，诸如《男女同学注意力的差异》《一节课各类学生注意力的变化》《练习题设计对学生注意力的影响》《增强学生注意力的若干办法》……这用武之地该有多么广阔！

我之所以爱教书，重要原因之一，就是觉得教师从事的是最富有创造性的劳动。它的每一段时间、每一处空间都有科研题目，都能有新发现，能看到学生中新的、积极上进的因素，能看到教师自己向更高层次发展的潜能，还能看到环境中的各种有利因素。教书不是“自古华山一条路”，而是“条条大路通罗马”。我总想，同一课书，能有上百种甚至上千种讲法。我们应该研究更科学的讲法，即使今天这种讲法比昨天科学，那也仅仅是向后看得出的结论。向前看呢？一定还有更科学的方法等着我们去探索研究。

这些年来，我边工作边探索研究科学的教育教学方法，先后在报刊上发表了66篇文章，出版社先后出版了《魏书生教育方法100例》《魏书生语文教育改革探索》《魏书生教育文选》等书籍。另外，出版社还出版了我主编的《当代中学生用功术》和我写的20万字的《语文教学探索》。我深深体会到教师的劳动确实有利于收获科研成果。

从研究的角度看教育，常看常新，常干常新，不仅能增加工作兴趣，还有利于提高工作效率。我现在除了任校长兼党支部书记，并兼两班140

名学生的班主任和语文教师，还有不少社会兼职。许多同志问我，这么多工作怎么做，我觉得主要靠科学研究。从科研的角度去进行工作，就能调动教师及学生们的积极性，使教师成为学校的主人，学生成为班级的主人。大家以主人翁的姿态去研究教与学，自然就提高了教与学的效率。

每个人都有不同层次的多种需要：衣食住行的需要，劳动、学习、研究、创造的需要，人际关系和谐、亲情、友情、爱情的需要，为他人、集体、社会尽责任尽义务的需要，追求理想社会的需要……不同层次的人对不同层次的需要的强烈程度也不同。有的强烈地需要物质，有的强烈地需要感情，更有的强烈地需要追求理想。

尽管教师穷，不能满足人们物质的需要，但由于教师的劳动能有重要收获，收获各类人才，能满足人们为社会尽责任、尽义务的需要；收获真挚的感情，能满足人们感情和谐融洽的需要；收获科研成果，能满足人们研究创造的需要。所以，大部分教师在穷苦的条件下，还呕心沥血为人民的教育事业奉献着自己的青春和年华。

有人说，教师像蜡烛，燃尽自己，照亮了别人。其实各行各业的人，谁又不像蜡烛呢？一个人来到世间，便像一支蜡烛点燃，燃尽自己是历史的必然，大家都是相同的。不同点在于有人只燃烧自己却不肯照亮别人，甚至去伤害别人，有人却想方设法去照亮别人。同样是燃尽自己，为什么不去照亮别人呢？照亮别人不是一种幸福吗？教师的职业恰恰是最有利于照亮别人的职业。从文化积累对社会发展的意义上说，我们的理想社会，也是在人们的心灵不断地被照亮的过程中，通过无数心明眼亮的人去拼搏、去奋斗、去牺牲才实现的。从这个意义上思考，教师工作的深远意义又远不止上述的三重收获。

当然，在教师现有待遇较低的情况下，仍然有大部分教师忠诚于人民的教育事业，这是一个方面。话说回来，另一方面，教师待遇也确实需要提高。好在国家已注意到了这一问题。我们相信政府会创造条件，尽最大的努力提高教师待遇。

和家长共同教育效果好

每一本谈班主任工作的书，都谈到要和家长沟通、联系，尽可能形成合力，共同教育学生，这样做效果肯定好。

找家长沟通、联系的方法有多种，如：家访，开家长会，和家长通信，和家长通电话，个别约见家长，请有关家长参加班级集体活动，举办家庭教育学习班等。

我带第一届、第二届实验班时，还很重视和家长沟通、联系，经常家访，还每年开一次家长会。

近 10 年来，由于兼职多，会议多，便基本不和家长联系了。10 年没有专门进行过家访，10 年没有开过一次家长会。绝大部分学生从入学到毕业，3 年时间，我从没见过人家的家长。

例如，孟平同学我教了 2 年，她的弟弟孟凡明我又教了 3 年，她的小弟孟凡强我又教了 3 年，先后给他们姐弟 3 人当班主任达 8 年之久，但直到今天，我也不认识他们的父母。我总想，只要人家的孩子德、智、体、美、劳各方面都很好，那就尽可能不去打搅家长，这样家长和我都节省时间。事实上，这姐弟 3 人各方面都很突出，两个弟弟在班上一直是尖子，并且热爱集体，乐于助人，对工作认真负责。

和家长联系是手段不是目的，只要达到学生全面发展的目的，不用这个手段也可以。

一方面，我认为，不能单纯用家访次数、召开家长会次数来评定班主任的工作效果。

另一方面，我觉得，和家长沟通、联系，家访，开家长会，和家长通信，和家长通电话，确实是教育学生的有效方法。有条件的教师能够利用，还是尽可能利用这些方法为好。

我在这方面属于做得最差的人，对如何和家长沟通、联系，如何和家长共同教育学生这个问题，自然便没有发言权了。

第八辑

我和我的学生

一旦把学生从“自古华山一条路”的思维定式中解放出来，他就有豁然开朗、柳暗花明又一村之感，老师点出一个办法，他就能想出一串符合自己实际的办法来。

自习课如此，预习如此，改掉自己好动和语言不规范的毛病，以及听课、作业、参加社会活动和旅游参观，莫不如此。

我的指导思想

一、教育与哲学

我一直是在受着自己过去读过的一些哲学书的指导去进行教育、教学工作的。马克思主义哲学就是唯物的、辩证的，比如就唯物这一点来说，我刚到学校教书，也接触一些教法，语文教法、教育方法等，也看过马卡连柯的《塔上旗》《教育诗》《论共产主义教育》，凯洛夫的《教育学》。当然，1978、1979 年使用的教学方法方面的书和文章我也看过，但看了之后，我为什么能在很短的时间内就不怎么使用了呢？这就跟唯物的观点有关。因为唯物主义主张，一切真知都来源于实践，而一切理论都要接受具体实践的检验，在实践当中检验你原来的认识。当你这个理论不怎么行得通的时候，就完全可以推翻原来的理论。当然多走了一步就可能变成实用主义，但是如果认真地分析当时的时空条件的话，我想还不至于走到实用主义的边缘上去。所以，我感觉到根据我这里学生的实际情况，像那样教效果不好。不好，就完全可以变一变方法。我也经常对学生说，一些学习指导，包括对学习成绩的追求，都要从你个人的实际出发，不要不切实际地比，不切实际地追求。像有些学生，包括现在所教班级的学生，不见得所有的人都升高中，升大学。人们都要从个人的实际出发，能从识 20 个字到识 25 个字，这就是胜利。应该从这个角度上去理解进步与不进步，理解你学到了知识还是没学到知识。

另外，从哲学上看，不存在终极真理的问题，因为什么东西都是辩证的，都是发展的。适用范围很广的教学方法如果过了几个月、几年，脱离飞速发展变化的形势，它也会变为陈旧的东西，应该更新。我经常向学生渗透，我自己也是这样认识的。因为最普通的问题，比如什么是信息，什么是电，这些概念人们的认识都不是统一的。怎么一个教学方法，大家都非执行不可呢？当然凯洛夫标准化教学方式，显然也没有非执行不可的必要。像语文教学可争论的问题也不少，连什么是语文和主题也有争论，尽管天天教语文和主题。国内专家在争论，国外专家也在争论，不能统一它的内涵。近而言之，一篇文章让学生死记硬背一些条条，显然是更不符合学生的实际。我经常跟学生说，不存在什么终极真理，我们教学方法也不能定于一。应该哪一种方法更适于我们平时的学习，更适于我们的心理，我们就使用哪种。因为经常这么渗透，学生认识到一切东西都是从实际出发的。现在人们认为最科学的方法，但是过去了十年、二十年、一百年之后，会不会还是今天我们说的最科学的样子呢？显然是不可能的。它还要充实，还要提高，还要发展。万事万物总是处于发展之中、进步之中。最进步的车床、数控机床，这几年更新速度也是非常快的。这样学生既知道什么方法比较好，也能够理解即使是比较好的方法也要不断地更新，不断地充实。

在哲学上另一个问题，日常生活中不自觉地受支配的就是辩证法三大原理——对立统一、量质互变、否定之否定。我也是不自觉地受它们支配的，言行、教学，每一课的教法，都离不开哲学上的时空范畴。我就跟学生说，任何真理都有它的时空界限，离开了它所适用的时空范围，真理就变成谬误了。这种例子非常多，老师的每种教法、平时每项要求，也是有时空范围、时空界限的。另外我跟学生强调这一点，我们不要忙着批判。批判就好像破坏建筑物一样。尽管大家主张建筑、建设，但会盖楼的人不多，扒楼谁都可以会，谁都可以拆。不要忙于说人家这个方法的短处，而应该尽可能地看到每一种方法的长处，在哪一个时空范围内，是可能为我所用的，是可能成为真理的。我们否定一个人、一件事很容易，肯定人家的合理因素却很难。你把所有的东西都否定了，也就否定了自己。你如果善于肯定许许多多的东西的合理因素的话，实际上就是在不断地丰富自己，增长自己认识真理、探索真理的能力。这种认识，在我平时的言行和教学中，好像始终在不自觉地指导着我。这种思想使我不愿意简单地否定某些事物，就连最不好的满堂灌、填鸭式，我想在那个特定的环境下，也会是合理的。不合理为什么能存在，而且是发展了这么多年？我有时也灌，不是灌知识，而是灌学生感兴趣的东西，如好的报告文学。满堂灌也好，问答式也好，只要自己思维活一点，得到的方法多一点，即使本来不太好的方法，你如果用它可用的地方，也就变得好了，你的工具也就多了。谁也不能说古代社会那些工具，如犁，很进步，这是跟现代化的东西比。但是，到现在牛拉犁还有它进步的一面。特殊的地区、特殊的场合、特殊的地面，就还得求助于它，还得用它。

我感到现在最新的思维方式，看它的基本结构，看它的骨架是很重要的。系统论，追溯它的哲学上的渊源，就是全面看问题。赞可夫提出的“最近区”“高难度”就是在哲学上谈的“度”，什么都应适度。我们教学如何才能适应学生此时此刻的心理，给他一个最佳的“度”，这就是以哲学的眼光来思考问题。

二、教育与心理学

国外有人提出，现在研究教学方法和教学改革的一些新的理论，较有成就、步子较大、效果较好的都有一个共同特点，就是和心理学联系在一起。

当然，心理学本身还是很年轻的科学，是娃娃学，但是心理学的一些基本理论还是不甚年轻，如认识、感知理论、人的生理机制等。

我也爱看心理学方面的书，如潘菽的《教育心理学》、曹日昌的《普通心理学》、朱智贤的《儿童心理学》、瑞士皮亚杰的《儿童心理学》，还有国外零七零八介绍来的研究成果。在心理学问题上的一切争论，我都愿意看，看了不由自主地就向学生渗透。开头是不由自主，后来是有意识、有计划地向学生灌输心理学常识。这个念头是 1980 年产生的，那时我拟了一篇文章的提纲，我建议在初中阶段增加一门课程——心理学常识。选修也好，必修也好。我的理由是：心理学是和学生学习联系最紧密的一门科学，也是和学生成长联系最紧密的一门科学。学生在这个阶段正是由孩子向大人过渡的阶段，既有许多小孩的品质，又具备大人世界观方法论的萌芽，是小大人阶段。而心理学正是研究这个阶段人的性格、感情、意志、认识变化的科学。如果我们把这方面的常识性东西教给学生，那么他们就有可能自觉地用这些理论指导自己的发展，认识自己灵魂深处及生理上微妙变化的原因。特别是像感知心理，都直接和学生的认识及感觉器官接触外界新知识有关。这么好的事，给学生办了多好。像现代最新的心理学，它的研究趋势不是在感知方面，而是把更多的工夫用在研究人的个性的发展规律上，研究人的情感、意志形成及变化过程。如果把这些规律性东西讲给学生听，使学生有意识地指导自己，磨炼自己的意志，有意地控制自己的意识，那教育恐怕就顺手得多了，这对于把学生变成受教育的主人很有利。

当时只是拉拉杂杂地想了一些理由来说明自己的观点，但又感到很脱离实际。因为加一门课程有学生负担问题，又有师资问题，还有整个课程的时数安排问题，涉及问题太多，只好放下了。

放下是放下，但在我的教学中还是在渗透这些问题。有时渗透，有时是有意识地向学生解释。我经常给学生讲的一句话是：人的大脑的潜力是无穷无尽的，这是所有的生理学家和心理学家都承认的。如果人的大脑的潜力都能充分发挥的话，每一个大脑都能装相当于几亿册书的图书馆这样的知识量。大家都应坚信，自己能够掌握许多知识，能够变成一个有丰富知识的人。那么怎样理解人在生理上和实际上的差距呢？这是意志、学习方法和人生观方面的问题。

平时向较差的学生讲人生认识的理论，讲怎样观察生活，培养观察力、思维力、记忆力、注意力、理解力，也讲世界上对智力的争论，有一些什么新的方法，力争以新的认识掌握一些新的知识。给他们讲，他们也不能全记住。他们很感兴趣，尤其对大脑的学问。对世界上一些新的知识他们都渴望知道。

以上所讲的是为什么我不由自主地把心理学的知识告诉学生的原因，这也是我的一些原始想法。

三、教育与管理学

我在工厂那年，也想过一些企业管理方面的问题，经常写一些工作总结、工作计划，所以我想一个企业如果管理科学的话，那么这个企业就会充分挖掘潜力，使每个工人都没有无效劳动。我在首钢看到这样一句话："当你走入工厂大门时，你必须放弃一切个性，绝对服从现代化的科学管理。"这样做，企业产值利润就会成倍增长。当我进入学校大门时，特别是我教语文以后，感到语文教学与管理学有很大关系，有些就属于管理方面的问题。如学生一天当中投入学习的时间有多少？效率比较高的有多少？这个数字对中差生来说是少得可怜的。"中差生"，表面上看来每天也学六七个小时，但按实际效率来计算，背多少，接受多少新概念，做了多少题，一般也是用一半时间就行了。其余那些时间，哪去了？很多学生跟我讲，这段时间是消耗了，属于空负荷。这原因常在于管理不当。学习定额管理不科学，多数学生是按共同定额完成的。定额学习与人的心理也是很相称的。如果是合理定额，那么每个学生管理起来，学习起来就很愉快，进步也会很大。因此，教者规定的量必须是在充分了解每一个学生的基础上提出来的。量的规定不合理，是因为我们不了解学生，以致造成了每个学生在学习时间上出现很大的浪费。这就得依据学生实际情况而定出合理的定额。除定额合理之外，还有学习程序的管理。一个产品质量要高必须遵循一定的程序，在我们语文教学中这个程序就不太清晰。如果清晰，那么学生掌握知识之后，理解也好，记忆也好，效率就会有很大提高。如果当时给他们提出质量定额和完成这个定额的时间密度清晰准确的话，我们传授初中语文基础知识就不用这么长时间，学生还能接受得很好。

再如，学生相互关系的管理。如果管理合理，相互之间的关系则是相互促进的关系。现在相互促退的关系还很不少。就如我规定自习不许商量合不合理，现在我也拿不准。这个规定的“利”，从现在看来，大于弊。但它是否会成为更深地扼杀了学生的个性，像过早成人化，或者是超越学生个性的规定呢？也不排除这种可能性。那么怎样管理好人与人之间的关系呢？我摸不准。自己如果摸准了最佳管理方法，那么以后我们每说一句话都能对对方的学习、成长起促进作用。所以我经常跟学生说管理是科学，怎么能管理得更科学一点儿，有待于我们共同去商讨。

四、教育学本身的争论

教育学是既古老又年轻的一门科学。说它古老，就是古代一些教育家已总结出了教育学一些基本的规律性的东西；说它年轻，是说它是体系欠严密的一门科学。苏联教育学院副院长巴班斯基就说：“有人问我什么是教育学，教育学究竟是科学，还是艺术？我认为，教育学是研究教育艺术的科学。”是科学，但这门科学是研究教育艺术的，这就肯定了教育本身是一门艺术。而作为艺术，显然它就不能定为一。凡是定为一的东西恐怕它就不能叫艺术。我开始教改的阻力不是来自我们学校领导，而是来自家长不理解。我们学校各级领导是非常支持的，而一些家长也确实能起很大作用。他们觉得，你这个学校叫什么学校呢？该抄的不抄，不像人家一本子一本子抄课堂笔记，课上净是这么讨论，逼着让学生想，一堂课讲不了多少，那要老师干什么呢？这些不理解产生的根源并不在家长本身，而是来源于对教育学的一知半解，特别是50年代受教育的，对那个教育模式的一知半解，对凯洛夫的教育理论的一知半解。如果从教育也是一门艺术来思考的话，就不会说只有上课这样一种模式。因为它是艺术，艺术就像花朵一样。世界上不能只有一朵花，一朵花开绝不是艺术，而应当有多种形式的花。教育应该是各种形式、各种方法，都在竞争，都在开放，这才是大好局面。

只要它能开放出特色来，它就会有生命力，当然就是有一定道理的，因此，也必然是科学的。这一点也是我跟学生讲得比较多的。

鼓励学生自荐

面对现代社会，人们应该有勇气向社会推荐自己，有勇气向别人、向集体介绍自己的特长，以使自己的特长及时被他人、被集体、被社会发现，及时服务于社会。

1987 年国庆节快到了，按照惯例，我们学校又要搞一次大合唱比赛。节前校园里歌声回荡，各班都在紧张地练唱歌咏比赛的歌曲。

我的两个班级深知大合唱比赛中指挥的作用，早早选出了各自的指挥：三年级一班是孙亚玲，三年级八班是周继明。两班同学雄心勃勃，都要在全校大赛中夺魁。

一天早自习，王贻爽同学走到我面前："老师，请您看看我的日记，看前天、昨天的两篇。"我明白，一定是她有什么心里话，要告诉我，或有什么困难需要我帮忙了。

几年来，我的工作一直极忙，一般的小事，学生们不忍心打扰我，有了较大的事，想说，又怕我没时间，便用这种形式和我沟通。有什么心里话，有什么困难写在日记上，交给我，告诉我是哪一篇，我忙，就先把日记拿在手里，什么时间有余暇，便拿出来看。

恰逢这段时间我没事，接过日记本说："好，我马上看。"

前天的那一篇是写她自去年班上大合唱以来，就认为指挥很重要，去年同学们本来唱得挺好，如果指挥再出色些，一定能得第一名，于是自己便产生了当指挥的愿望，并在家里偷偷看这方面的书，边看边练了一年多。今年又要歌咏比赛了，可选举指挥那天，没人知道她在家练习指挥的事，更没人知道她有想当指挥的想法，当然便没人推荐她，老师也没让同学们推荐她，她失掉了一个施展才能为集体争光的机会，感到十分失望。

昨天的日记，写这两天思想斗争激烈，感到自己的指挥水平肯定高于孙亚玲，应当由自己担任指挥，可是又怕别人不理解，说自己出风头。两种思想矛盾着，斗争着，谁也没能战胜谁，不愿放弃这次机会，又没有自荐的勇气。

看了这两篇日记，我很受感动。王贻爽同学终于把她的日记给我看，这说明她自荐的勇气还是占了上风，这样的胆量在我们的青少年时期是难能可贵的。我很赞赏她热爱集体、关心集体、乐于为集体争光的精神。

第二天，语文课前几分钟练唱中，我提议请王贻爽同学上讲台担任指挥。王贻爽当然明白这是老师在全班同学面前考核自己，她大大方方地上了讲台。她面带微笑，眼观全场，轻轻地领唱一句，然后双臂一举，又猛地向下一滑，用一条优美的弧线牵出了整齐嘹亮的歌声。她的手势实在娴熟优雅，她的表情动作、她的全部感情和《黄河颂》的旋律严丝合缝地统一在一起，使我也不知不觉跟着她的指挥唱起来。全班同学的情绪被激发起来，越唱越雄壮有力。说心里话，这是自 1981 年林华同学毕业以后，我发现的本校最好的指挥。她的水平明显地超过孙亚玲。我高兴地说："大家看看，这次合唱指挥是不是换王贻爽更合适？"

我满以为同学们会热烈鼓掌，通过我的提议，不料同学们你望我，我望你，都不吱声。我有些奇怪，以为自己的评价标准和同学们不一致，便问："是王贻爽不如孙亚玲？老师看错了？"

"不是。"同学们齐说。

"啊！那么我明白了，大家是怕孙亚玲丢面子，另外，看到孙亚玲这几天辛辛苦苦地练指挥，把她换下来，大家感觉于心不忍，是不是？"

同学们都笑了，我也笑了。

我说："同学们这种心情可以理解，但这种观念确实是落后了。咱们以前倒霉就倒霉在这地方，干部的选拔没有一个竞争的机制，本来就埋没了一些人才，而一旦发现了人才，又不好意思让原来占着位置的人下来，一旦人才要自荐，为集体为社会多负些责任，便被视为异端，视为不安分，甚至被指责为野心。于是明明一匹十里马在上面站着，下面的千里马也得唯唯诺诺，自称不如。因为这样，咱们才弄到这么落后的地步，不仅国家遭殃，而且不利于人才的成长，既不利于千里马，也不利于十里马。没有竞争制度，没有轮换制度，没有淘汰制度，十里马便没有危机感，便难以变为百里马、千里马。我们毕业以后要面对一个全新的现代社会，优胜劣汰是现代社会一个最基本的原则。理解这一原则，便能顺应世界发展，发现自己的长处，发展自己的长处，向社会自荐自己的长处。另一方面，也无须掩饰自己的短处，无须把比自己更强的人压在自己下面。接受一个比自己更有能力的人，让位于一个比自己更有能力的人，是古仁人尧舜的胸怀，更是现代人应具有的气概，于己、于人、于集体、于社会、于事业都有利，是这样吧？”

同学们说：“是！”性格开朗的孙亚玲马上表示，愿意愉快地退出指挥的位置，这样王贻爽同学能发挥自己的才能，班集体能够取胜，学校的指挥水平能提高一步。“我若愿当指挥呢，便努力锻炼，提高能力，争取超过王贻爽；不愿当指挥呢，便省下练指挥的时间与精力，用在发展自己数学特长方面。”这样想来，人生之路极宽。最窄的人生之路，其实是拼命挡住比自己强的人的路。

我说：“全班同学要学习孙亚玲同学的胸怀，也要学习王贻爽同学自荐的勇气。在现代社会，这一勇气尤为重要，自荐决不单是为了施展自己的才能，更重要的，是有利于促进别人的进步，事业的发展，国家的繁荣。”

条条大路通罗马

初夏的盘锦，正赶上艳阳高照的时候，已经很热。教室内我正讲课，班内的几个胖子，一边流汗，一边听课。

忽然，室外起风了，而且越刮越大。我们三年级七班的教室在教学楼外面，有 18 米长，专供听课用的，穿过走廊就可进入大教室。走廊的门被风吹得关上又打开，关时撞在门框上，开时撞在墙壁上，发出咣当咣当的响声，搅得人心烦。

这时李威娜同学从座位上走出去，到走廊把门关紧，用插销插上了。回到教室，我问她为什么插门，她说：“老师，我是承包门的。”

“这么热的天，把门插上，室内不通风，胖子们热坏了怎么办？”

“门开着，风一刮就乱响，影响大家听课怎么办？”“难道风大时，让门不出声音只有插上门一种办法吗？老师不是常说，不是自古华山一条路，而是条条大路通罗马吗？不是常说每件事都有 100 种做法吗？明天请你把这个问题解决了，刮大风时，门要开着，还不让门发出声音。一种办法还不行，还要写出 10 种办法。”

李威娜是一位思维敏捷、想象力丰富的同学，用不着指导，她就一定能想出好办法来。

果然，第二天，问题解决了。她用一根比门框的宽度略长的方木，方木的两端各开了一个槽，槽的宽度等于门的厚度，然后将两扇门打开，将方木横在门的上端，槽恰好卡住两扇门。这样一来，门被顶在两端的墙壁上，风大也不能再往墙撞了。往内呢？因为有槽顶着也回不来。同学们看了，都称赞这个办法想得妙。

大家正欣赏着这项小发明，李威娜同学又递给我一份材料，我打开一看，材料的题目是"刮大风时开着门还没有碰撞声的 10 种办法"。

1. 如目前使用的方木顶门。

2. 可在门与地之间的缝隙处加两个楔子，使门稳定。

3. 可在门下方设两个顶门的墩子。

4. 可在门后贴墙壁处钉两个橛子，橛子上设挂钩，门上设羊眼圈，一挂即可。

5. 可在门的中部设弹簧，弹簧力向内拉，而门外再设小弹簧拉住，成为有弹性的固定。

6. 跟 5 的办法大致相同，用橡胶皮条往外拉住亦可。

7. 在门的上部安上类似窗户扇下部挺钩那样的防风动装置。

8. 门上部内侧各钻一个不透的凹洞，然后制作一个可伸缩顶门闩，两端顶住凹洞。

9. 门下朝地面部位钉上门插销，然后在水泥地面上打孔，门开后，将插销插入孔内固定。

10. 可安装像钢窗那样的构造，虽复杂一些，但却是防风效果极好的挺钩。

我看着这份材料，认真一想，这些方法确实都行得通，都能达到刮大风时，开着门还没有碰撞声的目的。

教学活动中，我经常提出这样的问题：我们要做某件事，大家想想有多少种办法？

张军同学感冒了，大家想想，有多少种办法能治好？同学们七嘴八舌地议论开了："吃速效感冒胶囊。""吃感冒片。""吃银翘解毒丸。""打退热针。""打消炎针。""针灸也能治好。""按摩也能治好。""轻微的感冒，洗洗热水澡，一出汗就能好。""喝姜糖水治感冒。"……

"吃速效感冒胶囊需白开水送下，请同学们想一想，烧开水有多少种方法？”就容器而言，大家说“用锅”“用壶”“用盆”“用盘”“用饭盒”“用杯”……都能烧开水。就容器的质地而言，金的、银的、铜的、铁的、铝的、陶的、瓷的……都可以。就燃料而言，有天然气可以，没有天然气，用液化气、用煤、用木头、用稻草、用废纸、用酒精灯、用煤油炉、用电饭锅、用太阳灶……这样想来，人的思路开阔，做事时容易成功，不至于因缺少某一个条件，一种办法行不通了，就宣布此事没法办。

甚至同一句话都有100种说法，比如只有5个字的一句话：“为人民服务。”就语速而言，可慢，可快，可先快后慢，可先慢后快。就这5个字的距离，至少可有100种不同的摆放方式。就音量而言，可悄悄地耳语，可小声说，可大声说，可高喊。就音调而言，可高音，可中音，可低音，ABCDEF……14个调值均可用来说这句相同的话。就语气而言，可陈述，可感叹，可疑问，可祈使。就说话时的感情而言，或喜，或怒，或哀，或乐，又有相当大的差异。不同性格、不同品质的人说这同一句话，别人听了感受不同。周总理、雷锋说这句话，人们觉得真诚恳切、发自内心，听了以后使人感动，使人共鸣，使人受教育。林彪、康生说这句话，流露出的是假大空的虚伪，是只知空喊，不想实干的欺骗，人们听了，受到的是不说假话办不成大事的反面教育，是不得不做形式主义敷衍的教育。11亿人同说这一句话，方式方法不就更多了吗？一句话既然有上百种说法，我们为什么不尽可能选择那种能鼓舞人、教育人、感染人、激励人的说法呢？

再往细说，一个字也有100种写法。比如学习的“学”字，甲骨文、金文、隶书、篆书、魏碑、行书、楷书、草书、仿宋……用哪种写法写出来都读“学”。单就楷书而言，柳公权、颜真卿直至现代的启功、赵朴初这些大书法家又都风格各异。这样看来，仅仅一个“学”字，也不仅有100种写法，1000位书法家，或1000位学生同写“学”字，至少会有上百种区别吧！更值得思考的是，我们很难比较隶体的“学”字和篆体的“学”字孰优孰劣，也很难一致做出哪个书法家的“学”字能排第一位的决定。而是觉得书法家的“学”字千姿百态，变化万千，各具特色，妙处无穷。

烧开水这样的小事，一句话，一个字这样的小事，尚且有这么多种不同的做法，最后殊途同归。为什么对当班主任，管理班级，任命班干部，讲课等许多教育教学过程中复杂得多的事情，却认为“自古华山一条路”，只有一种模式呢？

马克思在《评普鲁士最近的书报检查令》中说：“你们并不要求玫瑰花散发出和紫罗兰一样的芳香，但你们为什么却要求世界上最丰富的东西——

精神只能有一种存在形式呢？”

人的思想从一种模式中解放出来，就会发现，教育教学改革的天地十分广阔，方法非常多。一个班会可以由班主任主持，也可以由班长主持，普通同学主持亦可。大家轮流主持可以，几个人同时主持还可以。找到一种方法，再找到第二、第三……第十种方法，比一比，试一试，哪种方法大家感兴趣，效果好，就用哪一种。有一天，天气闷热，似乎要下雨了，一位同学对我说：“老师，天气一闷热，我就心烦意乱，上自习的时候心烦意乱就什么都做不下去，看书、写作业，都静不下心来，怎么办呢？”

我说你用原来的老办法，大概控制不了自己的心绪，但你必须有这样一个坚定的信念：这种不良心情我能控制，老办法控制不住，我还能想出新的几个、十几个、几十个控制办法。有这个坚定的信念，你的情绪就稳定些了。接下来就想办法，如：这段时间回忆自己过去学习效率最高之时或回忆自己战胜逆境时的经过，胜利者的心态便容易恢复；你也可以闭目冥想，自己是一个神奇的圣斗士，眼前一些不利的天气根本不算什么；你还可以从所学的 11 个科目中挑选自己最愿意学的科目，再选最喜欢的科目中最愿学的章节，从最爱学的章节中选最喜欢做的习题，这样越挑选越高兴，越愉快，会逐渐忘了心烦意乱的情绪而开始做实事。“好了，好了，老师您先别说了，让我自己再想一些新办法吧！”

一旦把学生从“自古华山一条路”的思维定式中解放出来，他就有豁然开朗、柳暗花明又一村之感，老师点出一个办法，他就能想出一串符合自己实际的办法来。

自习课如此，预习如此，改掉自己好动和语言不规范的毛病，以及听课、作业、参加社会活动和旅游参观，莫不如此。

牢记“条条大路通罗马”，就能在别人做事一筹莫展时，你却能持积极的心态，想出几种、十几种，乃至几十种、上百种办法来。

我当班主任，绝大部分事请学生做。刚开始时，个别所谓理论家也持批评态度，觉得我和某位理论家的某个观点不一致。但由于这样管理班级效率高，我便一直坚持这样做，时间长了，便也成了一种方法。

我喜欢“条条大路通罗马”这种思维方式，这种思维方式，不至于使人钻牛角尖，容易使人变得开朗、乐观、豁达。

运用某种方法挺好，也无须骄傲，无须故步自封，因为事物在发展，方法在更新，我们目前运用的方法绝不是最好的方法。我们应该不断研究、探索，再往前去寻求更好、更科学的方法。

每天点一盏思想的灯

阳光、火光、电光，能照亮江河山川，照亮道路，照亮物质世界。

思想之光，能照亮人的观念，照亮人的思想道路，照亮人的精神世界。

小时候，一本《今古贤文》，我不知读了多少遍。至今“尊人者，人尊之”“隐其恶，扬其善”“宁可人负我，不可我负人”“一万次口号抵不上一次行动”“曲不离口，拳不离手”“聪明的人改变自己，糊涂的人埋怨别人”等许多格言警句，还深深刻在脑子里，成为指导我言行的明灯。

从教书开始，我便注意给学生抄格言、警句。在农村教书的时候，我给学生讲，给学生抄；到了城里教中学，我买《名人名言录》，放到班级图书箱里，给学生看，以后又买了几本不同版本的《格言选》《格言精编》等。

从 1979 年 4 月起，便由我给学生抄格言，改为学生按学号轮流抄格言，每天轮到一个人，挑选自己认为对大家最有教育意义的，写在黑板的右侧。

首先，同学们注重格言的内容，看谁的格言能量最大、最灿烂，四射的光芒能最大限度地照亮同学们的精神世界。

其次，大家也注重形式，看谁的格言写得最认真，字写得漂亮，图案设计得吸引人。有的同学用彩色粉笔在黑板的右侧勾出一片 1 米高 25 厘米宽的天地。有的格言出自古人，便画上古色古香的图案花边。有的格言高远辽阔，便画上大海、天空的图案。有的格言惊世骇俗，便配上电光与利剑。

还有的在格言上方画上我校的校徽，有的画上团徽，有的画上国徽。

最常见的形式，还是今天宋君同学这样的，先勾出这片天地的范围，然后在上部画出五分之一位置，用彩色粉笔写上大字：“今日格言”。下部画出十分之一的位置，写上格言抄录人的名字：宋君。中间是格言正文，一般像竖式条幅一样，字要竖写。

从学生选择哪条格言，也可发现学生心灵世界的一些奥秘。

如果有谁说，魏书生班的学生每天学一条格言，所以每个人都变得积极进取，思想发生了巨大的变化，世界观发生了根本的转变，你千万别信。每天一句格言不可能有那么大的教育力量。

如果有谁说，魏书生班的学生几年如一日，每天学一条格言，一点用处都没有，学生无动于衷，你也别信。有的格言是千古传诵的，曾经激励过一代又一代的仁人志士；有的格言是学术界公认的至理名言，曾成为千千万万做学问的人的座右铭，怎么可能一点作用没有呢？

格言有它独特的作用，春风化雨，点滴入土，日久天长，潜移默化。学生的精神世界，有了这些格言明灯的照耀，一定要比昨天更明亮。

几年来，一届又一届的学生，多次选择周总理的话，恭恭敬敬、工工整整地写在前面："我们应该像春蚕一样，把最后一口丝都吐出来，献给人民。"

也有的写陶铸同志的诗："如烟往事俱忘却，心底无私天地宽。"

还有的写程思远先生发人深省的话："人不能从八十岁向一岁活，如果能够从八十岁向一岁活的话，那么我敢肯定，世界二分之一以上的人都会成为伟人。"

为劝诫同学们珍重友情，有个学生抄了爱因斯坦的话："世界上最美好的东西，莫过于有几个头脑和心地都很正直、严正的朋友……"

为了鼓励同学们乐观地面对生活，有的学生写道："生活像镜子，你对它笑，它也对你笑。"

也有的同学互相摘录自己编写的话，读起来，使同学们感觉离自己的思想更近："经常谈论别人的短处，会使一个人变得心胸狭窄，活得又疲劳，又无聊。"这是蔡乐同学写的。

"一个忘我的人能够彻底摆脱烦恼忧虑，真正体验到生活的乐趣。"这是张颖同学写的。

学生抄的格言，不仅使学生受到启示，也常常使我受到启示。记不清哪位同学抄过这样一条格言："乐观的人把困难当作帮助自己前进的机会，悲观的人总是在机会中首先看到困难。"这句话后来我曾数百次地背诵，记着它，使我充满了战胜困难的勇气，努力做一个乐观的人。

名人伟人，经历了比常人更多的磨难，做出了使常人仰慕的贡献，他们的名言曾鼓舞自己在磨难中矢志不渝，奋力拼搏，努力做着贡献。他们的名言经过历史长河的冲刷，仍然能放射出光芒。人们如果在自己的有生之年，采撷不到这光芒四射的名言，那确是人生的一大憾事。

学生抄的这些名言，给我以启示时，我常想，如果在少年时代我看到，那将会减少很多在黑暗中摸索的弯路。我越是这样想着，越觉得“每天由学生轮流抄一条格言”这条班规订得有理，符合学生们的切身利益。

名人格言，每天陪伴着我们师生，一年又一年，一届又一届，已经十几年了。它还将陪伴着我们师生一起走向未来。

我深深地体会到，这是有百益而无一害的事情，我也愿它和全国更多的教学班为伴，每天点燃一盏思想的明灯——抄一句格言，一起去开创教育改革灿烂的明天。

跑进快乐天地

数九寒冬，北风怒号，1980 年 12 月末有几天，分外地冷。

六里河大堤上，朔风吹得野草、芦苇都向南倒在了地上。挖土方的民工们系上了棉帽子的带子，有的还用大围巾围住了脸，每个人的棉大衣都紧紧裹着，并且用带子系紧。即使如此，向北走的时候，他们还是觉得冷，风实在太大了，寒风穿透棉大衣，并且刮得人透不过气来，于是那些民工们便转回身，背对着风，一步一步倒着往北走。

这么冷的天，还要不要坚持每天越野长跑 5 公里的规矩？大家表决，结果以压倒性的票数通过。学生们把大衣扔在教室里，有几位同学只穿着毛衣，于是一支队伍冲出校门，争先恐后地朝着西北，朝着六里河跑去。

5 公里跑完了，回到教室，同学们满脸通红，冒着汗，充满了战胜自我的幸福感、自豪感，畅谈着战胜严寒的欢乐。

1989 年 4 月，我接班不久学校便召开运动会，竞赛项目中我们班只有 100 米（第二名）、1500 米（第六名）拿了名次，得了分。跑了两年以后，还是这个班，还是这些同学，参加校运动会，同年组共 6 个班一起竞赛，我们班取得了全部竞赛项目的冠军。我们一个班得分比其余 5 个班的总和还要多。

坚持长跑，更重要的，不仅增强了体质，而且磨炼了同学们的意志。在现代社会，这种顽强的、百折不挠的意志，是一个成功者不可缺少的条件。

从严冬跑到盛夏，从70年代跑到90年代，一届又一届的学生到跑步中去体验甜，从更高层次上去认识苦与甜，认识自我，战胜自我，超越自我，去发现一个新的快乐的天地。

每天100次仰卧起坐、俯卧撑

1988年6月，正赶上没有风的艳阳天，太阳炙烤着大地，人们热得穿着薄衬衣走路还出汗。

中央电视台的导演与摄影记者到我们学校来访，中央电视台《新闻联播》节目已多次播放过我校教改的消息，但赶上这么热的天来采访还是头一次。

周导演和摄影的两位同志在校园里忙了一天也比较累了，快放学时，说："拍一个轻松点的场面，就在教室里，同学们围坐在一起，讨论怎样实现班级管理自动化。"

同学们很快进入了角色，热烈讨论起来。周导演很满意，我也听得津津有味，忘记了时间。

体育委员走到我的身边问："老师，咱们班是人治还是法治呀？"一时问得我莫名其妙。"人治怎样，法治又怎样？"

体育委员说："您看看表，到什么时间了？"

我一看表，恍然大悟："到做仰卧起坐、俯卧撑的时间了。那当然要法治。"

多年来，一届又一届的学生我都强调科学管理班级，就要以法治班，制定了班规班法就要坚持执行，不能因哪一个人一句话，或遇一点特殊情况，就不执行班规班法。

体育委员听我一说，便站到讲台上说："同学们请注意，想想现在到什么时间了，要以法治班。"

听了这句话，围坐在那里录像的同学立即回到自己的座位，将桌面上的文具收拾好。但见一半同学躺在桌子上做仰卧起坐，另一半同学趴在椅子上做俯卧撑。

我一看同学们进入了角色，也立即找到属于自己的桌子躺下开始做起来。

导演开头摸不着头脑，我也没向人家解释。过了一会儿，他见同学们累得汗流满面，但每个人都咬紧牙关坚持着，场面很感人，立即让摄影的同志仔细地录下了这一场面和几名身单力薄的小同学咬牙坚持的镜头。

这种锻炼方式是我们 1984 年选定的。

那一年秋天，我给同学们读鲁光写的报告文学《敲开世界冠军的大门》。文章记叙了中国女排刻苦训练、顽强拼搏夺取世界冠军的经过。其中有一句话，深深激励着同学们，中国女排姑娘们说："苦是一服灵丹妙药，我们要想强大起来，就得天天吃它。"

同学们说："老师，咱们也该找服灵丹妙药来吃，使我们也强大起来。"

"大家讨论一下，我们上哪儿去寻找这样一服苦药。"

"女排的训练器械，我们没有。""打沙袋，绑沙袋，也不现实。"

商量来商量去，大家觉得比较实际的方法就是在教室里练仰卧起坐和俯卧撑，不用器材，不用特殊的训练场地，又节省时间。

刚开始，每人只做三个。即使如此，有的同学两臂一屈，便胸部触凳，起不来了。但过了几天，都达到了三个。

同学们觉得不苦了，就说："苦才是灵丹妙药，不苦就不是灵丹妙药了。我们该增加运动量，两天增长一个试一试。"

那时国家体委规定的锻炼标准，女同学俯卧撑能做 8 次就达到了标准，可我们都长到 10 个了，学生还要求增加。

大家意见一致，我看同学们干劲十足，体力很好，没有什么副作用，便同意增加。增多少？同学们要求每天增一个，这能受得了吗？同学们说："受不了的时候再停也不晚。"

日月如梭，不知不觉两个月过去了，我们已增到了每天做 50 次。同学们吃着这苦药，果然自我感觉比以前强大了许多，于是还要求增，直增至 80 次、90 次。达到 100 次的时候，有的同学意犹未尽，还要增。

我说："不能再增了，万事万物，过犹不及，过分了就会走向反面。我们做到 100 次没出现什么副作用就不错了，每天能坚持下来，已经相当不容易。增到此为止吧！"

当时我正任两个班的班主任，并教这两个班的语文课。两个班，一个是学习成绩好的学生组成，一个由学习"后进"一些的学生组成的。我在校的时候，总是和“后进”的同学在一起活动，他们做仰卧起坐我也跟着做。

我的会议多，1985 年 5 月上旬到 6 月上旬，两班同学临近毕业前，会议仍不减，到各地开会不算，单是北京，30 天内便去了三趟，开了三个会。

外出开会时，我也坚持锻炼，可能缺少学生监督的原因，也许缺少集体的场效应，我自己在宾馆做到 60 多次，就浑身是汗，没有力气了，只好原谅自己。

开会回来，心甚愉快，又能和学生一起活动了。放学前，又到了做仰卧起坐、俯卧撑的时间，我同一班同学一起做。俯卧撑到 60 次时，似达到了运动的极点，汗流浃背，胳膊发软，但同学们还在做，我怎么好意思停止呢？只好咬紧牙关坚持着，好不容易到了 100 个。

我想：“这回可解放了。”可同学们没停止，还咬牙坚持着。体育委员分明在喊着：“101、102……”

我一看没停，自己也不好意思停，双臂颤抖着，一次又一次地撑起那越来越重的身躯。感觉有骨断筋折的滋味，再坚持，头昏脑涨，再坚持，似乎麻木了，也说不清什么滋味了。

体育委员喊到第 120 次时，大家才都喘着粗气停下来。我像获得了解放一样站起来，刚想轻松一下，同学们又做另一个训练项目了。我只好又躺在桌子上，似乎是昏头昏脑地又做了 120 个仰卧起坐。我真不知是哪来的力气。从那以后，我再也没有达到过这个纪录。

待做完以后，从桌子上下来，我浑身已像没有筋骨了，一点支撑的力气都没有了。我问：“以前都是做 100 次，这次为什么做 120 次？”

“老师，您不在家时，全班同学要求体育委员每天再长一个，您已 20 天不在家了，我们便长到了 120 个。”

“乱弹琴，老师不是说过万事万物过犹不及吗？不是说过到 100 次就不长了吗？为什么不听话？为什么和辩证法对着干？”我装作生气批评学生，内心却充满了喜悦，为什么？三年一班学生比三年七班学习成绩差，有几名同学相当淘气，但老师不在家时，这么苦的训练，他们不仅能坚持，还要求体育委员领着长，这说明他们成熟了，他们自我教育能力提高了。

现在回忆起来，我真该感谢那届学生，是他们监督着我，鞭策着我去吃“仰卧起坐、俯卧撑”这服灵丹妙药，吃了这么苦的药，我才坚强起来，体质也强健起来。直到今年暑假，我四处奔波开会，白天冒着 36℃的酷暑讲一天课，晚间在宾馆还能坚持做完100次俯卧撑，再坚持做100次仰卧起坐。每当做完，浑身就充满了战胜自我的力量。

每天做这么多的仰卧起坐、俯卧撑，不仅增强了学生的体力，更重要的是磨炼了学生的意志。

学生管进行这种训练叫“上刑”，刚开始我看班级日报登着一条消息：“本报记者发现，上刑时，有的同学偷懒，动作不到位。”看了以后我觉得奇怪，问：“怎么能叫上刑呢？什么叫上刑？是不是你们打闹时，想的折磨人的残酷手段？”

学生笑了：“上刑就是每天的仰卧起坐和俯卧撑啊！一做起来，难受得像上刑一样！”

我说：“这么苦，就别做了吧！”

“怎么能不做，是我们自己选的，再说做的时候苦得要死，做完以后轻松得要命，心里也高兴得很。”

1991届毕业生我没让做，我想试验比较一下，做和不做有什么不同。这届学生的吃苦精神，明显比不上1985届、1988届每天做100个仰卧起坐、俯卧撑的学生，这届学生体育达标的优秀率也比前两届学生低一些。

有三部分内容的座右铭

外省来听课的老师，看到每位同学桌子上都放着一件做得很好看的五面体，上面写满了字，便问：“这是什么？”

“是座右铭。”

提倡贴座右铭，是十几年前的事了，要求全班必须贴座右铭则是1985年的事。1986年我当了校长，便要求全校1516名学生每人都要贴座右铭。

原来座右铭全校要统一规格，长10厘米，宽6.18厘米（符合黄金分割律）。

1988年，我又要求全校学生课桌上都要蒙上白桌罩，这样一来座右铭没办法贴了，学校便号召大家搞小发明，解决桌罩和座右铭统一的问题。

有的同学将座右铭写在桌罩的右上角，但看起来很脏，又不利于更换内容。

有的将座右铭写在一块钉了按扣的布上，桌罩也钉了按扣，比上一个好，但看起来窝窝囊囊、皱皱巴巴的，不够美观。

有的将座右铭用透明胶粘在桌罩上，这样虽然比较好看，但洗的时候不方便，容易撕坏。

在这些发明中，我们暂时采用了这样一种，即做一个长 10 厘米、宽 6.15 厘米、高 1.5 厘米的五面体，从两个侧面看是腰长为 6.15 厘米、底边为 1.5 厘米的等腰三角形。这个五面体可以用硬纸板折叠而成，也可以用塑料板、五合板、铁板做。

有的同学更有趣，用整块塑料，或整块木头，锯成所需的五面体，打磨平了，蹭光滑了，看上去像一件工艺品了，才在上面贴上座右铭。

这种形状的五面体放在桌罩上比较稳固，不会碰倒，不易被风刮走。

座右铭上写清三部分内容：

第一，自己最崇拜的人的名字或加上照片。

第二，自己要追上的同学的名字。

第三，针对自己思想弱点写一句医治这一弱点的格言。

我爱读人物传记。孟子、诸葛亮、岳飞、文天祥、周总理，是我自小学起一直崇拜的偶像，尽管我们很难达到伟人的境界，但以伟人为人处世的言行为典范，指导自己的言行，显然有利于人的成长。朝着伟人的方向攀登，本身就是一种人生幸福。

一个凡人，始终不渝地崇拜着一位伟人，他一定能减少许多庸人层次的烦恼，一定能较容易地使自己摆脱低层次的事情的缠绕，从而使自己在许多问题上能超凡脱俗。

谁都有过这种体验，当读爱因斯坦这样对人类有突出贡献的伟人的传记时，自己也感觉人生天地高远、辽阔；觉得大自然美好，人生可爱；觉得踏踏实实做事便有无穷的幸福和欢乐；痛感自己做的实事太少，应该抓紧为自己生存的这个世界尽自己的一份责任。

我从伟人身上吸取了力量，便也愿引导自己的学生这样做，引导学生看伟人传记，引导一届又一届的学生把伟人的名字写在座右铭上，天天看，时时置于伟人的鞭策之下。

敬爱的周总理的纪念章我已佩戴了十几年，学生见我最崇敬周总理，于是许多同学在自己的座右铭上写道：最崇敬的人——周总理。

也有的同学写最崇敬的人是华罗庚，有的写陈景润，有的写焦裕禄，有的写雷锋，有的写张海迪，有的写孔子，有的写岳飞……

不少同学写的崇拜的人是外国人，如爱因斯坦、爱迪生、牛顿、华盛顿、哥白尼、居里夫人、撒切尔夫人……

1992 年 7 月在山西忻州，我讲课时，四川一位老师便提出了这样的问题："假如学生在自己的座右铭上写最崇拜的人是希特勒怎么办？"我的学生还没有崇拜希特勒的，但有的写最崇拜的人是拿破仑。我问："崇拜拿破仑的哪些方面？"答："崇拜他统率千军万马的英雄气概；崇拜他历经多次失败，但仍然不屈不挠的顽强意志；崇拜他虽然有身材矮小等弱点，但决不自卑的品质。"显然，学生说的拿破仑这些优点都是值得人崇拜的。学生也讲了他讨厌拿破仑有时盲目自大、目空一切，傲慢、自私、贪婪、残忍。但这些并没妨碍拿破仑成为伟人。这些东西我们不学就是了。

座右铭的第二部分内容是写出在本班要追上的同学的名字。

这些年来我组织学生进行学习竞赛，不只让学生追尖子，当冠军，更多的是鼓励学生自我竞赛，鼓励学生和自己程度相近的同学竞赛。

张军期中考试在全班排在第 70 名，那么你期末奋斗方向就是追上第 69 名同学李健。能超过李健，你成了第 69 名就是伟大胜利。

这样的竞赛，这样的追击，取胜的希望值大，也就更能激发学生的竞赛积极性。

倘若鼓励第 70 名学生经过两个月的奋斗成为第 17 名学生，而同在一个班，同样的教师教，前面的学生一直努力，第 70 名学生以前又不是没努力，他自己也感到用两个月进入第 17 名是开玩笑，由于根本没有可能性，他当然就不积极进取了。

引导学生追击紧挨着自己的同学，这本身就是对他的一个刺激。他自己的内心深处也不服这个同学：我以前比他强，这次考试，我没在意，被他超过了，下次我一定超过他。这种不服气的心理才容易激发竞赛的积极性。

每位同学桌子上都写着前一位同学的名字，而自己的名字又写在别的同学桌子上，公开成为别人挑战的目标。这样大家都前有榜样，后有追兵，班级便形成一种你追我赶的学习气氛。

全班只有倒数第一的同学没有追兵，但处于这个位置，他也不能不着急，没有人追他，他也会尽最大努力超过倒数第二的同学，改变自己的处境。学习最好的第一名同学没有追击目标，但后边那么多人都追他，想取代他的位置，这么多动力推着他，他也会奋力向前。

座右铭第三部分内容是写一句格言。要求必须针对自己的思想实际，最好针对自己思想的弱点。

一位同学针对自己的格言是：勿小马蹄坑。

什么意思？本班同学都知道，她就是告诫自己胸怀不要太狭窄，不要像小马蹄坑那样，一点小事都装不下，投入一个小石子，也会激起波浪。这显示出这位同学已成熟了，她敢于正视自己的弱点，敢于否定自己的弱点。后来这位容易生气、多愁善感的同学变得很开朗、很洒脱。

有同学写："一部机器常常就坏在一个零件上。"

我看了，不明白，便向写这句话的鞠艳辉同学请教。她说："老师，我的脑子总体挺好使的，但只有注意力这个零件经常出问题。注意力好的时候，我什么都能听懂，教材上、练习册上的难题都会做。赶上注意力不听话，胡思乱想的时候，整个脑子便乱成了一锅粥，什么都听不进去，连简单的题也不会做了。我写了这句话告诫自己，一旦溜号，便把注意力拽到正道上来，试了两个月很管用，现在我的成绩明显好起来了。"

班长纪磊把最喜欢的一段话写在座右铭上：是中学生，一定得有这个气魄，有一个挨得起饿、受得起冻、经得起摔打的身体；有一个不怕风吹，不会失眠，不知道什么叫眩晕的脑袋。

有位同学是班上四大闹将之一，他的座右铭很有意思，只有"闭住你的嘴"五个大字。他把这五个字用笔描得很粗很粗，十分醒目，远远就能望到。

我问："怎么写这样的话呢？"

"老师你不知道，我这张嘴，在过去的学校里是盲人闹眼病——没治了。总说，说惯了，利用率极高，有时说得我自己都烦自己。到咱班来，自习不让说话，我的话少了不少，但和别人比，还多。怎么办？我也想过办法，甚至想用粘胶把它粘上，可不好意思。写座右铭，针对自己的弱点，我的主要弱点就是闲话浪费了脑细胞。我就写了这五个字，并下定决心，想说话时，便用上牙咬住自己的下嘴唇，还真灵，一下就说不出来了。咬的次数多了，渐渐就不想说闲话了。"他的变化受到了全班同学的热情赞扬。

座右铭、伟人是来自学生心中的选择，像太阳一样时刻照耀他们的内心世界。格言，也是学生针对自己内心深处弱点的选择，像良药一样，治疗着他们心灵深处的疾病。因其来自内心，在发生作用时，就把心理抵抗减到了最低程度。

座右铭，使学生天天看到的是深刻的充满哲理的话；天天想到的是杰出的人，是伟人。这教室里就像有几十位伟人帮我做工作，帮我进入学生的心灵深处谈心，用格言谈心，用警句谈心。他们的教育效果怎么能不突出呢？

许兵同学是承包座右铭的，每天早晨他在教室走一圈，看一遍，看谁的座右铭没及时放在桌子上便提醒谁，日久天长，人人养成了注重座右铭的习惯。

变“？”为“！”

小时候，老师就告诉我们要做到12个字：坐如钟，站如松，行如风，卧如弓。

这样有利于维持身体正直，有利于保护视力。

我这样做了，视力果然好，身体也不爱得病。

于是，我便劝一届又一届的学生做到这12个字，特别是做到坐如钟。

我发现有的同学近视，大部分原因是坐的姿势不正确，非但不坐如钟，反倒弯着腰，弓着背，眼睛离练习本越来越近，有的甚至偏着头，躺在桌子上写，还有的眼睛和书本之间只剩下一个鼻子的距离了。

同学们幽默地说：“这姿势很像问号。”

有的说：“现在才是少年期就变问号，到了老年，还不变成句号呀！”

我便对“？”姿势的同学大声疾呼：“赶快猛醒，将问号拉直，变成感叹号！坐如钟，又正又直多舒服。”

我知道，人的习惯不是靠一两次提醒能改变的。一两次提醒可能使人坐直一段时间，有的能坐直两三天，两三天过去又忘了。忘了，我便再提醒。

个别的同学弯得较厉害，我便个别提醒，不少人普遍不坐直时，我便面向全班提醒。

我说：“请刘志军同学负责记录，老师每提醒一次坐如钟，你便记录一次年月日，并写上第几次，好吗？看看咱们需要提醒多少次才能养成坐如钟的习惯。”

刚开始，提醒的密度较大，每天得有两三次，两周以后，就两三天提醒一次了。

“坐如钟！”我说。

“1979 年 10 月 31 日，第 84 次。”刘志军说。

“好久没说那 3 个字了，咱们班有几位又向问号发展了？”我说。

“1980 年 12 月 12 日，第 108 次。”

直到毕业前夕，刘志军向同学们宣布：

“坐如钟这个问题，老师一共提醒了 116 次。”

王良同学是体育委员，他对工作认真负责，每个学年，他都向同学们公布全班身体检查情况，和去年对比，视力、身高、胸围、体重有了哪些变化，连全班每人身高增长多少，体重增长多少，他都细心地计算出来。每个学期，每个学年，每名同学达标的具体数据，他也都向同学们公布。

初一体检，王良统计后，提醒大家注意：“咱们班只有 84 只眼睛视力正常，同学们一定要把保护视力当作大事，争取到毕业时，这 84 只眼睛的视力不减退，别的视力不正常的眼睛也保护住，不让它再往更高的近视度数发展。保护视力的有效办法之一，就是老师常说的，把‘？’变成‘！’。”

初二体检后，王良又宣布：“这次体检，我们原来正常的 84 只眼睛，只有一只由 1.2 减弱到 0.8，其余还正常，希望这名同学采取措施，保护好这只眼睛，使其不再继续向近视的方向发展。”

我了解到，这名同学是王艳，好的左眼视力正常，只右眼刚开始近视。我告诉她加强锻炼，增强体质，然后再认真做眼保健操，注意看书写字的距离，树立使眼睛恢复正常的信心，只要持之以恒地做，一定能取得好的效果。

到 1981 年毕业前体检，不仅去年的 83 只眼睛仍然正常，王艳同学右眼的视力也由 0.8 恢复到了 1.2。当王良同学宣布体检结果时，全班同学为之激动。

以后，一届又一届的学生我都不止几十次地提醒：“坐如钟！把‘？’拉直，别变成句号！”

前几天，我到淮阴给淮阴师专附中的学生讲课，两节课大约提了 4 次把“？”变成“！”的问题。前一次稍加解释学生就明白了，后3次只要一点，大家便会心地笑了。这样不仅有利于学生保护视力，保持脊柱正直，对短时间接触的同学，还有密切师生感情、活跃课堂气氛、组织教学使学生集中注意力的作用。

教师对学生关心得越多，师生感情就越密切。一位教师不仅重视教给学生知识，提高学生成绩，还关心他的身体，关心他的视力，矫正他的仪态，学生就容易在感情上接受老师的劝告，学习效果也会好一些。

课堂上不说“请同学们坐直”，更不是严厉地说“不许趴在桌子上”“不许弯腰”“不许左顾右盼”，而说“请把‘？’拉直，变成‘！’好吗？”。幽默的语言使同学感到轻松，感到有趣，感到快乐，在轻松快乐的气氛中，在不知不觉地改变了自己的姿态。

课堂上免不了隔段时间有溜号的同学，有低头摆弄东西的同学，有因跟不上老师的讲课进度而欲放弃课堂学习的同学。初次见面，批评人家，大庭广众之下，他不愉快，我也不舒服，但见了这种情况还必须指出，怎么办，说一声：“请把‘？’拉成‘！’。”溜号的，低头的，欲不跟进度的，不知不觉之中都得到了提醒：“老师已注意到我了，可老师没批评我，只说了这么一句幽默的话，我可不能再低头、溜号了。老师给我保留了面子，我自己也得珍惜自己的面子呀！”接下来，全班又有了一段集中精力学习的时间。

本届学生负责记录“坐如钟”3个字提醒次数的同学是李健，他专门准备了一个本子，那上面记着1992年上学期第五周，一个星期时间，我就提醒了8次。

这件事难道不可以由学生承包去做吗？当然可以。之所以没请学生承包，也是为使学生们认识到，一个看起来很小的不良习惯，即使由老师来纠正，也需要一次又一次的努力，也还会有反复。从而由此想到纠正思想深处的不良习惯就更要持之以恒，更要有耐心。

这件小事也使学生认识到，老师强调即使对一些小事，也要一不做，二不休，说了算，定了干，做就要做成功，做到底。

课前唱响一支歌

我们班学生爱唱歌，从1979年开始一届又一届的学生都爱唱。每年都唱，每月每周每天都唱，甚至每节课前、自习前都唱一首歌。

关于唱歌的班规班法也越来越具体。70年代时，课前一支歌，学生在座位上愿怎么唱就怎么唱，有的坐直了唱，有的伏在桌子上唱，有的边写作业边唱，有的一心一意地唱，有的三心二意地唱。

后来文娱委员说这样唱不好，太随便了，歌唱得也没劲，大家也觉得不好。到80年代便订了一条班规：课前一支歌，从文娱委员起歌开始，全班同学都要停止别的活动，在座位上坐直，手不能放在桌子上，更不准翻书和写作业，谁如果在大家唱歌时写作业或是手放在桌子上，便要写500字的说明书。

到了90年代，我多次强调，唱歌要一心一意，才能达到唱歌的目的，既使大脑得到了短时间的休息，又使人陶醉在美好的歌词境界中和悠扬的旋律里，使身轻松，使心愉悦，使人更热爱生活、更热爱学习，也使人大脑两半球更容易沟通。

1990年、1991年我只是这样强调，并没有具体的使学生唱得更认真的办法。1992年初刚开学，我想试一试，对课前一支歌提出更具体的要求。

姿势同原来一样，还要求唱歌时坐直。坐直之后，目视前方的黑板。目视整个黑板不利于集中注意力，要求目视黑板的中缝；中缝长了些，也不利于集中注意力，又要求注意中缝的中点。

文娱委员刚一起歌，全班同学立即坐直，都把目光集中在前面黑板的中缝的中点位置。教师从外面进来，一看十分整齐，就像一个大合唱队在剧场里把目光都对准了指挥。

长时间对准中缝一点容易疲劳，也使人感觉索然无味。我便要求学生，把视觉与想象力结合起来：要把前面那一点看成一个面，变成一个图像，甚至变成一个小宇宙；那里面有江河山川、日月星辰、花鸟草虫。总之你唱什么歌，那里面便放映什么图像，那图像是歌词内容的再现。打个比方，那一点就像电视机屏幕，唱什么歌，便像输入了那一首歌的录像带，一张口便打开了电视机开关。

“五星红旗迎风飘扬，胜利歌声多么嘹亮……”中缝那一点，便映出红日蓝天白云下的五星红旗正迎风飘扬的画面，紧接着工农兵学商，各行各业的人们唱着嘹亮的歌声，赞美我们伟大的祖国。

“越过高山，越过平原，跨过奔腾的黄河长江……”那一点上显现出巍巍青山、宽阔平原、咆哮的黄河、波浪翻滚的长江等画面。这画面不该是黑白的，色彩越绚丽越逼真越好。

过了一段时间，我进一步要求学生，不仅把一点看成画面，看成彩色的图像，最重要的是要调动身体更多的感觉器官，把那图像变成生动、具体、可感知的某种境界，或者那境界从点中走出来，来到我们的身边，或者自己进入那境界中去，参与那境界中人们的活动，和他们一起感受喜怒哀乐。

“越过高山，越过平原……”就感觉高山就在我们身边，就在我们脚下，我们正登山。我们正在广阔的大平原上纵马奔驰。

“我爱祖国的蓝天，晴空万里阳光灿烂，白云为我铺大道，东风送我飞向前，金色的朝霞在我身边飞舞，脚下是一片锦绣河山……”唱着这样的歌，看着黑板上的“电视”，越唱越入情。神游广阔的蓝天，俯瞰祖国大好河山，怎能不豪情满怀，心旷神怡，宠辱皆忘，喜气洋洋。全身心地投入，一心一意唱一首歌之后，确实能使人产生精神焕发的感觉。

“几度风雨，几度春秋，风霜雪雨搏激流，历尽苦难痴心不改，少年壮志不言愁。金色盾牌，热血铸就，危难之处显身手，显身手……”同学们唱着，就像自己同便衣警察一起执行任务，一起无私无畏地和恶势力搏斗，一起品尝打击、误会的痛苦，一起经受风霜雨雪的侵袭。重重困难更激发了他们压倒困难的豪情。待回到现实中时，才更感觉自己学习生活的幸福和宝贵，从而更珍惜学习生活。

有同学说：“以前我唱歌总心不在焉，三心二意，唱跟没唱一样，有时边唱边想着明天的任务，结果歌没唱好，烦恼延长了，明天的事也没干上。现在全身心地唱歌，我进入歌的境界，才感受到诗歌美、音乐美，真的感到陶醉于诗歌中、音乐中，情操得到了陶冶，灵魂得到了净化，全心全意地投入一支歌中以后再上课，心情特别好，听课的效率也提高了。”

学生全身心地投入课前一支歌中，好处应该是多方面的。

第一，能增强学生的注意力，使学生的注意力能受自己意志的支配，随时朝向应该注意的位置。

第二，能增强学生的想象力，能使学生学会将文字符号变为色彩绚丽的图像，甚至变成生动可感的场景。

第三，有利于陶冶学生的情操，增强学生发现美、感受美、热爱美、追求美的能力。

第四，能使学生感受到自己是处于一种兴奋愉悦状态，使意识、下意识、潜意识更好地合作，使潜意识更经常地为学生的生活服务，为提高学生的学习成绩服务。

第五，当然最直接的效益是有利于唱一支歌之后那节课的学习。全身心地投入一支歌之后，排除了不利于课堂学习的情绪，使干扰课堂内容的信息得到了抑制，课堂学习效率当然会提高。

至于我所使用的让学生唱歌前都注意一点的方法，是不是唯一的方法？肯定不是。是不是最好的方法？肯定也不是。随着教改的深入，我和学生一定能想更多更好的课前陶醉在一支歌里的方法。

轮流教唱歌

上小学时，我们唱“年纪小，志气大”“准备好了吗，时刻准备着，我们都是共产儿童团”“我们是共产主义接班人，继承革命先辈的光荣传统”……

上中学了，我们又唱“洪湖水，浪打浪”“花儿为什么这样红”“送君送到大路旁”“五洲四海，掀起怒涛”“麦浪滚滚闪金光，棉田一片白茫茫”……

“迎着晨风，迎着阳光，昂首阔步到边疆，伟大祖国天高地广，中华儿女志在四方。哪里最艰苦，就在哪里奋发图强，哪里最困难，就在哪里百炼成钢。”唱着这首军垦战歌，我们来到农村；唱着这支歌，我们战胜严寒，战胜洪水，战胜风雪，战胜繁重体力劳动之后没有饭吃的饥饿。

岁月一年年地流逝了，但那些陪伴我们生活过来的歌曲已深深地镶在心中。像一盘盘录像带，存在心的库房里，心一想便随时能取出。一唱那歌，儿童、少年、青年时代的学习生活情景便色彩斑斓地在大脑的荧光屏上放映出来。

歌声曾给了我战胜困难的勇气和力量，我不能设想没有歌声的生活，我也希望我的学生喜欢歌唱，喜欢让歌声陪伴着学生度过学习生活。我常想整个人生，无论苦的人生、甜的人生、酸的人生、辣的人生，无论幸运的人生还是不幸的人生，都像是一首歌。从歌的角度观察、思考人生，人会变得豁达超脱。

在农村教小学时起，我便教学生唱歌，教中学了，更是每周教一首新歌。使我欣慰的是学生们也愿学愿唱。我外出开会，归来后，落了语文课，学生不让补，少教了一首歌，却让我补。

我还记得，我教 1981 年毕业班的最后一首歌是《我爱祖国的蓝天》。

1982 届的学生，毕业考试前我教的是《中国人民解放军进行曲》："向前，向前，向前，我们的队伍向太阳，脚踏着祖国的大地，背负着民族的期望，我们是一支不可战胜的力量。"然后，我们集体排着队，唱着这支歌，走向考场，果然取得了辉煌的战绩。

后来，我做两个班的班主任，外出的机会更多了，开会两周归来，到家便需给学生补 4 首歌。

教歌不像讲课，讲课可小声，可轻声，可慢讲，可低音讲。教歌必须唱足调门，高音 1 唱成中音 7，就坏事了。连续教歌，确实很累。

于是我想起了自己的管理原则，不是班干部能做的事老师不做，普通同学能做的事干部不做吗？教歌这件事，何不交给干部做？于是我在每个班找了 10 位唱歌好的同学，请每名同学备好两节课，这样，一个学期的教歌任务便完成了，既解放了我，又锻炼了学生。

又过了一段时间，有同学提出教唱歌这件事也可以按学号轮流做。刚开始我有顾虑，觉得教歌不同于写字、办报、干力气活，有的同学自己唱歌都唱不好，怎么能教别人呢？再一想，试一试看吧，试试并不吃亏。

经同学们讨论，通过了按学号轮流教唱歌的决定。

有同学提：大家轮流教歌，是不是每个人想教哪首歌曲便教哪首？

大家说："那当然不行，教歌前一两天要把准备教的歌告诉文娱委员，文娱委员认为这首歌适合中学生唱才能教，文娱委员不批准，就得换一首。"这便成为教歌这条班规的具体规定。

这项班规通过的第五周，按学号该轮到班级唱歌最难听的一位比较淘气的男同学教歌。他平时不是不愿唱歌，他也经常情不自禁地唱，但是总跑调，有人说这是先天五音不全导致的。

第二天就要轮到他教歌了，他很激动，便调查同学们愿意学哪首歌。

不少同学觉得他不可能会教歌，便说："电视正放连续剧《上海滩》，里面的插曲挺好听，可是，你能教吗？"他听了，便去请示文娱委员，《上海滩》插曲能不能教？文娱委员同意了。

第二天教唱歌课，这名同学往讲台一站，拿出了录音机，把《上海滩》录音带往里面一放，说："今天咱们学一首新歌，《上海滩》插曲，请大家先听录音机唱一遍。"同学们笑了，录音带的音调能不准吗？

他又说："下面，录音机放，请同学们小声跟着录音机一起唱。""再小声地跟着唱一遍！""好！这回，请同学们大声地跟着唱。"

20 分钟后，他问："大家学得怎么样？"

"会唱了！"大家响亮地回答。

"那么，男女同学比一比，看谁唱得好。录音机起歌，男同学先唱。"

20 多分钟，一首新歌学会了，尽管他没有亲自教，但班级的观念是：一件事有一百样做法，只要把任务完成了，具体用哪种办法都可以。

3 年过去，每届学生都学会了 100 多首新歌。

电视剧《诸葛亮》插曲，我们全班同学能合唱。《四世同堂》插曲京韵大鼓的韵味，唱起来难度很大，全班同学课前合唱，有板有眼，抑扬顿挫，慷慨激昂，外地来听课的音乐教研员说："有点像专业合唱队，这么难唱的插曲，合唱为什么音调唱得这么准呢？"学生回答："我们经常练，而且是跟着录音带学的，能不准吗？"

我们班同学都为自己班级普及新歌速度之快感到自豪。

昨天，电视台如果播放了新歌《跟着感觉走》《三百六十五里路》等新歌，同学们如果喜欢，文娱委员又批准了，那么今天，全班同学就能学会《跟着感觉走》和《三百六十五里路》了。

当然不是什么乱七八糟的歌都可以拿来教，有的思想意识明显不健康的，就被文娱委员给卡住，不准教了。

文娱委员卡住的，大部分有道理，个别歌有争论，想教的同学便来找我："老师，我想教《月朦胧，鸟朦胧》，可文娱委员不让教，您觉得这首歌怎么样？"

"我不能先表态，我得先问问文娱委员为什么不让教。"我请来文娱委员杨颖同学，她回答："这首歌没有什么积极意义，曲调平淡，略带凄婉，歌词最后一句'但愿同入梦'，也不适合中学生。老师您看呢？"

"我没想那么多，只是听起来挺轻松，如同进入一个幽静、高雅的环境，我挺喜欢听，也挺喜欢唱，至于该不该在全班教唱这首歌，我没想好，算弃权吧。”

后来，不知文娱委员因为什么，解除了禁令，《月朦胧，鸟朦胧》便在全班唱开了。

不久，又有一名同学不服气，来找我，说：“我准备教歌曲《昨夜星辰》，可文娱委员不批准。”“文娱委员不批准一定有她的道理。先不教吧！”

我问杨颖：“《昨夜星辰》你怎么不让教啊？”

“这首歌爱太多了，适合中学生吗？”杨颖反问。

我说：“这里的爱细细分析起来，还都是纯洁的，是充满责任感的爱，听了以后，使人感觉开阔、崇高，人世间充满了真情。当然这只是我个人的感觉，你如认为不该教就不必教。”

对艺术作品的看法历来仁者见仁，智者见智，无须要求一律一样，更不能由于自己是班主任就单方面推翻文娱委员的决定，如果那样，班干部还怎么负责怎么工作？歌曲像汪洋大海，教哪几首不教哪几首，都可以。根本无须像“文化大革命”那样随意上纲上线，辩论个没完。即使非做不可的事情，倘若班干部已决定不做，老师也不该立即否定班干部的决定，而应背后找班干部谈话，使他理解自己的意图，再由这名干部去做出新的决定。

我当校长以后，便要求全校每个教学班每周教一首新歌。前几年由班级自己确定时间，从 1990 年起，全校确定周五下午第三节课为学唱新歌时间。届时，学校教学楼每个教室都传出嘹亮的歌声。

学校有两位从沈阳音乐学院和一位从省艺术师范毕业的音乐教师，他们除了上音乐课辅导器乐队、合唱队、舞蹈队，还要指导各班每周学一首新歌。

经过多年的实践，我觉得，教唱歌这件实事，由学生轮流做，基本可行。学生在教歌过程中提高了组织能力，增强了对集体的责任感，提高了同学们学新歌的积极性。

忠实于自己

——考试不作弊

1992年新生入学，老师们普遍反映这届学生考试特别擅长抄袭。入学分班考试，“后进同学”抄，优秀学生也抄，认认真真，忠实于自己成绩的学生还不到一半。

要端正学风，必须端正考风。学生认认真真地考试，平时才能扎扎实实地学习，长大了才能实实在在地工作。

近两年，我们搞了学校统一的月考实验。我要求月考时，一定要扭转新生的考风。

首先，落实责任。考生抄袭，本人有责任，任课教师有责任，所在班班主任也有责任，要使师生都转变观念：抄袭是一件可耻的事，不仅自己耻辱，还牵连很多人。

然后，将检查落到实处。考试时，若考场有违纪现象，监考教师未发现，被流动监考或领导发现，监考教师就要受到批评，并扣量化分。

为强化检查，我们安排了较多的流动监考和领导分包楼层的监考，这样一来违纪现象便大大减少。偶然发现违纪者，第二天课间操时全校集会，立即公布违纪者所在班级和学号，立即扣除本班值周评比量化分。

这样搞了半年，到期末考试时，老师们说：“真没想到，才半年时间，这届学生就被训练得基本不会抄袭了。”

十几年来，一届又一届的学生我都严格要求，考试不许抄袭。只有这样，才会有真的优秀成绩。抄袭之后骗了老师，骗了家长，自己的努力劲头也会减弱，成绩反倒更低。

连续多年升学考试前，我都告诫学生：“升学考试，尽管关系到自己的命运与前途，但也一定要实实在在，不抄袭，也不必在考场上看到别人抄袭你来气。归根结底，还是要靠真本事，靠抄袭上来的人还是极少数。平时有了真才实学，考场上一定能出好成绩。”

面对社会上愈演愈烈的不正之风，我的这些告诫受到了挑战。有的家长公开提出异议，告诉学生："别那么死教条，到时候，吃亏的还是自己。该抄就得抄，别人抄，你也得抄。"有的学生拒绝家长的安排，以两分之差去了二类学校，家长一面责备老师不开放，责备学生太老实，另一方面，又不得不承认，这种实实在在的态度，有利于学生的长远利益，深长思之，还是老师说得对，学生做得对。

我跟学生谈心：目前我国确实是伪劣产品多，但这都是在商品经济刚开始蓬勃发展的初期、计划经济向市场经济转轨的初期出现的现象。假货能骗人于一时，能发财于一时，待市场发育成熟了，真正开始公平竞争了，假货就逐渐没有市场，败下阵来了。世界上绝大部分企业家，谈到经营之道，都强调一个对顾客负责，都强调产品要货真价实，这才是大家风度，才能在市场上长久站稳脚跟。有人说，老师升学考试也要实实在在的主张，跟不上市场经济的形势，其实是个别人不懂得什么是真正的市场经济。尽管眼前伪劣产品那么多，但整个国家、整个社会、整个人类还是朝着有利于有真才实学的人的方向发展，即使目前，我们也还是欢迎有真才实学、能干实事的人到自己单位工作。所以，我们班级还必须严厉打击考试抄袭的行为。

严厉打击不等于捕风捉影，不能轻易冤枉一个人。

期末考试完毕，地理卷子发到了学生手里。"后进同学"全力抓主科还有困难，地理便基本放弃了，尽管放弃，甲生一看自己才得了 14 分，心里还是很难受。

地理科代表把卷子发完之后，发现又有一张写着甲生名字的试卷，得了 42 分。他给甲生送去，甲仔细一看说："不是我的。"

后来一问，才搞清楚了，原来是乙生的。

乙学习也不好，答卷时光顾着考虑问题，一开始就没写名字。下课时，老师收卷，提醒大家说："可别忘了写上名字。"她一时慌了神，一看甲的卷子上写着"×××"，她居然忘记了写自己的名字，而不假思索地写上了同甲名字一样的"×××"三个字。

乙接过卷子后，自己也埋怨自己，怎么慌里慌张地把别人的名字写上了？她红了脸，感到很不好意思。

这时候，她听见班里有人议论："考试照人抄，连名字也抄下来，笨样！"

"我看应当追查。"

……

老实的乙生感到心里委屈，想辩解又说不清楚，想哭又不能哭，那股劲怎么也过不去，脸上无精打采的。

我知道了这件事，开头也埋怨乙生，怎么会可笑到照抄人家名字的地步，再认真一分析，不对劲儿。我跟全班同学说:“甲得了 14 分，而乙得了 42 分，乙怎么可能是照甲抄的呢？同学们不能乱加议论，要对自己的同学负责任。无根据地给别人扣帽子，会给人家造成多重的心理负担！”

那名同学听了，心灵世界多云转晴，脸上露出了笑容。

这些年来，真正考试抄袭的同学在班级一直受到谴责，班内也进行过选举，选举考试时“最不忠实于自己的人”。班内正气浩荡，考风正了，大家才你追我赶地掀起了一个又一个学习竞赛的高潮。

没娘的孩子早当家

——选好常务班长

1993 年 1 月 18 日，我在宁夏体育馆中间的篮球场上给银川十五中的学生讲《得道多助，失道寡助》，四周的看台上坐的是从四面八方来的老师，翻译课文时，学生让我给译，我说:“我这个人很懒，总让学生自己试着干，实在不行了，我再帮忙。”学生没了依靠，便自己查资料，讨论翻译，也译出来了。课讲完了，我征求同学们的意见，一位男同学说:“我对老师的‘懒’感到满意，正因为老师‘懒’，学生才勤快，学生能力才强。”我接下来说:“这就是俗话所说的，没娘的孩子早当家。”

没娘的孩子早当家这个道理，我一遍又一遍地向一届又一届的学生讲。意在引导学生不要什么事都依赖父母，而要更多地为父母分忧解愁，以增强自己的能力。

反复讲这个道理也是为了使学生不要什么都依赖班主任，而要以班级主人姿态为班级做工作，为班级尽责任，这样才能增强自己的管理能力。

十几年来，我一直跟学生讲，老师之所以不管班级具体的事，之所以做甩手班主任，主要不是因为我的事多，为了我省时间，而是为了培养学生的能力，增强学生管理班级的能力，增强学生协调自己与他人、自己与集体关系的能力。

班级要实现管理自动化，先要培养一批热心于班级工作的干部。班委会委员、团支部委员、值周班长，这些干部中最关键的是常务班长。

我们班的常务班长，用我校老师们的话说，其实就是一位班主任。班级从纪律、卫生，到出勤、学习、体育、劳动、集体比赛、社会服务，都由常务班长总负责。

常务班长的选择确定，是我新接一个班之后的一件大事。

我先注意发现上学放学身后都有一些学生跟着的“孩子王”，这样的学生一般都有组织能力，所以才成为领袖人物。再注意从发现的几位领袖人物中，发现心地善良、胸怀开阔的，这样的人获得的威信能够长久。个别学生也有凭逞强、霸道，暂时吓住了几个人，似乎也有一定的威信，但他难以长久保持住自己的威信，即使保住，他也活得很累，和好同学的关系总处于紧张状态。在心地善良的领袖人物中再确定一个头脑聪明、思维敏捷的。

一有组织能力，二心地善良、胸怀开阔，三头脑聪明、思维敏捷。我选择常务班长主要看这三条。

大部分常务班长由我提名，同学通过，也有时由我任命。刚开学就能发现常务班长的人选吗？第一天不容易看清楚，过了三五天，就能发现几位人选。拿不定主意怎么办？可以让七八位候选人轮流当值日班长，每人轮上四五天，一个多月过去，几个人的差异便显露出来了。倘若还拿不定主意，也可宣布几个人同时为代理班长，轮流执政，过一段时间，征求同学意见，便确定了。

1988 年入学的那届学生，我采取了竞选的方式来产生常务班长，原因是这届学生相当活跃，愿意当班长的较多。

谁想当班长，便在竞选班长的班会上发表竞选演说。

有一次辽宁电视台记者来采访，恰逢我们班召开竞选班长的演说会。记者在录像过程中不断称赞学生的演讲才能和为治理好班级而想出的闪耀着智慧火花的办法。

每位演说者都要说明自己为什么当班长，以及采取哪些具体可行的措施建设好班集体。

本届班长竞选演说由上届班长负责主持，那次参加竞选的有 8 位同学，经过比较，大家觉得王海波同学的措施更切实可行，投票时，王海波的票数遥遥领先。

谁当常务班长，谁便有权确定以自己为核心的班委会成员由谁担任，就像谁当总统，谁提名组织自己的内阁成员一样。

有一次我外出开会半个月归来，发现膀大腰圆的体育委员不组织体育活动了。这位同学跑得快、跳得高、投得远，是全市有名的运动员，还有一定的组织能力，今天怎么不负责任了呢？

我问经过竞选新上任的班长郭丽娇："怎么体育委员不负责任？"郭班长答："我把他撤了！""为什么撤他的职？""他工作忽冷忽热，凭自己的情绪，高兴时一心一意工作，情绪低时，体育活动谁愿干啥就干啥，他不管。不撤他的职，咱班体育活动的成绩上不去。"

谁当班长谁组阁，这是她职权范围内的事，我尽管有点不理解，也不好更改过来。

郭丽娇任命一位女同学范海蓉做体育委员。

初冬的一天下午，寒风凛冽，寒风中班长郭丽娇正同另外两名同学立正站着。我从办公室出来，见操场上这三位冻得发抖，便不解地问："这么冷的天，你们在这儿站着干什么？"

"我们犯错误了。"

"犯什么错误了？"

"按体育委员规定的集合时间，我们迟到了一分半钟。"

原来这天下午第三节活动课，体育委员规定要练集体舞，以参加学校的集体舞比赛。规定上课铃响，立即集合。班长和这两位同学有点别的事，来晚了一分半钟，体育委员为强调纪律的严肃性，便罚她们在操场站着。

我反对体罚学生，但新上任的班干部由于经验不足，而偶然使用一点体罚办法，为了维护干部的威信，当时我并不制止。过后我再找干部说明这样做为什么弊大于利，并让全班同学设身处地地理解班干部当时的心情。

更重要的，是要引导全班同学树立这样的观念，只有对同学严格要求，不讲情面才是对同学的尊重，才是对同学最大的关怀与帮助。

同学们看到范海蓉是郭丽娇亲手提拔的体育委员，对班长尚且如此不讲情面，就更服从命令了。郭丽娇心甘情愿接受体育委员的惩罚，威信反倒更高了，大家觉得她身为班长，深明大义，以身作则，于是更敬重她，她成为竞选中连选连任时间最长的班长。

这次参加学校集体舞比赛，全班同学动作协调，舞姿矫健，配合默契，获得全校总分第一名。

我 1979 年开始进行班级管理自动化的实验，那时的班长张筠工作认真负责、胸怀开朗、勇敢泼辣、办事公正、维护团结。别的老师用她来教育自己班上的干部："看人家的班长，老师不在，便领着同学们开展活动，老师放假回沈阳老家，她便组织同学送行，老师回盘锦，她又领着同学到车站接。"

1989 年 6 月，武汉《学语文报》副主编马鹏举老师在盘锦市卫生防疫站采访已工作两年的张筠。马老师写道：

张筠蓄着三节式的短发，显得十分潇洒，她面孔圆而红润，乌黑明亮的眸子透出灵敏、智慧。

她落落大方地接待客人，并马上沉浸在愉快的回忆之中："魏老师接班前，班上很乱……他来了后，5 点半到校，在操场上跑步、打拳，早自习，再吃早餐，上课。课外活动挺多，练书法、唱歌、玩游戏、出学校写生，大家挺愉快。二年级时，魏老师建议'八一'建军节与部队联欢。我问怎么个做法，他说：'我不管，你们班干部组织。'我犯难了，只有大着胆子到部队去。也不知找谁联系，就对一位站岗的战士说：'我们班同学想同你们联欢，你们同意吗？'战士一听挺热情，连忙说：'好呀，我带你找指导员。'见了指导员，我也不慌了，我们很快谈好了，他们对我们的提议很感兴趣。我回来后加紧组织节目。'八一'那天，我带着全班同学打着彩旗，敲着锣鼓到部队营房去了。战士们的节目是打拳，我们的是唱歌跳舞，联欢会开得很成功。慢慢地，我的胆子大起来了。"

马老师继续写道：

我在盘锦市高中（重点中学）同时采访了魏书生第四轮（1985 届）实验班班长周继明、戴明峰。我们一同坐在该校政教处办公室里，周继明坐在我旁边，戴明峰坐在我的对面，他们都是去年考入这所重点中学的。周继明说："在初一时，我是文娱委员，初三分班，一个班分成两个班，因为教室坐不下了。我当一个班班长，戴明峰当另一个班班长。班上的小事，魏老师从不管，他强调班干部要主动、独立、创造性地开展工作。班长代表班主任，是有权的。比如，为了配合工作，我自己挑选了几名班委，条件是肯讲话，活泼胆大，学习好，表现好。我把班委名单交给魏老师，魏老师马上同意了。然后再提交同学们表决。我一个月召开一次班干部会，在会上讨论、决定一些重大问题。比如一次歌咏比赛，事先就召集几个干部开会商量，唱什么歌、什么时间排练、怎样排好队列……这次合唱，我任指挥，我们先唱了校歌，又唱了《黄河颂》。我到校外借来手风琴，请一位老师伴奏，这次演出很成功。”说到这里，他情不自禁地笑了，那是人们在回忆愉快的事时，由心底发出的微笑。“有一次，一位同学生病，有两天没上学，又没有送请假条来。上学时，请假条写的字数也不够，班上规定，事假假条写 1000 字，病假假条写 500 字。我在班上批评了他，他不服，就顶撞起来，完全不虚心——因为他是新转来的，不习惯我们班的做法，还是其他同学劝解开了。放学后，体育委员赵广民同学上我家来，批评我不冷静，劝我上那位同学家里去做自我批评，也疏导疏导他。我一想，也对，于是一道到那位同学家去了。那位同学很感动，我们很快就和好了，这件事魏老师还不知道。”

“同学们听你们干部的吗？”

“都很听，因为许多事都是大家讨论通过了的，只要举手超过半数，就算通过了，就得执行。”

“现在许多学生不愿当干部，怕吃亏，你当时怎么想的？”

“没想到吃亏不吃亏，只想到应该把工作做好！”

“老师对班干部有什么优待吗？”

“没有。老师对干部要求更严。第一，事情来了，要求比别人先干、快干、多干。第二，如果团员、干部和群众同时犯错误，团员、干部加倍处罚，群众写 500 字的说明书，团员、干部则要写 1000 字说明书，要求干部有更强的自我教育能力。”

周继明侃侃而谈，谈话间，常常皱皱眉思索着；拘谨而内向的戴明峰在一旁不停地点头，补充着什么。他们很乐意谈初中这一段生活，不时流露出深深的眷恋。

孩子们同我握别了，他们要上课了。当然，我们之间成了好朋友。我很关心他们现在的表现，戴明峰的班主任赵鹤鸣老师介绍戴明峰道：“他仍是当班长。学习很努力，肯动脑子，自学能力十分突出。工作挺负责，很有组织能力，很能自我约束。在家里有自己的小书房，一放学就关在小房子里学习。他为集体想得多，教室后排有一个大个子同学上课时爱讲话，他主动向老师建议：‘我到后面去坐，好维护课堂秩序。’这在一般人是做不到的，学生上高中了，一般都不愿管事儿！”

周继明的老师介绍周继明：“他是我班文娱委员，思想状态不错，性格开朗，关心集体，文娱活动组织得很出色，学习成绩中上游，挺聪明，但偏爱文科。”

前几天，到德国同外商谈判归来的刘斌同学来看我，他 11 年前是我第二届毕业班的常务班长。他回忆起当年的学习生活，谈到刚当班长时，还对老师把什么工作都交给他做有些不理解，现在想来，正因为那时做的工作多，才锻炼了自己的工作能力，才激发了自己的学习积极性，激发了自己的创造性。到现在，面对一个全新的世界，才充满了信心。

我发自内心地感谢我的一届又一届毕业班的常务班长。1981 届毕业班是张筠，1982 届是刘斌；1985 届，三年级三班是高岩松，三年级七班是纪磊；1988 届三年级一班是戴明峰，三年级八班是周继明；1991 届，三年级三班是竞选任期最长的杨丹，三年级七班是郭丽娇；现任班长是蔡乐。一位又一位常务班长不仅帮我做了大量工作，也给我以多方面的启示。我从他们身上不仅汲取到了前进的力量，也学到了许多科学的符合实际的工作方法。

没娘的孩子早当家。孩子学会当家，学会理财，学会处理各种人际关系，学会处理有关的社会事务，显然有利于他们步入社会。他们步入社会之后的工作能力，肯定要比从小娇生惯养长到十七八岁还要母亲给洗袜子，长到三四十岁还琢磨怎样搜刮父母钱财的人要强得多。

那么，班主任是不是真的像没有一样，一点不起作用了呢？当然不是。

班主任是班干部的后盾，是班干部的顾问，是班干部的教练和导演。

人都潜藏着组织领导能力，之所以有的人显示不出来，是因为没有后盾，唯恐做错了事，自己承担不了责任。我同一届又一届的学生讲明：“老师要培养同学们的工作能力，不管谁承担那一份工作，刚开始做都没有经验，都可能出现失误。失误以后，不要害怕，责任不在大家，在于老师，大家尽管大胆开展工作。特别当老师不在家时，就更要班干部大胆工作。班干部指挥可能失误，即使失误了大家也要先无条件地服从。面对操场上的一大片没膝深的水，体育委员喊齐步走，大家也要照直走下去，不停步，不争论这样的对与错，等老师回来，再帮大家晒干衣服，再替体育委员承担责任，再研究确定以后纠正错误的方法。”只有这样坚决地给班干部做后盾，班干部才没有后顾之忧，才敢于放开手脚大胆工作。

在较复杂的问题上，学生确实初次做，一点经验都没有，班主任则不妨当当学生的顾问。如入学后初次组织到千山或到沈阳旅游，学生不知怎样联系车辆，我则简单告诉几种联系方法，任学生们选择。又如学生们跟部队、跟机关团体有了较深的交往时，我也给学生提供一些使关系更为融洽的方法。

还有的问题属临时发生的，时间要求紧，倘干部开会讨论则可能贻误机会。如修大坝劳动、突击城区内某段的卫生等，班主任则完全可以扮演教练或导演的角色，比较具体地指导班干部怎样活动，自己在台前幕后观察，发现漏洞，也不到前台，待休息时再加以指导，或如教练要求暂停一样，悄悄到干部身边面授机宜。

没娘的孩子早当家，那是逼出来的。倘若孩子的母亲、学生的班主任都立足于培养学生自主能力，当好后盾、顾问、导演，那么孩子们的自主能力一定比自然逼出来的要更强一些。

设立值周、值日班长

学校的值周工作每周换一次领导、教师和值周班，每周对各班纪律、卫生、出席、眼保健操、集体舞的情况做一次全面的评价。

班级的值日班长每天换一次，班级总体工作由常务班长负全面责任，两者和学校的值周联系都不够紧密。

为强化班级管理，为使班级管理与学校值周工作实现某些方面同步，几年来我尝试设立值周班长。

值周班长的人选自报，我确定。一般都是班内责任心强、头脑聪明、思维活跃、勇于大胆开展工作、组织能力较强的同学。每学期每班挑选 10 位同学，轮流负责，每人轮过两周，一个学期就结束了。

值周班长向常务班长负责，可以指挥值日班长。

好处在于进一步减轻常务班长负担，使组织能力强的同学获得了进一步增长能力的机会。另外，值周班长要根据上周班级管理状况，围绕一个中心问题，开展本周的活动，能对本周诸位值日班长加强指导，加强上周班级管理的薄弱环节，提高本周班级评比的分数。

亓峰、滕玉欣、雷蕾等同学值周班长都做得非常出色，他们既善于为常务班长分忧解愁，又能指导值日班长不费冤枉力气，把工作做到点子上。

有的值周班长还提前找本周的 7 位值日班长开会，讨论上周管理中出现的问题，分析值周扣分的原因，提出下周改进的具体措施。

由于值周班长和常务班长、值日班长的职责有相互交叉的地方，权力又没有常务班长大，职责又没有值日班长那么多，那么细，因此，能力强的同学，干起来能有声有色，而能力较弱的同学常常觉得自己可有可无。

值周班长工作，总体讲开展得没有常务班长和值日班长那么好。这是有待今后努力改善的，倘若所有的值周班长都能像亓峰、滕玉欣、雷蕾那样开展工作，班级管理水平将会提高一大步。

常务班长工作多，负担重，集班级大小权力及事务于一身，显然既不利于提高班级工作的质量，也不利于常务班长自身的学习。于是我自 1983 年开始设立值日班长。

我觉得现代社会的特点之一，就是由集权制向分权制发展。愚昧落后社会形态的特点，是权力都高度集中于统治机关，特别是高度集中于中央政府，更可悲的是集中于某一个人。这样，千百万人俯首听命于某位救世主，千百万人的积极性受到压抑，千百万人不得不把自己的命运交给别人操纵，不得不变得被动，甚至变得懒惰，愚昧。

回忆"文化大革命"，七八亿农民都去种粮食搞饭吃，结果，种地的硬是吃不饱饭。我们知识青年，拼命干一天活，回到青年点，连玉米面窝头都吃不饱，类似大锅清水汤的盐水煮白菜，每人只能分到一小碗，刚喝到半饱，饭菜就都没了。那时，中国农民和我们这些知识青年，没少费力气，可为什么弄到连饭都吃不饱的可怜地步？重要原因之一，就是农民自己的权力太小了。

农民是种地的，可地里种什么，农民说了不算。种了点果树，种了点香瓜，便被批判为对抗"以粮为纲"的最高指示，统统让拔了不算，还要挨一通批判。现在说起这些像笑话，但在那个年代，都是真真切切的现实。

一个村的农民必须统一步伐，集体下地，集体收工，甚至连农民每天挣多少工分国家都要管。

农民卖了几个鸡蛋，卖几只鸡，都可能被抓住批判一通，真是动辄得咎。

农民本应该钻研农业技术，但钻研技术被批判为“白专”，于是几亿农民不得不学习“无产阶级专政下继续革命的理论”，不得不去大呼小叫着批判孔夫子，不得不去批判投降主义，不得不都大轰大嗡地学习小靳庄，都去写诗。明明吃不饱饭，还要写各种各样歌功颂德的诗……这些事尽管荒唐，但那时没有别的权力的农民只好无可奈何地一件一件地跟着做，地怎么能高产？饭怎么能够吃？还想什么鱼肉蛋！

党的十一届三中全会以后，中国农民焕发了极大的生产积极性，人们这才发现不需要那么多人种地，中国的地里长出了吃不完的粮食不算，还有了这么多的马牛羊鸡鸭鱼、瓜果梨桃……

细细想来，同是这块地，同是这些人，差距为什么这么大？重要原因之一，就是不喊以粮为纲了，由集权制向分权制转化了，由什么都要管农民到许多事情让人家自己说了算了。种什么，怎样种？养什么，怎样养？卖什么，怎样卖？农民自己可以自由选择了，几亿人的脑子都从自己的实际想问题，当然比一个人想好得多了。

何止对农民，对工厂、对教育、对文化、对商业，由于权力过分集中，强调计划，强调集中统一，带来的可悲后果，也令人痛心疾首。

大到联合国处理国际争端，治理国家，小到一个班级的管理，甚至家庭过日子，许多基本原理都是一致的。

我发现有的班级管理效率低，重要原因就是班主任集权力于一身，事无巨细，统统亲自出马，亲自决定，忙得不可开交，焦头烂额。学生或是莫名其妙，或是手足无措，或是紧张焦虑，或是隔岸观火，帮不上忙，也不会帮忙，结果，按下葫芦起来瓢，效率甚低，最后集烦于一身，集怨于一身。

我总回忆个人受压迫、人民群众受压迫的往事，决心在自己的班级不让此类事重演。十几年来，我不断向学生宣传分权制的好处，提出班级管理的一个原则：

干部能做的事，老师不做。

普通同学能做的事，干部不做。

我觉得，替学生做人家自己能做的事，同替学生吃饭一样有害。学生失去了吃饭的机会，便失去了生理上汲取营养的机会；学生失去了做事的机会，便失去了心理上汲取营养的机会。我们设立的值日班长，便给每位同学都提供了做事的机会，提供了施展才能的机会，提供了使用权力的机会。

值日班长，按学号轮流，每个人都要当，轮到谁，便从早到晚，对班级工作负责任。经过讨论，班级制订了值日班长 10 条职责：

1. 负责记载当天的出缺席情况，及时在《班级日报》上登载，对迟到的同学提出批评，予以处罚。

2. 维护自习课纪律，对自习课说话的同学予以批评、处罚。自习课有准假权。

3. 维护课间纪律，及时发现并制止课间大声喧哗以及在走廊打闹的行为，在“无声日”期间，对课间在教室内说话的同学予以批评、处罚。

4. 领导两名值日生搞好班级卫生，每天早、中、晚各拖地一次。及时发现地面上的碎纸，谁的座位下谁负责，及时征求值周班长对班级卫生的意见。

5. 协助体育委员，督促同学们认真做好课间操。

6. 协助生活委员，督促同学们做好眼保健操，发现眼保健操不认真的同学，予以批评、处罚。

7. 在任班长的前一天晚上放学后，选择一条对班级现状有针对性的格言，抄写在黑板的右侧。

8. 协助体育委员组织好体育活动。

9. 在当天的 12 点之前将《班级日报》装订在班级的报夹子上，并在第二天的《班级日报》上刊登自己任职期间的工作总结，值周评比若对出席、纪律、卫生、课间操、眼保健操的某项活动不满意，给予扣分，值日班长则须写出失误分析登在日报上。

10. 当天学校若召开班主任会，则可代替班主任参加会议，倘若召开班长或班干部会，而干部不在或不能脱身时，则可代替参加班长或班干部会议。

有一次，我们班较淘气的张铁同学轮上当值日班长，那天正赶上学校召开班主任会。我要求政教处开会就要解决实际问题，要做实事，不开不干实事的会，既然开会的目的是为了干实事，那么只要能把事落到实处，谁来开会就是次要问题了。所以我进一步主张，管理自动化程度高的班级，可以由学生代替班主任开会。

张铁同学参加班主任会，坐在老师们中间，增强了他的自豪感，他做的会议记录，比别的班主任都详细。初次担任新角色的人都有一种格外认真的心理。回到班级，他把当天学校要开展的活动布置得井井有条，同学们都奇怪，他怎么会有这么强的组织能力。到他往下传达第二天的活动时，他灵机一动说："明天我就不当班长了，当然也不能主持明天的活动，我个别向常务班长汇报吧！"

1986年初冬，我到北京、河北、湖北、云南连续开了几个会，离开学校半个多月，回到班级，一看，前面贴的值日班长职责不是10条而是14条了。我问常务班长戴明峰，值日班长职责为什么增加了4条。

戴明峰说："老师不在家这些天，我们发现班级有的事没人干。老师不是总告诉我们一个管理得科学的集体，应该做到事事有人做，人人有事做吗？经过讨论，有几件事便落实给值日班长了。例如，老师在家的时候，总给我们出日记题目，老师不在家，日记不知写什么题，怎么办？就把这项任务落实给值日班长了。"

我看第12条写的是：值日班长要负责给全班同学打开水。原来班级打开水无固定人，只是由具有雷锋精神的同学自觉拿暖壶到水房去打水，赶上大家学习紧张都很忙时，就顾不上打开水。靠"雷锋"打水，不是法治，而是人治，不治就没有规律，于是把这项任务也落实给了值日班长。

第13条是负责提醒同学们放学时开展路上一个单词的活动。

第14条要求值日班长要督促检查同学们的座右铭。

这几件事，原来没有专人负责，我不在家时，学生察觉出了管理的疏漏，于是将任务落实给值日班长，这显然比没人具体负责强多了。

我觉得，这又违背了我们班级管理的另一个原则，一般同学能做的事，班干部不做。值日班长，职责多到14条，容易顾此失彼，反倒不利于开展工作，于是我又组织学生讨论，将这4件事分别落实给了其他4位普通同学。

当值日班长的过程，既是为同学们服务的过程，也是教育同学们的过程；既是提高工作能力的过程，也是增强主人翁责任感、义务感的过程，还是自己受教育的过程。

一些纪律较差的同学就是通过当值日班长，改掉了自己的某些毛病的。

有位同学谈体会说："原来我自习课爱说话，我当值日班长那天，发现一位同学自习课说话，便去罚他。他说，你平时还总说呢，还好意思管别人！一句话，使我心里很不是滋味，平时干部管自己时，我还不愿听，今天轮到自己当干部，才体会到当干部真不容易。要抓好自己的学习，还要维持班级纪律，今后我可不让干部操心了。"后来他的纪律果然好了起来，自习课效率提高，学习成绩也好起来。

值日班长的设立，减轻了常务班长的负担，调动了全班同学的积极性，为每个人都提供了一次当班长的机会；使同学之间、干部与群众之间加深了了解，密切了关系。干部不觉得自己总是处于管理者的位置，同学也不认为自己总是处于被管理者的位置。管理者和被管理者，经常有转换的机会，我觉得这也是现代社会的一个特点。学生从小多次经受这样的角色转换，长大以后，便容易适应社会。

班级“八有”

教室里要养花，要养鱼，窗户上还要有窗帘，教室前面要有脸盆、毛巾、香皂等洗手用具；还要有暖壶、茶杯等饮水用具；有推子、剪子等理发用具；有纸篓，有痰盂。加在一起是八项公用的备品，我们管它叫“八有”。

“八有”是逐渐增加的，7 年前，我刚当校长时，只提倡班级“七有”，那时还没有养鱼这一项。

这几种备品，花钱不多，学校可以发。但我觉得，为了强化学生的集体观念，使学生有一些把班级当家的观念，这些东西，还是要求各个班自己准备比较好。

这些备品都可以鼓励学生献，献花、献鱼、献盆、献壶……也可以说借，毕业了再拿回去。这样，个人献给集体东西，他会更爱集体。

我体会到，培养学生的集体主义精神，最有效的办法，便是吸引他为集体出力，为集体流汗，为集体贡献一些个人的东西，吸引他为集体倾注心血。心血倾注得多，感情自然就会深起来。个人对集体，集体对个人，父母对子女，子女对父母，基本都如此。

有的孩子先天不足，是残疾儿童，但那孩子的母亲却总觉得那孩子是世上最可爱的孩子。为什么？就是因为当母亲的为这个孩子倾注的心血太多了。有的子女之所以直到晚年也一直惦念着为年事更高的父母做点事，也是因为他们从幼年起，就为父母做力所能及的事，以后又不断地为父母尽力做事，深化了他们对父母的感情。反过来，有的人直到三四十岁还总想着如何占父母的便宜，搜刮父母的钱财，这样的人可能从小就很少或根本不为父母做事。

从对一届又一届的学生的观察中，我认识到，那些热爱集体、关心班级、对班级有深厚感情的学生，都是平时乐于为班级奉献、乐于为班级做事的学生。感情冷漠、薄情寡义、被同学称为“冷血动物”的学生，肯定是遇集体的事想法逃避，遇到为集体奉献的机会也想办法逃避的学生。使这样的学生感情升温的有效办法，就是千方百计吸引他，甚至是强迫他为集体做事，为集体尽责任，为集体奉献。

这些年来，我坚信，适当地吸引学生为集体做一点奉献，有利于培养学生对集体、对社会的热情和爱心。

为班级献一盆花，献两条鱼，对现代独生子女来说，根本不算什么损失。献完之后他们得到的精神上的开阔与满足远比失去的一点钱财要多。

“八有”也可以不捐献，而由班集体收费来买。低档的，每位同学交 1 元钱就可以了；买好一些的，每人交两三元钱，就可以使班级有较漂亮的备品了。这备品的所有制是集体所有制，切切实实每个人都有一份。每位同学看到这备品也感到自己为集体做奉献是切切实实的。

“八有”都有具体保管人，管花的叫花长，负责养鱼的叫鱼长，别的具体承包人就不叫长了。

负责窗帘的同学，窗帘脏了便由他去洗。

负责洗手用具的同学，要把脸盆刷好，把毛巾洗干净。

张海英同学负责饮水用具，她把暖壶、玻璃茶杯擦得晶莹透亮。学校要求每个班饮水杯不能是搪瓷杯或塑料杯，那些杯太结实，不容易打碎。每个班必须准备玻璃杯，作用同玻璃鱼缸一样，有利于约束同学们的行动。

理发用具，我们班从 1980 年开始准备，同学们组成了理发互助组，每两位男同学组成一个组，互相理发，不仅节省了理发时间和理发的费用，还学会了理发技能。近几年，理发用具不像以前用得那么好，主要原因还在于独生子女们对发型的要求比原来高了一些，不愿随随便便理发了。

有人问，像痰盂那样的备品都有人愿承包吗？这就需要跟同学们商量承包工作量大的备品的利与弊。当同学们磨炼自己的欲望被点燃起来，燃烧得强烈了的时候，便产生以吃苦为荣，以克服困难为荣的认识，于是许多同学争抢承包痰盂。这时便从中确定一位学习好且有毅力、心地坦诚的同学，这样他能一包到底，干得出色。工作过程中，他自己也更进一步受到磨炼，不怕脏，不怕苦，于是比以前更有毅力。他承包的成功，也使同学们认识到：一个人为集体、为别人多吃苦，多磨炼自己，不仅有利于他人，而且有利于自己的成熟与进步。八项备品的集体所有制、承包制，增强了同学们的集体观念，增强了班集体的吸引力。

青出于蓝——三代师生共期盼

1985 年，我的母校沈阳市三十二中的石健校长，请我的班主任何老师通知我回母校一趟。

我立即遵命前往。自 1968 年下乡已有 16 年没有回母校了，踏进校门，百感交集，思绪万千。教学楼前的花坛依旧，两侧曾给我大量课外知识的宣传栏里，诱人的新题目争先恐后地抢夺着我的眼睛。

我见到了久久思念的班主任何老师。豁达开朗的王云天老师是教我语文的。王兴华老师教我们美术，当年那么幽默风趣，时隔 16 年，他似乎一点也不老。笑一笑，十年少，这话说得对，乐观的人永远年轻……

石校长让我向全校老师汇报了我的工作后，当即决定，找一个星期日，全校教师牺牲休息时间到盘山来听我的课。

那是一个令人激动的星期天。头一天，我向同学们报告了这一消息，教室里顿时沸腾起来。那时同学们便每天接待来自祖国四面八方的老师，有时一天四五百人，最多时达到 700 人。时间长了，同学们已经有点害怕来客人了，但一听说我的班主任要来，听说我母校的老师们要来，立即生出前所未有的热情，忙碌着，准备着，盼着快些见到老师们。

这一天终于来了。学校领导、教师、学生们热烈地欢迎我的老师们来到学校。在一片掌声中，母校 50 多位任课教师在我们的大教室里落座。

全班同学都充满好奇，探头探脑，交头接耳，商量着，猜测着，询问着：“究竟谁是咱们老师的班主任？”

赵德民等几个急性子，猜不出来，便悄悄来问我，我说：“这点事都侦察不出来，你们自己去问嘛！”他们真的去打听去问了。

上课之前，唱完了课前一支歌，可离事先约定的上课时间还有几分钟，我很随便地像往常那样问：“这几分钟咱们干点啥呀？”不料学生们竟异口同声地喊起来：“请咱们老师的老师讲话！”

这真是一个突然袭击，我没想到，我的老师更没想到。我感到难为情，若想到学生这样回答我就不问了。不过我的何老师毕竟久在教坛耕耘，世面见得多了，她从容地站起来，不慌不忙地讲起我们小时候的事情，讲起我读中学时学习的特点。我真佩服她的记忆力，她的讲述把我带回了中学，她说到的几件事立即激起我一圈圈记忆的涟漪……我沉浸在回忆中，几乎忘了上课。

上课时，我请同学们口头作文："今天同学们袭击了我的老师，我替我的老师也袭击大家一次。请同学们谈一谈听了我的老师的讲话以后的感想和体会。"

同学们争先恐后地讲自己的感受，冯秀玲同学的最后一句话这样说："我要记住石校长、何老师的话，将来长大了，一定超过我们的魏老师。"在场的老师和同学们都被她说乐了，一时间，大教室里的三代师生心心相印，充满了欢乐的气氛。大家都希望我们的教育事业真的能够一代胜过一代。

有的学生，毕业以后，知识水平和专业技术超过了我，我替他们高兴。

有的学生，刚刚毕业参加工作，掌握的实权便超过了我，在社会上有很强的活动能力，我替他们高兴。

也有的学生，参加工作三四年，实际工资收入便超过了我，住房条件也超过了我，我更替他们高兴。

我盼望学生们不仅在知识上、学习上、工作上超过我，也希望他们不再过我们像他们那么大时连玉米面都吃不饱的生活，更希望他们在生活条件方面远远超过我。